Vermessung/Meritev

Über die „rassenkundliche" Untersuchung in St. Jakob im Rosental
O „rasoslovni" preiskavi v Šentjakobu v Rožu

Werner Koroschitz · Slowenischer Kulturverein/SPD Rož

Katalog zur Ausstellung/Katalog razstave
Vermessungsamt/Geodetski urad
vom 28. September bis 9. Dezember 2018
im Kino Janach, St. Jakob/Šentjakob

Impressum/impresum
Werner Koroschitz, Slowenischer Kulturverein/SPD Rož (Hg./izd.)
Vermessung/Meritev. Über die „rassenkundliche" Untersuchung in St. Jakob im Rosental/O „rasoslovni" preiskavi v Šentjakobu v Rožu
Katalog zur Ausstellung „Vermessungsamt/Geodetski urad" vom 29. September bis 9. Dezember 2018 im ehemaligen Kino Janach in St. Jakob im Rosental/Šentjakob v Rožu
Katalog razstave „Vermessungsamt/Geodetski urad" od 29. septembra do 9. decembra 2018 v bivšem kinu Janach v Šentjakobu v Rožu

Die Ausstellung ist ein Gemeinschaftsprojekt des Slowenischen Kulturvereins Rož, des Vereins Industriekultur und Alltagsgeschichte und der Marktgemeinde St. Jakob im Rosental/Šentjakob v Rožu
Razstava je skupni projekt Slovenskega prosvetnega društva Rož, Društva za industrijsko kulturo in zgodovino vsakdanjika in Trške občine Šentjakob v Rožu

Katalogredaktion/redakcija kataloga
Redaktion/redakcija: Iris Katholnig, Werner Koroschitz
Grafik und Layout/grafika in oblikovanje: Samira Fux
Übersetzungen aus dem Deutschen/prevodi iz nemščine: Urška P. Černe, Seta Oblak, Sonja Wakounig, Zalika Steiner, Marjan Sticker
Lektorat (deutsch): Iris Katholnig
Lektorat (slowenisch): Stanislav M. Maršič in Hanzi Filipič

Ausstellungsteam/razstavna skupina
Idee und Konzept/zamisel in zasnova: Werner Koroschitz, Marjan Sticker
Architektur und Gestaltung/arhitektura in oblikovanje: Hannes Gröblacher, Rudolf Melcher, Anton Reichmann
Ausstellungsgrafik und Layout/razstavna grafika in oblikovanje: Samira Fux
Ausstellungstexte/razstavna besedila: Werner Koroschitz
Übersetzungen/prevodi: Maja France, Sonja Wakounig
Lektorat (deutsch): Iris Katholnig
Lektorat (slowenisch): Maja France
Audiovisuelle Technik/avdiovizualna tehnika: Rudolf Melcher, Marjan Sticker
Lichttechnik/svetlobna tehnika: Kristijan Rehsmann
Grafik begleitender Ausstellungsunterlagen/oblikovanje spremljevalnih podlag za razstavo: Slavko Sticker
Kunstbeiträge/umetniški prispevki: Birgit Bachmann, Angélica Dass, Samira Fux, Hannes Gröblacher, Katarina Matiasek, Rudolf Melcher, Nadja Pörtsch, Fritz Russ, Ajda Sticker

Danksagung
Wir danken allen Helferinnen und Helfern, durch deren selbstlosen Einsatz die Umsetzung der Ausstellung „Vermessungsamt/Geodetski urad" erst möglich wurde. Der Slowenische Kulturverein Rož und der Verein Industriekultur und Alltagsgeschichte danken allen Privatpersonen und Institutionen für Ausstellungsexponate, Fotografien, Filme, Interviews, Unterstützung und Tipps aller Art.
Für die unbürokratische Zusammenarbeit danken wir dem Department für Evolutionäre Anthropologie an der Universität Wien und der Anthropologischen Abteilung des Naturhistorischen Museums Wien.

Zahvala

Zahvaljujemo se vsem, ki so pomagali in tako s svojim nesebičnim angažmajem omogočili razstavo „Vermessungsamt/Geodetski urad".

Slovensko prosvetno društvo Rož in Društvo za industrijsko kulturo in zgodovino vsakdanjika se zahvaljujeta vsem zasebnikom in institucijam, ki so dali na voljo razstavne eksponate, fotografije, filme. Prisrčna hvala za intervjuje, podporo in nasvete.

Za nebirokratsko sodelovanje se zahvaljujemo Oddelku za evolucijsko antropologijo na dunajski univerzi ter Antropološkemu oddelku Naravoslovnega muzej na Dunaju.

Das Projekt wurde unterstützt von/projekt so podprli:

Bundesministerium
Bildung, Wissenschaft
und Forschung

© 2018, Slowenischer Kulturverein Rož, St. Jakob im Rosental/Šentjakob v Rožu, und Verein Industriekultur und Alltagsgeschichte, Villach/Slovensko prosvetno društvo Rož, Šentjakob v Rožu, in Društvo za industrijsko kulturo in zgodovino vsakdanjika, Beljak

Verlag/založba: Hermagoras Verlag/Mohorjeva založba, Klagenfurt/Celovec–Ljubljana/Laibach–Wien/Dunaj

Druck: Hermagoras Verein/Mohorjeva družba, Klagenfurt/Celovec, 2018

Auflage/naklada: 500; Preis/cena: € 32,-

Gedruckt mit Unterstützung des Bundesministeriums für Bildung, Wissenschaft und Forschung/Tisk knjige je podprlo Zvezno ministrstvo za izobraževanje, znanost in raziskovanje

ISBN 978-3-7086-1029-0

Inhaltsverzeichnis/seznam vsebine

Vorwort 8
WERNER KOROSCHITZ & MARJAN STICKER

Predgovor 9
WERNER KOROSCHITZ & MARJAN STICKER

Geleitwort 12
HANZI WUZELLA

Spremna beseda 13
HANZI WUZELLA

Kopf oder Zahl? 16
DIETMAR PICKL

Glava ali število? 17
DIETMAR PICKL

Archiv und Knoten 32
KATARINA MATIASEK

Arhiv in pentlja 33
KATARINA MATIASEK

Die Gemeinde St. Jakob im Rosental/Šentjakob v Rožu als
deutschnationales Exerzierfeld und Opfer der NS-„Rassenpolitik" 44
MICHAEL KOSCHAT

Občina Šentjakob v Rožu/St. Jakob im Rosental kot nemško-
nacionalno vežbališče in kot žrtev nacistične „rasne politike" 45
MICHAEL KOSCHAT

Anthropologische Untersuchungen in Kärnten 1930–1955. Sammlungsbestände
der Anthropologischen Abteilung des Naturhistorischen Museums Wien 130
MARGIT BERNER

Antropološke raziskave na Koroškem 1930–1955. Zbirke
antropološkega oddelka Prirodoslovnega muzeja Dunaj 131
MARGIT BERNER

Vermessungsamt 186
WERNER KOROSCHITZ

Geodetski urad 187
WERNER KOROSCHITZ

Ajda Sticker im Gespräch mit Zeitzeuginnen und Zeitzeugen 226

Ajda Sticker v pogovoru s časovnimi pričami 227

Rassen? Gibt's doch gar nicht! 238
ULLRICH KATTMANN

Rase? Saj sploh ne obstajajo! 239
ULLRICH KATTMANN

Was heißt überhaupt anders sein? 253
AJDA STICKER

Kaj sploh pomeni biti drugačen? 253
AJDA STICKER

Die Symbolik der Schafherde 264
HANZI WUZELLA

Simbolika ovčje črede 265
HANZI WUZELLA

Dokumentation der Aktionen im Vorfeld
der Ausstellung „Vermessungsamt/Geodetski urad" 269

Dokumentacija akcij v času priprav na razstavo „Vermessungsamt/Geodetski urad" 269

Impressionen der Ausstellung „Vermessungsamt/Geodetski urad" 283

Impresije razstave „Vermessungsamt/Geodetski urad" 283

Vorwort

Im Zuge der Recherchen zu dem Ausstellungsprojekt „Vermessungsamt" konnten am Department für Evolutionäre Anthropologie der Universität Wien die originalen Unterlagen zu der im Sommer 1938 durchgeführten „rassenkundlichen" Untersuchung in St. Jakob im Rosental/Šentjakob v Rožu gefunden werden. Der Archivfund im Dezember 2014 löste bei den Anthropologinnen und Anthropologen nicht nur großes Befremden aus, sondern stellte geradezu eine Sensation dar, war doch bis zu diesem Zeitpunkt nichts über eine derart umfassende anthropologische Vermessungsaktion während des NS-Regimes an Zivilistinnen und Zivilisten in Kärnten bzw. Österreich bekannt gewesen.

Im Sommer 1938, wenige Monate nach dem „Anschluss", wurden rund 3200 Gemeindebürgerinnen und Gemeindebürger der „gemischtsprachigen Gemeinde" St. Jakob/Šentjakob nach „rassenkundlichen" Kriterien vermessen und fotografiert. Im Auftrag des Reichsgaues Kärnten begutachtete der Wiener Anthropologe Karl Tuppa mit drei Mitarbeitern innerhalb von fünf Wochen immerhin achtzig Prozent der Bevölkerung – wobei sogar wenige Monate alte Kinder und 91-jährige Greise von den „Rassengutachtern" vermessen wurden.

    Auf Tausenden Messbögen wurden die Daten Tausender vermessener Männer, Frauen und Kindern aus St. Jakob/Šentjakob erfasst. Akribisch wurden dabei Körpergröße, Nasenbodenlänge, Jochbogen- und Stirnbreite etc. festgehalten. Ebenso penibel wurden Gesichtsformen, Haar- und Augenfarben etc. bestimmt, um daraus dubiose Rückschlüsse zu ziehen.

    Es wurden Schwarzweißfotografien von vorne und im Profil aufgenommen. Auch die Hände wurden zu „rassenkundlichen" Zwecken fotografiert. Von den damals rund 9600 produzierten Fotografien konnten im Zuge der Recherchen zu dieser Ausstellung nur mehr einige hundert aufgefunden werden.

    Die „Vermessungsaktion" war bis zum Archivfund auch den Historikerinnen und Historikern unbekannt. Selbst in der Gemeinde St. Jakob/Šentjakob sprach darüber so gut wie niemand. Es gibt nur ein schriftliches Dokument, in dem die entwürdigende Vermessungsaktion Erwähnung findet.

    Micka Mischkulnik, geborene Košat, die 1926 in Mühlbach/Reka zur Welt kam, schrieb in ihren Lebenserinnerungen: „Ich weiß nicht genau – wahrscheinlich war das im Herbst 1938, als alle Gemeindebürger, Jung und Alt, in das Dorfgasthaus gehen mussten, wo einige Herren unsere Nasen vermaßen, die Augenfarbe bestimmten, Köpfe und Schädel vermaßen und feststellten, zu welcher Rasse beziehungsweise Kategorie man gehörte, ob man ein ‚nordischer', ‚dinarischer', ‚ostischer' oder ein anderer Typ war. Welchen Zweck das hatte, ist mir nicht bekannt. Vielleicht suchte man unter uns Juden oder war dies schon die erste Vorbereitung auf die Aussiedelung in die Ukraine." Auf jeden Fall ging es den „Rassenkundlern" darum, alle Bürgerinnen und Bürger

Predgovor

Ob raziskovanjih za projekt razstave „Geodetski urad" smo na Oddelku za evolucijsko antropologijo Univerze na Dunaju našli izvirne podlage o „rasno-znanstveni" preiskavi, ki so jo izvedli v poletnih mesecih leta 1938 v Šentjakobu v Rožu. Ta najdba v arhivu decembra leta 2014 ni izzvala le velikega začudenja pri antropologih in antropologinjah, bila je tako rekoč srednje velika senzacija, saj dotlej niso vedeli za nobeno tako obsežno antropološko meritveno akcijo, ki so jo v obdobju nacionalsocialističnega režima opravili na civilistih na Koroškem oz. v Avstriji.

Poleti 1938, le nekaj mesecev po „anšlusu" – priključitvi Avstrije Hitlerjevi Nemčiji –, so v „jezikovno mešani občini" Šentjakob v Rožu premerili in fotografirali po „rasno-znanstvenih" kriterijih približno 3.200 občank in občanov. Po nalogu rajhovskega gaua (dežele) Koroške je dunajski antropolog Karl Tuppa s tremi sodelavci v petih tednih „strokovno" pregledal dobrih 80 % prebivalstva. Ti tako imenovani „rasni izvedenci" so premerili celo otroke, stare komaj nekaj mesecev, in prebivalce, ki so bili stari že 91 let.

Podatke o tisočih izmerjenih moških, žensk in otrok iz Šentjakoba v Rožu so vpisali na tisoče meritvenih listih. Natančno so zapisali telesno višino, dolžino nosnega korena, širino ličnice in čela ter podobno. Prav tako pedantno so ugotavljali obliko obraza, barvo las in oči itd. ter iz vsega tega izpeljevali dvomljive sklepe.

Posneli so črno-bele fotografije ljudi od spredaj in v profilu. V „rasno-znanstvene" namene so poslikali tudi roke. Od 9.600 fotografij, ki so jih tedaj posneli, je bilo v času raziskovanja za to razstavo mogoče najti le nekaj sto.

Do najdbe tega gradiva v arhivu zgodovinarke in zgodovinarji niso vedeli za to „meritveno akcijo". Celo v občini Šentjakob o tem ni spregovorila domala nobena priča časa. Poznamo le en sam zapis, v katerem je omenjena ta ponižujoča meritvena akcija.

Micka Miškulnik, rojena Košat, ki se je leta 1926 rodila na Reki, je v svojih življenjskih spominih zapisala: „Ne morem točno reči – najbrž je bilo to v jeseni 1938, ko smo morali vsi občani – od otrok do starčkov – iti v vaško gostilno, kjer so nam neki gospodje merili nosove, zapisovali barvo oči, merili glave in lobanje ter ugotavljali, h kateri rasi oziroma kategoriji spadaš, če si ‚nordisch', ‚dinarisch', ‚ostisch' in ne vem kaj še. Kakšen namen je to imelo, mi ni znano. Morda so med nami iskali Jude ali pa je to bila že prva priprava za izselitev v Ukrajino."

Vsekakor je „rasoslovcem" šlo predvsem za to, da vse Šentjakobčanke in Šentjakobčane razdelijo v kategorijo „plus", kar je pomenilo „arijski", in v kategorijo „minus" („nearijski").

Brez dvoma lahko sklepamo, da so take „meritvene akcije" služile kot podlaga za kasnejšo tako imenovano „völkische Flurbereinigung" – s tem pojmom so nacionalni socialisti poimenovali pregon, deportacijo in poboj ljudi, ki niso ustrezali zločinskim rasnim kriterijem nacističnega zločinskega režima. Tako je Alois Maier-Kaibitsch, ki je aprila der Gemeinde in „plus" (arisch) und „minus" (nicht arisch) einzuteilen. Es kann davon ausgegangen werden, dass derartige „Vermessungsaktionen" als Grundlage für später vorzunehmende „völkische Flurbereinigungen" dienen sollten. So hatte Alois Maier-Kaibitsch, der im April 1942 die Deportation von über 900 Kärntner Slowenen und Sloweninnen koordinierte, im Juli 1942 unverhohlen weitere Gewaltmaßnahmen angedroht, indem er ankündigte, dass in „absehbarer Zeit" mit der „slowenischen Minderheit endgültig Schluss gemacht" werde. Dabei zählte er auf die Unterstützung angesehener „Rassengutachter", wie den Anthropologen Karl Tuppa, der nach der Vermessung der Bevölkerung in St. Jakob/Šentjakob noch weitere 45.000 Personen der „Mischbevölkerung" im südlichen Kärnten „rassisch" aufzunehmen gedachte. Ebenso wie sich die Anthropologen und Anthropologinnen bereitwilligst für die nationalsozialistischen Eroberungspläne instrumentalisieren ließen, legitimierte auch Kärntens überwiegend rassistisch gesinnte Wissenschaftselite den Rassenwahn der Nationalsozialisten und deren Politik der „Umvolkung".

Die Unterlagen der Vermessungsaktion in St. Jakob/Šentjakob – Fotografien sowie ausgefüllte Messdatenblätter – konnten, wie gesagt, im Archiv des Departments für Evolutionäre Anthropologie der Universität Wien gefunden werden. Mit der Ausstellung, die einen Bogen von diesem (vermessenen) Rassenwahn über den heutigen Rassismus bis hin zum „perfekten" beziehungsweise „gläsernen Menschen" spannen will, erfolgt auch eine symbolische Rückführung dieses sehr persönlichen „Materials" nach St. Jakob/Šentjakob.

Die Ausstellung darf als Kärntens Beitrag zum Gedenkjahr 1938 – 2018 betrachtet werden.

Werner Koroschitz und Marjan Sticker
Kuratoren der Ausstellung „Vermessungsamt/Geodetski urad"

1942 usklajeval in vodil deportacijo nad 900 koroških Slovencev in Slovenk, julija 1942 odkrito grozil z nadaljnjimi nasilnimi ukrepi, ko je napovedal, da bodo v „doglednem času dokončno opravili s slovensko manjšino" na Koroškem. Pri tem je lahko računal s podporo uglednih „rasnih izvedencev", kakor npr. antropologa Karla Tuppe, ki je, potem ko je „premeril" prebivalce v občini Šentjakob, načrtoval „rasno" popisati nadaljnjih 45.000 oseb iz „mešanega prebivalstva" na južnem Koroškem. Kakor so antropologi in antropologinje kar najbolj ustrežljivo dovolili, da jih nacistični režim uporabi za svoje osvajalske načrte, je tudi koroška, v pretežni meri rasistično nastrojena znanstvena elita legitimirala rasistične zle načrte nacionalnih socialistov in njihovo politiko tako imenovanega „prenarodovanja" (Umvolkung).

Gradivo „merilne akcije" v Šentjakobu – fotografije in izpolnjene meritvene liste – smo, kakor že omenjeno, našli v arhivu Oddelka za evolucijsko antropologijo na dunajski univerzi. Z razstavo, ki želi pokazati to rasistično norost, ki je polna prekomernega napuha, a hkrati obravnava tudi današnji rasizem tja do stremljenja po „brezhibnem" oz. „steklenem" človeku, smo simbolno vrnili to zelo osebno gradivo v Šentjakob.

Razstavo razumemo kot doprinos Koroške k spominskemu letu 2018 (1938–2018).

Werner Koroschitz in Marjan Sticker
Kuratorja razstave „Vermessungsamt/Geodetski urad"

Geleitwort

Im Sommer 1938 fragte niemand nach, ob die an der St. Jakober Bevölkerung von fremden Herren unter dem Deckmantel der Wissenschaftlichkeit vorgenommenen Vermessungen erlaubt waren. Die Herren waren von heute auf morgen da und vermaßen ohne zu fragen alle, vom Kleinkind bis zur Greisin. Die Vermesser teilten ein: plus oder minus, richtig oder falsch. Einige der mit einem Minus Versehenen wurden 1942 vertrieben, einige, deren Leben für unwert befunden wurde, ermordet.

Gemeinsam mit dem Verein Industriekultur und Alltagsgeschichte (VIA) will der Slowenische Kulturverein/Slovensko prosvetno društvo Rož aus St. Jakob im Rosental/Šentjakob v Rožu im Gedenkjahr 2018 auf ein in Vergessenheit geratenes Ereignis mit der Überzeugung aufmerksam machen, dass ein Unrechtsregime nicht „einfach so" entsteht. Der Ursprung jeden Unrechts liegt darin, dass zwar alle Menschen gleich sind, manche sich aber gleicher fühlen. Dieses zuerst diffuse Gefühl des Besserseins kann schnell in eine Überzeugung umschlagen und schließlich zu Ablehnung, Ausgrenzung, Unterdrückung und letztendlich Vernichtung führen. Die Ausstellung „Vermessungsamt/Geodetski urad" und die dazu aufgelegte Publikation sollen eine Aufforderung zu Wachsamkeit sein und aufzeigen, wohin Ausgrenzung führt.

Von den Menschen aus St. Jakob im Rosental/Šentjakob v Rožu wurden im Jahr 1938 ungefragt Messdaten abgenommen und Fotos angefertigt. Die Gestalterinnen und Gestalter der Ausstellung „Vermessungsamt/Geodetski urad" wollen ihnen das Abgenommene wieder zurückgegeben.

Hanzi Wuzella
Slowenischer Kulturverein Rož

Spremna beseda

Poleti leta 1938 nihče ni vprašal, ali je meritev šentjakobskega prebivalstva, ki so jo izvedli tuji gospodje pod plaščem znanstvenosti, dopustna. Gospodje so bili od danes na jutri tu in so, ne da bi vprašali, premerili vse, od otrok do starčkov. Merilci so opredelili: plus ali minus, prav ali narobe. Nekateri z minusom označeni so bili leta 1942 pregnani, nekateri, katerih življenje je bilo označeno kot nevredno, pa umorjeni.

    Slovensko prosvetno društvo Rož iz Šentjakoba v Rožu hoče skupaj z društvom Industrijska kultura in zgodovina vsakdanjika/Industriekultur und Alltagsgeschichte (VIA) v spominskem letu 2018 s prepričanjem, da krivični režim ne nastane „kar tako", opozoriti na ta pozabljeni dogodek. Začetek vsake krivice je v tem, da so sicer vsi ljudje enaki, da se pa nekateri počutijo bolj enake. Ta ob začetku nejasni občutek – biti boljši od drugih – se lahko kar kmalu sprevrže v prepričanje in privede do odklanjanja, izključevanja, zatiranja in končno do uničenja. Razstava „Vermessungsamt/Geodetski urad" in publikacija, ki navezuje na razstavo, naj bosta poziv k budnosti in naj pokažeta, kam privede izključevanje.

Ljudi v Šentjakobu v Rožu so leta 1938 premerili in poslikali, ne da bi jih kdo prej vprašal za dovoljenje. Oblikovalke in oblikovalci razstave „Vermessungsamt/Geodetski urad" želimo tem ljudem vrniti tisto, kar jim je bilo odvzeto.

Hanzi Wuzella
Slovensko prosvetno društvo Rož

DIETMAR PICKL

Kopf oder Zahl?
Rede zur Eröffnung der Messstation in St. Jakob im Rosental, am 6. Juli 2018

Verehrte Festmessgäste! Liebe Messfestgäste!

Nicht bis drei zählen können, ist nicht unbedingt ein Pluspunkt beim Vorstellungsgespräch. Den PIN-Code vergessen zu haben und ohne Geld im Sack vor dem Bankomaten zu stehen, ist peinlich. Ein Blutdruck von 240 zu 145 ist eher kein Garant für ein langes Leben. Einen Walzer im Zweivierteltakt bei der AKM anzumelden, wird möglicherweise nicht klappen.

Ich könnte noch mehrere solcher blöder Beispiele bringen. Warum diese kindische Einleitung?

Sie will darauf hinweisen, worüber ich in den nächsten achtzehn Minuten sprechen werde: über Zahlen. Zahlen, mit denen wir zählen, messen, rechnen, werten, wiegen, benoten, urteilen und verurteilen.

Die Zahl ist jung im Vergleich zum Alter der Menschheit. Ungefähr vor 5000 Jahren trat sie auf, wohl gemeinsam mit der Erfindung der Schrift. Nicht bei uns. Im heutigen Irak, der damals von den Sumerern besiedelt war. Euphrat und Tigris gab es schon. Eine großartige Erfindung, man konnte mit der Zahl die Bestände in den Getreidelagern zählen, diese danach notieren und damit festhalten. Bei der Inventur zu Jahresende machen wir das immer noch so. Zählen, notieren, festhalten.

Salomon, angeblich der Weise, hatte eine andere Sicht auf die Zahl, zumindest was die Herkunft anlangt, wenn er sagte:

„Aber du hast alles Maß, Zahl und Gewicht geordnet. Denn deine Kraft gewaltig zu erweisen, ist dir allzeit möglich, und wer kann der Macht deines Armes widerstehen?"

Da haben wir es. Die Zahl ist göttlich. Gewaltig. Stark. Mächtig.

Pythagoras, der Philosoph von der Insel Samos, wo derzeit Flüchtlinge in Lagern vegetieren, sagte es einige Jahrhunderte später anders, meinte aber doch einigermaßen Gleiches. Die αρχή (archí) der Welt ist die Zahl bzw. sind Zahlenverhältnisse. Αρχή heißt Ursprung, Prinzip, Beginn. Sie wird dann zur Ordnung, Herrschaft: Hierarchie, Monarchie, Oligarchie.

Die Zahl, wir können sagen, die reine, nackte Zahl beherrschte sehr bald die Bereiche Wissenschaft und Kunst: Der Goldene Schnitt ist ein Zahlenverhältnis, der vitruvianische Mensch hat seinen Idealkörper eingeschrieben in Quadrat und Kreis. Sie kennen ihn alle von der italienischen 1-Euro-Münze.

Das Zählen und Messen in der Neuzeit stellte Weltbilder auf den Kopf, formulierte Gesetze als Ergebnis von Berechnungen durch Zahlen. Kopernikus zwang uns zu glauben, dass wir uns um die Sonne bewegen, obwohl wir bis heute sehen können, dass die Sonne es ist, die sich bewegt. Galilei, mit Glück und Diplomatie dem Scheiterhaufen der Inquisition entkommen, formulierte den naturwissenschaftlichen Zentralsatz der Neuzeit:

Glava ali število?
Govor ob odprtju merilne postaje v Šentjakobu v Rožu 6. julija 2018

Spoštovane gospe, cenjeni gospodje, drage prijateljice in dragi prijatelji!

Če človek ne zna šteti do tri, se mu to pri predstavitvenem pogovoru za službo ne šteje ravno v dobro. Če pozabiš PIN kodo in brez beliča stojiš pred bankomatom, je zoprno. Krvni tlak 240 skozi 145 ni prav močno jamstvo za dolgo življenje. Valčka v dvočetrtinskem taktu vam po vsej verjetnosti ne bo uspelo prijaviti pri Združenju SAZAS.

    Lahko bi vam postregel še z več takimi trapastimi primeri. Le zakaj tak otročji uvod? Nakaže naj vsebino, o kateri bom govoril naslednjih osemnajst minut: o številih, številkah. O številih, s katerimi štejemo, merimo, računamo, vrednotimo, tehtamo, ocenjujemo, presojamo in obsojamo.

    Število je v primerjavi s človekovim vekom mlado. Pojavilo se je približno pred pet tisoč leti, verjetno obenem z iznajdbo pisave. A ne pri nas. V današnjem Iraku, ki so ga v tisti dobi poseljevali Sumerci. Evfrat in Tigris sta že obstajala. Čudovita iznajdba; s števili so lahko prešteli zaloge v žitnicah, jih zabeležili in s tem prihranili za pozneje. Pri letni inventuri ljudje še zmeraj storimo tako. Preštevamo, beležimo, shranimo.

    Salomon, menda Modri, je števila videl drugače, vsaj kar se tiče njihovega izvora:

„Toda ti vse urejaš po meri, po številu in po teži. Tvoja silna moč je namreč zmeraj pri tebi. Kdo se bo ustavljal moči tvoje roke?"

Tukaj piše. Število je Božje. Silno. Močno. Mogočno.

    Pitagora, filozof z otoka Samosa, kjer dandanes po taboriščih životarijo begunci, je nekaj stoletij pozneje povedal drugače, mislil pa je vendarle za silo isto. Ἀρχή (archí) sveta je število oziroma so razmerja števil. Ἀρχή pomeni izvor, počelo, izvir. Nato postane red, vladavina: hierarhija, monarhija, oligarhija.

    Število, rečemo lahko, čisto, golo število, je kaj kmalu obvladalo področji znanosti in umetnosti: zlati rez je razmerje števil, Vitruvijev človek ima telo vpisano v kvadratu in krogu. Vsi ga poznate z italijanskega kovanca za en evro.

    Štetje in merjenje v novem veku je podobe o svetu obrnilo na glavo, formuliralo zakone kot rezultat izračunavanj s števili. Kopernik nas je prisilil v verjetje, da se gibljemo okrog Sonca, čeprav vse do danes jasno vidimo, da je pravzaprav Sonce tisto, ki se giblje. Galilej, ki je po sreči in z diplomacijo ušel grmadi inkvizicije, je formuliral naravoslovno srčiko novega veka:

„Meriti je treba vse, kar je merljivo, kar pa ni merljivo, je treba narediti merljivo!"

    In človek meri vesolje, celine, morja, oceane, hribe in doline, dežele, vzpone in padce, višave in globeli. Toda v novem veku se je vse skupaj šele začelo, in potem, ko je bil ves svet z vseh možnih kotov in kotičkov do konca izmerjen in preštet, se je znanost lotila še človeka. O katerem je nekoč eden grških filozofov, Protagora, povedal, da je on, človek, mera

„Alles, was messbar ist, messen, und was nicht messbar ist, messbar machen!"

Und der Mensch vermisst den Kosmos, die Kontinente, die Meere, die Berge, die Länder und Täler, die Höhen und Tiefen. Die Neuzeit hat aber erst begonnen, und nachdem die Welt abgeklappert wurde nach allen möglichen Dingen, die zu zählen und zu messen waren, nahm die Wissenschaft einen Anlauf in Richtung Mensch. Von dem einst ein griechischer Philosoph, Protagoras, gesagt hat, dass er, der Mensch, das Maß aller Dinge sei. Jetzt wird der Mensch zum Objekt aller Messwerte. Er wird gemessen, damit er verglichen werden kann, das gewonnene Maß führt dann zu Maßnahmen.

Erich Fried
Die Maßnahmen

Die Faulen werden geschlachtet,
die Welt wird fleißig.

Die Häßlichen werden geschlachtet,
die Welt wird schön.

Die Narren werden geschlachtet,
die Welt wird weise.

Die Kranken werden geschlachtet,
die Welt wird gesund.

Die Alten werden geschlachtet,
die Welt wird jung.

Die Traurigen werden geschlachtet,
die Welt wird lustig.

Die Feinde werden geschlachtet,
die Welt wird freundlich.

Die Bösen werden geschlachtet,
die Welt wird gut.

Menschen können auch gezählt werden. Wie Kühe, Schafe, Borkenkäfer oder Verkehrstote. Salvini lässt 2018 in Italien die Roma und Sinti zählen. Warum wohl? Kreisky 1976 die Sloweninnen und Slowenen. Wir wissen warum.

vseh reči. Zdaj pa je človek postal predmet vseh merskih vrednosti. Njega izmerjajo, da ga lahko primerjajo, pridobljeni merski rezultati pa nato rezultirajo v umerjenih ukrepih.

Erich Fried
Ukrepi

Lenuhe zakoljemo
in svet bo marljiv.

Grduhe zakoljemo
in svet bo lep.

Norce zakoljemo
in svet bo moder.

Bolnike zakoljemo
in svet bo zdrav.

Starce zakoljemo
in svet bo mlad.

Žalostne zakoljemo
in svet bo radoživ.

Sovražnike zakoljemo
in svet bo ljubezniv.

Zlohotneže zakoljemo
in svet bo dobrotljiv.

Ljudi lahko tudi preštevamo. Enako kot krave, ovce, lubadarje in žrtve prometnih nesreč. Salvini je leta 2018 v Italiji ukazal, naj preštejejo Rome in Sinte. Zakaj le? Kreisky leta 1976 Slovenke in Slovence. Vemo zakaj.

Jani Oswald
Artüköl sübön

Gack
       gack
              gack

       Artüköl sübön
meun
       Artüköl sübön
neun meun
              Recht
meun   kleunes
              verbrüftös
gack
       gack
              gack

       eun   Stückel
       Artüköl sübön
              is röcht

nicht wahr
       das ist alles
nicht wahr
       und vörgessen

Der menschliche Körper lässt sich auf tausenderlei Art vermessen. Die Frage ist immer: Was will ich mit den gemessenen Daten aussagen, beweisen, ausschließen oder betonen.

Im 19. Jahrhundert erlebte das Abwiegen von menschlichen Gehirnen einen wissenschaftlichen Hype. Paul Broca, Professor für klinische Chirurgie in Paris, vertrat die Ansicht, dass ein Zusammenhang zwischen Intelligenz und Gehirngewicht bestünde.

„Im allgemeinen ist das Gehirn bei reifen Erwachsenen größer als bei alten Leuten, bei Männern größer als bei Frauen, bei hervorragenden Männern größer als bei Männern mit mittelmäßiger Begabung, bei höherstehenden Rassen größer als bei minderwertigen. Wenn alles andere gleich ist, besteht eine bemerkenswerte Beziehung zwischen dem Entwicklungsgrad der Intelligenz und dem Gehirnvolumen."

Fünf Jahre später äußerte sich Broca noch deutlicher:

„Ein prognathisches (vorspringendes) Gesicht, eine mehr oder minder schwarze Hautfarbe, gekräuseltes Haar und geistige und soziale Minderwertigkeit gehen

Jani Oswald
Intimni odnos

Put
    put
        put
   člön
   södöm
        moj
   člön
   södöm
        moja
   pravüca
        moja
mala
        zajamčena
   pravüca
put
   put
        put
   člön
   södöm
   pravüca
bog se
   üsmülü
        se bog

Človeško telo je izmerljivo na tisoče načinov. Vprašanje je vselej: Kaj z izmerjenimi podatki želim sporočati, dokazovati, izključevati ali poudarjati.

V 19. stoletju je bilo tehtanje človeških možganov prava znanstvena moda. Paul Broca, profesor klinične psihologije v Parizu, je zastopal mišljenje, da sta inteligentnost in teža možganov povezani.

„Nasploh velja, da so možgani zrelega odraslega večji kot možgani starih ljudi, možgani moških večji od ženskih, pri odličnih moških večji kot pri moških s povprečnimi talenti, pri višjih rasah večji kot pri manj vrednih. Če je vse ostalo isto, med razvojno stopnjo inteligentnosti in obsegom možganov obstaja pomenljivo razmerje."

Pet let pozneje se je Broca izrazil še jasneje:

„Prognatičen (izbočen) obraz, bolj ali manj črna barva kože, skodrani lasje in duševna ter socialna manjvrednost gredo velikokrat z roko v roki, medtem ko bolj ali manj bela koža, gladki lasje in ortognatičen (raven) obraz spadajo k običajnim

häufig miteinander einher, während mehr oder minder weiße Haut, glattes Haar und ein orthognathisches (gerades) Gesicht zur üblichen Ausstattung der höchststehenden Gruppen der Menschen gehören. […] Eine Gruppe mit schwarzer Haut, gekräuseltem Haar und einem prognathischen Gesicht war noch nie in der Lage, sich spontan zur Zivilisation aufzuschwingen."

Berühmte Männer müssten demnach große, schwere Gehirne haben. Aber, große Peinlichkeit: bei einem durchschnittlichen Gehirngewicht von 1300 bis 1400 Gramm schnitt zum Beispiel der berühmte Mathematiker Karl Friedrich Gauß mit 1492 Gramm nur leicht überdurchschnittlich ab, Franz Gall, einer der Begründer der Schädelkunde, brachte gar nur magere 1198 Gramm auf die Waage.

Ernst Jandl
ein fehler

ein fehler ist jedem schon (paaiert) passiert
auch wenn er sich nicht geirrt hat.
der fehler ist nämlich kein irrtum,
sondern eine falsche. daraus
wird leicht eine flasche. daß sie zerbricht
ist ein fehler, kein irrtum.

Eine der einflussreichsten Lehren aus den anthropometrischen, den menschenvermessenden Verfahren zog der italienische Arzt Cesare Lombroso, der die Disziplin der Kriminalanthropologie begründete.

Er formulierte sein „Damaskuserlebnis", dem er seine Theorie des Verbrechers zugrunde legte, so:

„Das war nicht bloß eine Idee, sondern eine blitzartige Erleuchtung. Beim Anblick dieses Schädels schien es mir, als sehe ich plötzlich […] das Problem der Natur des Verbrechers vor mir liegen – eines atavistischen Wesens, das in seiner Person die wilden Instinkte der primitiven Menschen und der niederen Tiere reproduziert. So erklärten sich anatomisch die riesigen Kiefer, die vorstehenden Wangenknochen, die Knochenwülste der Augenbrauen, die vereinzelten Handlinien, die Übergröße der Augenhöhlen, die henkelförmigen Ohren, wie sie bei Verbrechern, Wilden und Affen zu finden sind, die Schmerzunempfindlichkeit, die extreme Sehschärfe, die Tätowierungen, der übertriebene Müßiggang, die Vorliebe für Orgien und die verantwortungslose Sucht nach dem Bösen um des Bösen willen, der Wunsch, nicht nur das Leben des Opfers auszulöschen, sondern auch die Leiche zu verstümmeln, ihr Fleisch zu essen, und ihr Blut zu trinken."

Auf dem internationalen Kongress der Kriminalanthropologie von 1886 argumentierte er sogar, dass Prostituierte Greiffüße wie Affen hätten, demnach eine große Lücke zwischen der großen Zehe und den anderen Zehen bestünde.

atributom najvišjih skupin ljudi. […] Skupina s črno kožo, skodranimi lasmi in prognatičnim obrazom se še nikoli ni zmogla sama po sebi spontano povzpeti v civilizacijo."

Potemtakem bi morali imeti znameniti moški velike, težke možgane. Vendar pa, hoho, kako sitno: povprečna možganska teža se giblje med 1.300 in 1.400 grami, slavni matematik Karl Friedrich Gauß, na primer, pa se je s svojimi 1.492 grami odrezal le za las nad povprečjem. Ali pa Franz Gall, eden utemeljiteljev preučevanja lobanj, ki je na tehtnici spravil skupaj le pičlih 1.198 gramov.

Ernst Jandl
pomota

vsem se je že (zojila) zgodila pomota
tudi če se ni motil glede mota.
pomota namreč ni napaka,
ampak kiks. iz tega
hitro pride keks. da se zdrobi,
je pomota, ne napaka.

Enega najvplivnejših naukov iz antropometričnih, človeka izmerjajočih postopkov je izpeljal italijanski zdravnik Cesare Lombroso, utemeljitelj kriminalistične antropologije.

Svoje „doživetje razsvetljenja", kateremu je pripisal odkritje teorije o zločincu, je opisal takole:

„To ni bila zgolj kakšna zamisel, temveč bliskovito razsvetljenje. Ko sem zagledal to lobanjo, se mi je zazdelo, kot da pred seboj na lepem vidim […] problem narave zločinca – atavističnega bitja, ki v sebi reproducira divje nagone primitivnih ljudi in nižjih živali. Tako so se pojasnile anatomske posebnosti: orjaška čeljust, štrleče ličnice, debele kosti obrvi, posamezne črte na dlaneh, predimenzionirane očesne jamice, veliki uhlji, kot jih vidimo pri zločincih, divjakih in opicah, neobčutljivost za bolečino, ekstremno oster vid, tetovaže, pretirano brezdelje, nagnjenost k orgijam in neodgovorna sla po zlih stvareh zgolj iz zlobe, nato želja, ne le ugasniti življenje žrtve, temveč tudi oskruniti truplo, jesti njegovo meso in piti njegovo kri."

Na mednarodnem kongresu kriminalistične antropologije leta 1886 je Lombroso celo argumentiral, da imajo prostitutke oprijemalne noge kot opice ter v skladu s tem velik razmik med nožnim palcem in drugimi prsti na nogi.

Erich Fried
Schwarzsagung

*Die Hunde
werden sterben
wie die Fliegen*

*Die Fliegen
werden sterben
wie die Hunde*

*Die Menschen
werden nicht sterben dürfen
wie die Hunde*

*Die Menschen
werden nicht sterben dürfen
wie die Fliegen*

*Die Menschen
werden sterben
wie die Menschen*

Salomon in Jerusalem, Pythagoras aus Samos, Galilei in Pisa, Lombroso in Verona, Tuppa in St. Jakob im Rosental: Mess- und Zählgeschichte. Und heute? Zahlenflut, Statistiken, Tabellen, Rankings, Body-Mass-Index, 90-60-90, Idealmaß wie bei Vitruvius, Kragenweite, Schuhnummer, Körbchengröße, XL ist nicht römisch 40, Steuernummer, Versicherungsnummer, IBAN, TAN, Passwort, Kundennummer. Prozentsätze gewähren Minderheiten oder verwehren ihnen Rechte.

Erich Fried
Črnorečje
Prevod Andrej Kokot

Psi
bodo umrli
kot muhe

Muhe
bodo umrle
kot psi

Ljudje
ne bodo smeli umreti
kot psi

Ljudje
ne bodo smeli umreti
kot muhe

Ljudje
bodo umrli
kot ljudje

Salomon v Jeruzalemu, Pitagora na Samosu, Galilej v Pisi, Lambroso v Veroni, Tuppa v Šentjakobu v Rožu: zgodovina merjenja in preštevanja. Kaj pa danes? Poplava števil, statistik, preglednic, lestvic, indeks telesne mase, 90-60-90, idealne mere kot pri Vitruviju, obseg ovratnika, številka čevljev, velikost košaric, XL ni rimska 40, davčna številka, številka zavarovanja, IBAN, PIN koda, geslo, šifra kupca. Odstotki omogočajo manjšinam pravice ali pa jim jih odrekajo.

Andrej Kokot
Widerstand
Übersetzung Emil Krištof

In meinen Gedanken
ist Widerstand
in meinem Herzen
ist Widerstand
in meinen Gliedern
ist Widerstand
mein Leben
ist Widerstand
selbst mein Tod
ist Widerstand

Habt ihr schon nachgedacht
warum?
Nein, das habt ihr noch nicht getan,
weil ihr ansonsten
wüsstet,
dass ich unter euch bin.

Seien wir froh, dass wir an den Universitäten noch keinen allgemeinen Numerus clausus haben. Kommt schon noch.

Obwohl der keinen Rückschluss auf den Intelligenzquotienten zulässt. Oder doch? Was ist normal? Wer ist normal? Der in der Norm ist – gar in der Ö-Norm? Ist die Norm das Mittelmaß? Ist mittelmäßig nicht schon eher wieder minderwertig, weniger wert, wertlos. Das Übermäßige möglicherweise schon ein Unmäßiges, und wer maßt sich an, das zu messen. Brauchen wir Profi-Messer oder genügt unser Augenmaß, um der Maßlosigkeit Maßvolles entgegenzuhalten?

Ernst Jandl ist sich des Problems bewusst und folgert daraus:

wisszas, wisszas, des woiti
eich daschboan
es olle seiz deppm
oba mia san de noam

Andrej Kokot
Upor

V mojih mislih
je upor
v mojem srcu
je upor
v mojih udih
je upor
moje življenje
je upor
še moja smrt
je upor

Ste že pomislili
zakaj?
Ne, tega še niste,
ker bi sicer
vedeli,
da sem med vami.

Veseli smo lahko, da v Avstriji na univerzah še nimamo numerus clausus. To še pride. Čeprav takšna omejitev ne dopušča vzvratnega sklepanja na inteligenčni količnik. Ali pač? Kaj je normalno? Kdo je normalen? Ta, ki je po normi – celo po avstrijskih standardiziranih normah? Je norma povprečje? A ni povprečnost spet že nekako manjvredna, vredna manj, brez vrednosti? Je čezmernost morda že nezmernost, in kdo si drzne to meriti? Potrebujemo profesionalne merilce ali pa morda zadostuje, da nekaj sami premerimo z očmi, da se nezmernosti upremo z zmernostjo?

Ernst Jandl se je tega problema zavedal ter izpeljal sklep:

vidte, vidte, to sem vam
hotu prhrant
usi vi ste butlni,
mi pa smo norma prmej

Mein Vorschlag:
Nicht Mess-Opfer werden!
Nicht Mess-Täter werden!

Noch ein Vorschlag:
Lassen wir niemanden an unseren Kopf heran, mag er ein Dickschädel sein, oder ein Kürbis, Fetzenschädel, Plutzer, eine Rübe, Birne oder Marille.

Kopf oder Zahl?

Mag. Dietmar Pickl, Philosoph und Kulturarbeiter in Kärnten.

Moj predlog:
Ne postanimo žrtve meritev!
Ne postanimo storilci meritev!

In še en predlog:
Ne dovolimo nikomur stikati po naši glavi, pa če je trdobučnež ali bučman, tikva, turban, tintara, repa, hruška ali marelica.
Ali tudi betica, buča, lobanja, glavača, pisker, čelada, butica, glavica, hrganja, črepinja.

Glava ali število?

Mag. Dietmar Pickl, filozof in kulturnik na Koroškem.
Iz nemščine prevedla Urška P. Černe.

KATARINA MATIASEK
Archiv und Knoten

1 - Verbindungen

Archive sammeln – im Unterschied zu musealen und damit der Repräsentation verpflichteten Sammlungen – selbst wenig aktiv. Ihre Bestände entstehen über mit ihnen institutionell verknüpfte Akteure eher automatisch, so auch im Archiv des Departments für Evolutionäre Anthropologie der Universität Wien. Über fast hundert Jahre und damit über mehrere Generationen von Forschungsparadigmen hinweg haben sich dort die Aktivitäten von akademischen Anthropologen und ihren Netzwerken kontinuierlich als Archivalien sedimentiert. Die Ausbeuten von Übersee-Expeditionen der sich herausbildenden Disziplin und von später immer systematischer werdenden anthropologischen Kampagnen lagerten sich dabei meist in ganzen Konvoluten ab. Lose Dokumentationsmaterialien in unterschiedlichsten Medien wurden zu Bündeln organisiert – und verwaisten über die Jahrzehnte in lange unerschlossener Vollständigkeit.

Ein besonderer Knoten hat sich seit der Wende zum 20. Jahrhundert in der Archivlandschaft durchgesetzt, der sich zur Entnahme von Einzeldokumenten leicht lösen, aber ebenso leicht wieder um das Archivbündel schnüren lässt. Damit gewährt der Archivknoten einerseits schnellen Zugang zu Sammlungskonvoluten, wahrt aber andererseits deren Entstehungszusammenhang. Besonders historische Bilder haben „die Vertäuung mit ihrer Produktionszeit" verloren, für die Rekonstruktion ihres kulturellen Umfelds

Katarina Matiasek, Archiv & Knoten I, 2018
Fotopapier auf Aluminium

Katarina Matiasek, Arhiv & pentlja I, 2018
fotografski papir na aluminiju

Arhiv in pentlja

1 - Povezave

Zbirati gradiva za arhive – v nasprotju z muzejskimi arhivi, torej predstavitvam zavezanim zbirkam – samo po sebi ni zelo dejavno početje. Ta gradiva se skoraj samodejno zbirajo po akterjih, ki so z njimi povezani institucionalno. Enako je tudi z arhivom Oddelka za evolucijsko antropologijo Univerze na Dunaju. Skoraj sto let, v več generacijah znanstvenih paradigem, so se v njem kontinuirano nabirali sedimenti aktivnosti fakultetnih antropologov ter njihovih poklicnih mrež. Izpleni čezoceanskih znanstvenih ekspedicij razvijajoče se discipline pa tudi izpleni pozneje vse bolj sistematično delujočih antropoloških kampanj so večinoma shranjeni v debelih svežnjih. Razpršeno dokumentarno gradivo na najrazličnejših nosilcih je bilo organizirano v mape – ter desetletja samevalo v dolgo neodkriti celokupnosti.

Od prehoda v 20. stoletje se je med arhivarji uveljavil poseben način zavezovanja vozlov okrog arhivske mape, ki jih za poseganje po posameznih dokumentih zlahka razpletejo, nato pa enako preprosto spet zavežejo. Arhivski vozel tako po eni strani omogoča hiter dostop do svežnjev v zbirki, obenem pa tudi ohranja kontekst njihovega nastanka. Zlasti zgodovinske slike so izgubile svoj „privez na časovno obdobje, ko so nastale" in za rekonstrukcijo njihovega kulturnega okolja je treba na policah najti druge „pozabljene informacije".[1] V skladu s tem pojem zbiranja v latinskem izrazu *collectio* izpeljujemo iz dobesednega pomena zvezati, v prenesenem pomenu pa z jezikovno prepasanim zbiranjem, prebiranjem na kup, večstranskim branjem ali sinoptično stesnitvijo reči – ob istem času na istem kraju.[2]

Sistematično zbiranje tudi vizualnih dokumentov in vzpon takrat novih znanosti o človeku je znatno pospešil fotografski postopek, ki so ga kar večkrat odkrili okrog leta 1840.[3] Poleg tega je antropolog Gustav Fritsch (1838–1927) fotografijo leta 1875 označil kot „neizogibno potreben" korektiv subjektivnim pojmovanjem potujočih antropologov in njihovemu varljivemu spominu.[4] Fotografija naj kot „prava mrežnica znanstvenikovega očesa" ob bežnih pojavih skladno z resničnostjo zajame

---

[1] Ornella Amman in Peter Figner (1997) „Interpretation der Wirklichkeit." (Interpretacija resničnosti.) V: Völkerkundemuseum der Universität Zürich/Etnografski muzej Univerze v Zürichu (ur.) *Ans Licht geholt. Frühe Fotografien aus dem Archiv des Völkerkundemuseums* (Ausstellungskatalog), (Pripeljano na svetlo. Zgodnje fotografije iz Arhiva Etnografskega muzeja, razstavni katalog), str. 61–68, tukaj str. 61

[2] Donald Preziosi (2003) *Brain of the Earth's Body. Art, Museums, and the Phantasms of Modernity* (Minneapolis und London: University of Minnesota Press), str. 64.

[3] Donald Preziosi (2003), str. 119.

[4] Gustav Fritsch (1875) „Praktische Gesichtspunkte für die Verwendung zweier dem Reisenden wichtigen technischen Hülfsmittel: Das Mikroskop und der photographische Apparat." (Praktični vidiki za uporabo dveh popotniku pomembnih tehničnih pripomočkov: mikroskopa in fotografskega aparata.) V: Georg von Neumayer (ur.) *Anleitung zu wissenschaftlichen Beobachtungen auf Reisen in Einzel-Abhandlungen*/Navodila za znanstveno opazovanje na potovanjih v posamičnih razpravah (Berlin: Robert Oppenheim), str. 591–625, tukaj str. 605.

müssen andere „vergessene Informationen" aus dem Repositorium hervorgeholt werden.[1] Entsprechend leitet sich der Begriff der Sammlung in der lateinischen *collectio* wörtlich von einem Zusammenbinden, im übertragenen Sinn aber von einem durch das Band der Sprache verbundenen Zusammenlesen, einer wechselseitigen Lektüre oder zusammenschauenden Engführung der Dinge her – am gleichen Ort, zur gleichen Zeit.[2]

Es war augenscheinlich der um 1840 gleich mehrfach entdeckte fotografische Prozess, der erstmals ein systematisches Zusammenlesen auch visueller Dokumente ermöglichte und den Aufstieg der damals ebenfalls neuen Wissenschaften vom Menschen erheblich beförderte.[3] Der Anthropologe Gustav Fritsch (1838–1927) charakterisierte dabei die Fotografie 1875 als ein „unumgänglich nöthiges" Korrektiv für die subjektive Auffassung des reisenden Anthropologen und dessen trügerisches Gedächtnis.[4] Als „wahre Retina des Wissenschaftlers" sollte sie neben flüchtigen Phänomenen auch das bisher Unsichtbare wirklichkeitstreu festhalten[5] und damit universell vergleichbar machen. In der anthropologischen Feldforschung nahm folglich die Fotografie, wie Michael Taussig diagnostiziert, sogar die Funktion eines Emblems ein, welches für die Wissenschaftlichkeit des Unterfangens selbst mindestens so wie für die Existenz des Fotografierten steht.[6]

2 - Verschnürungen

Ein umso größeres Befremden löste daher jener Archivfund aus, der im Zuge der Archivrecherchen für das vorliegende Ausstellungsprojekt zu Tage kam. Auf der Suche nach möglicherweise am Department für Evolutionäre Anthropologie erhalten gebliebenen originalen Unterlagen zu einer im Jahr 1938 in Kärnten durchgeführten „rassenkundlichen" Kampagne des Anthropologen Karl Tuppa (1899–1981)[7] fanden sich tatsächlich vier mächtige, lose in Packpapier eingeschlagene Archivbündel mit der handschriftlichen Bezeichnung „Kärnten 1938". Drei der Pakete enthielten standardisierte Messbögen, welche die Körpermaße aller in diese Untersuchung einbezogenen Einwohner von St. Jakob im Rosental verzeichneten. Das vierte Bündel aber enthielt die damals aufgenommenen anthropometrischen Fotografien der zweisprachigen Bevölkerung, deren Form der Verwahrung sofort irritierend ins Auge sprang.

---

[1] Ornella Amman und Peter Figner (1997) „Interpretation der Wirklichkeit." In: Völkerkundemuseum der Universität Zürich (Hg.) *Ans Licht geholt. Frühe Fotografien aus dem Archiv des Völkerkundemuseums* (Ausstellungskatalog), S. 61–68, hier S. 61.

[2] Donald Preziosi (2003) *Brain of the Earth's Body. Art, Museums, and the Phantasms of Modernity* (Minneapolis und London: University of Minnesota Press), S. 64.

[3] Donald Preziosi (2003), S. 119.

[4] Gustav Fritsch (1875) „Praktische Gesichtspunkte für die Verwendung zweier dem Reisenden wichtigen technischen Hülfsmittel: Das Mikroskop und der photographische Apparat." In: Georg von Neumayer (Hg.) *Anleitung zu wissenschaftlichen Beobachtungen auf Reisen in Einzel-Abhandlungen* (Berlin: Robert Oppenheim), S. 591–625, hier S. 605.

[5] Siehe Christoph Hoffmann (2001) „Zwei Schichten. Netzhaut und Fotografie 1860/1890." *Fotogeschichte*, Band 81, S. 21–38.

[6] Michael Taussig (1997) *Mimesis und Alterität. Eine eigenwillige Geschichte der Sinne* (Hamburg: Europäische Verlagsanstalt), S. 212.

[7] Siehe Karl Tuppa (1940) „Rassenkundliche Untersuchungen in Kärnten." In: Sonderabdruck aus *Verhandlungen der Deutschen Gesellschaft für Rassenforschung*, Band X, S. 28–31.

tudi dotlej nevidne reči[5], s tem pa jim omogoči univerzalno primerljivost. Fotografija je posledično, kot ugotavlja Michael Taussig, v antropoloških terenskih raziskavah zavzela celo položaj emblema, ki znanstvenost podvzema samega zaznamuje v najmanj takšni meri kot obstoj predmeta fotografije.[6]

2 - Zavozlanosti

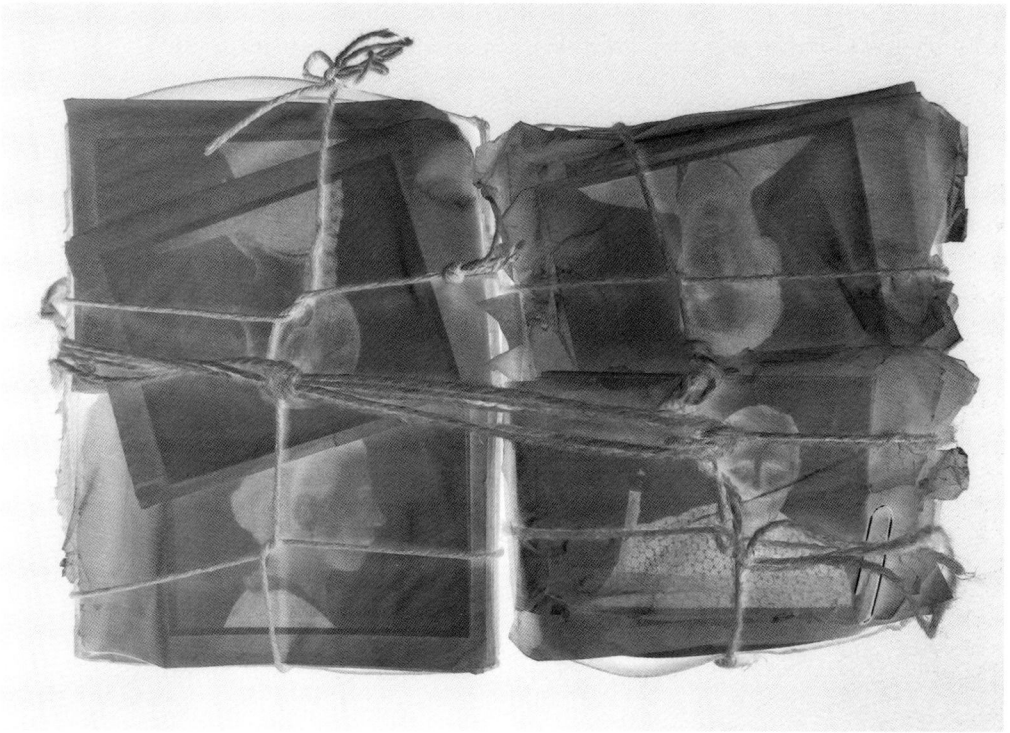

Katarina Matiasek, Archiv & Knoten II, 2018
Fotopapier auf Aluminium

Katarina Matiasek, Arhiv & pentlja II, 2018
fotografski papir na aluminiju

Ob zgoraj očrtanih okoliščinah je toliko več zgroženosti sprožila arhivska najdba, ki je prišla na dan med preiskovanjem gradiv za ta projekt razstave. Med iskanjem morebitnih izvornih dokumentov o leta 1938 na Koroškem izvedeni „rasnoraziskovalni" kampanji antropologa Karla Tuppa (1899–1981)[7] je bilo upati na najdbe v arhivu Oddelka

---

[5] Glej Christoph Hoffmann (2001) „Zwei Schichten. Netzhaut und Fotografie 1860/1890." (Dva sloja. Mrežnica in fotografija 1860/1890. Zgodovina fotografije.) *Fotogeschichte*, zvezek 81, str. 21–38.

[6] Michael Taussig (1997) *Mimesis und Alterität. Eine eigenwillige Geschichte der Sinne* (Mimezis in alteriteta. Svojevoljna zgodovina čutil), (Hamburg: Europäische Verlagsanstalt), str. 212.

[7] Glej Karl Tuppa (1940) „Rassenkundliche Untersuchungen in Kärnten." Rasno-raziskovalne študije na Koroškem. V: Separat iz publikacije *Verhandlungen der Deutschen Gesellschaft für Rassenforschung* (Razprave Nemškega združenja za rasne raziskave), zvezek X, str. 28–31.

Im Unterschied zum leicht lösbaren Archivknoten war um das Konvolut der Kärntner Fotografien mit rauem Spagat ein enges Netz von unzähligen wie unlösbaren Knoten geknüpft worden. Offenbar sollte diese übergründliche Verschnürung die weit über tausend Fotografien auf immer zusammenhalten, zugleich aber nie mehr einsehbar machen. In dieser fetischhaften Verspannung verdeutlicht sich jene jeder Sammlung zugrunde liegende Grundspannung zwischen der Beständigkeit ihrer Objekte und deren Benutzung oder Durchsicht, welche immer erst im Laufe der Zeit stattfindet – eine Lektüre, die in Donald Preziosis Worten „nicht nur endlos ist, sondern auch in nicht unbedingt vorhersehbaren Bahnen verläuft".[8] Der immer erst retrospektiv erfolgenden und unter unkalkulierbaren Aspekten entstehenden etwaigen *collectio* oder Zusammenschau sollte hier anscheinend entgegengewirkt werden.

Die genaueren Umstände und Beweggründe rund um diese Verschnürungspraxis am „Körper" der Sammlung sind nicht mehr rekonstruierbar und werden wohl auf immer unbekannt bleiben. Sie hat jedoch die eigentlich ausentwickelten Schwarzweißfotografien aus St. Jakob im Rosental, einst standardisiert *en face* und im Profil aufgenommen, jeweils wieder in den Zustand eines latenten Bildes zurückversetzt – in ein zwar belichtetes, aber vor seiner Entwicklung unsichtbares Bild.[9] Auf diesen, dem fotografischen Entstehungsprozess grundsätzlich eingeschriebenen Zustand im Negativ hat bereits Sigmund Freud zurückgegriffen, um das unsichtbare Verharren von Erinnerungsbildern im Unterbewusstsein zu charakterisieren. Als „präsent, aber nicht verfügbar" lässt sich mit Alexandra Tischel auch der Kern des Traumas umreißen, dessen verdrängte Bezüge und latente Erinnerungen sich mit zeitlichem Versatz nur noch als Symptom manifestieren können.[10]

3 - Lösungen

Die wiedergefundenen fotografischen Aufnahmen aus St. Jakob im Rosental sind in ihrer verschnürten Latenz gewiss ein besonders greifbares Medium des historischen Traumas, welches Karl Tuppas rassistische Klassifizierungen in abstrusen Hierarchien „nordischen Blutes"[11] nach sich gezogen hatten: die Entscheidung über Bleiben oder Deportation, über Leben oder Tod im Dienste des nationalsozialistischen Terrorregimes. Anachronistischerweise schnürte dieses Archivpaket bis zu seiner kürzlichen Wiederentdeckung auch zusammen, was die anthropologische Kampagne des damaligen Dozenten für Anthropologie an der Universität Wien sich im Jahr 1938 eigentlich und folgenschwer zu trennen vorgenommen hatte: die Einwohnerschaft der zweisprachigen

---

[8] Donald Preziosi (2003), S. 64.

[9] Felix Freier (1992) „Latentes Bild." In: Derselbe (Hg.) *DuMont's Lexikon der Fotografie. Technik – Geschichte – Kunst* (Köln: DuMont Buchverlag), S. 208.

[10] Alexandra Tischel (2006) „Aus der Dunkelkammer der Geschichte. Zum Zusammenhang von Photographie und Erinnerung in W. G. Sebalds Austerlitz." In: Michael Niehaus und Claudia Öhlschläger (Hg.) *W. G. Sebald. Politische Archäologie und melancholische Bastelei* (Berlin: Erich Schmidt Verlag), S. 31–45, hier S. 33 f.

[11] Karl Tuppa (1940), S. 31.

za evolucijsko antropologijo na Dunaju, in res so se našli štirje zajetni, nevezani, v ovojni papir zaviti svežnji z na roko zapisano oznako „Kärnten 1938", Koroška 1938. Trije paketi so vsebovali standardizirane merilne pole, v katerih so bile zapisane telesne mere vseh v raziskavo zajetih prebivalcev Šentjakoba v Rožu. Četrti sveženj pa je vseboval v tistem času posnete antropometrične fotografije dvojezičnega prebivalstva, ki je zaradi oblike hrambe takoj močno zbodel v oči.

V nasprotju z arhivskimi vozli, ki so se dali zlahka razplesti, je bil snop koroških fotografij obdan z gosto mrežo neštetih vozlov iz grobe vrvice, ki se niso dale razplesti. Očitno je imela pretirano skrbno zvozlana mreža nalogo, da teh precej več kot tisoč fotografij za zmeraj drži skupaj in jih nikomur več ne pokaže. Ta fetišistična spetost zrcali temeljno napetost med trajnostjo predmetov v zbirki ter njihovo uporabo ali njihovim pregledovanjem, kar koli od tega se pač zgodi prej – branje, ki, povedano z besedami Donalda Preziosija, „ni le neskončno, temveč tudi ne poteka nujno v pričakovanih smereh".[8] Kot kaže, se je nekdo trudil delovati proti vsakokratni *collectio* ali sinoptični strnitvi, ki zmeraj potekata šele retrospektivno in iz nepredvidljivih zornih kotov.

Podrobnejših okoliščin in motivacij okrog tega načina prevezovanja „telesa" zbirke ni več mogoče rekonstruirati in bodo verjetno za zmeraj ostale skrite. Vendar pa je to prevezovanje pravzaprav do popolnosti razvite črno-bele fotografije iz Šentjakoba v Rožu, davno tega standardizirano posnete neposredno v obraz ter iz profila, spet postavil nazaj v stanje tako imenovane latentne podobe – v stanje sicer osvetljene, toda pred razvitjem v temnici nevidne podobe.[9] Na to fotografskemu sistemu v temelju vpisano stanje v negativu se je navezoval že Sigmund Freud, ko je opisoval značaj nevidne trdoživosti spominskih podob v človekovi podzavesti. Kot „navzoče, ne pa tudi dosegljivo" lahko z besedami Alexandre Tischel očrtamo tudi jedro travme, katere potlačene vsebine in latentni spomin se lahko s časovnim zasipavanjem manifestirajo samo še kot simptom.[10]

3 - Rešitve

Ponovno odkriti fotografski posnetki iz Šentjakoba v Rožu so v svoji vozličasti latentnosti gotovo oprijemljiv medij zgodovinske travme, ki jo je povzročilo Tuppovo rasistično klasificiranje v temačnih hierarhijah „nordijske krvi"[11]: odločanje o tem, kdo lahko ostane na svoji zemlji, kdo pa bo deportiran, odločanje o življenju in smrti v službi nacističnega terorja.

---

[8] Donald Preziosi (2003), str. 64.

[9] Felix Freier (1992) „Latentes Bild." (Latentna podoba.) V: Freier, F. (ur.) *DuMont's Lexikon der Fotografie. Technik – Geschichte – Kunst* (Köln: DuMont Buchverlag), str. 208.

[10] Alexandra Tischel (2006) „Aus der Dunkelkammer der Geschichte. Zum Zusammenhang von Photographie und Erinnerung in W. G. Sebalds Austerlitz." (Iz temnice zgodovine. O povezavi fotografije in spomina v romanu Austerlitz W. G. Sebalda) V: Michael Niehaus in Claudia Öhlschläger (ur.) *W. G. Sebald. Politische Archäologie und melancholische Bastelei*/W. G. Sebald. Politična arheologija in melanholično modeliranje (Berlin: Erich Schmidt Verlag), str. 31–45, tukaj str. 33.

[11] Karl Tuppa (1940), str. 31.

Gemeinde St. Jakob im Rosental. Dies deutet schon an, dass das Archiv als Ordnungssystem die ursprüngliche Einbettung seiner Inhalte auch zu verschleiern vermag.

Die Archivierung, so Jacques Derrida in seinem ikonischen „Archive Fever", bringt das Ereignis in gleichem Maße hervor, wie sie es aufzeichnet.[12] Der Prozess der Bestandsbildung bleibt daher nicht unschuldig, durch ihn werden noch vor jeder Geschichtsschreibung Archivinhalte vorstrukturiert und gleichsam „narrativ verstellt".[13] Diese „Geschichtsvorschreibung" betrifft auch das durch die Archivordnung vorselektierte und damit kanonisierte Vergessen. Bevor wir also den Knoten um ein Konvolut historischer Archivalien lösen können, müssen wir uns heute auch von unserer Vorstellung vom Archiv als reiner und vollständiger Quelle lösen. Es gilt vielmehr, das Archiv als aktiven „kulturellen Agenten"[14] von Wissensproduktion und -verlust, von staatlich sanktionierten und unbenannt gebliebenen Anthropologien ins Auge zu bekommen. Leerstellen und Spuren der Erosion in der Archivlandschaft werden dabei zu notwendigen Orientierungspunkten bei ihrer historischen wie auch künstlerischen Reaktivierung.

Dazu lohnt sich nochmals ein Blick auf die Fotografie. Ihre wissenschaftliche Anwendung, wie Peter Geimer überzeugend betont, würde redundant, wenn ihre Resultate unter strikter Kontrolle und daher vorhersehbar wären. Er unterstreicht die Notwendigkeit, gleichermaßen „die Herstellung und die notwendige Unvorhersehbarkeit des Hergestellten, das Intentionale und den Vorfall, die Repräsentation und ihre mögliche Unterbrechung"[15] zu beachten. In dieser Unterbrechung oder Leerstelle begründet sich letztlich die fotografische Fähigkeit, dem abwesenden Abgebildeten eine besondere Präsenz zu verleihen – eine Anerkennung im Sinne Johannes Fabians, die sich nicht auf Repräsentation beschränkt.[16] Wenn heute die Fotografien aus St. Jakob im Rosental an den Ort ihrer Aufnahme zurückkehren, so verlassen sie nicht nur ihr verknotetes Verwahrungsvergessen, sondern lösen sich auch aus ihrem ursprünglichen Produktionskontext destruktiver „rassischer" Abstraktionen.

---

[12] Jacques Derrida (1995) „Archive Fever. A Freudian Impression." *Diacritics*, Band 25, Nr. 2, S. 9–63, hier S. 17.

[13] Wolfgang Ernst (1999) „Nicht Organismus und Geist, sondern Organisation und Apparat. Plädoyer für archiv- und bibliothekswissenschaftliche Aufklärung über Gedächtnistechniken." *Sichtungen*, Band 2, S. 129–139, hier S. 129.

[14] Ann Laura Stoler (2002) „Colonial Archives and the Arts of Governance." *Archival Science*, Band 2, S. 87–109, hier S. 87.

[15] Peter Geimer (2010) *Bilder aus Versehen. Eine Geschichte fotografischer Erscheinungen* (Hamburg: Philo Fine Arts), S. 351.

[16] Andreas Ackermann (2005) „Präsenz und Repräsentation in Frobenius' Stereofotografien." In: Andreas Ackermann, Ute Röschenthaler und Peter Steigerwald (Hg.) *Im Schatten des Kongo. Leo Frobenius. Stereofotografien von 1904–1906* (Frankfurt am Main: Frobenius-Institut), S. 17–21, hier S. 20.

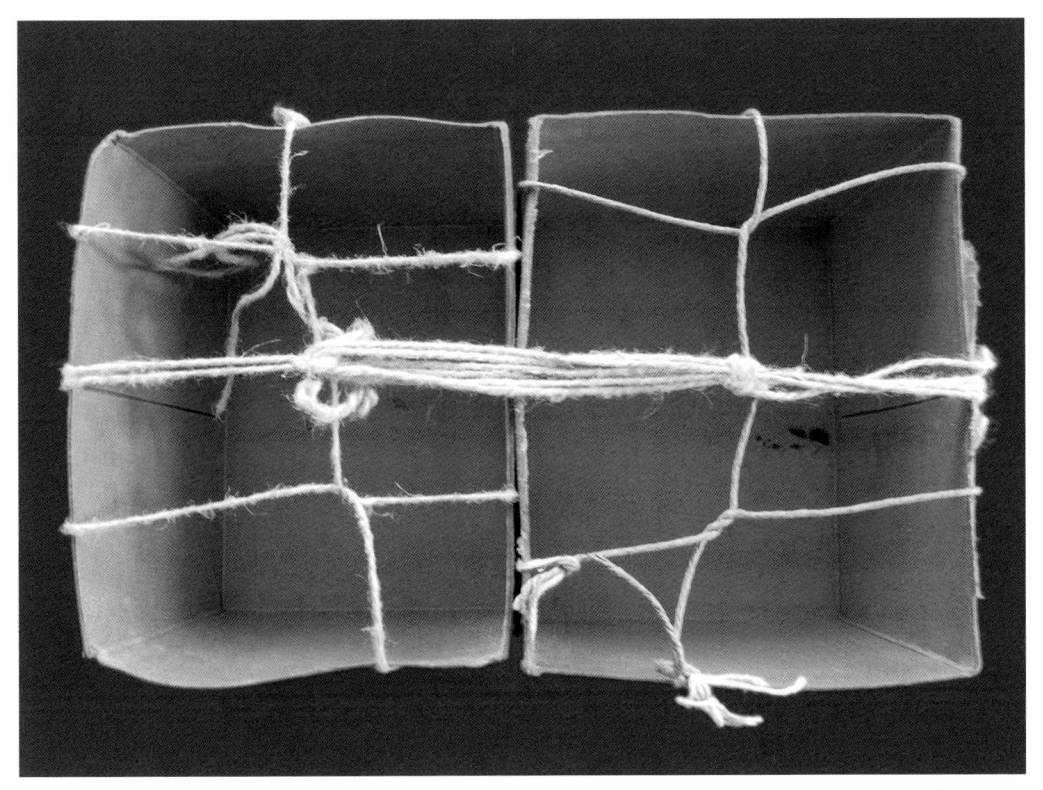

Katarina Matiasek, Archiv & Knoten III, 2018
Fotopapier auf Aluminium

Katarina Matiasek, Arhiv & pentlja III, 2018
fotografski papir na aluminiju

Anahronizem je tudi to, da je ta arhivski sveženj vse do svojega nedavnega odkritja prevezoval tudi vse tisto, kar se je antropološka kampanja tedanjega predavatelja antropologije na dunajski univerzi leta 1938 v resnici in s hudimi posledicami namenila razdružiti: prebivalstvo dvojezične skupnosti Šentjakob v Rožu. Povedano tudi že nakazuje, da je arhiv kot sistem ureditve zastrl prvotno umeščenost svojih vsebin.

Jacques Derrida je v svoji kultni knjigi „Archive Fever" (Mrzlica arhiviranja) zapisal, da arhiviranje kak dogodek v enaki meri poraja, kakor ga tudi dokumentira.[12] Proces tvorjenja arhivskega gradiva zatorej ni prav nič nedolžen, nasprotno, z njim se arhivske vsebine še pred nastopom zgodovinopisja vnaprej strukturirajo in domala „narativno ponaredijo".[13] Preden torej lahko razvozlamo vrvico okrog svežnja zgodovinskih gradiv, se moramo dandanes torej posloviti tudi od svojih predstav o arhivu

---

[12] Jacques Derrida (1995) „Archive Fever. A Freudian Impression." *Diacritics*, zvezek 25, št. 2, str. 9–63, tukaj str. 17.

[13] Wolfgang Ernst (1999) „Nicht Organismus und Geist, sondern Organisation und Apparat. Plädoyer für archiv- und bibliothekswissenschaftliche Aufklärung über Gedächtnistechniken." (Ne organizem in duh, temveč organizacija in aparat. V zagovor arhivskemu in knjižničnemu znanstvenemu razsvetljevanju o tehnikah spomina.) *Sichtungen*, zvezek 2, str. 129–139, tukaj str. 129.

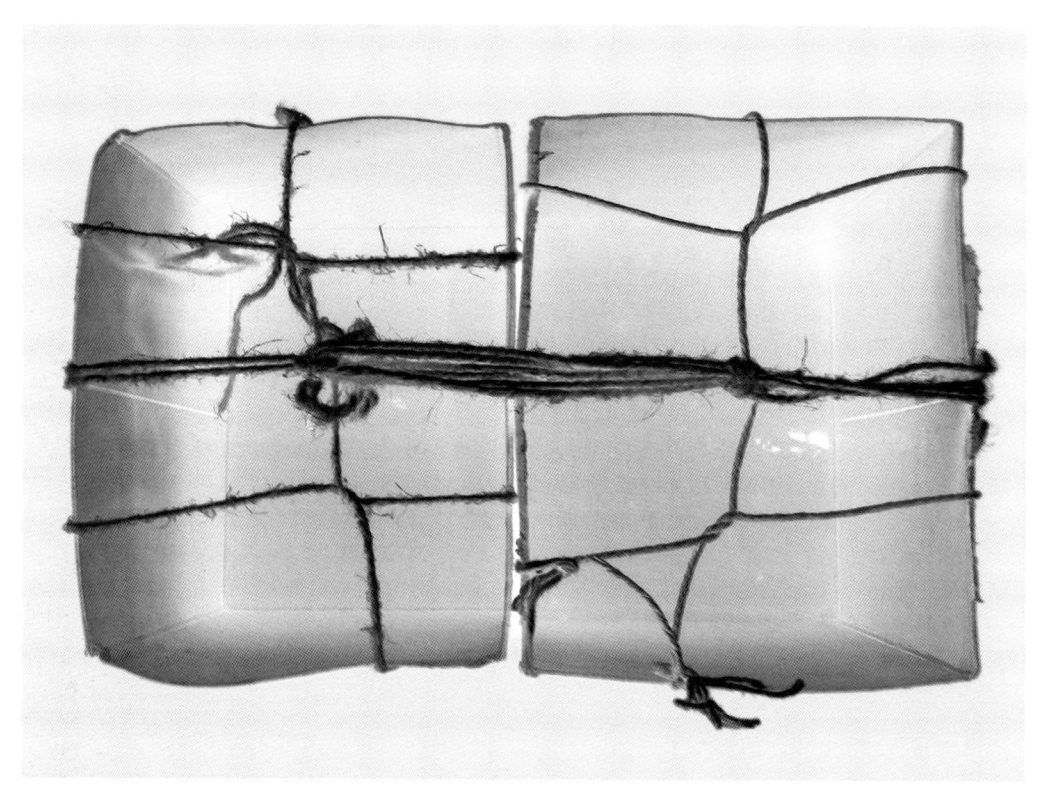

Katarina Matiasek, Archiv & Knoten IV, 2018
Fotopapier auf Aluminium

Katarina Matiasek, Arhiv & pentlja IV, 2018
fotografski papir na aluminiju

„Es scheint mir nicht", sagte Austerlitz, „daß wir die Gesetze verstehen, unter denen sich die Wiederkunft der Vergangenheit vollzieht, doch ist es mir immer mehr, als gäbe es überhaupt keine Zeit, sondern nur verschiedene, nach einer höheren Stereometrie ineinander verschachtelte Räume, zwischen denen die Lebendigen und die Toten, je nachdem es ihnen zumute ist, hin und her gehen können, und je länger ich es bedenke, desto mehr kommt mir vor, daß wir, die wir uns noch am Leben befinden, in den Augen der Toten irreale und nur manchmal, unter bestimmten Lichtverhältnissen und atmosphärischen Bedingungen sichtbar werdende Wesen sind."[17]

Mag.ª Katarina Matiasek, Künstlerin und Kuratorin am Department für Evolutionäre Anthropologie an der Universität Wien.

---

[17] Winfried Georg Sebald (2001) *Austerlitz* (Frankfurt am Main: Fischer), S. 269.

kot čistem in popolnem viru. Še več, pomembno je, da arhiv uzremo kot dejavnega „kulturnega akterja"[14] produkcije in izgubljanja znanja in vedenja, akterja državno uzakonjenih in vse do danes nepoimenovanih antropologij. Prazna mesta in sledi erozije v arhivskih pokrajinah pri tem postanejo potrebne oporne točke za orientacijo na poti k njihovi zgodovinski pa tudi umetniški reaktivaciji.

Za to pa si je treba še enkrat podrobneje ogledati pojem fotografije. Peter Geimer prepričljivo poudarja, da bi bila uporaba fotografije v znanstvene namene redundantna, če bi bili njeni rezultati strogo nadzorovani, s tem pa predvidljivi. Geimer poudarja, da je treba z enako mero pozornosti upoštevati „proizvodnjo in zahtevano nepredvidljivost proizvoda, ciljno namenskost in naključni pripetljaj, reprezentacijo in njeno možno prekinitev".[15] V tej prekinitvi ali praznem mestu je slednjič utemeljena sposobnost fotografije, da odsotni vsebini posnetka podeli posebno navzočnost – pripoznanje v smislu Johannesa Fabiana, ki se ne omejuje na reprezentacijo.[16] Ko fotografije iz Šentjakoba danes vračajo na kraj, kjer so bile posnete, s tem ne zapuščajo le svojega zavozlanega hrambenega pozabljenja, temveč se izvijajo tudi iz primeža prvotnega produkcijskega konteksta uničevalnih „rasnih" abstrakcij.

„Ne zdi se mi", je rekel Austerlitz, „da razumemo zakone, pod katerimi poteka vračanje preteklosti, vendar pa me čedalje bolj preveva občutek, kot da čas sploh ne obstaja, obstajajo pa le različni, po neki višji stereometriji prepleteni prostori, med katerimi se lahko živi in mrtvi po mili volji sprehajajo, in dlje kot o tem razmišljam, bolj se mi zdi, da smo mi, ki smo še pri življenju, v očeh umrlih nekakšna neresnična bitja, ki postanejo vidna le tu in tam, v določeni svetlobi in atmosferskih pogojih."[17]

Mag.ᵃ Katarina Matiasek, umetnica in kuratorka na Oddelku za evolucijsko antropologijo na dunajski univerzi.

Iz nemščine prevedla Urška P. Černe.

---

[14] Ann Laura Stoler (2002) „Colonial Archives and the Arts of Governance." *Archival Science*, zvezek 2, str. 87–109, tukaj str. 87.

[15] Peter Geimer (2010) *Bilder aus Versehen. Eine Geschichte fotografischer Erscheinungen* (Posnetki po pomoti. Zgodovina fotografskih pojavov), (Hamburg: Philo Fine Arts), str. 351.

[16] Andreas Ackermann (2005) „Präsenz und Repräsentation in Frobenius' Stereofotografien." (Navzočnost in reprezentiranje v Frobeniusovih stereofotografijah.) V: Andreas Ackermann, Ute Röschenthaler in Peter Steigerwald (ur.) *Im Schatten des Kongo. Leo Frobenius. Stereofotografien von 1904–1906* (Frankfurt am Main: Frobenius-Institut), str. 17–21, tukaj str. 20.

[17] Winfried Georg Sebald (2001) *Austerlitz* (Frankfurt am Main: Fischer), str. 269.

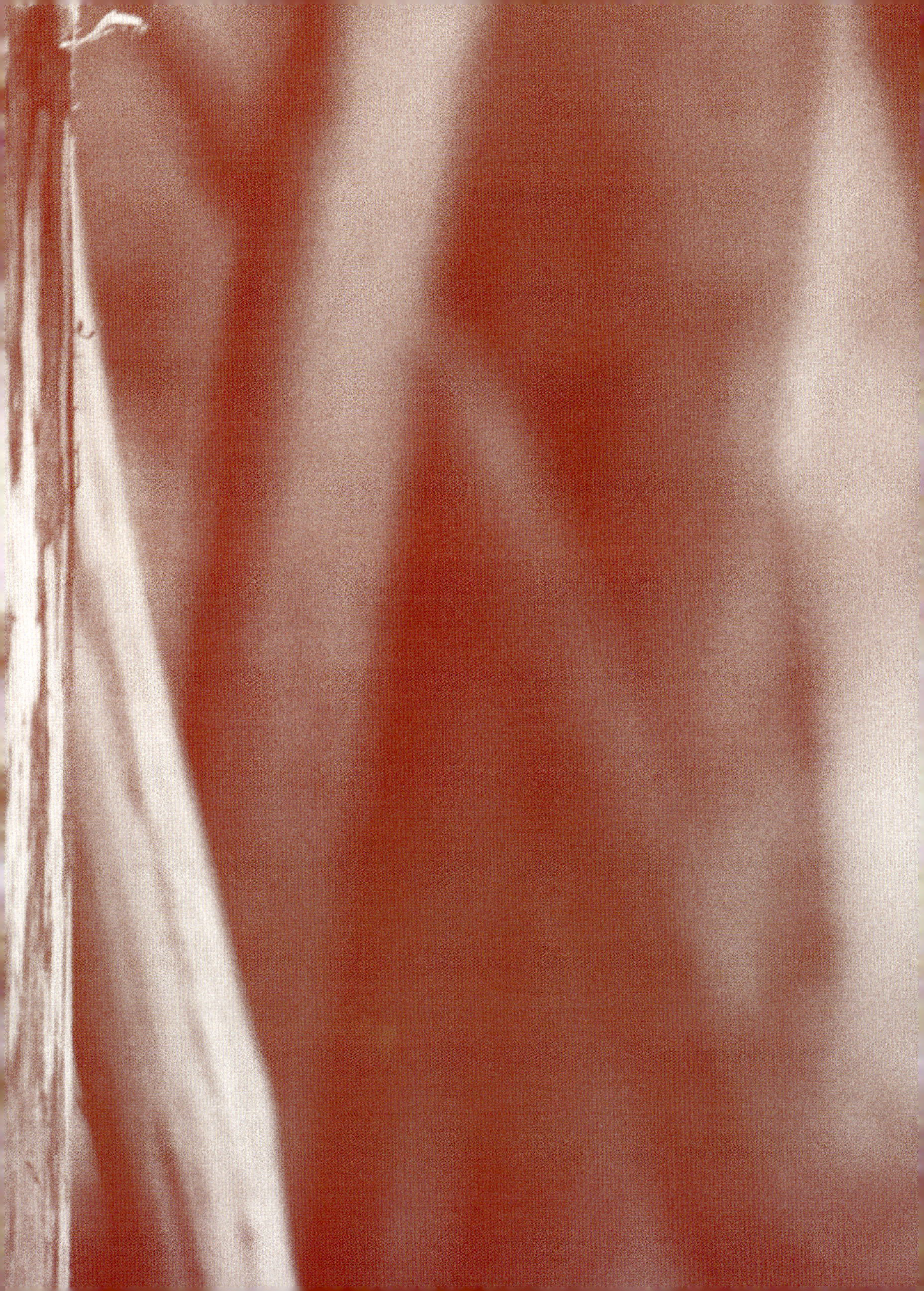

MICHAEL KOSCHAT

Die Gemeinde St. Jakob im Rosental/Šentjakob v Rožu als deutschnationales Exerzierfeld und Opfer der NS-„Rassenpolitik"

„Volk und Rasse"

Im Jahre 1937 veröffentlichte der Wiener Anthropologe und Ethnologe Robert Routil in der Reihe „Schriften zur Geistesgeschichte Kärntens" den Band „Völker und Rassen auf dem Boden Kärntens". Die als „Deutsche Kärntner Landeszeitung" erscheinenden „Freien Stimmen" nahmen die Publikation zum Anlass, wenige Monate vor der NS-Machtergreifung eigene Schlussfolgerungen über „die heutige rassische Zusammensetzung unseres Landes" zu ziehen: „Unter ‚einer Rasse verstehen wir eine Gruppe von Menschen, die der gemeinsame Besitz einer Anzahl von angeborenen, im Erbwege seit Generationen unverändert weitergegebenen körperlichen und geistigen Merkmalen als gleichartig erscheinen lässt. Den zur Beobachtung gelangenden Merkmalen liegen Erbanlagen zugrunde, welche eben das betreffende Erscheinungsbild bedingen. Diese Erbanlagen stellen nun nichts Geringeres dar als die naturgegebenen Reaktionsnormen der menschlichen Physis und Psyche, die erst bei der Auseinandersetzung dieser mit der umgebenden Umwelt in Erscheinung treten. Rasse stellt daher eine Kombination erblicher Merkmale dar, die den natürlichen Schwankungsbereich alles Lebendigen zeigt und welche durch eine Abgeschlossenheit in einem bestimmten Umweltbereich in Erscheinung tritt'. Nun war es bisher allgemeine Meinung, dass die Kärntner in ihrer Mehrheit der sogenannten dinarischen Rasse angehören. (Es braucht wohl heute nicht mehr betont zu werden, dass Volks- und Rassenzugehörigkeit durchaus nicht gleichzusetzen sind). [...] Rund 45 Prozent der Bevölkerung gehören der nordisch-fälischen Rasse an, 15 Prozent der dinarischen, 15 Prozent der ostisch-alpinen, 5 Prozent der sogenannten ostbaltischen, während der Rest Mischformen aufweist. Dem entsprechen die vorherrschende Helläu[g]igkeit, der große Wuchs und das blonde Haar, Merkmale, die zwar in geringerem Prozentsatz als bei den Deutschen auch bei den Slowenen vorzufinden sind und so den oftmals aufgestellten Satz beweisen, dass es im Lande zwar genug germanisierte Slawen, aber auch massenhaft slawisierte Germanen gibt."[1]

Am 5. Dezember 1937 hielt Dr. Allesch beim Monatsabend des „Deutschen Turnerbundes" im kleinen „Sandwirt"-Saal in Klagenfurt einen Lichtbildvortrag zum Thema „Volk und Rasse". Die „Freien Stimmen" unterstrichen in ihrem Bericht, dass man Volk und Rasse nicht gleichsetzen oder miteinander verwechseln dürfe. Rasse sei „ein Begriff aus der Naturkunde, Volk dagegen einer aus Geschichte, durch

---

[1] Freie Stimmen, 29. 12. 1937, S. 2 f.

Občina Šentjakob v Rožu/St. Jakob im Rosental kot nemškonacionalno vežbališče in kot žrtev nacistične „rasne politike"

„Narod in rasa"

Leta 1937 je dunajski antropolog in etnolog Robert Routil v seriji „Schriften zur Geistesgeschichte Kärntens" (Spisi o duhovni zgodovini Koroške) objavil zvezek „Völker und Rassen auf dem Boden Kärntens" (Narodi in rase na Koroškem). Glasilo „Freie Stimmen" (Svobodni glasovi), ki je izhajalo kot „Deutsche Kärntner Landeszeitung" (Nemški koroški deželni časopis), je to objavo izkoristilo kot povod, da je nekaj mesecev pred nacističnim prevzemom oblasti izpeljalo lastne sklepe o „današnji rasni sestavi naše dežele": „Pod ‚raso razumemo skupino ljudi, ki jim skupna posest vrste prirojenih, z dedovanjem iz roda v rod nespremenjeno posredovanih telesnih in duševnih značilnosti daje podobo istovrstnosti. Značilnosti, ki jih opažamo, temeljijo na dednih zasnovah, ki pogojujejo tozadevno podobo. Te dedne zasnove niso nič manj kot od narave dane reakcijske norme človekovega telesa in duha, ki se pokažejo šele ob njihovem spoprijemanju z okolišnjim svetom. Rasa torej predstavlja kombinacijo dednih značilnosti, ki kaže naravno območje nihanja vsega živega in ki postane opazna z zaključenostjo v določenem okoljskem področju'. Doslej je vladalo splošno mnenje, da Korošci v večini pripadajo tako imenovani dinarski rasi. (Danes ni več treba poudarjati, da narodne in rasne pripadnosti nikakor ne smemo istovetiti.) […] Okrog 45 odstotkov prebivalstva pripada nordijsko-falski rasi, 15 odstotkov dinarski, 15 odstotkov ostično-alpski, 5 odstotkov tako imenovani vzhodnobaltski rasi, preostanek pa je mešanica. Temu ustrezajo prevladujoča svetlookost, visoka postava in plavi lasje, značilnosti, ki jih je, sicer v manjšem odstotku kot pri Nemcih, videti tudi pri Slovencih in tako dokazujejo pogosto izrečen stavek, da je v deželi sicer dovolj germaniziranih Slovanov, da pa je tudi na pretek poslovanjenih Germanov."[1]

Dne 5. decembra 1937 je imel dr. Allesch na mesečnem večeru pri nemškem telovadnem združenju „Deutscher Turnerbund" v mali dvorani hotela „Sandwirt" v Celovcu predavanje z diapozitivi na temo „Narod in rasa". Glasilo „Freie Stimmen" je v svojem poročilu poudarilo, da naroda in rase ni mogoče enačiti ali med sabo zamenjevati. Rasa je „pojem iz prirodopisa, narod pa nasprotno pojem iz zgodovine, opredeljen s skupnim jezikom, običaji in usodo. Če pogledamo rasne tipe Nemcev, že na zunaj opazimo, da se konstitucija glave, oblika nosu, barva las in oči močno razlikujejo. Za naselitveni prostor ob Severnem morju in Baltiku lahko rečemo, da prevladuje čisti nordijski tip, medtem ko na preostalem nemškem govornem področju ta tip ni več tako

---

[1] Freie Stimmen, 29. 12. 1937, str. 2 sl.

gemeinsame Sprache, Brauchtum und Schicksal bestimmt. Wenn wir die Rassentypen der Deutschen ansehen, so erkennt man schon rein äußerlich, dass Kopfbildung, Nasenform, Haar- und Augenfarbe stark abweichen. Von dem Siedlungsraum an der Nord- und Ostsee können wir sagen, dass das rein Nordische vorherrscht, während es im übrigen deutschen Sprachgebiet nicht mehr so rein aber immerhin erkennbar ist. Nordische Gesichter haben fast immer einen bestimmten und beherrschten, in sich geschlossenen Ausdruck." Die ganze „Rassenforschung", so die „Freien Stimmen" weiter, habe „nichts mit Rassenwahn zu tun", gehe es doch „nicht um körperliche Merkmale, sondern um die seelischen Werte, die jeder Rasse eigen sind. Der Gesichtsschnitt des Nordischen zeigt seine Kühnheit, seine weit vorausschauende Tatkraft, seine Urteilsfähigkeit. Daher sind diese Menschen zu Wissenschaft und Forschung außerordentlich befähigt. […] Weit mehr als die Hälfte der Rassenanlagen unseres Volkes sind nordisch, wenn auch nicht rein erkennbar. Das gerade Gegenteil der nordischen ist die ostische Rasse. Diese Erscheinungsform zeigt ein Rundgesicht, stumpfe Nase, gedrungene Gestalt, grobe Knochen. Ihr Wesen ist der Beschaulichkeit und Ruhe zugeneigt, sie macht wenig Pläne, zeichnet sich dagegen durch Genügsamkeit, Fleiß und nachschaffende Tätigkeit aus. Hohe musikalische Begabung […] zeichnet sie aus." Für Kärnten von besonderer Wichtigkeit sei die dinarische Rasse, „die meist mit nordischem Rassengut gemischt auftritt. Große gebogene Nase und das wie abgeschnittene Hinterhaupt sind ihre hervorstechendsten Merkmale. Angriffslustig, treu und heimatliebend (Kärntner, Tiroler), das Wort Heimweh soll dinarischen Ursprungs sein, außerordentlich für Musik und Tanz begabt […], humorvoll, aber leicht erregbar und jähzornig, selbstbewusst und tapfer – das sind seelische Merkmale der dinarischen Rasse." Die drei genannten Rassen würden die „Anlagen unseres Volkes" entscheidend bestimmen, die Erkenntnisse der „Rassenlehre" somit dabei helfen, „uns besser zu erkennen und verstehen zu lernen. Wir wollen Rassenkenntnis und nicht Rassenwahn. Die Zeit ist vorbei, in der man nur den als Deutschen gelten lassen wollte, der blaue Augen und blonde Haare hatte." Die vorherrschende Rasse gebe aber dem eigenen Volk „sein leibliches und geistiges Gepräge. Absolute Reinrassigkeit wäre gar kein Vorteil, denn erst das Zusammenwirken der artverwandten Rassen bereichert ein Volk. Das Aussehen eines Menschen ist nur Hinweis und nicht Ausweis bestimmter Rassenzugehörigkeit, man muss auch seine Vorfahren und Nachkommen ansehen, die die Anlagen vererben und erben. Unser Volk ist nordisch bedingt und geführt; die dinarischen, ostischen und fälischen Beimengungen sind wertvoll und bereichern das Volkstum. Anderes Blut dagegen wird nicht mehr vertragen und wirkt als Fremdkörper. Wie ein Neger oder Mongole zum Rassenausgleich nicht zu empfehlen ist, ebenso muss die Vermischung mit dem Judentum als Zersetzung abgelehnt werden. Wir wollen unserem Volk treu bleiben, gerade in diesen wichtigen Fragen, in der Frage des Blutes."[2] Vor diesem Hintergrund sind auch

---

[2] Ebd., 8. 12. 1937, S. 7 f.

jasen, je pa še razpoznaven. Nordijski obrazi imajo skoraj vedno odločen in obvladan, vase zaprt izraz." Celotno „raziskovanje ras", tako nadaljuje glasilo „Freie Stimmen", nima „nič opraviti z rasistično poblaznelostjo", saj „ne gre za telesne značilnosti, ampak za duhovne vrednote, ki so lastne posamezni rasi. Podoba obraza nordijskega tipa kaže njegovo drznost, daljnovidno energijo, sposobnost presoje. Zato so ti ljudje izredno usposobljeni za znanost in raziskovanje. […] Veliko več kot polovica rasnih zasnov našega naroda je nordijskih, čeprav to ni jasno razvidno. Pravo nasprotje nordijski je ostična rasa. Za to pojavno obliko je značilen okrogel obraz, top nos, čokata postava, robate kosti. Po naravi je ta rasa nagnjena k razglabljanju in spokojnosti, načrtuje malo, se pa odlikuje po skromnosti, marljivosti in dejavnem posnemanju. Odlikuje jo […] velika glasbena nadarjenost." Za Koroško naj bi bila posebno pomembna dinarska rasa, „ki večinoma nastopa pomešana z nordijsko rasno blagodatjo. Velik ukrivljen nos in odsekano zatilje sta njeni najbolj izstopajoči značilnosti. Napadalnost, zvestoba in ljubezen do domovine (Korošci, Tirolci), beseda domotožje naj bi bila dinarskega izvora, izjemna nadarjenost za glasbo in ples […], duhovitost, a hitra razburljivost in togotnost, samozavest in pogum – to so duhovne značilnosti dinarske rase." Tri omenjene rase naj bi odločilno določale „zasnove našega naroda", spoznanja „rasne teorije" pa naj bi pomagala, „da se naučimo bolje prepoznavati same sebe in se razumeti. Želimo znanje o rasi in ne rasistične poblaznelosti. Minil je čas, ko so hoteli prepoznati kot Nemca samo tistega, ki je imel modre oči in plave lase." Prevladujoča rasa naj bi dajala lastnemu narodu „njegovo telesno in duhovno obeležje. Absolutna čistokrvnost sploh ne bi bila prednost, narod obogati šele skupno učinkovanje po naravi sorodnih ras. Videz človeka samo nakazuje pripadnost določeni rasi, ni pa izkaznica zanjo, treba je upoštevati tudi njegove prednike in potomce, ki prenašajo in ki dedujejo zasnove. Naš narod je nordijsko pogojen in voden; dinarske, ostične in falske primesi so dragocene in bogatijo narodnost. Druga kri pa se nasprotno ne sklada in deluje kot tujek. Tako kot za izenačevanje rase ni priporočljiv črnec ali Mongol, je treba kot razkrojevanje odkloniti tudi mešanje z judovstvom. Našemu narodu želimo ostati zvesti ravno v teh pomembnih vprašanjih, v vprašanju krvi."[2] S tega ideološkega zakulisja je treba gledati tudi na rjave (nemškonacionalne) junaške pesnitve o koroški „nemški zvestobi". Ravno v „času pred vrnitvijo v veliko domovino" (priključitev Avstrije nemškemu tretjemu rajhu) naj bi Koroška dokazala, „da o svojem nemštvu ne zna samo govoriti, ampak se zna tudi bojevati zanj. […] Koroških pesmi je nešteto, najlepša pesem pa je ta o njenem junaškem boju, v katerem je kot prvi nemški rod izpričala in priznala veliko nemško domovino."[3]

Kljub vsemu zatrjevanju pa je bil od zahtevanega znanja o rasah, na katerega so prisegali, do rasistične poblaznelosti le majhen korak. Infamni in perfidni konstrukt nemške „narodne skupnosti" (Volksgemeinschaft) je bil kljub vsej inkluzivni retoriki

---

[2] Ibid., 8. 12. 1937, str. 7 sl.
[3] Richard Moschner, Kärnten, Grenzland im Süden (= Die deutschen Gaue seit der Machtergreifung) (Koroška, obmejna dežela na jugu = Nemški gaui od prevzema oblasti), Berlin 1940, str. 9 sl.

die braunen Heldenlieder über Kärntens „deutsche Treue" zu sehen. Gerade in der „Zeit vor der Heimkehr ins große Vaterland" habe Kärnten bewiesen, „dass es von seinem Deutschtum nicht nur zu sprechen verstand, sondern darum zu kämpfen wusste. […] Die Menge der Kärntner Lieder ist ungezählt, das schönste Lied aber ist das von seinem Heldenkampfe, in dem es als erster deutscher Stamm Zeugnis gab und Bekenntnis zum großen deutschen Vaterland."[3]

Trotz aller Beteuerungen war es von der beschworenen und eingeforderten „Rassenkenntnis" zum Rassenwahn nur ein kleiner Schritt. Das infame wie perfide Konstrukt der „Volksgemeinschaft" war trotz aller Inklusionsrhetorik vor allem durch Grenzen und Ausgrenzungen bestimmt: „Über ‚Volksgemeinschaft' zu reden heißt daher stets über Inklusion wie über Exklusion zu sprechen, über soziale Mobilisierung und Partizipation wie Selektion, über Teilhabe und Selbstermächtigung wie über Gewalt, Ausmerze und Mord. ‚Volksgemeinschaft' zu untersuchen bedeutet, rassistische Praxis in den Blick zu nehmen, gleichzeitig einschließend wie ausschließend, vor allem im Alltag, bei den unzähligen ‚Volksgenossinnen' und ‚Volksgenossen', die sich bereitwillig engagierten, ‚Volksgemeinschaft' herzustellen, eine soziale wie politische Ordnung rassistischer Ungleichheit zu schaffen, die ihnen materiellen wie immateriellen Gewinn versprach, Machtzuwachs und Herrschaftsteilhabe."[4] Eine Willensgemeinschaft also, die auch auf lokaler Ebene zur Tatgemeinschaft wurde. „Am nachhaltigsten greift der Mechanismus der Verdrängung historischer Verbrechen immer dort", räsonierte der Kulturjournalist Bertram Karl Steiner, „wo alle Leute alle kennen, auf dem Lande, im überschaubaren Bereich. Mauthausen, Auschwitz, das liegt im Alltagsbewusstsein der Menschen in weiter Entfernung, das millionenfache Morden rührt kaum an die nachbarschaftlichen Beziehungen […]. Nun gehört es aber zur Technik eines totalitären Systems, dass es keine regionalen Idyllen zulässt."[5] Ähnliche Gedanken formulierte die Literaturwissenschafterin Evelyne Polt-Heinzl: „Sorgten im Nationalsozialismus Blockwarte und Vertrauensleute für ein Ende der Privatheit in der politischen Diktatur, wurden nach 1945 die Balken besonders dicht geschlossen, um die Traumata von Verfolgung und Schuld wegzusperren." Durch die Konstituierung von „Anstandsregeln" sei der verzweifelte und borniere Versuch unternommen worden, „den erlebten Zivilisationsbruch zu überbrücken. Wer gegen diese Verhaltensnormen verstieß, rührte an einer dünnen Haut, denn das historische Darunter, in das so viele unselig verstrickt waren, drohte jeden Augenblick hervorzubrechen."[6]

Wer im Konsens und Konformität stiftenden Trugbild der „Volksgemeinschaft", einer inhumanen Diskriminierung und repressiv-eliminatorischen Konzeption folgend, als „Volksschädling", „asozial", „unwertes Leben", „Ballastexistenz" oder „rassisch

---

[3] Richard Moschner, Kärnten. Grenzland im Süden (= Die deutschen Gaue seit der Machtergreifung), Berlin 1940, S. 9 ff.
[4] Michael Wildt, „Volksgemeinschaft" als Selbstermächtigung. Soziale Praxis und Gewalt, in: Hans-Ulrich Thamer/Simone Erpel (Hg.), Hitler und die Deutschen. Volksgemeinschaft und Verbrechen, Dresden 2010, S. 93.
[5] Kärntner Tageszeitung, 24. 5. 2011, S. 56 f.
[6] Evelyne Polt-Heinzl, Es ist politisch, das Private, in: Die Furche, Nr. 8/22. 2. 2018, S. 3 ff.

določen predvsem z mejami in izključevanjem: „Govoriti o ‚narodni skupnosti' zato vselej pomeni govoriti tako o vključevanju kot o izključevanju ljudi, tako o družbeni mobilizaciji in sodelovanju kot o selekciji, tako o udeleženosti in ‚samopooblastitvi' kot o nasilju, iztrebljanju in ubijanju. Raziskovati ‚narodno skupnost' pomeni prizadevati si za uvajanje rasistične prakse, tako vključevati ljudi kakor jih izključevati, predvsem v vsakdanjosti, pri neštetih ‚sonarodnjakinjah' in ‚sonarodnjakih', ki so se voljno angažirali pri vzpostavljanju (nacistične) ‚narodne skupnosti', pri ustvarjanju družbenega in hkrati političnega reda rasistične neenakosti, ki jim je obljubljala materialni in nematerialni dobiček, povečanje moči in sodelovanje pri oblasti."[4] Torej voluntaristična skupnost, ki je postala dejavna tudi na lokalni ravni. „Mehanizem izrivanja zgodovinskih zločinov iz zavesti ljudi je vedno najbolj vztrajen tam, kjer vsi ljudje poznajo vse, na deželi, na preglednem območju," je razglabljal kulturni novinar Bertram Karl Steiner. „Mauthausen, Auschwitz, to se je v vsakdanji zavesti ljudi dogajalo v daleč oddaljeni deželi, ubijanje milijonov se komaj dotakne sosedskih odnosov […]. Le da ljudje pozabljajo, da tehnika totalitarnega sistema ne dopušča nobenih regionalnih idil."[5] Podobne misli je izrazila literarna znanstvenica Evelyne Polt-Heinzl: „Medtem ko so v nacionalsocializmu blockwarti [funkcionarji nacionalsocialistične stranke v najnižjem rangu, ki so nadzorovali manjše enote, v mestu recimo stanovanjski blok, na podeželju več kmetij oz. hiš], nacistični poverjeniki in zaupniki poskrbeli za konec zasebnosti v politični diktaturi, so se po letu 1945 pregrade posebno tesno zaprle, da bi preprečile kazensko-pravno zasledovanje in razčiščenje krivde." Postavitev „pravil spodobnega vedenja" je bila obupan in neumen poskus, da bi „premostili preživeti zlom civilizacije. Kdor je prekršil ta pravila, se je dotaknil tenke kože, kajti zgodovina pod njo, v katero so bili tako številni nesrečno vpleteni, je grozila, da bo vsak trenutek izbruhnila."[6]

Kdor je v varljivi podobi nacistične „narodne skupnosti", temelječe na konsenzu in konformnosti, glede na njeno nehumano diskriminacijo in represivno-izključevalni koncept veljal za „narodnega škodljivca", za „asocialnega", „ničvredneža", „balastno eksistenco" ali „rasno manjvrednega", je moral računati na brutalno izključevanje in preganjanje prav tako kot vsi tisti, ki so iz političnih, ideoloških, religioznih ali družbenih motivov nasprotovali nacistični diktaturi, je niso marali ubogati in so se ji upirali. Kar je bilo v nacistični dikciji, zaničljivi do človeka, cinično poimenovano „preventivni pripor", „rasna higiena", „skrb za dedno zdravje", „posebna obravnava", „preselitev", „boj proti banditom" ali „ukrep za poravnavo krivice", je v resnici pomenilo prisilno

---

[4] Michael Wildt, „Volksgemeinschaft" als Selbstermächtigung („Narodna skupnost" kot samopooblaščenka). Soziale Praxis und Gewalt (Socialna praksa in nasilje), v: Hans-Ulrich Thamer/Simone Erpel (izd.), Hitler und die Deutschen. Volksgemeinschaft und Verbrechen (Hitler in Nemci, Narodna skupnost in zločini), Dresden 2010, str. 93.

[5] Kärntner Tageszeitung, 24. 5. 2011, str. 56 sl.

[6] Evelyne Polt-Heinzl, Es ist politisch, das Private (Zasebno je politično), v: Die Furche, št. 8/22. 2. 2018, str. 3 sl.

minderwertig" galt, hatte ebenso mit einer brutalen Ausgrenzung und Verfolgung zu rechnen, wie alle jene, die aus politischen, ideologischen, religiösen oder sozialen Motiven in Opposition zur NS-Diktatur standen, ihre Gefolgschaft verweigerten und Widerstand leisteten. Was in der menschenverachtenden NS-Diktion zynisch „Schutzhaft", „Rassenhygiene", „Erbgesundheit", „Sonderbehandlung", „Umsiedlung", „Bandenkampf" oder „Sühnemaßnahme" genannt wurde, bedeutete in Wahrheit Zwangssterilisation, Misshandlung, Deportation, Folter, Erschießung, Erhängung, Vergasung und Tod.[7] Allein der Ausdruck „KZ" figuriert als eine jener „Metaphern des Schreckens, mit denen die nationalsozialistische Diktatur ihren universalen Verfügungsanspruch über das Individuum – von dessen Demütigung bis zu seiner Vernichtung – durchsetzte".[8]

Zur Rolle der Anthropologie in der NS-Diktatur bilanzierte Horst Ritter ebenso eindringlich wie nüchtern: „Der Weg der Anthropologie durch das Dritte Reich ist ein Weg des Schreckens. Entsetzen und Abscheu wachsen in dem Maße, wie wir versuchen, Einblick in die Geschichte zu gewinnen. Fassungslos müssen wir feststellen, dass wohl niemand unter den Anthropologen dieser Epoche ohne Schuld geblieben ist – wobei das Ausmaß an Schuld sehr unterschiedlich war […]. Wir müssen genauso fassungslos konstatieren, dass Wissenschaftler fernab von aller damaligen Genetik und Medizin sich völlig ideologiekonform geäußert hatten."[9] Am Ende des rassistisch-völkischen Denkens, das im Glauben an eine „Herrenrasse", deren Blut rein bleiben müsse, gipfelte, „standen das Mutterkreuz auf der einen Seite, die Euthanasieprogramme und Rassengesetze der Nazis auf der anderen." Bis hin zur Auslöschung ganzer als minderwertig" klassifizierter Völker.[10] Die Anthropologen des 19. und beginnenden 20. Jahrhunderts hatten der NS-Ideologie tatkräftig zugearbeitet. In der NS-Zeit steigerte sich die Besessenheit, den Menschen zu vermessen und zu kategorisieren, zu einer regelrechten Wahnidee. Im Naturhistorischen Museum in Wien befinden sich noch heute Haarsträhnen, die jüdischen Opfern in den 1930er-Jahren abgeschnitten worden waren. Die meisten Proben stammen aus einer Ende September 1939 durchgeführten „rassekundlichen" Untersuchung. Mehr als tausend jüdische Männer, die ursprünglich aus Galizien nach Wien gekommen waren, wurden drei Wochen lang im Wiener Praterstadion interniert. Kurz vor ihrer Deportation erschien eine Abordnung der anthropologischen Abteilung des Naturhistorischen Museums unter Führung ihres Leiters Josef Wastl mit Messgeräten. Durch mehrere Tage hindurch wurden 404 jüdische Männer vermessen und fotografiert. Einem Teil von ihnen

---

[7] Michail Krausnick, Wo sind sie hingekommen? Der unterschlagene Völkermord an den Sinti und Roma, Gerlingen 1995, S. 9 f.; Michael Koschat, „… bitte vergesst mich nicht und wofür ich sterben musste …". Widerstand und Verfolgung in der Gemeinde St. Jakob im Rosental 1938–1945. Blinde Flecken – Spurensuche – Erinnerung, in: Spuren der Erinnerung. Widerstand und Verfolgung in der Gemeinde St. Jakob im Rosental/Sledovi spomina. Odpor in preganjanje v občini Šentjakob v Rožu, Klagenfurt/Celovec 2012, S. 12–47, hier S. 18 f.

[8] Wolfgang Benz/Barbara Distel (Hg.), Der Ort des Terrors. Geschichte der nationalsozialistischen Konzentrationslager, Band 1: Die Organisation des Terrors, München 2005, S. 7.

[9] Horst Ritter, Die Rolle der Anthropologie im NS-Staat, in: Jürgen Pfeiffer (Hg.), Menschenverachtung und Opportunismus. Zur Medizin im Dritten Reich, Tübingen 1992, S. 172–186, hier S. 172.

[10] Christian Resch, Die Menschen-Züchter, in: Salzburger Nachrichten/Wochenende, 11.11.2017, S. 2 f.

sterilizacijo, trpinčenje, deportacijo, mučenje, ustrelitev, obešanje, zaplinjanje in smrt.[7] Že samo izraz „KZ" (Konzentrationslager, koncentracijsko taborišče) deluje kot ena tistih „metafor strahu, s katerimi je nacistična diktatura uveljavljala svojo univerzalno pravico do razpolaganja s posameznikom – od tega, da ga je poniževala, do tega, da ga je uničila".[8]

O vlogi antropologije v nacistični diktaturi je Horst Ritter napravil prepričljivo in hkrati trezno bilanco: „Pot antropologije skozi tretji rajh je pot strahu. Ogorčenje in gnus rasteta vzporedno s tem, ko poskušamo pridobiti vpogled v zgodovino. Zgroženi moramo ugotoviti, da najbrž noben antropolog tega obdobja ni ostal brez krivde – pri čemer pa je bil obseg krivde zelo različen […]. Enako zgroženi moramo ugotoviti, da so se znanstveniki v svojih izjavah odmaknili od vse tedanje genetike in medicine in se docela prilagodili ideologiji."[9] Rasistično-nacionalistično mišljenje, ki je doseglo vrhunec z vero v „večvredno raso", katere kri mora ostati čista, se je končalo s „križem za matere (Mutterkreuz)[10] na eni strani in evtanazijskimi programi in rasnimi zakoni nacistov na drugi strani." Vse tja do iztrebljanja narodov, razvrščenih med „manjvredne".[11]

Antropologi so v 19. in na začetku 20. stoletja dejavno pomagali graditi nacistično ideologijo. V času nacizma se je obsedenost s tem, da človeka merijo in kategorizirajo, stopnjevala do prave norosti. V naravoslovnem muzeju na Dunaju so še danes prameni las, ki so jih odstrigli judovskim žrtvam v 30-ih letih 20. stoletja. Večina vzorcev izvira iz „rasološke" raziskave, ki so jo izvedli konec septembra 1939. Več kakor tisoč judovskih moških, ki so prvotno prišli iz Galicije na Dunaj, je bilo tri tedne zaprtih na stadionu v dunajskem Pratru. Malo pred njihovo deportacijo se je tam z merilnimi instrumenti prikazala delegacija antropološkega oddelka naravoslovnega muzeja pod vodstvom predstojnika Josefa Wastla. Več dni zaporedoma so merili in fotografirali 404 judovske moške. Nekaterim od njih so odrezali pramen las, drugim, ki so bili videti posebej primerni za prototipe, so vzeli mavčne odlitke obrazov. Kasneje je dal Wastl oskruniti judovske grobove na Dunaju, da bi prišel do „materiala". Poleg tega je priskrbel tudi „lobanje in mavčne odlitke" judovskih žrtev koncentracijskega taborišča in poljskih odporniških borcev iz Poznanja. „Rasne ekspertize" so bile zanj dobičkonosen postranski posel. Čeprav se je Wastl že kot „ilegalec" navduševal za nacionalsocializem, je po koncu vojne obveljal le za „manj obremenjenega" in je bil leta 1947 prisilno

---

[7] Michail Krausnick, Wo sind sie hingekommen? Der unterschlagene Völkermord an den Sinti und Roma (Kam so odšli? Zatajeni genocid Sintov in Romov), Gerlingen 1995, od str. 9 sl.; Michael Koschat, „… bitte vergesst mich nicht und wofür ich sterben musste …" (… prosim, ne pozabite me in tega, zakaj sem moral umreti …) Widerstand und Verfolgung in der Gemeinde St. Jakob im Rosental 1938–1945. Blinde Flecken – Spurensuche – Erinnerung (Slepe pege – iskanje sledov – spomini), v: Spuren der Erinnerung. Widerstand und Verfolgung in der Gemeinde St. Jakob im Rosental/Sledovi spomina. Odpor in preganjanje v občini Šentjakob v Rožu, Klagenfurt/Celovec 2012, str. 12–47, tu str. 18.

[8] Wolfgang Benz/Barbara Distel (izd.), Der Ort des Terrors. Geschichte der nationalsozialistischen Konzentrationslager, Band 1 (Kraj terorja. Zgodovina nacističnih koncentracijskih taborišč, 1. zvezek): Die Organisation des Terrors (Organizacija terorja), München 2005, str. 7.

[9] Horst Ritter, Die Rolle der Anthropologie im NS-Staat (Vloga antropologije v nacistični državi), v: Jürgen Pfeiffer (izd.), Menschenverachtung und Opportunismus. Zur Medizin im Dritten Reich (Zaničevanje ljudi in oportunizem. O medicini v tretjem rajhu), Tübingen 1992, str. 172–186, tu str. 172.

[10] Mutterkreuz je bilo nacionalsocialistično odlikovanje za „nemške matere", ki so rodile več „zdravih" otrok.

[11] Christian Resch, Die Menschen-Züchter (Rejci ljudi), v: Salzburger Nachrichten/Wochenende, 11. 11. 2017, str. 2 sl.

wurden Haarsträhnen abgeschnitten, von anderen, die als besonders prototypisch erschienen, wurden Gipsabdrücke ihrer Gesichter genommen. Später ließ Wastl jüdische Gräber in Wien schänden, um an „Material" zu gelangen. Zudem erwarb er „Schädel und Gipsabgüsse" von jüdischen KZ-Opfern und polnischen Widerstandskämpfern aus Posen. „Rassegutachten" sicherten ihm ein lukratives Nebeneinkommen. Obwohl er sich bereits als „Illegaler" für den Nationalsozialismus begeistert hatte, galt er nach Kriegsende nur als „minderbelastet" und wurde 1947 zwangspensioniert. Im Museum war Wastl weiterhin als Konsulent tätig. Seine Mitarbeiter, die ihn bei seinen Vermessungsaktionen unterstützt hatten, blieben gänzlich unbehelligt. Wastl agierte nach 1945 als viel beschäftigter Gerichtsgutachter in Vaterschaftsangelegenheiten. Dabei bediente er sich derselben Formulare mit denselben Klassifizierungen, die bereits in der NS-Zeit in Verwendung gewesen waren. Trotz seiner Vergangenheit und persönlichen Belastung wurden ihm als honoriger Vizepräsident der Anthropologischen Gesellschaft in Wien Anerkennung und Ehre zuteil. Über die im Praterstadion vermessenen Juden, die in Viehwaggons nach Buchenwald deportiert und bis auf wenige Überlebende ermordet worden waren, „schwieg man diskret".[11]

Frühe Anfänge des braunen Ungeistes

In der Gemeinde St. Jakob im Rosental/Šentjakob v Rožu war es den Nationalsozialisten sehr früh gelungen, Fuß zu fassen, die durch zwei konkurrierende Nationalismen spezifisch geprägte Soziosphäre eines gemischtsprachigen Grenzgebietes ideologisch zu unterwandern und nachhaltig zu imprägnieren und damit der deutschen „Volksgemeinschaft" den Boden zu bereiten.[12] In dem 1931 vom Gau „Karawanken" der Sektion Klagenfurt des „Deutschen und Österreichischen Alpenvereines" herausgegebenen „Karawankenführer" hieß es zur ethnischen Situation: „Die Landbevölkerung der Karawanken ist slowenisch, die größeren Orte im Karawankengebiet in Kärnten sind jedoch gemischtsprachig und tragen alle deutschen Charakter."[13] In diesem Wanderführer findet sich auch ein Werbeinserat des Rosenbacher Gasthofes „Matschnig", welcher bereits in der Zwischenkriegszeit namentlich als judenfeindlich ausgewiesen war.[14]

Im Oktober 1930 wandte sich der als Vertrauensmann des „Kärntner Heimatbundes" (KHB) fungierende Besitzer des Gasthofes „Jägerheim" in Maria Elend, Anton Berger, mit dem Anliegen an den KHB, das Ansuchen des Gastwirtes Matthäus Matschnig um Gewährung eines Hypothekarkredites in Höhe von 100.000 Schilling nach Kräften zu unterstützen. Matschnig führte als Grund für seine missliche wirtschaftliche Lage die Entwicklung nach dem Ersten Weltkrieg ins Treffen. Neben

---

[11] Christa Zöchling, Eine Sammlung, die keiner will, in: Profil, Nr. 39/25. 9. 2017, S. 40 f.
[12] Vgl. Michael Koschat, Braune Flecken im Ortsbild. Die Abwehrkämpferdenkmäler in St. Jakob/Št. Jakob und Rosegg/Rožek: Anmerkungen zum historisch-ideologischen Kontext und Gedanken zur Kärntner Gedächtniskultur und Erinnerungspolitik, Klagenfurt-Celovec/Ljubljana-Laibach/Wien-Dunaj 2010, S. 78 ff.
[13] Ludwig Jahne, Karawankenführer. Zweite, vollständig durchgesehene und erneuerte Auflage, hg. vom Gau „Karawanken" der Sektion Klagenfurt des Deutschen und Österreichischen Alpenvereines, Klagenfurt 1931, S. 10.
[14] Frank Bajohr, „Unser Hotel ist judenfrei". Bäder-Antisemitismus im 19. und 20. Jahrhundert, Frankfurt am Main 2003, S. 196.

upokojen. V muzeju pa je še naprej ostal dejaven kot svetovalec. Njegovih sodelavcev, ki so ga podpirali pri merilnih akcijah, sploh nihče ni nadlegoval. Wastl je po letu 1945 veliko delal kot sodni izvedenec za zadeve v zvezi z dokazovanjem očetovstva. Pri tem je uporabljal enake obrazce z enakimi klasifikacijami, ki so bili v uporabi že v času nacizma. Kljub svoji preteklosti in osebni obremenjenosti je bil na Dunaju deležen priznanja in časti in je bil razglašen za častnega podpredsednika antropološkega društva. O Judih, na katerih je opravljal meritve na stadionu v Pratru in so jih nato v živinskih vagonih deportirali v Buchenwald in pobili, pri čemer jih je preživela le peščica, „so diskretno molčali".[12]

Zgodnji začetki rjave (nemškonacionalne) razdiralne miselnosti

V občini Šentjakob v Rožu/St. Jakob im Rosental se je nacionalsocialistom zelo zgodaj posrečilo usidrati se in se ideološko infiltrirati v družbeno sfero dvojezičnega obmejnega območja, zaznamovano z dvema konkurenčnima nacionalizmoma, jo trajno impregnirati in s tem ustvariti podlago za nemško „narodno skupnost".[13] V vodniku po Karavankah, ki ga je leta 1931 izdal gau „Karavanke" celovške sekcije „Nemškega in avstrijskega alpskega društva", je o etnični situaciji pisalo tole: „Podeželsko prebivalstvo Karavank je slovensko, večji kraji na območju Karavank na Koroškem pa so jezikovno mešani in imajo vsi nemški značaj."[14] V tem vodniku je tudi reklamni oglas gostilne „Matschnig" v Podrožci/Rosenbach, ki se je že v času med obema vojnama poimensko izkazala za sovražno Judom.[15] Oktobra 1930 je Anton Berger, lastnik gostilne „Jägerheim" v Podgorjah/Maria Elend in zaupnik Koroškega heimatbunda (Kärntner Heimatbund, KHB), pozval KHB, naj po svojih močeh podpre prošnjo gostilničarja Matthäusa Matschniga za odobritev hipotekarnega kredita v višini 100.000 šilingov. Matschnig je kot razlog za svoj neprijetni gospodarski položaj navajal razvoj dogodkov po prvi svetovni vojni. Poleg posledic jugoslovanske zasedbe naj bi bile ne glede na njegovo „zvesto koroško prepričanje" tudi „avstrijske zasedbene čete, večinoma tuje tem krajem", ponovno brez odškodnine posegle po njegovi lastnini: „Danes obstoječa realna in idealna vrednost z veliko muko pridelanega podjetja bi se v tem primeru z neizogibnim raztrganjem celote na manjvredna delna podjetja zmanjšala za več kot polovico vrednosti in bi izgubila ves svoj narodnogospodarski pomen. In vse to

---

[12] Christa Zöchling, Eine Sammlung, die keiner will (Zbirka, ki je nihče noče), v: Profil, Nr. 39/25. 9. 2017, str. 40 sl.

[13] Prim. Michael Koschat, Braune Flecken im Ortsbild (Rjavi madeži v sliki kraja). Die Abwehrkämpferdenkmäler in St. Jakob/Št. Jakob und Rosegg/Rožek: Anmerkungen zum historisch-ideologischen Kontext und Gedanken zur Kärntner Gedächtniskultur und Erinnerungspolitik (Brambovski spomeniki v Šentjakobu in Rožeku: pripombe k zgodovinsko-ideološkemu kontekstu in misli ob koroški kulturi spomina in spominski politiki), Klagenfurt/Celovec-Ljubljana/Laibach-Wien/Dunaj 2010, str. 78 sl

[14] Ludwig Jahne, Karawankenführer (Vodnik po Karavankah). Zweite, vollständig durchgesehene und erneuerte Auflage (Druga, popolnoma pregledana in prenovljena izdaja), Gau „Karawanken" der Sektion Klagenfurt des Deutschen und Österreichischen Alpenvereines, Celovec/Klagenfurt 1931, str. 10.

[15] Frank Bajohr, „Unser Hotel ist judenfrei" (Naš hotel je brez Judov). Bäder-Antisemitismus im 19. und 20. Jahrhundert (Antisemitizem v toplicah v 19. in 20. stoletju), Frankfurt am Main 2003, str. 196.

den Auswirkungen der jugoslawischen Besetzung hätten ungeachtet seiner „treuen Kärntner Gesinnung" auch die „zum großen Teil ortsfremden österreichischen Besatzungstruppen" wiederholt ohne Entschädigung auf seinen Besitz zurückgegriffen: „Die heute vorhandenen realen und idealen Werte eines mit größtem Fleiß emporgearbeiteten Unternehmens würden in einem solchen Falle durch unvermeidliche Zerreißung des Ganzen in minderwertige Teilunternehmungen weit über die Hälfte reduziert werden und ihre gesamte volkswirtschaftliche Bedeutung einbüßen. Und das alles im Jubeljahr der Kärntner Volksabstimmung, in dem immer wieder in den höchsten Tönen von der Notwendigkeit der wirtschaftlichen Hebung der Bevölkerung in der Abstimmungszone geschrieben und gesprochen wird."[15] Der mit der Leitung des Gaues Kärnten beauftragte Kreisleiter Karl Pachneck sprach im Geleitwort zu der im Jahre 1940 in der Reihe „Die deutschen Gaue seit der Machtergreifung" herausgegebenen und vom Leiter des Gaupresseamtes, Gauhauptstellenleiter Richard Moschner, verfassten Broschüre „Kärnten. Grenzland im Süden" nur mehr davon, dass Kärnten als „Grenzland im Süden des Reiches" einen „deutschen Grenzstamm" beherberge, „der durch Jahrhunderte in hartem Kampf um seine Heimat und sein Volkstum stand. Die Liebe des Kärntners zu seiner Heimat war immer gleichzeitig das Bekenntnis zu seinem deutschen Volk." Im „Kärntner Abwehrkampf" und in der Volksabstimmung erkannte Pachneck „das erste Aufflammen der nationalsozialistischen Revolution in Kärnten". Damals wären „Kärntens Männer und seine Jugend" ausgezogen, um „ihre Heimat dem deutschen Reich und Volk zu erhalten" und am 10. Oktober 1920 „in Deutschlands tiefster Schmach" die Einheit des Landes zu erzwingen: „So haben sich das Land und seine Menschen der nationalsozialistischen Bewegung schon frühzeitig auf Gedeih und Verderb angeschlossen."[16]

Für Rosenbach/Podrožca ist die Existenz einer eigenen Ortsgruppe bereits für das Jahr 1923 belegt. Im Juli 1923 suchte Landesparteiobmann Alois Michner bei der Landesregierung um die Genehmigung der Statuten des „Deutschen Nationalsozialistischen Vereines für Österreich" an. Zugleich meldete er den Bestand von 16 Ortsgruppen, darunter Rosenbach. Mit Stand vom 1. April 1929 zählte die Ortsgruppe Rosenbach, die im Februar 1924 behördlich registriert worden war, bereits 47 Mitglieder und war damit eine der stärksten in ganz Kärnten.[17]

---

[15] KLA, Kärntner Heimatbund, Sch. 28, Fasz. 260, Schreiben Matschnigs vom 5. 10. 1930.

[16] Moschner, Kärnten, S. 7 f.

[17] Alfred Elste/Dirk Hänisch, Auf dem Weg zur Macht. Beiträge zur Geschichte der NSDAP in Kärnten von 1918 bis 1938, Wien 1997, S. 48; Ulfried Burz, Die nationalsozialistische Bewegung in Kärnten (1918–1933). Vom Deutschnationalismus zum Führerprinzip, Klagenfurt 1998, S. 84 ff.; vgl. Werner Drobesch, Vereine und Verbände in Kärnten (1848–1938). Vom Gemeinnützig-Geselligen zur Ideologisierung der Massen, Klagenfurt 1991, S. 197; Karl Dinklage, Geschichte der Kärntner Arbeiterschaft, Klagenfurt 1976, S. 158. Die frühe Gründung der Ortsgruppe Rosenbach wird auch in der Chronik der dortigen Volksschule mit dem stolzen Kommentar erwähnt, dass es sich dabei überhaupt um die erste Ortsgruppe in Kärnten gehandelt habe. Ingrid Kaiser-Kaplaner, Die Marktgemeinde St. Jakob im Rosental/Št. Jakob v Rožu mit ihren Kirchen, Dörfern und Schulen – ein Einblick in ihre Geschichte anhand von Archiven, Chroniken und Zeitzeugenberichten, Klagenfurt-Celovec/Ljubljana-Laibach/Wien-Dunaj 2007, S. 147.

v jubilejnem letu koroškega plebiscita, v letu, v katerem se vedno znova na ves glas govori in piše o nujnosti gospodarskega vzpona prebivalstva v plebiscitni coni."[16]

Kreisleiter (nacistični okrožni vodja) Karl Pachneck, ki mu je bilo poverjeno vodenje gaua Koroška, je v uvodu v brošuro „Kärnten. Grenzland im Süden" (Koroška. Obmejna dežela na jugu), ki je leta 1940 izšla v zbirki „Die deutschen Gaue seit der Machtergreifung" (Nemški gaui po prevzemu oblasti) in jo je pripravil vodja tiskovnega urada gaua Richard Moschner, napisal več o tem, da Koroška kot „obmejna dežela na jugu rajha" daje zatočišče „nemškemu obmejnemu rodu, ki se je stoletja pogumno bojeval za svojo domovino in svojo narodnost. Ljubezen Korošca do domovine je bila hkrati vedno opredelitev za nemški narod." V „koroškem obrambnem boju" in plebiscitu je Pachneck prepoznal „prvo vzplapolanje nacionalsocialistične revolucije na Koroškem". Tedaj so se „koroški možje in koroška mladina" vzdignili, da „bi svojo domovino ohranili za nemški rajh in narod" in 10. oktobra 1920 „v najglobji sramoti Nemčije" izsilili enotnost dežele: „Tako so se dežela in njeni prebivalci že zgodaj v dobrem in slabem priključili nacionalsocialističnemu gibanju."[17]

Že v letu 1923 je v Podrožci dokazano obstajala lastna krajevna organizacija (Ortsgruppe) nacionalsocialistične stranke. Julija 1923 je predsednik deželne stranke Alois Michner deželno vlado zaprosil za odobritev statuta „nemškega nacionalsocialističnega društva za Avstrijo". Hkrati je navedel obstoj 16 krajevnih organizacij, med njimi tudi v Podrožci. Dne 1. aprila 1929 je krajevna organizacija v Podrožci, upravno registrirana februarja 1924, štela že 47 članov in je bila tako ena najmočnejših v vsej Koroški.[18]

Pobudo za ustanovitev krajevne organizacije tedanje DNSAP (Deutsche Nationalsozialistische Arbeiterpartei – Nemška nacionalsocialistična delavska stranka) v Podrožci je dal računovodja gozdne uprave Hugo Herzog, ki je po volitvah v občinski svet leta 1924 postal član občinskega odbora v Šentjakobu, leta 1926 vstopil v NSDAP in dobil člansko številko 50.711, leta 1927 napredoval v gauleiterja Koroške in bil leta 1929 poslan v koroški deželni zbor. Njegovi stiki s Podrožco – krajem, ki „je bil zaradi svoje (nemške) narodne tradicije ugodno gojišče nacionalsocializma"[19] – se s tem nikakor niso pretrgali. Pri prvem orodnem tekmovanju „Nemškega telovadnega društva"

---

[16] KLA, Kärntner Heimatbund, šk. 28, fasc. 260, Pisanje Matschniga z dne 5. 10. 1930.

[17] Moschner, Kärnten, str. 7 sl.

[18] Alfred Elste/Dirk Hänisch, Auf dem Weg zur Macht (Na poti na oblast). Beiträge zur Geschichte der NSDAP in Kärnten von 1918 bis 1938 (Prispevki k zgodovini NSDAP na Koroškem od 1918 do 1938), Dunaj 1997, str. 48; Ulfried Burz, Die nationalsozialistische Bewegung in Kärnten (Nacionalsocialistično gibanje na Koroškem) (1918–1933). Vom Deutschnationalismus zum Führerprinzip (Od nemškega nacionalizma do načela führerja), Celovec/Klagenfurt 1998, str. 84 sl.; prim. Werner Drobesch, Ver eine und Verbände in Kärnten (Društva in zveze na Koroškem) (1848–1938). Vom Gemeinnützig-Geselligen zur Ideologierung der Massen (Od splošno koristnega in družabnega do ideologizacije množic), Celovec/Klagenfurt 1991, str. 197; Karl Dinklage, Geschichte der Kärntner Arbeiterschaft (Zgodovina koroškega delavstva), Celovec/ Klagenfurt 1976, str. 158. Zgodnja ustanovitev krajevne sekcije Podrožca je omenjena tudi v kroniki tamkajšnje ljudske šole s ponosnim komentarjem, da je bila to sploh prva krajevna sekcija na Koroškem. Ingrid Kaiser-Kaplaner, Die Marktgemeinde St. Jakob im Rosental/Št. Jakob v Rožu mit ihren Kirchen, Dörfern und Schulen – ein Einblick in ihre Geschichte anhand von Archiven, Chroniken und Zeitzeugenberichten (Tržna občina Šentjakob v Rožu s svojimi cerkvami, vasmi in šolami – vpogled v njeno zgodovino na osnovi arhivov, kronik in poročil pričevalcev), Klagenfurt/Celovec-Ljubljana/Laibach-Wien/Dunaj 2007, str. 147.

[19] Alfred Elste, Kärntens braune Elite (Rjava elita Koroške), 2. izdaja, Klagenfurt/Celovec-Ljubljana-Wien/Dunaj 1997, str. 65 sl.

Die Initiative zur Bildung einer Ortsgruppe der damaligen DNSAP (Deutsche Nationalsozialistische Arbeiterpartei) in Rosenbach war vom Forstbuchhalter Hugo Herzog ausgegangen, der nach den Gemeinderatswahlen von 1924 in den Gemeindeausschuss von St. Jakob einzog, 1926 mit der Mitgliedsnummer 50.711 in die NSDAP eintrat, 1927 zum Gauleiter von Kärnten avancierte und 1929 in den Kärntner Landtag entsandt wurde. Seine Kontakte nach Rosenbach – ein Ort, der „durch seine völkische Tradition für den Nationalsozialismus ein günstiger Nährboden war"[18] – rissen dadurch keineswegs ab. Beim ersten Vereins-Gerätewettturnen des „Deutschen Turnvereines" Rosenbach[19] im April 1937 bildete er gemeinsam mit dem Obmann Karl Exel die Jury. Bei der anschließenden Jahres-Hauptversammlung im Gasthof „Matschnig" „legte Obmann Dr. Exel schärfsten Protest gegen die Angriffe, welche im Zusammenhang mit politischen Demonstrationen gegen den Turnverein erhoben wurden, ein. Er hob hervor, dass der Turnverein immer unpolitisch, gut kärntnerisch, gut deutsch und damit gut österreichisch gearbeitet hatte."[20] Der hier versuchten Camouflage steht die Tatsache entgegen, dass laut Bescheid des Sicherheitsdirektors für das Bundesland Kärnten vom 10. August 1934 im „Deutschen Turnverein" Rosenbach sämtliche Mitglieder in der verbotenen NSDAP organisiert waren. Von den 34 ausübenden Mitgliedern gehörten 20 definitiv der NSDAP an.[21] Gerade in solch ausgesprochenen „Turnerbundgemeinden" erzielte die NSDAP ab 1930 überdurchschnittlich gute Wahlergebnisse.[22] Bei den Gemeinderatswahlen 1932 etwa erhielt die NSDAP (NS Hitlerbewegung) in St. Jakob 9,3 Prozent der Stimmen und 3 von 24 Mandaten.[23] Über die ausgeprägte ideologische Verwandtschaft und die gemeinsame deutschvölkische Gesinnung zeigte sich der Führungskern der Kärntner Turner im politischen Raum Jahre vor dem „Anschluss" zunehmend für den Nationalsozialismus disponibel. Diesbezüglich äußerte sich Sepp König als Exponent der deutschvölkischen Turnerbewegung unmissverständlich: „Die legale Form für die Ermöglichung einer illegalen NS-Arbeit und eines gleichen Kampfes war vielleicht in keiner nationalen Organisation besser geschaffen, als in unserem völkischen Turnwesen. Die Führung des Deutschen Turnerbundes hat in der Verbotszeit im engsten Einvernehmen mit der illegalen Landesleitung der NSDAP gearbeitet und Weisungen erlassen."[24] Die „Deutschen Turnvereine" bildeten als Nukleus der Unzufriedenen häufig das eigentliche Sprungbrett zum politischen Engagement und etablierten den

---

[18] Alfred Elste, Kärntens braune Elite, 2. Auflage, Klagenfurt-Celovec/Ljubljana-Laibach/Wien-Dunaj 1997, S. 65 f.
[19] Der Turnverein Rosenbach war am 29. März 1923 gegründet worden. Unter den deutschnationalen Vereinsgründungen im gemischtsprachigen Gebiet ist auch der Männergesangsverein Rosenbach im Dezember 1922 zu nennen. Werner Drobesch, Vereinswesen und „nationale Frage" 1914–1999 – Regionale Schwerpunktbildungen und Breitenwirkung, in: Werner Drobesch/Augustin Malle (Hg.), Nationale Frage und Öffentlichkeit (= Kärnten und die nationale Frage, Band 2), Klagenfurt-Celovec/Ljubljana-Laibach/Wien-Dunaj 2005, S. 185–214, hier S. 203.
[20] Freie Stimmen, 19. 5. 1937, S. 7.
[21] Drobesch, Vereine und Verbände, S. 268 f.
[22] Burz, Die nationalsozialistische Bewegung, S. 155.
[23] Ebd., S. 138 f. und S. 237.
[24] Zit. n. Elste/Hänisch, Auf dem Weg zur Macht, S. 285.

Gasthof „Matschnig" in Rosenbach, 1931.
Foto: Privatarchiv Michael Koschat, Maria Elend/Podgorje

Gostilna „Matschnig" v Podrožci/Rosenbach, 1931.
Fotografija: zasebni arhiv Michael Koschat, Podgorje/Maria Elend

iz Podrožce[20] aprila 1937 je bil skupaj s predsednikom Karlom Exelom v žiriji. Na letni skupščini, ki je bila takoj po tekmovanju v gostilni „Matschnig", je „predsednik dr. Exel ostro protestiral zoper napade, usmerjene proti telovadnemu društvu v povezavi s političnimi demonstracijami. Poudaril je, da je društvo vedno delovalo apolitično, dobro koroško, dobro nemško in s tem dobro avstrijsko."[21] Da je bil to poskus kamuflaže, nakazuje dejstvo, da so bili po poročilu varnostnega direktorja za zvezno deželo Koroško od 10. avgusta 1934 dalje vsi člani „Nemškega telovadnega društva" iz Podrožce organizirani v prepovedani NSDAP. Od 34 aktivnih članov jih je zagotovo 20 pripadalo NSDAP.[22] Ravno v takih izrazitih „telovadnodruštvenih občinah" je NSDAP po letu

---

[20] Nemško telovadno društvo Podrožca je bilo ustanovljeno 29. marca 1923. Med nemškonacionalnimi društvi, ustanovljenimi na jezikovno mešanem območju, je treba omeniti tudi moško pevsko društvo Podrožca, ustanovljeno decembra 1922. Werner Drobesch, Vereinswesen und nationale Frage 1914–1999 – Regionale Schwerpunktbildungen und Breitenwirkung (Dejavnost društev in nacionalno vprašanje 1914–1999 – Nastajanje krajevnih središč in učinek na široke kroge), v: Werner Drobesch/Augustin Malle (izd.), Nationale Frage und Öffentlichkeit (Nacionalno vprašanje in javnost) (= Kärnten und die nationale Frage, Band 2), Klagenfurt/Celovec-Ljubljana/Laibach-Wien/Dunaj 2005, str.185–214, tu str. 203.

[21] Freie Stimmen, 19. 5. 1937, str. 7.

[22] Drobesch, Vereine und Verbände, str. 268 sl.

Nationalsozialismus in der dörflichen Gemeinschaft. Gerade im ländlichen Bereich sammelten sich die Nationalsozialisten vor allem in den örtlichen Turnvereinen.[25]

Nach dem „Anschluss" im März 1938 rückte Herzog, der mehrere Parteiauszeichnungen erhielt, in die exponierte Position eines Gaurichters der NSDAP, die er bis Kriegsende bekleiden sollte. Ab 1943 amtierte er darüber hinaus als Kreisleiter von Villach. Nach fast zweijähriger Haft im Internierungslager Wolfsberg erfolgte 1947 seine Verurteilung nach dem Verbotsgesetz (illegaler Nationalsozialist und „Alter Kämpfer", SA-Obersturmbannführer) zu zwei Jahren schweren Kerkers und zum Verfall seines gesamten Vermögens an die Republik Österreich. Nach Einreichung eines Gnadengesuches wurde ihm die Reststrafe erlassen.[26]

Der nationale Kampf begann sich Mitte der 1920er-Jahre zunehmend zu verschärfen, wobei es gerade in St. Jakob wiederholt zu heftigen Konfrontationen kam. Bei einer „Volkskundgebung" des „Kärntner Heimatbundes" am 15. November 1925 fand der aus Rajach (Gemeinde Velden) stammende sozialdemokratische Nationalratsabgeordnete Anton Falle zur Situation der Kärntner Slowenen deutliche Worte. Die „stärkste Waffe gegen die irredentistischen Angriffe" von jenseits der Grenze erkannte er im „Nachweis, dass die slowenische Minderheit in Kärnten sich kulturell und politisch in voller Freiheit entwickeln" könne. Als er, durch ständige Zwischenrufe der anwesenden Nationalsozialisten wiederholt unterbrochen, „über die Bedrückung der Minderheiten des slawischen Volkes" zu sprechen begann, kam es unter einem Teil der Zuhörer zu tumultartigen Szenen. Deutschnationale Abgeordnete warfen Falle in einer als Reaktion auf die Ereignisse in St. Jakob eingebrachten parlamentarischen Anfrage dezidiert eine „verräterische Handlungsweise" vor. Das sozialistische Parteiorgan „Arbeiterwille" verurteilte indes die „nationale Hetze", die „geradezu unerträglich" zu werden beginne. Die von den Sozialdemokraten zwei Wochen später in St. Jakob durchgeführte Versammlung bot Falle schließlich Gelegenheit, die gegen ihn erhobenen Vorwürfe entschieden zurückzuweisen. „Das Beschützen der slowenischen Minderheit" könne „doch nie Landesverrat" sein. Darüber hinaus wandte sich Falle vehement gegen „die Tätigkeit der sogenannten Völkischen, die glauben, die Heimattreue gepachtet zu haben, während sie in Wirklichkeit [...] der jugoslawischen Irredenta immer wieder neue Handhaben bieten." Die deutschnationale Presse wiederum unterstellte Falle, unablässig „gegen die Kärntner Heimatbewegung" zu agitieren und den Feinden des Landes eine „willkommene Schützenhilfe" zu leisten.[27] Anton Falle, der sich im Alltag bewusst der slowenischen Sprache bediente und innerhalb seiner eigenen Partei als „Windischer" abgestempelt wurde,[28] sah sich in der Folge – zunächst

---

[25] Vgl. Matthias Marschik, Sportdiktatur. Bewegungskulturen im nationalsozialistischen Österreich, Wien 2008, S. 29 ff.

[26] KLA, LG Klagenfurt, Strafakten, Sch. 290, Vg Vr 87/47, Strafsache gegen Hugo Herzog und KLA, Gedenkbuch der politischen Führer des Landes Kärnten, Sch. 1, Mappe 41, Hugo Herzog; vgl. Elste, Kärntens braune Elite, S. 65 ff.; Irmgard Lapan, Der Kärntner Landtag von 1918–1938 und die Tätigkeit der Abgeordneten, phil. Diss., Graz 1982, S. 211.

[27] Zit. n. Hellwig Valentin, Nationalismus oder Internationalismus? Arbeiterschaft und nationale Frage mit besonderer Berücksichtigung Kärntens 1918–1934, Klagenfurt 2000, S. 323, S. 331 und S. 388.

[28] Valentin, Nationalismus, S. 323.

1930 dosegala nadpovprečno dobre volilne rezultate.[23] Na volitvah v občinski svet leta 1932 je recimo NSDAP (nacionalsocialistično Hitlerjevo gibanje) v Šentjakobu dobila 9,3 odstotka glasov in 3 od 24 mandatov.[24] Zaradi izrazite ideološke sorodnosti in skupnega nemškonarodnjaškega prepričanja je bilo vodilno jedro koroških telovadcev v političnem prostoru že leta pred „anšlusom" vse bolj usmerjeno v nacionalsocializem. V tej zvezi je Sepp König kot eksponent nemškonarodnjaškega telovadnega gibanja nedvoumno izjavil: „Legalna oblika za omogočanje ilegalnega dela nacionalsocialistov in njihovega boja najbrž v nobeni organizaciji ni bila bolje vzpostavljena kot v našem narodnjaškem telovadnem gibanju. Vodstvo Nemškega telovadnega društva je v času prepovedi kar najtesneje sodelovalo z ilegalnim deželnim vodstvom NSDAP in dajalo navodila, usklajena z njim."[25] „Nemška telovadna društva" so kot jedro nezadovoljnih pogosto predstavljala dejansko odskočno desko za politično angažiranje in uveljavljala nacionalsocializem v vaških skupnostih. Ravno na podeželju so se nacionalsocialisti zbirali predvsem v krajevnih telovadnih društvih.[26]

Po „anšlusu" marca 1938 je Herzog, ki je dobil več strankinih odlikovanj, prevzel izpostavljeni položaj gauskega sodnika NSDAP, ki ga je ohranil do konca vojne. Od leta 1943 je uradoval poleg tega še kot kreisleiter (okrožni vodja) Beljaka. Po skoraj dveletnem zaporu v internacijskem taborišču v Wolfsbergu je bil leta 1947 po zakonu o prepovedi nacionalnega socializma (Verbotsgesetz) obsojen (ilegalni nacionalsocialist in „stari borec /Alter Kämpfer/", obersturmbannführer SA) na dve leti strogega zapora in na zaplembo vsega premoženja v korist Republike Avstrije. Po vložitvi prošnje za pomilostitev so mu preostanek kazni odpustili.[27]

Nacionalni boj se je sredi 20-ih let 20. stoletja začel vse bolj zaostrovati in ravno v Šentjakobu je vedno znova prihajalo do burnih soočenj. Na nekem „ljudskem zborovanju" Koroškega heimatbunda dne 15. novembra 1925 je socialdemokratski poslanec državnega zbora Anton Falle iz Srej/Rajach (občina Vrba/Velden) jasno opisal situacijo koroških Slovencev. „Najmočnejše orožje proti iredentističnim napadom" z onstran meje je prepoznal v „dokazu, da se slovenska manjšina na Koroškem lahko kulturno in politično razvija v popolni svobodi". Medtem ko so ga prisotni national-socialisti vedno znova prekinjali, je začel govoriti „o zatiranju slovanskih manjšin", to pa je pri nekaterih poslušalcih sprožilo prave izgrede. Poslanci nemške nacionalne stranke so se med razpravo v parlamentu odzvali na dogodke v Šentjakobu in Falleju odločno očitali „izdajalsko ravnanje". Glasilo socialistične stranke „Arbeiterwille" pa je

---

[23] Burz, Die nationalsozialistische Bewegung, str. 155.
[24] Ibid., str. 138 sl. in str. 237.
[25] Citirano po Elste/Hänisch, Auf dem Weg zur Macht (Na poti na oblast), str. 285.
[26] Prim. Matthias Marschik, Sportdiktatur. Bewegungskulturen im nationalsozialistischen Österreich (Diktatura športa. Kulture gibanja v nacionalsocialistični Avstriji), Dunaj 2008, str. 29 sl.
[27] KLA (Koroški deželni arhiv), LG Klagenfurt, Strafakten, šk. 290, Vg Vr 87/47, Strafsache gegen Hugo Herzog und KLA, Gedenkbuch der politischen Führer des Landes Kärnten (Kazenska zadeva proti Hugu Herzogu in KLA, Spominska knjiga političnih voditeljev dežele Koroške), šk. 1, mapa 41, Hugo Herzog; prim. Elste, Kärntens braune Elite, str. 65 sl.; Irmgard Lapan, Der Kärntner Landtag von 1918–1938 und die Tätigkeit der Abgeordneten (Koroški deželni zbor od 1918 do 1938 in dejavnost poslancev), phil. Diss., Gradec 1982, str. 211.

durch den „Ständestaat" und schließlich durch das NS-Regime – ständigen Repressalien ausgesetzt. Da er sich nach dem Parteienverbot für die Revolutionären Sozialisten zu engagieren begann, wurde er 1934 mehrmals verhaftet und 1935 in einem Hochverratsprozess zu einem Jahr Haft verurteilt. Im Sommer 1944 wurde Anton Falle schließlich nach dem gescheiterten Attentat auf Hitler als einflussreicher Sozialdemokrat im Zuge einer groß angelegten Verhaftungsaktion von der Gestapo festgenommen und sofort in das Konzentrationslager Dachau überstellt. Dort erkrankte er als „Schutzhäftling" bald schwer und verstarb am 15. Jänner 1945 nach einem monatelangen Martyrium.[29]

Einen wesentlichen Markstein für die sich zunehmend radikalisierende Propagierung und Etablierung des deutschvölkischen Gedankengutes bildete auf lokaler Ebene die im Jahre 1924 erfolgte Gründung der Volksschule Rosenbach durch den „Deutschen Schulverein".[30] Bei der Einweihung des neuen Schulhauses warnte ein geistlicher Redner vor „Fremdkörpern" im Lande, womit er die Sozialdemokraten und „Slowenischnationalen" meinte.[31] Der „Deutsche Schulverein" und der Schulverein „Südmark", die in Kärnten seit Ende des 19. Jahrhunderts als deutsche Schutzvereine operiert hatten, schlossen sich 1925 zum vereinigten „Deutschen Schulverein Südmark" zusammen, der in zahlreichen Ortsgruppen eine entsprechende Breitenwirkung anstrebte. In seinen Satzungen werden explizit u. a. die Erziehung der Jugend zu „volkstreuer Gesinnung", die Errichtung und Förderung deutscher Schulen und Kindergärten, das Eintreten „für den Zusammenschluss aller deutschen Stämme durch kulturelle und wirtschaftliche Maßnahmen", die „Abwehr jedes deutschfeindlichen, also auch jüdischen Einflusses auf allen Gebieten", die „Pflege des Heimatgedankens und Familiensinns, deutscher Sitten und Gebräuche, der deutschen Schrift und Sprache", die „Förderung aller Bestrebungen, welche die körperliche und seelische Gesundung und die Wehrhaftigkeit des deutschen Volkes zum Ziele habe" sowie die „wirtschaftliche Förderung der deutschen Bevölkerung im sprachlich bedrohten Gebiete" als zentrale Aufgabenstellungen genannt. In der Realität bedeuteten diese Ambitionen nichts anderes als eine offensiv wie repressiv betriebene Germanisierungspolitik im gemischtsprachigen Gebiet.[32]

Der „Deutsche Schulverein Südmark" beteiligte sich auch mit einer ansehnlichen Summe von 5000 Schilling an der hauptsächlich durch eine Abstimmungsspende aufgebrachten Finanzierung der Ende November 1931 eingeweihten Filialkirche in Rosenbach, in der ausschließlich die deutsche Sprache verwendet werden sollte, um – wie

---

[29] Hans Haider, Nationalsozialismus in Villach, 3. erweiterte Auflage, Klagenfurt/Wien 2008, S. 16 f.; Wilhelm Baum/Peter Gstettner/Hans Haider/Vinzenz Jobst/Peter Pirker (Hg.), Das Buch der Namen. Die Opfer des Nationalsozialismus in Kärnten, Klagenfurt/Wien 2010, S. 486 ff.; Brigitte Entner, Wer war Klara aus Šentlipš/St. Philippen? Kärntner Slowenen und Sloweninnen als Opfer der NS-Verfolgung. Ein Gedenkbuch, Klagenfurt-Celovec/Wien-Dunaj 2014, S. 474 f.

[30] Zur Geschichte der Volksschule Rosenbach vgl. Kaiser-Kaplaner, Die Marktgemeinde, S. 138 ff.

[31] Valentin, Nationalismus, S. 328.

[32] Elste/Hänisch, Auf dem Weg zur Macht, S. 17 f.; Drobesch, Vereine und Verbände, S. 156 f.; Tina Bahovec, Der integrale Nationalismus im Dreiländereck (1918–1945), in: Tina Bahovec/Theodor Domej (Hg.), Das österreichisch-italienisch-slowenische Dreiländereck. Ursachen und Folgen der nationalstaatlichen Dreiteilung einer Region, Klagenfurt-Celovec/Ljubljana-Laibach/Wien-Dunaj 2006, S. 261–351, hier S. 292 f.

Deutsche Volksschule in Rosenbach, 1924.
Foto: Privatarchiv Michael Koschat, Maria Elend/Podgorje

Nemška ljudska šola v Podrožci, 1924.
Fotografija: zasebni arhiv Michael Koschat, Podgorje/Maria Elend

nasprotno obsodilo takšno „nacionalno ščuvanje", češ da postaja „skoraj neznosno". Zborovanje, ki so ga dva tedna kasneje v Šentjakobu priredili socialdemokrati, je Falleju končno dalo priložnost, da je odločno zavrnil očitke, uperjene vanj. „Zaščita slovenske manjšine" po njegovem mnenju pač ne more biti „izdajstvo dežele". Poleg tega je Falle vehementno nastopil proti „dejavnosti tako imenovanih narodnjakov (Völkische), ki mislijo, da so vzeli v zakup zvestobo do domovine, medtem ko v resnici […] vedno znova nudijo jugoslovanski iredenti nove možnosti za obtožbe." Nemškonacionalni tisk je Falleju spet pripisal, da nenehno agitira „proti koroškemu domovinskemu gibanju" in daje sovražnikom dežele „dobrodošlo zaščitno pomoč".[28] Anton Falle, ki je v vsakdanjem življenju zavestno uporabljal slovenščino in je bil v svoji stranki ožigosan kot „Vindišar"[29], je bil posledično – najprej v „stanovski državi (Ständestaat)", nazadnje pa v nacističnem režimu – izpostavljen nenehnim pritiskom. Ker se je po prepovedi stranke začel ogrevati za revolucionarne socialiste, je bil leta 1934 večkrat aretiran in leta 1935 v sodnem postopku zaradi veleizdaje obsojen na leto dni zapora. Poleti 1944 je Falleja kot vplivnega socialdemokrata v okviru množičnih aretacij

---

[28] Citirano po Hellwig Valentin, Nationalismus oder Internationalismus? Arbeiterschaft und nationale Frage mit besonderer Berücksichtigung Kärntens 1918–1934 (Nacionalizem ali internacionalizem? Delavstvo in nacionalno vprašanje s posebnim ozirom na Koroško 1918–1934), Celovec/Klagenfurt 2000, str. 323, str. 331 in str. 388.

[29] Valentin, Nationalismus, str. 323.

in der Chronik der Volksschule Rosenbach angemerkt wurde – „der deutschen Bevölkerung Rosenbachs die Möglichkeit zu geben, deutsche Predigten zu hören. Am Sonntag, den 27. Juni 1937 wurde vom Kaplan Thomas Holmar zum ersten Mal das Evangelium auch in slowenischer Sprache gelesen, was bei den anwesenden Deutschen begreifliche Verstimmung hervorrief."[33] In einer Eingabe an das Gurker Ordinariat vom 30. Mai 1937 hatte Holmar aus seelsorgerischen und nationalpolitischen Gründen ernste Bedenken gegen die alleinige Verwendung der deutschen Sprache erhoben. Rosenbach bedeute in seinem deutschsprachigen Teil beinahe Missionsland. Wären einmal alle Deutschen für die Erfüllung der Sonntagspflicht gewonnen, so wäre die Kirche in Rosenbach an Sonn- und Feiertagen voll von Deutschen allein – die Slowenen müssten nach St. Jakob im Rosental. Es habe sich bisher hinlänglich gezeigt, dass nationale Motive, wie sie u. a. auch in der Bezeichnung der Rosenbacher Filiale als „Abstimmungskirche" zum Ausdruck kamen, zu wenig Zugkraft selbst auf nationale Deutsche ausüben, als dass sie dadurch zur Erfüllung der Sonntagspflicht bewogen werden könnten. Bleibe es in der Kirche zu Rosenbach beim bisherigen ausschließlichen Gebrauch der deutschen Volkssprache, dann werde diese Strategie eben auch ein Glied im Zuge der Germanisierungsbestrebungen in Kärnten bilden und ihren durchaus nicht geringen Teil zur Entnationalisierung der bodenständigen Slowenen in Rosenbach beitragen. Zu diesen Zielen irgendetwas beizusteuern, sei er nicht bereit.[34]

Ein vom umstrittenen Kärntner Künstler Switbert (Suitbert) Lobisser, der sich der NS-Bewegung mit heimattümelnden und explizit propagandistischen Arbeiten angedient hatte und nach dem „Anschluss" mit Aufträgen geradezu überhäuft wurde, im Jahre 1938 geschaffener Holzschnitt (op. 466/1938) war dem Obmann des „Deutschen Schulvereins Südmark" in den Jahren 1932 bis 1938, Maximilian Mayer, gewidmet.[35] Dieses Huldigungsblatt zeigt eine Harmonie und Gesinnungstreue ausstrahlende Gruppe von Schülern mit ihrer instruierenden Lehrerin vor dem Schulvereins-Banner und einer wehenden Hakenkreuzfahne. Außerhalb des Grenzzaunes versucht ein als gehässig und aggressiv charakterisierter Knabe die Gruppe mit Steinwürfen zu attackieren. Rauchschwaden in Hintergrund dienen als „Signal der Bedrohung durch das Königreich Jugoslawien. Im Juni 1938 war es kaum mehr relevant; die Bedrohung hatte sich verkehrt. Deutsche Einmarschpläne wurden innerhalb von drei Jahren realisiert."[36]

---

[33] Zit. n. Kaiser-Kaplaner, Die Marktgemeinde, S. 147.
[34] Ebd., S. 82 ff.
[35] Switbert Lobisser. Verzeichnis seiner Holzschnitte, eingeleitet von Hermann Egger, Graz 1944, S. 37. Zu Lobisser vgl. ausführlich Michael Koschat, „Urgesund" und „kerndeutsch". Kärntens bildende Kunst im Schatten des Hakenkreuzes. Streiflichter und Gedankensplitter, Klagenfurt-Celovec/Ljubljana-Laibach/Wien-Dunaj 2017, S. 263 ff.
[36] Arnulf Rohsmann, Kunst und Nationalismus in Kärnten – Bildstrategien und Klischees, in: Werner Drobesch/Augustin Malle, Nationale Frage und Öffentlichkeit (= Kärnten und die nationale Frage, Band 2), Klagenfurt-Celovec/Ljubljana-Laibach/Wien-Dunaj 2005, S. 341–388, hier S. 359.

po spodletelem atentatu na Hitlerja gestapo prijel in takoj poslal v koncentracijsko taborišče Dachau. Tam je kot „preventivno priprt" kmalu hudo zbolel in 15. januarja 1945 po večmesečnem mučeništvu umrl.[30]

Bistven mejnik za vse bolj radikalno propagando in uveljavljanje nemškonarodnjaškega (deutschvölkisch) miselnega sveta je na lokalni ravni pomenila ustanovitev ljudske šole, ki jo je leta 1924 odprlo „Nemško šolsko društvo" (Deutscher Schulverein)[31]. Pri posvetitvi nove šole je duhovnik v govoru posvaril pred „tujki" v deželi, s čimer je mislil socialdemokrate in „slovenske narodnjake".[32] „Nemško šolsko društvo" in šolsko društvo „Südmark" (Južna marka), ki sta na Koroškem od konca 19. stoletja delovali kot nemški zaščitni društvi, sta se leta 1925 povezali v združeno „Deutscher Schulverein Südmark" (Nemško šolsko društvo Južna marka), ki si je v številnih krajevnih sekcijah prizadevalo za čim širši vpliv. V njegovih pravilih so bile kot osrednje naloge izrecno omenjene mdr. vzgoja mladine v „narodu zvestem prepričanju", ustanavljanje nemških šol in vrtcev in njihovo podpiranje, zavzemanje za „združitev vseh nemških prebivalcev s pomočjo kulturnih in gospodarskih ukrepov", „obramba pred vsem nemštvu sovražnim, torej tudi pred judovskim vplivom na vseh področjih", „negovanje domovinske in družinske zavesti, nemških šeg in običajev, nemške pisave in govorice", „podpiranje vseh prizadevanj, ki imajo za cilj telesno in duševno ozdravljenje ter obrambno sposobnost nemškega naroda" in „gospodarska podpora nemškemu prebivalstvu na jezikovno ogroženih območjih". Dejansko te ambicije niso pomenile nič drugega kot ofenzivno in tudi represivno germanizacijsko politiko na jezikovno mešanih območjih.[33]

Društvo „Schulverein Südmark" je tudi s precejšnjo vsoto 5.000 šilingov sodelovalo pri financiranju podružnične cerkve v Podrožci, ki je v glavnem potekalo preko plebiscitnega daru ob obletnici plebiscita 1930 (Abstimmungsspende); cerkev je bila posvečena konec novembra 1931 in v njej naj bi se uporabljala izključno samo nemščina, da bi – kot je bilo omenjeno v kroniki ljudske šole Podrožca – „nemškim prebivalcem Podrožce dali možnost poslušati nemške pridige. V nedeljo, 27. junija 1937, je kaplan Thomas Holmar prvič bral evangelij tudi v slovenščini, kar je pri prisotnih Nemcih razumljivo zbudilo slabo voljo."[34] V vlogi, naslovljeni na krški ordinariat, je Holmar

---

[30] Hans Haider, Nationalsozialismus in Villach, 3. erweiterte Auflage (Nacionalsocializem v Beljaku, 3. razširjena izdaja), Klagenfurt/Wien 2008, str. 16 sl.; Wilhelm Baum/Peter Gstettner/Hans Haider/Vinzenz Jobst/Peter Pirker (Hg.), Das Buch der Namen. Die Opfer des Nationalsozialismus in Kärnten (Knjiga imen. Žrtve nacionalsocializma na Koroškem), Klagenfurt/Wien 2010, str. 486 sl.; Brigitte Entner, Wer war Klara aus Šentlipš/St. Philippen? Kärntner Slowenen und Sloweninnen als Opfer der NS-Verfolgung. Ein Gedenkbuch (Kdo je bila Klara iz Šentlipša? Koroški Slovenci in Slovenke kot žrtve nacističnega preganjanja. Spominska knjiga), Klagenfurt/Celovec-Wien/Dunaj 2014, str. 474 sl.

[31] O zgodovini ljudske šole Podrožca prim. Kaiser-Kaplaner, Die Marktgemeinde (Tržna občina), str. 138 sl.

[32] Valentin, Nationalismus, str. 328.

[33] Elste/Hänisch, Auf dem Weg zur Macht (Na poti na oblast), str. 17 sl.; Drobesch, Vereine und Verbände (Društva in zveze), str. 156 sl.; Tina Bahovec, Der integrale Nationalismus im Dreiländereck (Integralni nacionalizem na tromeji) (1918–1945), v: Tina Bahovec/Theodor Domej (Hg.), Das österreichisch-italienisch-slowenische Dreiländereck. Ursachen und Folgen der nationalstaatlichen Dreiteilung einer Region (Avstrijsko-italijansko-slovenska tromeja. Vzroki in posledice nacionalno- državne trisekcije regije), Klagenfurt/Celovec-Ljubljana/Laibach-Wien/Dunaj 2006, str. 261–351, tu str. 292 sl.

[34] Citirano po Kaiser-Kaplaner, Die Marktgemeinde, str. 147.

Deutsche Kirche in Rosenbach, 1940.
Foto: Privatarchiv Michael Koschat, Maria Elend/Podgorje

"Nemška" cerkev v Podrožci, 1940.
Fotografija: zasebni arhiv Michael Koschat, Podgorje/Maria Elend

In Maria Elend/Podgorje war bereits im Jänner 1908 eine Ortsgruppe des „Deutschen Schulvereines" gegründet worden, in Rosenbach im April 1912.[37] Am 30. Jänner 1923 konstituierte sich in Rosenbach „in Erkenntnis der Bedrängung deutscher Volksgenossen" schließlich auch eine eigene Ortsgruppe des Vereines „Südmark". Zum ersten Obmann wurde der Revident der Bundesbahnen Karl Kömle bestellt, als Beiräte fungierten u. a. der Forstbuchhalter Hugo Herzog und der als Oberlehrer in Maria Elend tätige Anton Liaunig. Im Februar 1924 übernahm Forstmeister Erwin Aichinger, der in diesem Jahr als enger Vertrauter Hugo Herzogs auch erstmals der NS-Bewegung (Ortsgruppe Rosenbach) beitrat,[38] die Agenden eines Obmannes, Hugo Herzog amtierte nunmehr als Schriftführer. Diese Funktion übernahm 1925 Rudolf Zherne.[39] Der vom Bundespolizeikommissariat Villach als „verbissener Nationalsozialist" eingestufte Karl Kömle trat bereits 1926 der NSDAP bei, er wurde als „Alter Kämpfer" anerkannt und war SA-Obertruppführer, Ortsgruppenleiter (nach dem Parteiverbot u. a. in Rosegg), Bezirksleiter der NSDAP in Klagenfurt-West, Kreisamtsleiter in Oberkrain, Träger des goldenen Parteiabzeichens und Blutordensträger. Vor der Illegalität fungierte er als

---

[37] Drobesch, Vereinswesen und „nationale Frage", S. 201.
[38] Zu Erwin Aichinger vgl. Elste, Kärntens braune Elite, S. 18 ff.; Elste/Hänisch, Auf dem Weg zur Macht, S. 345.
[39] KLA, Kärntner Heimatbund, Sch. 32, Fasz. 296.

30. maja 1937 iz dušnopastirskih in nacionalno-političnih razlogov izrazil resne pomisleke proti izključni rabi nemškega jezika. Podrožca da v svojem nemško govorečem delu predstavlja skoraj misijonsko deželo. Ko bi nekoč vse Nemce pridobili za izpolnjevanje nedeljske dolžnosti, bi bila cerkev v Podrožci ob nedeljah in praznikih polna že samo Nemcev – in Slovenci bi morali iti v Šentjakob v Rožu. Doslej da se je v zadostni meri pokazalo, da imajo nacionalni motivi, ki so se izrazili npr. tudi v poimenovanju podružnične cerkve v Podrožci za „plebiscitno cerkev" (Abstimmungskirche), premalo privlačne sile celo za nemške narodnjake, da bi jih prisilili izpolnjevati nedeljsko dolžnost. Če bo v cerkvi v Podrožci ostalo pri dosedanji izključni rabi nemškega jezika, potem bo po njegovem mnenju ta strategija predstavljala pač še en člen v verigi prizadevanj za germanizacijo Koroške in bo prispevala nemajhen delež k raznarodovanju avtohtonih Slovencev v Podrožci. On sam ni pripravljen ničesar prispevati k takim ciljem.[35]

Switbert (Suitbert) Lobisser, eden spornih koroških umetnikov, ki se je prikupil nacističnemu gibanju s pretirano domoljubnimi in izrecno propagandističnimi deli in je bil po „anšlusu" tako rekoč zasut z naročili, je leta 1938 izdelal lesorez (op. 466/1938), posvečen Maximilianu Mayerju, ki je v letih od 1932 do 1938 predsedoval „Nemškemu šolskemu društvu Južna marka".[36] Ta počastitveni list prikazuje skupino šolarjev z učiteljico, ki izžarevajo harmonijo in zvestobo in stojijo pred zastavo društva ter plapolajočo zastavo s kljukastim križem. Onstran plota poskuša v skupino metati kamenje izrazito zlohoten in agresiven fant. Prameni dima v ozadju predstavljajo „signal grožnje kraljevine Jugoslavije. Junija 1938 to tako rekoč ni bilo več relevantno; ogroženost se je obrnila. Nemški načrti za vkorakanje so se uresničili v obdobju treh let."[37]

V Podgorjah/Maria Elend je bila krajevna sekcija „Nemškega šolskega društva" ustanovljena že januarja 1908, v Podrožci aprila 1912.[38] Dne 30. januarja 1923 se je v Podrožci „v spoznanju stiske nemških sonarodnjakov" končno oblikovala lastna sekcija društva „Južna marka". Za njenega prvega predsednika je bil imenovan nadzornik državnih železnic Karl Kömle, svetnika sta bila med drugimi še gozdarski računovodja Hugo Herzog in Anton Liaunig, zaposlen kot nadučitelj v Podgorjah. Februarja 1924 je delo predsednika prevzel gozdarski nadzornik Erwin Aichinger, ki je tisto leto kot tesen zaupnik Huga Herzoga prvič pristopil k nacionalsocialističnemu gibanju (sekcija Podrožca),[39] in Hugo Herzog je odtlej deloval kot tajnik. To funkcijo je leta 1925 prevzel

---

[35] Ibid., str. 82 sl.
[36] Switbert Lobisser. Verzeichnis seiner Holzschnitte, eingeleitet von Hermann Egger (Switbert Lobisser. Seznam njegovih lesorezov, uvod Hermann Egger), Gradec 1944, str. 37. O Lobisserju prim. Michael Koschat, „Urgesund" und „kerndeutsch". Kärntens bildende Kunst im Schatten des Hakenkreuzes. Streiflichter und Gedankensplitter („Prazdravo" in „vsekozi nemško". Koroška upodabljajoča umetnost v senci kljukastega križa. Kratke oznake in drobci misli), Klagenfurt/Celovec-Ljubljana/ Laibach-Wien/Dunaj 2017, str. 263 sl.
[37] Arnulf Rohsmann, Kunst und Nationalismus in Kärnten – Bildstrategien und Klischees (Umetnost in nacionalizem na Koroškem – slikovne strategije in klišeji), v: Werner Drobesch/Augustin Malle, Nationale Frage und Öffentlichkeit (= Kärnten und die nationale Frage, Band 2) (Nacionalno vprašanje in javnost = Koroška in nacionalno vprašanje, 2. zvezek), Klagenfurt/Celovec-Ljubljana/Laibach-Wien/Dunaj 2005, str. 341–388, tu str. 359.
[38] Drobesch, Vereinswesen und „nationale Frage" (Društva in „nacionalno vprašanje"), str. 201.
[39] Erwin Aichinger prim. Elste, Kärntens braune Elite (Koroška rjava elita), str. 18 sl.; Elste/Hänisch, Auf dem Weg zur Macht (Na poti na oblast), str. 345.

Ausschussmitglied der Ortsgruppe Rosenbach. Der von Hans Pichs[40] verteidigte Kömle wurde mit Urteil vom 8. März 1948 zu achtzehn Monaten schweren Kerkers verurteilt.[41]

Anton Liaunig leitete die Volksschule in Maria Elend von 1909 bis zu seinem Tod 1927. Ende November 1918 wurde Maria Elend von südslawischen Truppen besetzt, die auf dem Schulgebäude die eigenen Fahnen hissten und in den Klassen Soldaten und später eine Sanitätsabteilung einquartierten. Nachdem sich Liaunig geweigert hatte, in slowenische Stellung überzutreten, wurde er seines Dienstes enthoben und vorübergehend in Ljubljana/Laibach interniert. Im Jahre 1922 übernahm Liaunig die Funktion eines Chormeisters des als Gegenpol zum Kirchenchor neu gegründeten deutschsprachigen und deutschgesinnten Männergesangsvereins (MGV) in Maria Elend. Die „Volkszeitung" sprach anlässlich der 40-Jahrfeier des MGV Maria Elend von einem „Bollwerk des Bekenntnisses zu Heimat und Lied", das 1922 eine „kleine, mutige Schar von Männern" an „exponierter Stelle im Grenzland" errichtet habe.[42] Der MGV Maria Elend zeigte sich gerade in der Phase vor dem „Anschluss" als besonders aktiv, fungierte im Juni 1937 unter seinem Obmann Albin Petschnig[43] als Gastgeber des 14. Gausingens des Sängergaues „Wörthersee" und nahm am 5. September 1937 auch an der Einweihungsfeier des „Abwehrkämpferdenkmals" ins St. Jakob teil.[44] Beim erwähnten Gausingen wurde unter der Regie des Gauchormeisters Walter Unterwelz aus Velden mit „markigen Worten" an die Pflicht der Kärntner Sänger erinnert, „das Heimatlied und das deutsche Lied zu pflegen. […] Als Vertreter des Heimatbundes

---

[40] Der Klagenfurter Rechtsanwalt Hans Pichs spielte innerhalb des deutschnationalen Vereinswesens in Kärnten nach dem Zweiten Weltkrieg eine tragende Rolle. Er war u. a. Gründungsmitglied und Obmann des „Kärntner Abwehrkämpferbundes" (KAB) und stellvertretender Obmann des „Kärntner Heimatdienstes" (KHD); Martin Fritzl, Der Kärntner Heimatdienst. Ideologie, Ziele und Strategien einer nationalistischen Organisation, Klagenfurt/Celovec 1990, S. 130. Bei einer Gedächtnisfeier des KAB und St. Jakob Anfang September 1959 sprach Pichs als „Alter Herr" im Namen der völkischen Studentenschaft vor dem „Abwehrkämpferdenkmal" und betonte „die stete Einsatzbereitschaft der akademischen Jugend für die hohen Ideale für Volk, Heimat und Vaterland." Den Stufenaufgang zum Denkmal säumten „die Chargierten der völkischen Studentenschaft in voller Wichs." Kärntner Nachrichten, 19. 9. 1959, S. 5; Die Kärntner Landsmannschaft, Nr. 9/September 1959, S. 13 f. Die deutschvölkischen Burschenschaften sorgten in St. Jakob für so manche einschlägige Inszenierung und ideologische Duftnote. Im Dezember 1961 führte der „Deutsche Turnverein" St. Jakob seine alljährliche Julfeier erstmals in der als „Burg der Heimattreue" titulierten neuen Turnhalle durch. Die Villacher pennale Burschenschaft „Arminia", der auch die aus Winkl bei Rosenbach stammende Rosentaler „Abwehrkampf"-Ikone und NS-Integrationsfigur Karl Fritz angehörte und die einen entscheidenden Beitrag geleistet hatte, war mit einer starken Abordnung wesentlicher Teil der Feier. Eine Woche später fanden sich die Wiener akademische Burschenschaft „Silesia", die Grazer akademische Burschenschaft „Stiria" und die Innsbrucker akademische Burschenschaft „Suevia" in St. Jakob ein, um erstmalig ihre „Betreuungsaktion für den Grenzland-Turnverein St. Jakob im Rosental" durchzuführen: „Nach der Begrüßung durch den Obmann, der auf die große Hilfe hinwies, die ihm bei der Errichtung der Halle besonders auch von den pennalen und akademischen Korporationen zuteil wurde, trugen die Sänger aus Ledenitzen und St. Jakob Kärntner Heimatlieder vor. Hierauf ergriff der bekannte Abwehrkämpfer Hauptmann a. D. Karl Fritz das Wort […]." Die „Kärntner Nachrichten" sahen sich veranlasst, darauf hinzuweisen, dass sich gerade die Burschenschaften zum Heimatland Kärnten, zum Vaterland Österreich, aber auch zum deutschen Volkstum bekennen würden. Niemand denke daran, „auch der kleinsten Volkstumsgruppe ihre angeborenen Rechte auf Sprache und Brauchtum zu schmälern. Es sollen aber auch nicht die heimattreuen Kärntner beider Sprachen durch Raumfremde oder durch Ideen, die der mitteleuropäischen Kultur und dem abendländischen Menschen fremd sind, überwältigt werden." Kärntner Nachrichten, Nr. 1/5. 1. 1962, S. 3 und S. 5, 15. 1. 1966, S. 8.

[41] KLA, LG Klagenfurt, Strafakten, Sch. 290, Vg 18 Vr 93/47.

[42] Volkszeitung, 5. 6. 1962, S. 7.

[43] Vgl. Volkszeitung, 20. 6. 1972, S. 10.

[44] Ingrid Kaiser-Kaplaner, Maria Elend im Rosental/Podgorje v Rožu. Gestern und heute – mit Flurnamen und Lebenswegen. Ein kulturhistorisches Gemälde, Klagenfurt-Celovec/Ljubljana-Laibach/Wien-Dunaj 2000, S. 222, S. 234 und S. 379 ff.

Rudolf Zherne.[40] Karl Kömle, ki ga je zvezni policijski komisariat v Beljaku uvrstil med „zagrizene nacionalsocialiste", je pristopil k NSDAP že leta 1926, priznali so ga kot „starega borca (Alter Kämpfer)", bil je SA-obertruppenführer, vodja nacistične sekcije (po prepovedi stranke mdr. v Rožeku/Rosegg), bezirksleiter (okrožni vodja) NSDAP Celovec-zahod, kreisamtsleiter na Gorenjskem, nosilec zlatega znaka stranke in „krvavega odlikovanja" (Blutorden). Pred prepovedjo stranke je deloval kot član odbora sekcije Podrožca. Kömle, ki ga je zagovarjal Hans Pichs[41], je bil dne 8. marca 1948 obsojen na osemnajst mesecev strogega zapora.[42] Anton Liaunig je vodil ljudsko šolo v Podgorjah/Maria Elend od leta 1909 do svoje smrti leta 1927. Konec novembra 1918 so Podgorje zasedle jugoslovanske čete, na šolo obesile svoje zastave in v učilnicah nastanile vojake in kasneje sanitetni oddelek. Potem ko je Liaunig odklonil prestopiti v jugoslovansko službo, so ga odstavili in začasno internirali v Ljubljani. Leta 1922 je prevzel mesto zborovodje novo ustanovljenega nemško govorečega in nemško usmerjenega moškega pevskega društva (Männergesangsverein, MGV) v Podgorjah, ki je bilo nasprotni pol cerkvenemu zboru. Narodno glasilo „Volkszeitung" je ob 40-letnici MGV v Podgorjah pisalo o „trdnjavi opredelitve za domovino in pesem", ki jo je leta 1922 postavilo „majhno, pogumno krdelo mož" na „izpostavljenem kraju v obmejni deželi".[43] Pevsko društvo MGV Podgorje je bilo ravno v obdobju pred „anšlusom" posebno aktivno, junija 1937 je pod predsednikom Albinom Petschnigom[44] gostilo 14. srečanje pevskih zborov pevskega gaua „Vrbsko jezero" (Wörthersee) in se 5. septembra 1937 udeležilo

---

[40] KLA (Koroški deželni arhiv), Kärntner Heimatbund (Koroški heimatbund – Koroška domovinska zveza), šk. 32, fasc. 296.
[41] Celovški odvetnik Hans Pichs je imel nosilno vlogo v nemškonacionalni društveni dejavnosti na Koroškem po drugi svetovni vojni. Bil je mdr. ustanovni član in predsednik Koroške zveze brambovcev – „Kärntner Abwehrkämpferbund" (KAB) – in namestnik predsednika koroške organizacije „Kärntner Heimatdienst" (KHD); Martin Fritzl, Der Kärntner Heimatdienst. Ideologie, Ziele und Strategien einer nationalistischen Organisation (Ideologija, cilji in strategije nacionalistične organizacije), Klagenfurt/Celovec 1990, str. 130. Na neki spominski slovesnosti v Podrožci in Šentjakobu v začetku septembra 1959 je Pichs govoril kot „star gospod" v imenu nemško-nacionalnega študentovstva pred „brambovskim spomenikom" in poudaril „nenehno zavzemanje akademske mladine za visoke ideale za narod, domovino in očetnjavo". Stopnice do spomenika so obrobljali „člani nemškonacionalnega študentovstva v polni praznični uniformi". Kärntner Nachrichten, 19. 9. 1959, str. 5; Die Kärntner Landsmannschaft, Nr. 9/September 1959, str. 13 sl. Nemškonacionalna (deutschvölkisch) burševska društva so v Šentjakobu poskrbela za marsikatero takšno inscenacijo in ideološko obarvanost. Decembra 1961 je „Nemško telovadno društvo" Šentjakob svojo vsakoletno slovesnost ob zimskem sončnem obratu prvič izvedlo v novi telovadnici z imenom „Burg der Heimattreue" (trdnjava domovinske zvestobe). Beljaško gimnazijsko burševsko društvo „Arminia", ki mu je pripadal tudi Karl Fritz iz Kota pri Podrožci, ikona „obrambnega boja" v Rožu in nacistična integracijska osebnost, je dalo odločilni prispevek in je s številno delegacijo predstavljalo jedrni delpraznovanja. Teden dni kasneje so se v Šentjakobu zbrali dunajsko akademsko burševsko društvo „Silesia", akademsko burševsko društvo „Stiria" iz Gradca in akademsko burševsko društvo „Suevia" iz Innsbrucka, da bi izvedli svoj prvi „usmerjevalni in svetovalni obisk telovadnemu društvu obmejne dežele v Šentjakobu v Rožu": „Po pozdravu predsednika, ki se je posebej gimnazijskim in študentskim korporacijam zahvalil za veliko pomoč pri postavljanju telovadnice, so pevci iz Ledinc in Šentjakoba zapeli koroške domovinske pesmi. Potem je spregovoril znani brambovec Karl Fritz [...]." Časopis „Kärntner Nachrichten" je opozoril na to, da se ravno burševska društva opredeljujejo za domovino Koroško, za očetnjavo Avstrijo, pa tudi za nemško narodnost. Nihče da ne misli „niti najmanjši narodnostni skupini zmanjševati prirojenih pravic do jezika in običajev. Vendar naj tudi domovini zvesti Korošci obeh jezikov ne dovolijo, da bi jih obvladali tujci ali ideje, ki so tuje srednjeevropski kulturi in okcidentalnim ljudem." Kärntner Nachrichten, Nr. 1/5. 1. 1962, str. 3 in str. 5, 15. 1. 1966, str. 8.
[42] KLA (Koroški deželni arhiv), LG Klagenfurt, Strafakten, šk. 290, Vg 18 Vr 93/47.
[43] Volkszeitung, 5. 6. 1962, str. 7.
[44] Prim. Volkszeitung, 20. 6. 1972, str. 10.

betrat Hauptmann a. D. Maier-Kaibitsch unter dem Jubel der Landsleute das Podium, würdigte die zielbewusste deutsche Kulturarbeit der Kärntner Sänger und dankte besonders dafür, dass gerade auf dem historischen Boden von Maria Elend ein so großartiges Sängertreffen veranstaltet wurde. Nachdem der letzte Gesangschor verklungen war, ehrten die Sänger des Gaues den Gauchormeister W. Unterwelz, dem […] durch ein Kärntner Dirndl ein selten schöner Strauß aus Alpenblumen überreicht wurde. Erstaunlich war die Leistung des kleinen Gasthauses Auer für die Verpflegung von rund 1500 Personen."[45] Nach seinen eigenen Angaben im Fragebogen des Reichsstatthalters vom 14. April 1938 und im Lebenslauf vom 21. April 1939 war Unterwelz am 7. April 1933 der NSDAP, Ortsgruppe Velden, mit der Mitgliedsnummer 1.532.317 beigetreten und gehörte dieser ohne Unterbrechung an. Zu Art und Dauer seiner bisherigen Tätigkeit für die NS-Bewegung führte er u. a. aus, im Sängergau „Wörthersee" die „Erziehung der Sänger zu Nationalsozialisten" vorangetrieben zu haben.[46]

Ähnlich wie die Turner waren die Sänger über den nationalistisch verklärten Männergesang zunehmend zu „Repräsentanten eines deutsch-völkischen Gesinnungsmilieus" geworden: „Das mit einer kunstreligiösen Aura versehene ‚deutsche Lied' beinhaltete ebenso wie das ‚deutsche Turnen' das Ideal der ‚reinen deutschen Nation'."[47] Die kontinuierliche Ideologisierung des Kärntner Gesangswesens in der Zwischenkriegszeit mündete schließlich in sich auch statutarisch niederschlagende antisemitische Tendenzen und eine immer offenere Agitation gegenüber der slowenischen Volksgruppe. Deklarierte Vereinszwecke waren nunmehr die „Förderung des völkischen Gedankens", die „Wahrung deutscher Art und Sitte" oder die Assimilierung der slowenischen Bevölkerung durch Überführung in die deutschsprachige Gesellschaft.[48] Nachdem die Slowenenvertreter der Gemeindetagssitzung in St. Jakob Anfang November 1936 geschlossen ferngeblieben waren, sprachen die „Freien Stimmen" von offener „Sabotage": „Warum hier die Slowenen nicht mittun wollten, ist uns unbekannt. Vielleicht waren sie verdrossen, weil bei der stattgefundenen Wahl des Gemeinde-Bauernführers der slowenische Kandidat durchgefallen ist. Vielleicht waren sie auch nicht einverstanden, dass am 10. bzw. 11. Oktober in St. Jakob eine schöne Abstimmungsfeier stattgefunden hat. Vielleicht hatten sie auch noch Vorbereitungen zu treffen für die Fahrt von slowenischen Sankt Jakober Sängern nach Laibach, die dort im Radio sangen. Was immer der Grund für ihr Fernbleiben war, so dürfte es doch besser sein, durch eine loyale Mitarbeit zu zeigen, dass der Aufbauwille der nationalen Slowenen ein aufrichtiger ist."[49]

---

[45] Freie Stimmen, 17. 6. 1937, S. 6.
[46] KLA, Amt der Kärntner Landesregierung, Abt. 6 (Schulwesen), Sch. 214, Nr. 3370, Unterwelz Walter und Josefine. Der Reichsstatthalter. Der Staatskommissar, Fragebogen, Velden a. W. S., 14. 4. 1938 und Lebenslauf, 21. 4. 1939; vgl. Koschat, Braune Flecken im Ortsbild, S. 179 ff.; zu Walter Unterwelz vgl. auch Nadja Danglmaier/Werner Koroschitz, Nationalsozialismus in Kärnten. Opfer. Täter. Gegner (= Nationalsozialismus in den österreichischen Bundesländern, Band 7), Innsbruck/Wien/Bozen 2015, S. 79 ff.
[47] Drobesch, Vereinswesen und „nationale Frage", S. 193.
[48] Karl Altmann, Die Stellung der Musik im Rahmen der nationalen Frage in Kärnten im 20. Jahrhundert, in: Drobesch/Malle, Nationale Frage und Öffentlichkeit, S. 389–407, hier S. 400 f.
[49] Freie Stimmen, 14. 11. 1936, S. 6.

tudi posvetitvene slovesnosti brambovskega spomenika v Šentjakobu.⁴⁵ Na omenjenem srečanju pevskih zborov v režiji gauskega zborovodje Walterja Unterwelza iz Beljaka so „s klenimi besedami" opozorili na dolžnost koroških pevcev, da „gojijo domovinsko pesem in nemško pesem. [...] Kot predstavnik heimatbunda je na oder med navdušenim vzklikanjem domačinov stopil bivši stotnik Maier-Kaibitsch, pohvalil odločno nemško kulturno delovanje koroških pevcev in se posebej zahvalil za to, da je bilo tako imenitno pevsko srečanje prirejeno ravno na zgodovinskih tleh Podgorij. Potem ko je izzvenela zadnja zborovska pesem, so gauski pevci počastili gauskega zborovodjo W. Unterwelza, koroška deklica pa mu [...] je izročila zelo lep šopek alpskega cvetja. Presenetljivo uspešno je mala gostilna Auer poskrbela kar za ok. 1500 prisotnih."⁴⁶ Po lastnih navedbah v vprašalniku rajhovskega upravitelja dežele (Reichsstatthalter) z dne 14. aprila 1938 in po življenjepisu z dne 21. aprila 1939 je Unterwelz dne 7. aprila 1933 vstopil v NSDAP v sekciji Vrba s člansko številko 1.532.317 in ji je odtlej pripadal brez prekinitve. O načinu in trajanju svoje dotedanje dejavnosti za nacionalsocialistično gibanje je mdr. navedel, da je pospeševal „vzgojo pevcev v nacionalsocialiste" v pevskem gauu „Vrbsko jezero".⁴⁷

Podobno kot telovadci so tudi pevci preko nacionalistično poveličevanih moških pevskih zborov vse bolj postajali „predstavniki nemškonarodnjaško (deutsch-völkisch) nastrojenega okolja": „Z umetnostno-versko avro obdana ‚nemška pesem' je tako kot ‚nemška telovadba' vsebovala ideal ‚čiste nemške narodnosti'."⁴⁸ Nenehno ideologiziranje koroškega pevstva v obdobju med prvo in drugo svetovno vojno je nazadnje vodilo v antisemitske tendence, izražene tudi v statutih, in v vedno bolj odkrito agitacijo proti slovenski etnični skupnosti. Deklarirani cilji pevskih društev so bili odslej „pospeševanje narodnjaškega mišljenja", „ohranjanje nemške naravi in običajev" oziroma asimilacija slovenskega prebivalstva s transformacijo v nemško govorečo družbo.⁴⁹ Potem ko se predstavniki Slovencev enotno niso udeležili občinske seje v Šentjakobu v začetku novembra 1936, je glasilo „Freie Stimmen" pisalo o odkriti „sabotaži": „Zakaj Slovenci tu niso hoteli sodelovati, nam ni znano. Morda so bili nejevoljni, ker je pri minulih volitvah občinskega kmečkega vodje (Gemeinde-Bauernführer) slovenski kandidat propadel. Morda pa se tudi niso strinjali, da je bilo 10. oz. 11. oktobra v Šentjakobu lepo praznovanje plebiscita. Morda pa so se morali pripraviti za potovanje šentjakobskih slovenskih pevcev

---

⁴⁵ Ingrid Kaiser-Kaplaner, Maria Elend im Rosental/Podgorje v Rožu. Gestern und heute – mit Flurnamen und Lebenswegen. Ein kulturhistorisches Gemälde (Včeraj in danes – z ledinskimi imeni in življenjskimi potmi. Kulturnozgodovinska slika), Klagenfurt/Celovec-Ljubljana/Laibach-Wien/Dunaj 2000, str. 222, str. 234 in str. 379 sl.
⁴⁶ Freie Stimmen, 17. 6. 1937, str. 6.
⁴⁷ KLA (Celovški deželni arhiv), Amt der Kärntner Landesregierung (Urad koroške deželne vlade), Abt. 6 (Schulwesen – šolstvo), šk. 214, Nr. 3370, Unterwelz Walter und Josefine. Der Reichsstatthalter. Der Staatskommissar, Fragebogen, Velden a. W. S., 14. 4. 1938 in življenjepis, 21. 4. 1939; prim. Koschat, Braune Flecken im Ortsbild (Rjavi madeži v sliki kraja), str. 179 sl.; za Walter Unterwelz prim. tudi Nadja Danglmaier/ Werner Koroschitz, Nationalsozialismus in Kärnten. Opfer. Täter. Gegner (Nacionalsocializem na Koroškem. Žrtve. Storilci. Nasprotniki) (= Nationalsozialismus in den österreichischen Bundesländern, Band 7), Innsbruck/ Wien/Bozen 2015, str. 79 sl.
⁴⁸ Drobesch, Vereinswesen und „nationale Frage" (Dejavnost društev in „nacionalno vprašanje"), str. 193.
⁴⁹ Karl Altmann, Die Stellung der Musik im Rahmen der nationalen Frage in Kärnten im 20. Jahrhundert (Položaj glasbe v okviru nacionalnega vprašanja na Koroškem v 20. stoletju), v: Drobesch/Malle, Nationale Frage und Öffentlichkeit (Nacionalno vprašanje in javnost), str. 389–407, tu str. 400 sl.

Bereits Anfang Juli 1932 hatte die vom MGV Maria Elend unter starker auswärtiger Beteiligung (u. a. des MGV „Eintracht" aus Klagenfurt, des MGV Rosenbach und der Sängerrunde St. Jakob) im Gasthaus „Berger" durchgeführte Liedertafel den Charakter einer deutschnationalen Manifestation angenommen. Die Kärntner Tagespresse begrüßte den starken „Besuch aus allen Bevölkerungsschichten der Umgebung, besonders aus dem benachbarten Rosenbach. […] Den Höhepunkt der Veranstaltung bildete das Erscheinen des bekannten Kärntner Freiheitskämpfers und Organisators der Kärntner Volksabstimmung Dr. Hans Steinacher, der mit dem Geschäftsführer des Kärntner Heimatbundes Hauptmann a. D. Maier-Kaibitsch und einigen reichsdeutschen Persönlichkeiten einige Stunden beim Feste verweilte. Die Gesangsvereine wetteiferten in der Ehrung dieses ihres seinerzeitigen Führers durch den Vortrag zahlreicher Heimatlieder." Der MGV Maria Elend zeigte sich stolz und dankte für die erfahrene Unterstützung, „die ihm ein Ansporn zu weiterer treuer Betätigung für Heimat und Volk ist".[50] Noch 1960, anlässlich des 40-Jahr-Jubiläums des MGV St. Jakob[51], das ganz unter der Devise „Wir halten Grenzwacht!" stand, sprach die „Volkszeitung" vom großen „Idealismus", den der Sängergau „Wörthersee" in der nationalpolitischen Konfrontation bewiesen habe: „Im Kampf um das Grenzland hat das Kärntnerlied, erarbeitet und vorgetragen von den Gesangvereinen, eine bedeutende, ja entscheidende Rolle gespielt. Wenn die Waffen schweigen mussten, weil der Feind zu übermächtig war, dann verband die Menschen des Grenzlandes noch immer das Kärntnerlied im Abwehrkampf. So kommt es auch, dass viele Sänger, wie man beim Festzug in St. Jakob sehen konnte, das Abwehrkämpferkreuz tragen, weil Sänger sein auch die Heimat lieben und ihr bis zum Letzten treu sein heißt!"[52]

Der Lehrer Rudolf Zherne war 1924 mit der Leitung der Volksschule in Rosenbach betraut worden. In einem Beitrag für die „Klagenfurter Zeitung" unterstrich Zherne im Mai 1930 die nationalpolitische Dimension der durch den „Deutschen Schulverein" ermöglichten Schulgründung: „Auf einem erhöhten Punkt außerhalb der Ortschaft erhebt sich das Schulgebäude und blickt als ein Wahrzeichen deutschen Schaffens gegen Süden, wo sich einem natürlichen Grenzwall gleich die Kette der Karawanken erhebt. Ein Bollwerk an der südlichsten Grenze österreichischen Gebietes, auf jenem kampfumtobten Boden stehend, den der alte tapfere kärntnerische Heldengeist gegen feindliche Angriffe verteidigte, ist die Schule dazu berufen, diesen Geist in den kommenden Geschlechtern zu wecken, zu festigen und zu erhalten, zum Wohle des deutschen Volkes, das, zu einem einzigen großen Vaterland vereinigt, die weiten Gaue von der Ostsee bis hieher in sich erfassend, einer schönen und herrlichen Zukunft entgegenschreiten möge. Die Knaben und Mädchen zu vollwertigen

---

[50] Klagenfurter Zeitung, 8. 7. 1932, S. 738; Freie Stimmen, 9. 7. 1932, S. 6.
[51] Zu den Gründungsmitgliedern, von welchen später einige der NSDAP beitraten, zählten u. a. Peter Fantur, Ernst Janach, Karl Fritz, Franz Worenz, Simon Rauter, Johann Pack, Jakob Sitter und Thomas Gabrutsch, als Chorleiter fungierten bis 1945 u. a. Franz Rauter, Bezirksschulinspektor Franz Gornik, die Lehrer Andreas Fischer und Max Petutschnig sowie der Fassbindermeister Alois Wolte; Volkszeitung, 6. 9. 1960, S. 5.
[52] Ebd.

v Ljubljano, kjer so peli na radiu. Kakršenkoli je že bil vzrok za njihov izostanek, bi bilo vendar bolje z lojalno prisotnostjo pokazati, da tudi narodni Slovenci iskreno sodelujejo."[50]

Že v začetku julija 1932 je seznam pesmi, ki jih je v gostilni „Berger" izvajalo pevsko društvo MGV Podgorje ob čedalje močnejši zunanji udeležbi (to so bili med drugimi MGV „Eintracht" – Sloga iz Celovca, MGV Podrožca in pevska skupina Šentjakob), dal srečanju značaj nemškonacionalne manifestacije. Koroški dnevni tisk je pozdravil množični „obisk iz vseh slojev okolišnjega prebivalstva, posebej iz sosednje Podrožce. [...] Vrhunec prireditve je predstavljal prihod znanega koroškega borca za svobodo in organizatorja koroškega plebiscita dr. Hansa Steinacherja, ki je ostal na praznovanju nekaj ur skupaj s poslovodjo Koroškega heimatbunda in bivšim glavarjem Maier-Kaibitschem in nekaj osebnostmi iz nemškega rajha. Pevska društva so tekmovala v počastitvi nekdanjega voditelja s petjem številnih domovinskih pesmi." Društvo MGV Podgorje je bilo ponosno in se je zahvalilo za izkazano podporo, ki mu je „dala spodbudo za nadaljnje zvesto delo za domovino in narod."[51] Še leta 1960 ob proslavi 40-letnice društva MGV Šentjakob[52], ki je v celoti potekala pod geslom „Stojimo na obmejni straži!", je časopis „Volkszeitung" pisal o velikem „idealizmu", ki ga je pevski gau „Vrbsko jezero" pokazal v nacionalno- politični konfrontaciji: „V boju za obmejno deželo je koroška pesem, ki so jo obdelala in predvajala pevska društva, igrala pomembno, da, odločilno vlogo. Kadar je moralo orožje molčati, ker je bil sovražnik premočan, je prebivalce obmejne dežele v obrambnem boju še vedno povezovala koroška pesem. Zato se dogaja, da številni pevci, kot smo lahko videli ob slovesnem sprevodu v Šentjakobu, nosijo odlikovanje – brambovski križ (Abwehrkämpferkreuz), kajti biti pevec pomeni tudi ljubiti domovino in ji biti zvest do zadnjega!"[53]

Učitelju Rudolfu Zhernetu je bilo leta 1924 zaupano vodenje ljudske šole v Podrožci. V prispevku za „Klagenfurter Zeitung" je Zherne maja 1930 poudaril nacionalnopolitično dimenzijo ustanovitve šole, ki jo je omogočilo „Nemško šolsko društvo": „Na vzpetini zunaj kraja se dviga šolsko poslopje in kot simbol nemške ustvarjalnosti gleda proti jugu, kjer se kot naraven mejni okop dviga veriga Karavank. Šola je trdnjava na najjužnejši meji avstrijskega ozemlja, stoji na tleh, kjer so divjali boji in ki jih je stari koroški junaški duh ubranil pred sovražnimi napadi, in je poklicana, da prebuja tega duha v prihodnjih rodovih, ga utrjuje in ohranja v dobro nemškega naroda, ki naj, zedinjen v eni sami veliki očetnjavi in obsegajoč širne gaue od Baltika do tod, koraka lepi in čudoviti prihodnosti nasproti. Vzgojiti dečke in deklice v polnovredne člane te velike države je naloga nemške šole na južni meji, naloga šole v Podrožci."[54]

---

[50] Freie Stimmen, 14. 11. 1936, str. 6.
[51] Klagenfurter Zeitung, 8. 7. 1932, str. 738; Freie Stimmen, 9. 7. 1932, str. 6.
[52] Med ustanovnimi člani, od katerih so nekateri kasneje vstopili v NSDAP, so bili mdr. Peter Fantur, Ernst Janach, Karl Fritz, Franz Worenz, Simon Rauter, Johann Pack, Jakob Sitter in Thomas Gabrutsch, kot zborovodje so do leta 1945 delovali mdr. Franz Rauter, okrožni šolski inšpektor Franz Gornik, učitelja Andreas Fischer in Max Petutschnig ter sodarski mojster Alois Wolte; Volkszeitung, 6. 9. 1960, str. 5.
[53] Ibid.
[54] Klagenfurter Zeitung, 7. 5. 1930, str. 492.

Mitgliedern dieses großen Staates zu erziehen, ist die Aufgabe der deutschen Schule an der Südgrenze, die Aufgabe der Schule in Rosenbach."[53]

Zherne stellte sich von Anfang an ganz in den Dienst des „einzigen großen Vaterlandes" und führte auch während der „Verbotszeit" die lokale Ortsgruppe. Nach dem „Anschluss" wurde er vorübergehend zum Gemeindeverwalter in St. Jakob bestellt.[54] In seinem Lebenslauf vom April 1939 hob er hervor, neben seiner Diensttätigkeit „stets in den völkischen Vereinen, so im deutschen Turnverein, in der Ortsgruppe des Deutschen Schulvereines Südmark und seit dem Jahre 1931 in der NSDAP" aktiv gewesen zu sein.[55] Der Senat Klagenfurt des Volksgerichtes Graz befand Zherne am 4. November 1947 für schuldig, in der Zeit zwischen dem 1. Juli 1933 und dem 13. März 1938 der NSDAP angehört und sich in dieser Zeit wie auch später für die nationalsozialistische Bewegung betätigt zu haben, als „Alter Kämpfer" anerkannt worden zu sein und als Ortsgruppenleiter in Rosenbach gewirkt zu haben. Er habe daher nach dem Verbotsgesetz das „Verbrechen des Hochverrats" begangen und wurde zu dreizehn Monaten schwerer Kerkerhaft und zum Verfall seines gesamten Vermögens an die Republik Österreich verurteilt.[56]

Die Ortsgruppe Rosenbach der NSDAP, die während der gesamten „Verbotszeit" aktiv geblieben war, wurde nach dem „Anschluss" in Ortsgruppe St. Jakob umbenannt und übernahm nunmehr die Betreuung des gesamten Gemeindegebietes. Ihre größte Zahl an Mitgliedern hatte die Ortsgruppe aber unverändert in Rosenbach, wie auch in der Chronik der dortigen Volksschule vermerkt wird: „Hier befanden sich hauptsächlich jene Kämpfer, die in den Anhaltelagern und in den Kerkern gesessen [sind], und die wegen illegaler Betätigung seinerzeit in das Altreich flüchten mussten. Im hiesigen Forsthause und vor allem auch in der Schule hatten in der Verbotszeit geheime Zusammenkünfte stattgefunden, die den Geist des Widerstandes stärkten und die illegalen Kämpfer zum Ausharren ermunterten. Diese Einsatzbereitschaft der Parteigenossen, die damals alle Opferwilligen um die gemeinsame Fahne scharten, bildet auch jetzt noch das Unterpfand einer gedeihlichen Arbeit in der Ortsgruppe, ihren Gliederungen und den angeschlossenen Verbänden."[57]

Rosenbach zählte überdies zu jenen Orten, in welchen schon sehr früh eigene Einheiten des „Vaterländischen Schutzbundes" bzw. der SA aufgestellt worden waren.[58] In einem zusammenfassenden Bericht des Gendarmeriepostenkommandos Rosenbach vom 25. Mai 1946 wird ausgeführt, dass in der Zeit von 1933 bis März 1938 im Postenbereich von den illegalen Nationalsozialisten rund 280 Streuzettelaktionen

---

[53] Klagenfurter Zeitung, 7. 5. 1930, S. 492.
[54] Kärntner Tagblatt, 19. 3. 1938, S. 7; vgl. St. Jakober Nachrichten. Festschrift 100 Jahre Gemeinde St. Jakob 1888–1988, S. 15; Kaiser-Kaplaner, Die Marktgemeinde, S. 147. In der Schulchronik wird auch auf den Erlass des Landesschulrates vom 21. Juni 1933 (Zl. 3424) verwiesen, mit welchem sämtlichen Lehrkräften die Zugehörigkeit zur NSDAP verboten wurde; ebd. S. 145.
[55] KLA, Amt der Kärntner Landesregierung, Abt. 6 (Schulwesen), Sch. 174, Nr. 2736, Rudolf Zherne, Lebenslauf, 20. 4. 1939.
[56] Ebd., LG Klagenfurt, Strafakten, Sch. 341, 24 Vr 2206/47, Strafverfahren gegen Rudolf Zherne; Koschat, Braune Flecken im Ortsbild, S. 79 ff.
[57] Chronik der Volksschule Rosenbach, S. 45.
[58] Burz, Die nationalsozialistische Bewegung, S. 88 und S. 154.

Zherne se je od vsega začetka dal na razpolago „enkratni veliki domovini" in je tudi v „času prepovedi" vodil krajevno sekcijo. Po „anšlusu" je bil začasno spet postavljen za občinskega upravitelja v Šentjakobu.[55] V življenjepisu aprila 1939 je poudaril, da je bil poleg službe „vedno aktiven v narodnih društvih, tako v nemškem telovadnem društvu, v krajevni sekciji Nemškega šolskega društva Južna marka in od leta 1931 v NSDAP".[56] Celovški senat ljudskega sodišča v Gradcu je Zherneta 4. novembra 1947 spoznal za krivega, da je v času med 1. julijem 1933 in 13. marcem 1938 pripadal NSDAP in bil v tistem obdobju in tudi kasneje dejaven v nacionalsocialističnem gibanju, da je bil priznan za „starega borca" (Alter Kämpfer) in da je kot vodja sekcije deloval v Podrožci. Zato je po zakonu o prepovedi storil „zločin veleizdaje" in je bil obsojen na trinajst mesecev strogega zapora in zaplembo celotnega premoženja v korist Republike Avstrije.[57]

Krajevna sekcija NSDAP Podrožca, ki je ostala aktivna ves „čas prepovedi", je bila po „anšlusu" preimenovana v krajevno sekcijo Šentjakob in se je razširila na celotno občinsko ozemlje. Največje število članov pa je še vedno imela v Podrožci, kot je omenjeno tudi v kroniki tamkajšnje ljudske šole: „Tu so bivali v glavnem tisti borci, ki so sedeli v taboriščih za pridržanje in v zaporih in ki so nekoč zaradi ilegalne dejavnosti morali bežati v ,Altreich'. V tukajšnji gozdarski hiši in predvsem tudi v šoli so v času prepovedi potekali tajni sestanki, ki so krepili duha odpora in opogumljali ilegalne borce, da so vztrajali. Požrtvovalnost in pripravljenost vseh strankarskih tovarišev, združenih pod isto zastavo, še danes predstavljata osnovo za uspešno delo v krajevni sekciji, njenih formacijah in pridruženih zvezah."[58]

Podrožca je poleg tega spadala med kraje, v katerih so bile že zelo zgodaj vzpostavljene lastne enote organizacije „Vaterländischer Schutzbund" (nacistična domovinska zaščitna zveza) oz. SA.[59] V strnjenem poročilu komande žandarmerijske postaje Podrožca z dne 25. maja 1946 je navedeno, da so v času od leta 1933 do marca 1938 na njenem območju ilegalni nacionalsocialisti izvedli okroglo 280 akcij z letaki, da je bilo prižganih 25 kljukastih križev, razobešenih 80 zastav s kljukastim križem, 16 hiš premazanih s simboli kljukastega križa in proti nasprotnikom nacionalsocialistov izstreljenih 12 strelov z možnarjem. Dne 7. junija 1934 so nacionalsocialisti iz političnega sovraštva požgali čebelnjak tedanjega namestnika poveljnika straže Johanna Habela skupaj z opremo in 34 čebeljimi družinami. Aprila 1938 je bil kriminalistični uradnik mejne policijske postaje Podrožca zaradi judovskega porekla predčasno upokojen z znižano pokojnino.[60]

---

[55] Kärntner Tagblatt, 19. 3. 1938, str. 7; prim. St. Jakober Nachrichten. Festschrift 100 Jahre Gemeinde St. Jakob 1888–1988, str. 15; Kaiser-Kaplaner, Die Marktgemeinde, str. 147. V šolski kroniki je opozorjeno tudi na odredbo deželnega šolskega sveta z dne 21. junija 1933 (Zl. 3424), s katero je bila vsem učnim kadrom prepovedana pripadnost NSDAP; ibid., str. 145.

[56] KLA, Amt der Kärntner Landesregierung, Abt. 6 (Schulwesen), šk. 174, Nr. 2736, Rudolf Zherne, Življenjepis, 20. 4. 1939.

[57] Ibid., LG Klagenfurt, Strafakten, šk. 341, 24 Vr 2206/47, kazenski postopek proti Rudolfu Zhernetu; Koschat, Braune Flecken im Ortsbild (Rjavi madeži v sliki kraja), str. 79 sl.

[58] Kronika ljudske šole Podrožca, str. 45.

[59] Burz, Die nationalsozialistische Bewegung (Nacionalsocialistično gibanje), str. 88 in str. 154.

[60] DÖW, Akt Nr. 8351, Gendarmeriepostenkommando Rosenbach an das Bezirksgendarmeriekommando in Villach (Poveljstvo žandarmerijske postaje Podrožca okrožnemu žandarmerijskemu poveljstvu v Beljaku), E.Nr. 454/46, 25. 5. 1946.

durchgeführt, 25 Hakenkreuze abgebrannt, 80 Hakenkreuzfahnen gehisst, 16 Häuser mit Hakenkreuzsymbolen beschmiert und 12 Böllerschüsse gegen NS-Gegner abgefeuert worden waren. Am 7. Juni 1934 brannten Nationalsozialisten aus politischer Gehässigkeit die Bienenhütte des damaligen Postenkommandanten-Stellvertreters Johann Habel samt Einrichtung und 34 Bienenvölkern nieder. Im April 1938 wurde ein Kriminalbeamter der Grenzpolizeistelle Rosenbach wegen seiner jüdischen Herkunft mit vermindertem Ruhegehalt pensioniert.[59]

Zum „Anschlusstaumel" in Rosenbach 1938 und zur ideologischen Indoktrination der Jugend heißt es in der Chronik der Volksschule: „Geheime Zusammenkünfte und Appelle stärkten den Kampfesmut, und Mitgliedsbeiträge mit Sammlungen schafften die für entlassene und eingekerkerte Parteigenossen erforderlichen Unterstützungsgelder. In der Nacht vom 11. auf den 12. März 1938 lauschten tausende und abertausende beglückte österreichische Volksgenossen an den Lautsprechern, wie deutsche Truppen, an der Spitze der geliebte Führer, in unseren Gauen ihren Einzug hielten, und am 13. März 1938 war die Ostmark ein Bestandteil des großen deutschen Reiches. Kein Widerstand war zu sehen, die Gegner waren ruhig und die SS und SA versah in musterhafter Weise den Ordnungsdienst. Allenthalben sah man nur strahlende Gesichter und sämtliche Häuser des Ortes schmückten sich mit Kränzen und mit den roten Fahnen und dem bisher so verpönten Hakenkreuz. So unbeholfen anfangs dieses Zeichen auf das weiße, kreisrunde Feld genäht wurde, so legte es doch ein überwältigendes Zeugnis von der Freude und der Treue des Volkes zum Führer, der es in der schweren Zeit des Verbotes im Herzen getragen hatte, ab. Am 21. März fand auf dem Platze vor der Schule eine Feier mit der Hissung der neuen Flagge statt. Die Kinder sangen die bisher verbotenen Kampflieder. Der neue Geist und der neue Aufbauwille hatten die jungen Herzen mit elementarer Gewalt erfasst und die neue Idee zog sie unwiderstehlich in ihren Bann. Es begannen die Vorbereitungsarbeiten für die Volksabstimmung am 10. April 1938. Der Leiter der Ortsgruppe der NSDAP, Zherne, der zum Gemeindeverwalter bestimmt worden war, hatte dabei alle Hände voll zu tun. Die vielen Wahlversammlungen wiesen fast durchwegs einen glänzenden Besuch auf, frohe Erwartung sowie der Schmuck der Gebäude und der Plätze steigerten sich von Tag zu Tag."[60]

In Maria Elend waren in der „Verbotszeit" nach verlässlichen Aussagen zwölf Streuzettelaktionen durchgeführt, fünf Hakenkreuze abgebrannt und zweimal Hakenkreuzfahnen auf dem Kirchturm gehisst worden. Im März 1938 wurden der spätere Landtagsabgeordnete Albin Petschnig und der katholische Pfarrer Franz Vuk von der Gestapo verhaftet, kurze Zeit danach aber wieder freigelassen.[61] Auf direkte Weisung des Sicherheitsdirektors der Gestapo in Klagenfurt vom 21. März 1938 sah sich das

---

[59] DÖW, Akt Nr. 8351, Gendarmeriepostenkommando Rosenbach an das Bezirksgendarmeriekommando in Villach, E.Nr. 454/46, 25. 5. 1946.
[60] Zit. n. Kaiser-Kaplaner, Die Marktgemeinde, S. 147.
[61] DÖW, Akt Nr. 8351, Gendarmeriepostenkommando Maria Elend an das Landesgendarmeriekommando für Kärnten in Klagenfurt, E.Nr. 374/46, 3. 6. 1946; Koschat, Braune Flecken im Ortsbild, S. 83 f.

O navdušenju ob „anšlusu" v Podrožci leta 1938 in o ideološki indoktrinaciji mladine piše v kroniki ljudske šole: „Skrivna srečanja in shodi so krepili bojni pogum, prispevki članov ob zbiranjih pa so ustvarili potrebno denarno podporo za odpuščene in zaprte strankarske tovariše. V noči z 11. na 12. marec 1938 je na tisoče in desettisoče srečnih avstrijskih sonarodnjakov po zvočnikih poslušalo, kako nemške čete z ljubljenim führerjem na čelu vstopajo v naše gaue, in 13. marca 1938 je postala Ostmark (Vzhodna marka) sestavni del Velikonemškega rajha. Nikjer ni bilo videti odpora, nasprotniki so dali mir in SS ter SA sta vzorno skrbela za red. Povsod je bilo videti same sijoče obraze, vse hiše so bile okrašene z venci in rdečimi zastavami in dotlej tako zelo prepovedanim kljukastim križem. Naj je bil v začetku ta znak še tako nebogljeno našit na okroglo belo polje, je vendarle prepričljivo pričal o radosti naroda in o njegovi zvestobi führerju, ki ga je v težkem času prepovedi nosil v srcu. Dne 21. marca je bila na trgu pred šolo slovesnost z razobešenjem nove zastave. Otroci so peli dotlej prepovedane borbene pesmi. Novi duh in zagon sta mlada srca napolnila z elementarno silo in nova ideja jih je neustavljivo pritegnila. Začela so se pripravljalna dela za glasovanje dne 10. aprila 1938. Vodja krajevne sekcije NSDAP Zherne, ki je bil določen za občinskega upravitelja, je imel pri tem polne roke dela. Številna volilna zborovanja so skoraj vedno izkazovala sijajen obisk, veselo pričakovanje in okras hiš ter trgov sta se stopnjevala od dne do dne."[61]

V Podgorjah je bilo v „času prepovedi" po zanesljivih izjavah izpeljanih dvanajst akcij z letaki, prižganih je bilo pet kljukastih križev in na cerkvenem stolpu so bile dvakrat izobešene zastave s kljukastim križem. Marca 1938 je gestapo aretiral kasnejšega deželnega poslanca Albina Petschniga in katoliškega župnika Franza Vuka, vendar sta bila čez kratek čas spet izpuščena.[62] Po neposrednem opozorilu varnostnega direktorja gestapa v Celovcu z dne 21. marca 1938 je bil krški ordinariat tako rekoč prisiljen več duhovnikov prestaviti na druga dušnopastirska mesta. To je doletelo tudi Franza Vuka, zelo priljubljenega pri prebivalcih, ki je moral oditi v Baldramsdorf, kjer je 3. junija 1945 nenadoma umrl.[63]

Kako zelo je rjava ideologija že pred „anšlusom" prepredla dele lokalne družbe, kaže tudi primer učitelja Herberta Grossa, ki je bil pred letom 1938 začasno dejaven v Podrožci kot učitelj. V prošnji za trajno učiteljsko mesto julija 1938 je skrbno popisal vse zasluge, ki si jih je tukaj že pridobil za nacionalsocialistično gibanje: „Že kot pripravnik za učitelja sem deloval na vodilnem mestu v tukajšnjem nemškem telovadnem društvu. Prav tako sodelujem tam tudi zdaj kot učitelj. Od junija 1937 pripadam NSLB in SS, septembra 1937 sem vstopil v NSDAP. Od januarja 1938 vodim

---

[61] Citirano po Kaiser-Kaplaner, Die Marktgemeinde, str. 147.

[62] Gendarmeriepostenkommando Maria Elend an das Landesgendarmeriekommando für Kärnten in Klagenfurt (Poveljstvo žandarmerijske postaje Podgorje poveljstvu deželne žandarmerije za Koroško v Celovcu), Akt Nr. 8351, E.Nr. 374/46, 3. 6. 1946; Koschat, Braune Flecken im Ortsbild (Rjavi madeži v sliki kraja), str. 83 sl.

[63] Peter G. Tropper (izd.), Kirche im Gau. Dokumente zur Situation der katholischen Kirche in Kärnten von 1938 bis 1945 (Cerkev v gauu. Dokumenti o situaciji Katoliške cerkve na Koroškem od 1938 do 1945), Celovec/Klagenfurt 1995, str. 5, str. 116 sl. in str. 243 sl.; Kaiser-Kaplaner, Podgorje/Maria Elend, str. 285 sl.

Gurker Ordinariat genötigt, mehrere Geistliche auf andere Seelsorgeposten zu versetzen. Davon betroffen war auch der bei der Bevölkerung sehr beliebte Franz Vuk, der nach Baldramsdorf gehen musste, wo er am 3. Juni 1945 plötzlich verstarb.[62]

Wie sehr sich der braune Filz bereits vor dem „Anschluss" in der lokalen Gesellschaft eingenistet hatte, zeigt auch das Beispiel des Lehrers Herbert Groß, der vor 1938 in Rosenbach als provisorischer Lehrer tätig gewesen war. In seiner Bewerbung für eine feste Lehrerstelle vom Juli 1938 führte er penibel alle Verdienste ins Treffen, die er sich hier bereits um die nationalsozialistische Bewegung erworben habe: „Schon als Lehramtsanwärter war ich im hiesigen deutschen Turnverein an leitender Stelle tätig. Ebenso bin ich es jetzt als Lehrer. Seit Juni 1937 gehöre ich dem NSLB und der SS an und im September 1937 erfolgte mein Eintritt in die NSDAP. Seit Jänner 1938 führe ich den SS-Standort Rosenbach als SS-Unterscharführer; schon aus diesem Grunde allein ist mir Rosenbach wertvoll […]. In der NSDAP Ortsgruppe St. Jakob i. R. arbeite ich als Schriftführer und vor kurzem bin ich noch zum Schuljugendwalter der HJ ernannt worden. […] Alle diese Angaben sollen meine Stellung im Orte, zur Bevölkerung und in der Bewegung beleuchten. Es würde mir anderswo nicht so gut gelingen, mich in dieser Weise einzufügen."[63] Hugo Herzog intervenierte als Obmann des Ortschulrates Rosenbach vehement zugunsten einer Bestellung von Groß: „In besonderem Maße muss seine Tätigkeit in der NSDAP hervorgehoben werden, die ihn als geeigneten Führer in den Gliederungen der Partei auf dem Grenzposten Rosenbach erscheinen lässt."[64] In einer politischen Beurteilung durch das Gaupersonalamt der Gauleitung Kärnten wurde besonders betont, dass Groß bereits in der „Verbotszeit" Mitglied der SS gewesen sei und an den „Aktionen gegen das System" teilgenommen habe. Er gelte somit als „einwandfreier Nationalsozialist".[65] Als Groß im Jahre 1948 um Wiedereinstellung als Lehrer ansuchte, fand er ungeachtet seiner eindeutigen politischen Vergangenheit sowohl im St. Jakober Bürgermeister Franz Obiltschnig wie auch in den Lokalorganisationen von SPÖ und ÖVP bedenkenlose Fürsprecher.[66]

---

[62] Peter G. Tropper (Hg.), Kirche im Gau. Dokumente zur Situation der katholischen Kirche in Kärnten von 1938 bis 1945, Klagenfurt 1995, S. 5, S. 116 ff. und S. 243 ff.; Kaiser-Kaplaner, Maria Elend, S. 285 ff.

[63] KLA, Landesschulrat, Paketreihe 68, Lehrerbesetzungen 1938, Rosenbach, Bewerbungsschreiben, 18. 7. 1938. Übereinstimmende Angaben machte Groß, der im Dezember 1938 zur Wehrmacht eingerückt war, auch in seinem Lebenslauf vom September 1941. Hier präzisierte Groß, im „deutschvölkischen Turnverein" als Turnwart tätig gewesen zu sein. Ebd., Amt der Kärntner Landesregierung, Abt. 6 (Schulwesen), Sch. 353, Nr. 5723, Herbert Groß, Lebenslauf, 24. 9. 1941.

[64] Ebd., Landesschulrat, Paketreihe 68, Lehrerbesetzungen 1938, Rosenbach, Ortschulrat Rosenbach in den Bezirksschulrat Villach, 1. 8. 1938.

[65] Ebd., Amt der Kärntner Landesregierung, Abt. 6 (Schulwesen), Sch. 353, Nr. 5723, Herbert Groß, Gauleitung Kärnten, Gaupersonalamt, Politische Beurteilung, 4. 3. 1941.

[66] Ebd., Gemeindeamt St. Jakob im Rosental, Bestätigung, 18. 5. 1948; Sozialistische Partei Österreichs, Lokalorganisation Rosenbach, 22. 7. 1948; Österreichische Volkspartei, Ortsleitung St. Jakob im Rosental, Bescheinigung, 22. 7. 1948.

SS-postojanko Podrožca kot SS-unterscharführer; že samo iz tega razloga mi je Podrožca dragocena [...]. V krajevni sekciji NSDAP Šentjakob v Rožu delam kot zapisnikar in pred kratkim sem bil imenovan še za položaj Schuljugendwalter HJ. [...] Vse te navedbe naj bi osvetlile moje mesto v kraju, med prebivalstvom in v gibanju. Kod drugod se mi ne bi tako dobro posrečilo vključiti se na ta način."[64] Hugo Herzog je kot predsednik krajevnega šolskega sveta Podrožca zagnano interveniral za Grossovo zaposlitev: "Prav posebej je treba poudariti njegovo dejavnost v NSDAP, zaradi katere je videti primeren voditelj strankinih pripadnikov na obmejni postojanki Podrožca."[65] V politični oceni personalnega urada vodstva gaua Koroška je bilo posebej poudarjeno, da je bil Gross član SS že v "času prepovedi" in je sodeloval v "akcijah zoper sistem". Torej velja za "neoporečnega nacionalsocialista".[66] Ko se je Gross leta 1948 potegoval za ponovno nastavitev na mesto učitelja, so ga ne glede na nedvoumno politično preteklost brez pomislekov podprli tako šentjakobski župan Franz Obiltschnig kot tudi krajevni organizaciji SPÖ in ÖVP.[67]

Občina Šentjakob/St. Jakob kot nemškonacionalno akcijsko območje "Koroškega heimatbunda"

"Kärntner Heimatbund" – Koroški heimatbund (KHB) – ki je leta 1924 izšel iz organizacije "Kärntner Heimatdienst", je v 30-ih letih 20. stoletja igral glavno vlogo pri raznarodovalni politiki na Koroškem (mdr. s koncentriranim naseljevanjem Nemcev iz rajha – "Reichsdeutsche")[68] in se je vse bolj razvijal v operativno krinko za ilegalne nacionalsocialiste. Občina Šentjakob je bila pri tem osrednje akcijsko območje. V strnjenem "pregledu raziskav posestnih razmerij v okrožnem glavarstvu Beljak" je v primeru Šentjakoba omenjen resen položaj: "Občina Šentjakob je na tem območju žarišče slovenske narodne dejavnosti. Duhovniki so vsi po vrsti slovenski nacionalci, dejavni so številni posestniki. Pri tem se voditelji v tej občini pogosto odlikujejo po pomembni

---

[64] KLA, Landesschulrat (Deželni šolski svet), Paketreihe 68, Lehrerbesetzungen 1938 (nameščanje učiteljev 1938), Rosenbach, Bewerbungsschreiben (vloge), 18. 7. 1938. Iste podatke je Gross, ki je decembra 1938 vstopil v wehrmacht, napisal tudi v svojem življenjepisu septembra 1941. Tu je podrobno navedel, da je bil dejaven tudi v "nemškonacionalnem telovadnem društvu – deutschvölkischer Turnverein" kot vodja telovadbe (Turnwart). Ibid., Amt der Kärntner Landesregierung, Abt. 6 (Schulwesen), šk. 353, Nr. 5723, Herbert Gross, Življenjepis, 24. 9. 1941.

[65] Ibid., Landesschulrat, Paketreihe 68, Lehrerbesetzungen 1938, Rosenbach, Krajevni šolski svet Podrožca okrožnemu šolskemu svetu v Beljaku, 1. 8. 1938.

[66] Ibid., Amt der Kärntner Landesregierung, Abt. 6 (Schulwesen), šk. 353, Nr. 5723, Herbert Gross, Gauleitung Kärnten, Gaupersonalamt, Politična ocena, 4. 3. 1941.

[67] Ibid., Občinski urad Šentjakob v Rožu, Potrdilo, 18. 5. 1948; Socialistična stranka Avstrije, krajevna organizacija Podrožca, 22. 7. 1948; Avstrijska ljudska stranka, krajevno vodstvo Šentjakob v Rožu, Potrdilo, 22. 7. 1948.

[68] Na generalni skupščini nemških prebivalcev iz rajha (Reischsdeutsche) sredi januarja 1932 je Alois Maier-Kaibitsch označil "nakup posesti na Koroškem, ki so v prodaji", kot "eno najpomembnejših nalog [...], da se s tem prepreči naseljevanje šovinističnih Slovencev. Ker pa na Koroškem ni bilo kupcev, so se domislili, da naselijo nemške kmete iz rajha. [...] Njihovo naseljevanje je prinašalo različne prednosti: sposobnost Nemcev iz rajha kot vzoren zgled in podpora tujskemu prometu in razmišljanju o anšlusu. Začeli so delati reklamo, ki je imela zelo dober uspeh: več kakor 120 kmetov iz rajha se je doslej že naselilo na Koroškem". Freie Stimmen, 19. 1. 1932, str. 4. Nemški naseljenci na Koroškem so bili tesno povezani s Koroškim heimatbundom (KHB) in so privabljali nadaljnje naseljence, večodnjih je bilo aktivno vpletenih v julijski puč nacionalsocialistov leta 1934; Elste/Hänisch, Auf dem Weg zur Macht (Na poti na oblast), str. 20.

Die Gemeinde St. Jakob als deutschnationales Aktionsfeld des „Kärntner Heimatbundes"

Der 1924 aus dem „Kärntner Heimatdienst" hervorgegangene „Kärntner Heimatbund" spielte in den 1930er-Jahren bei der Entnationalisierungspolitik in Kärnten (u. a. durch die konzertierte Ansiedlung „Reichsdeutscher")[67] eine federführende Rolle und entwickelte sich zunehmend zu einem operativen Deckmantel der illegalen Nationalsozialisten. Die Gemeinde St. Jakob wurde dabei zu einem zentralen Aktionsfeld. In einer zusammenfassenden „Betrachtung der Untersuchungen der Besitzverhältnisse in der Bezirkshauptmannschaft Villach" ist in Bezug auf St. Jakob von einer ernsten Lage die Rede: „Die Ortsgemeinde St. Jakob ist in diesem Gebiete der Brennpunkt der nationalslowenischen Tätigkeit. Die Geistlichen sind durchaus Nationalslowenen, zahlreiche Besitzer sind führend tätig. Dabei verfügen die Führer in dieser Gemeinde oft über bedeutende Vorsicht und Intelligenz. Es gibt Ortschaften, in denen auch jetzt noch nur wenige Leute als heimattreu bezeichnet werden. Eine rege Verbindung herrscht mit Jugoslawien, zumal die Zahl der Ausländer sehr groß ist und viele verwandtschaftliche Beziehungen bestehen. Sehr häufig sind Veranstaltungen der Nationalslowenen. Die Geistlichen sind natürlich auch hier führend tätig. Im allgemeinen scheinen mir in St. Jakob die Nationalslowenen tätiger zu sein und gefährlicher zu wirken als in Bleiburg und Globasnitz." In einer detaillierten Auflistung werden mehrere Besitzer als „sehr verbissene", „sehr gefährliche" oder „führend tätige Nationalslowenen" punziert.[68] Wie anhand konkreter Beispiele dokumentiert, unterstützte der KHB bei Besitzerwerbungen und Konzessionsfragen in St. Jakob mit Unterstützung des öffentlichen Notars und späteren Bezirksleiters der „Vaterländischen Front" Egon Weißberger, eines getauften und deutschbewussten Juden, gezielt Personen, an deren „kärntnertreuer Gesinnung" kein Zweifel bestand.[69] Nach mehreren Vorkommnissen – so trugen bei einer Fahnenweihe Mitglieder des „Heimatkreises" Rosegg demonstrativ die Kornblume – gelangte Weißberger Anfang 1937 schließlich zu der für ihn beklemmenden Erkenntnis, dass „man wohl mit Bestimmtheit annehmen" könne, „dass die Heimatkreise nur Tarnungsmittel der Nationalsozialisten sind".[70]

Am 3. Juni 1931 fand im Kinosaal des Besitzers Janach eine „Massenversammlung der Abwehrkämpfer sowie der gesamten heimattreuen Bevölkerung der Gemeinde St. Jakob"

---

[67] Bei der Vollversammlung der reichsdeutschen Siedler Mitte Jänner 1932 bezeichnete Alois Maier-Kaibitsch „den Ankauf von in Kärnten verkäuflichen Grundbesitzen" als „eine der wichtigsten Aufgaben […], um dadurch ein Ansiedeln von chauvinistischen Slowenen zu verhindern. Da sich aber in Kärnten keine Käufer fanden, war man auf den Gedanken gekommen, reichsdeutsche Landwirte anzusiedeln. […] Die Ansiedlung von reichsdeutschen Landwirten hatte verschiedene Vorteile: die Tüchtigkeit dieser als ein vorbildliches Beispiel, die Förderung des Fremdenverkehrs und des Anschlussgedankens. Es setzte nun eine Werbearbeit ein, die einen sehr guten Erfolg hatte: über 120 reichsdeutsche Landwirte sind bisher in Kärnten angesiedelt worden." Freie Stimmen, 19. 1. 1932, S. 4. Die reichsdeutschen Siedler in Kärnten standen in engem Kontakt mit dem KHB und betrieben eine Brückenkopfpolitik für weitere Ansiedler, mehrere von ihnen waren aktiv in den Juliputsch der Nationalsozialisten 1934 involviert; Elste/Hänisch, Auf dem Weg zur Macht, S. 20.

[68] KLA, Kärntner Heimatbund, Sch. 32, Fasz. 312.

[69] Ebd., Sch. 9, Fasz. 71 und 72, Sch. 12, Fasz. 94.

[70] Ebd., Sch. 16, Fasz. 130, Schreiben des Lehrers Fritz Litscher an Alois Maier-Kaibitsch, 24. 2. 1937.

previdnosti in inteligenci. So kraji, kjer je še zdaj le malo ljudi mogoče označiti za domovini zveste. Povezava z Jugoslavijo je močna, posebno, ker je število tujcev zelo veliko in je na pretek sorodstvenih vezi. Zelo pogoste so slovenske narodne prireditve. Tudi duhovniki so tu dejavni pri vodenju. Nasploh se mi zdijo slovenski nacionalci v Šentjakobu bolj dejavni in nevarnejši kakor tisti v Pliberku/Bleiburg in Globasnici/Globasnitz." V podrobnem seznamu so številni posestniki označeni kot „zelo zagrizeni", „zelo nevarni" ali „vodilno dejavni slovenski nacionalci".[69] Kot je dokumentirano s konkretnimi primeri, je KHB pri pridobivanju posesti in pri koncesijskih zadevah v Šentjakobu s podporo javnega notarja in kasneje okrožnega vodje domovinske fronte („Vaterländische Front") Egona Weissbergerja, krščenega in nemško zavednega Juda, načrtno podpirala osebe, glede katerih ni bilo dvoma o „Koroški zvestem" prepričanju.[70] Po več dogodkih – pri posvetitvi zastav so člani „heimatkreisa" Rožek/Rosegg demonstrativno nosili modri glavinec, razpoznavno znamenje ilegalnih nacionalsocialistov – se je Weissberger na začetku leta 1937 končno dokopal do zanj obremenjujočega spoznanja, da „je mogoče z gotovostjo sklepati", da „so heimatkreisi le kamuflaža nacionalsocialistov".[71]

Dne 3. junija 1931 je bilo v kinodvorani lastnika Janacha „množično zborovanje brambovcev ter celotnega domovini zvestega prebivalstva občine Šentjakob", na katerem so bile tudi volitve zaupnikov za „krajevno sekcijo heimatbunda". V ožji odbor so odslej spadali učitelj Max Petutschnig kot predsednik, kriminalistični inšpektor Ferdinand Grömmer kot namestnik predsednika, železničarski uslužbenec Peter Fantur kot tajnik in posestnik Thomas Gabrutsch. Dva zaupnika iz Podgorij naj bi še določili. Razširjeni odbor so sestavljali kamnoseški podjetnik Franz Worenz, železničarski uslužbenec Johann Mikula, ranžirec Franz Riegler, posestnik Franz Lederer, gostilničarka Maria Teppan, posestniki Thomas Sereinig, Michael Paul in Johann Wochinz, sin posestnika Gustav Rauter in pekovski mojster Primus Sutschitsch. Tudi tu je bilo treba imenovati še dva zastopnika za Podgorje. Po opravljenih volitvah so „domovini zvesti" enotno nasprotovali postavitvi cerkve v Podrožci, „posebej pa subvencioniranju te gradnje iz sredstev plebiscita in šolskega društva". Občina ima že „nič manj kot 8 cerkva". Prav tako ni res, „da prebivalstvo terja gradnjo cerkve. Dejstvo je, da to zahtevo postavlja nekaj priseljencev, ki so poleg tega samo začasno nastanjeni v Podrožci (to so cariniki). […] Opozarjamo na to, da je imela Podrožca že eno nemško službo božjo v cerkvi v Svatnah/Schlatten […], a da je bil obisk tako slab, da je bilo zaradi pomanjkanja zanimanja treba to službo božjo ukiniti. […] Vse domovini zvesto prebivalstvo vidi v postavitvi cerkve v Podrožci nevarnost za naše dobre domovinske misli in za naš narod, kajti z gradnjo te cerkve se za vedno zapira možnost za zahtevo po nemški službi božji v Šentjakobu. Cerkvena oblast bi lahko rekla, da se vendar v Podrožci pridiga v nemščini. Mi domovini zvesti bi morali torej romati v Podrožco, Slovenci pa bi imeli cerkev v Šentjakobu izključno v svoji lasti. Za to morajo prebivalci Šentjakoba (seveda

---

[69] KLA, Kärntner Heimatbund, šk. 32, fasc. 312
[70] Ibid., šk. 9, fasc. 71 in 72, šk. 12, fasc. 94.
[71] Ibid., šk. 16, fasc. 130, Pismo učitelja Fritza Litscherja Aloisu Maier-Kaibitschu, 24. 2. 1937.

statt, bei der die Wahl der Vertrauensmänner für die „Heimatbundortsgruppe" erfolgte. Dem engeren Ausschuss gehörten nunmehr der Lehrer Max Petutschnig als Obmann, der Kriminalinspektor Ferdinand Grömmer als Obmannstellvertreter, der Bahnangestellte Peter Fantur als Schriftführer und der Besitzer Thomas Gabrutsch an. Die zwei Vertrauensmänner aus Maria Elend sollten noch bestimmt werden. Der erweiterte Ausschuss setze sich aus dem Steinbruchunternehmer Franz Worenz, dem Bahnangestellten Johann Mikula, dem Verschubmeister Franz Riegler, dem Besitzer Franz Lederer, der Gastwirtin Maria Teppan, den Besitzern Thomas Sereinig, Michael Paul und Johann Wochinz, dem Besitzersohn Gustav Rauter sowie dem Bäckermeister Primus Sutschitsch zusammen. Auch hier waren für die Ortschaft Maria Elend noch zwei Vertreter zu nominieren. Nach erfolgter Wahl sprachen sich die „Heimattreuen" geschlossen gegen die Errichtung einer Kirche in Rosenbach, „besonders aber gegen die Subventionierung dieses Baues aus Abstimmungsmitteln und Schulvereinsgeldern aus." Die Gemeinde zähle bereits „nicht weniger als 8 Kirchen". Es sei auch unwahr, „dass die Bevölkerung den Bau einer Kirche fordert. Tatsache ist es, dass diese Forderung von ein paar Eingewanderten, die dazu nur vorübergehend in Rosenbach stationiert sind (es sind dies Zollbeamte), ausgeht. […] Wir weisen darauf hin, dass Rosenbach bereits einen deutschen Gottesdienst in der Kirche in Schlatten […] hatte, der Besuch jedoch derart schlecht war, dass der Gottesdienst, wegen mangelndem Interesse, eingestellt werden musste. […] Die gesamte heimattreue Bevölkerung sieht in der Errichtung einer Kirche in Rosenbach eine Gefahr für unseren guten Heimatgedanken sowie für unsere Nation, denn durch die Erbauung dieser Kirche schließt sich die Möglichkeit der Forderung eines deutschen Gottesdienstes in St. Jakob für immer. Die Kirchenbehörde könnte darauf hinweisen, dass ja in Rosenbach deutsch gepredigt wird. Wir Heimattreuen müssten also nach Rosenbach pilgern und die Slovenen hätten die Kirche in St. Jakob in alleinigem Besitze. Dazu müssen die Bewohner St. Jakobs (natürlich auch alle Heimattreuen) die nicht geringe Pfarrumlage zahlen, das hieße also, wir müssten den Slovenen die Kirche in St. Jakob erhalten helfen, unseren Gottesdienst jedoch in Rosenbach verrichten. Unsere Forderung geht demnach dahin, in St. Jakob einen deutschen Gottesdienst zu erwirken. Wir wollen uns durch die Erbauung der Kirche in Rosenbach die Möglichkeit dieser Forderung nicht nehmen lassen. Wir werden, im Gegenteil, diese Forderung nachdrücklichst vertreten und mit allen Mitteln arbeiten, um unserer Staatssprache auch in der Kirche zu St. Jakob zu ihrem Recht zu verhelfen." Weiters wurde moniert, dass die Slowenen in St. Jakob die Errichtung eines Vereinsheimes beabsichtigten, „damit sie dort ihre panslavistischen Interessen besser fördern können. Sie erhalten für diesen Zweck auch Gelder aus dem Nachbarstaat." Die „Heimattreuen" würden sich hingegen schon längere Zeit vergeblich darum bemühen, „ein Vereinsheim des Kärntner Heimatbundes zu errichten. Es ist dies ein Gebot der Notwendigkeit, denn wir Heimattreuen können nicht länger zuschauen, wie die Slovenen die Jugend auf ihre Seite bringen und dies nur deshalb, weil wir keine Räumlichkeiten für unsere Sache haben. Unsere Bestrebungen scheitern schließlich wegen Mangel[s] an Mitteln."[71]

---

[71] Ebd., Sch. 12, Fasz. 87, Schreiben der Heimatbundortsgruppe St. Jakob an den Kärntner Heimatbund, 8. 6. 1931.

tudi vsi domovini zvesti) plačevati nemajhen cerkveni prispevek, kar bi pomenilo, da bi morali mi pomagati Slovencem vzdrževati cerkev v Šentjakobu, svojo službo božjo pa bi imeli v Podrožci. Naša zahteva glede na vse to je, da izposlujemo nemško službo božjo v Šentjakobu. Možnosti te zahteve si ne pustimo vzeti z gradnjo cerkve v Podrožci. Nasprotno, to zahtevo bomo izrecno zagovarjali in se trudili z vsemi sredstvi, da bi našemu državnemu jeziku pomagali do njegovih pravic tudi v cerkvi v Šentjakobu." Nadalje je bilo opozorjeno, da Slovenci nameravajo v Šentjakobu postaviti društveni dom, „da bi lahko tam bolje zagovarjali svoje panslavistične interese. V ta namen dobijo tudi denarna sredstva iz sosednje države." Nasprotno pa da se „domovini zvesti" že dalj časa zaman trudijo za to, da „bi postavili društveni dom Koroškega heimatbunda. Torej je to res nujno, kajti mi domovini zvesti ne moremo še naprej gledati, kako Slovenci mladino spravljajo na svojo stran, in sicer samo zato, ker mi nimamo prostorskih zmogljivosti za našo stvar. Naša prizadevanja se nazadnje izjalovijo zaradi pomanjkanja sredstev."[72]

Konec julija 1931 je KHB v dopisu več zaupnikom v občini (Simon Rauter, Thomas Gabrutsch, Ernst Janach in Alois Wolte) poudaril nujnost, da se v Šentjakobu oblikuje „jedro domovini zvestih", ki se bodo „dejavno z domovini zvestim čutom uprli prizadevanjem v Ljubljano usmerjenih Slovencev. [...] V prvi vrsti se moramo zanesti na naša gasilska[73] in pevska društva. Žarišče vseh naših domovini zvestih v Šentjakobu so tamkajšnji pevci. Naš nacionalnopolitični razvoj je neznansko odvisen od njihovega obstoja in dejavnosti. [...] Naloge pevskega društva imajo ravno v Šentjakobu daljnosežen in poseben pomen."[74] „Obdarovanje revnih otrok in tudi odraslih", ki ga je KHB organiziral januarja 1932 v telovadnici novo zgrajenega šolskega poslopja v Šentjakobu[75], je bilo za „Freie Stimmen" dokaz, „kako je mogoče aktivirati svoje nemštvo tudi v času najhujše gospodarske stiske in dati s tem zgled brez velikega zbujanja pozornosti". Po govoru učitelja Maxa Petutschniga je Maier-Kaibitsch, ki je posebej zato pripotoval iz Celovca, z „navdušujočimi besedami" položil staršem na srce, „naj otroke vzgajajo v duhu zveste pripadnosti domovini [...]. Eno k drugemu je zgled in primer prave nemške opredelitve, zgled tudi za to, kako lahko nemški ljudje kljub najrazličnejšim strankarskim nazorom delajo skupaj za skupno stvar."[76] Večina tedanjih akterjev naj bi „skupno stvar" tako in tako videla kmalu uresničeno v nacističnem gibanju. Max Petutschnig[77], doma iz Črne v Mežiški dolini, je od leta 1924 do 1934 poučeval v Šentjakobu, nato pa je bil 1. junija 1934 „zaradi nacionalsocialističnega prepričanja" odpuščen

---

[72] Ibid., šk. 12, fasc. 87, Pismo krajevne sekcije heimatbunda Šentjakob Koroškemu heimatbundu, 8. 6. 1931.

[73] Že junija 1924 se je KHB pritožil, da so v Podgorjah „narodni Slovenci", ki so deloma pripadali gasilcem, zahtevali uvedbo slovenskega poveljevalnega jezika in so po odklonitvi te zahteve izstopili iz gasilskega društva. To je bilo zato finančno prikrajšano in „domovini zvesti" sami niso bili več sposobni zbrati nujnih sredstev za nove nakupe. Ibid., šk. 2, fasc. 16.

[74] Ibid. šk. 12, fasc. 91.

[75] Prim. ibid., fasc. 90.

[76] Freie Stimmen, 13. 1. 1932, str. 3.

[77] Prim. izčrpno Koschat, Braune Flecken im Ortsbild, str. 169 sl.

Ende Juli 1931 betonte der KHB in einem Schreiben an mehrere Vertrauensleute in der Gemeinde (Simon Rauter, Thomas Gabrutsch, Ernst Janach und Alois Wolte) die unbedingte Notwendigkeit, in St. Jakob einen „Stock von Heimattreuen" zu bilden, „die durch Arbeit im heimattreuen Sinne den Bestrebungen der nach Laibach orientierten Slovenen entgegen treten. […] Wir müssen uns in erster Linie auf unsere Feuerwehren[72] und Gesangsvereine verlassen können. Ein Sammelpunkt unserer Heimattreuen in St. Jakob ist die dortige Sängerrunde. Von deren Bestand und Betätigung hängt für die nationalpolitische Fortentwicklung ungeheuer viel ab. […] Die Aufgaben der Sängerrunde sind gerade in St. Jakob sehr weitgehende und von einer besonderen Bedeutung."[73] Die vom KHB im Jänner 1932 im Turnsaal des neu erbauten Schulgebäudes in St. Jakob[74] „veranstaltete Bescherung unbemittelter Kinder und auch Erwachsener" war für die „Freien Stimmen" Beweis dafür, „wie man sein Deutschtum auch in der Zeit schwerster wirtschaftlicher Not beispielgebend und ohne viel Aufsehen betätigen soll." Nach einer Ansprache durch den Lehrer Max Petutschnig erinnerte Maier-Kaibitsch, der extra aus Klagenfurt angereist war, die Eltern mit „aneifernden Worten" daran, „die Kinder zu treuem Heimatbekenntnis zu erziehen […]. Alles in allem ein Vorbild und Beispiel wahren deutschen Bekenntnisses, ein Vorbild auch dafür, wie deutsche Menschen trotz verschiedenster parteipolitischer Ansichten gemeinsam arbeiten können für eine gemeinsame Sache."[75] Die meisten der damaligen Akteure sollten die „gemeinsame Sache" ohnehin bald in der NS-Bewegung verwirklicht sehen. Der aus Schwarzenbach (Črna) im Mießtal (Mežiška dolina) stammende Max Petutschnig[76] hatte von 1924 bis 1934 in St. Jakob unterrichtet, ehe er mit 1. Juni 1934 „wegen nationalsozialistischer Gesinnung" aus dem Lehrberuf entlassen wurde.[77] Die Dienstenthebung war mit der Begründung erfolgt, Petutschnig habe im Gasthaus „Kircher" in Maria Elend in betrunkenem Zustand Bundeskanzler Dollfuß „öffentlich geschmäht u. verspottet" und im Gasthaus „Janach" in St. Jakob „Heil Hitler" gerufen.[78] Unmittelbar nach dem „Anschluss" wurde Petutschnig wieder in den Schuldienst übernommen und an Stelle des beurlaubten Oberlehrers Viktor Polzer sofort mit der Leitung der Volksschule in Rosegg/Rožek betraut.[79] In seinem Bewerbungsschreiben gab Petutschnig an, in der Zeit bis zum „Anschluss" ununterbrochen in der NSDAP tätig

---

[72] Bereits im Juni 1924 hatte der KHB Klage darüber geführt, dass in Maria Elend die „nationalen Slowenen", die zum Teil der örtlichen Feuerwehr angehörten, die Einführung der slowenischen Kommandosprache verlangt hätten und nach Ablehnung dieser Forderung aus der Feuerwehr ausgetreten waren. Diese sei dadurch auch finanziell geschädigt worden und die „Heimattreuen" allein wären nunmehr nicht in der Lage, das notwendige Geld für Neuanschaffungen aufzubringen. Ebd. Sch. 2, Fasz. 16.

[73] Ebd. Sch. 12, Fasz. 91.

[74] Vgl. ebd., Fasz. 90.

[75] Freie Stimmen, 13. 1. 1932, S. 3.

[76] Vgl. ausführlich Koschat, Braune Flecken im Ortsbild, S. 169 ff.

[77] KLA, Amt der Kärntner Landesregierung, Abt. 6 (Schulwesen), Sch. 36, Abt. 5/1, Personalakt Maximilian Petutschnig, Landesschulrat für Kärnten, Zl. 6352, Ernennung zum Oberlehrer.

[78] Ebd., Landeshauptmannschaft Kärnten, Landesschulrat für Kärnten, Antrag auf Wiedergutmachung, Bescheid, 6. 5. 1939.

[79] Ebd., Bezirksschulrat Villach an den Landesschulrat in Klagenfurt, Zl. 188/7/38, 24. 3. 1938; Freie Stimmen, 23. 3. 1938, S. 7.

iz učiteljskega poklica.[78] Odpoved službe je bila podana z utemeljitvijo, da je Petutschnig v gostilni „Kircher" v Podgorjah v pijanosti „javno sramotil in zasmehoval" zveznega kanclerja Dollfussa in v gostilni „Janach" v Šentjakobu kričal „Heil Hitler".[79] Tik po „anšlusu" je bil Petutschnig spet sprejet kot učitelj in so mu takoj zaupali vodenje ljudske šole v Rožeku namesto suspendiranega naduča V prijavi je Petutschnig navedel, da je bil v času do „anšlusa" nenehno aktiven v NSDAP. S tem je „zavedajoč se dolžnosti prispeval svoj del k okrepitvi našega svetovnega nazora. Kot sturmbannführer SA [...] sem neutrudno delal reklamo za naš svetovni nazor. Julija 1937 sem sodeloval tudi na višinskem taboru v Bad Tölzu na Bavarskem."[81] Ob njegovem imenovanju za naduča leto dni kasneje je deželni šolski svet kot jamstvo, da se Petutschnig „brez zadržkov" zavzema za nacionalsocialistično državo, navedel, da je bil ilegalni član NSDAP in ilegalni sturmbannführer SA. Svoj „nemški izvor" pa da je dokazal s potrdilom o arijskem poreklu.[82]

Agitacija KHB se je v glavnem opirala na spomin na „obrambni boj" in plebiscit in je vehementno propagirala protislovensko ideologijo obmejne dežele. Temu namenu je služilo tudi „zbiranje prispevkov za obmejno deželo"[83] in postavljanje „domov obmejne dežele", ki naj bi imeli vlogo „nemških kulturnih central" in naj bi krepili „duha obrambe meje". „Heimatkreisi"[84], ustanovljeni po letu 1936 kot krajevne sekcije KHB, so bili zamišljeni kot „delovne in obmejnodeželne celice" nemškonacionalne kulturne dejavnosti in pri odkritju „brambovskega spomenika" v Šentjakobu v začetku septembra 1937 niso po naključju korakali v prvih vrstah. V prvi izdaji svojega glasila „Der Heimatkreis", ki je izšla po „anšlusu", je KHB posvetitveno slovesnost zavestno predstavil

---

[78] KLA, Amt der Kärntner Landesregierung, Abt. 6 (Schulwesen), šk. 36, Abt. 5/1, Personalakt Maximilian Petutschnig, Landesschulrat für Kärnten, Zl. 6352, Ernennung zum Oberlehrer (Imenovanje za nadučitelja).

[79] Ibid., Landeshauptmannschaft Kärnten (Deželno glavarstvo Koroška), Landesschulrat für Kärnten (Deželni šolski svet za Koroško), Antrag auf Wiedergutmachung (prošnja za popravo škode), Bescheid (odgovor), 6. 5. 1939.

[80] Ibid., Bezirksschulrat Villach an den Landesschulrat in Klagenfurt (Okrožni šolski svet v Beljaku deželnemu šolskemu svetu v Celovcu), Zl. 188/7/38, 24. 3. 1938; Freie Stimmen, 23. 3. 1938, str. 7.

[81] KLA, Landesschulrat, Paketreihe 75, Lehrer-Ernennungen (Imenovanje učiteljev) 1938, Rosegg, Bewerbungsschreiben (prošnje), 9. 6. 1938.

[82] Ibid., Amt der Kärntner Landesregierung, Abt. 6 (Schulwesen), šk. 36, Abt. 5/1, Personalakt Maximilian Petutschnig, Landesschulrat für Kärnten, Zl. 6352, Ernennung zum Oberlehrer (Imenovanje za nadučitelja).

[83] Septembra 1937 je KHB v že neprikriti nacistični dikciji pozival k „darovom za obmejno deželo" v času od 8. do 10. oktobra, ki naj bi služili izrecno „kulturni obrambni sposobnosti meje": „Kulturna obramba meje na temelju resnične narodne skupnosti je geslo našega obrambnega dela." Der Heimatkreis. Monatsschrift für das kulturpolitische Leben im Süden Kärntens (Mesečnik za kulturnopolitično življenje na jugu Koroške), 6. zvezek/september 1937, str. 17.

[84] V poročilu KHB o dejavnosti v letu 1936 so bili med nalogami „heimatkreisov" med drugim navedeni: negovanje krajevnega narodnega izobraževanja, negovanje prepričanja, kulturna propaganda in vzgoja „mladine obmejne dežele". Vsak „heimatkreis" naj skrbi za to, „da z delom, ki ga opravlja, in s silami, ki izvirajo iz njega, obvešča prebivalstvo o stanju, vprašanjih in problemih jezikovno mešanega območja in predvsem tudi o dejavnosti slovenskih narodnjakov v njihovih društvih, v kolikor je v interesu naše domovine, da ta dejavnost terja našo pozornost in opazovanje." Posebej mladini je treba posredovati „pomen njenega bivanja v obmejni deželi" in občutek „zvestobe do domovine in zemlje". K „heimatkreisom", ki so bili ustanovljeni še med letom 1936, sta sopadala tudi tisti v Šentjakobu in Svatnah. Heimatkreis, 2. zvezek/maj 1937, str. 4 sl. V Podgorjah je bil lasten „heimatkreis" ustanovljen šele v začetku januarja 1938. Za njegovega vodjo je bil izvoljen učitelj Müller. Kot je bilo poudarjeno v eni od izjav, je slovesnost, ki je sledila, potekala popolnoma „v duhu prave narodne skupnosti". KLA, Kärntner Heimatbund, šk. 27, fasz 253 in 254.

gewesen zu sein. Er habe damit seinen „Teil pflichtbewusst zur Festigung unserer Weltanschauung beigetragen. Als Sturmbannführer der SA […] habe ich unermüdlich für unsere Weltanschauung geworben. Im Juli 1937 nahm ich auch am Hochlandlager in Bad Tölz in Bayern teil."[80] Für seine Ernennung zum Oberlehrer ein Jahr später führte der Landesschulrat als Gewähr für ein „rückhaltloses" Eintreten für den nationalsozialistischen Staat ins Treffen, dass Petutschnig illegales Mitglied der NSDAP und illegaler Sturmbannführer der SA gewesen sei. Die „deutschblütige Abstammung" werde durch den Ariernachweis belegt.[81]

In der Agitation des KHB bildete das Gedenken an „Abwehrkampf" und Volksabstimmung einen nicht unwesentlichen Schwerpunkt, verbunden mit der vehement betriebenen Propagierung einer antislowenischen Grenzlandideologie. Diesem Zweck dienten auch die Durchführung von „Grenzlandsammlungen"[82] und die Errichtung von „Grenzlandheimen", die als „deutsche kulturelle Zentralen" gedacht waren und den „Geist der Grenzverteidigung" stärken sollten. Die als Ortsgruppen des KHB ab 1936 gegründeten „Heimatkreise"[83] verstanden sich als „Arbeits- und Grenzlandzellen" deutschnationaler Kulturarbeit und marschierten auch bei der Einweihung des „Abwehrkämpferdenkmals" in St. Jakob Anfang September 1937 nicht zufällig an vorderster Front. In der ersten nach dem „Anschluss" erschienenen Ausgabe seines Publikationsorgans „Der Heimatkreis" stellte der KHB die Einweihungsfeier denn auch ganz bewusst als „reines nationalsozialistisches Bekenntnis" hin.[84] In einem an den Hauptgeschäftsführer des KHB, Alois Maier-Kaibitsch, gerichteten Schreiben vom 14. April 1938 dankte Landeshauptmann Pawlowski angesichts des Ergebnisses der „Anschlussabstimmung" vom 10. April in Südkärnten ausdrücklich für die vom KHB „während der Systemzeit im gemischtsprachigen Gebiet" geleistete „mühevolle, stets gefährdete, aber […] ungemein fruchtbringende Kleinarbeit", die von der NSDAP schließlich mühelos in die eigene Propaganda eingebaut werden konnte.[85]

---

[80] KLA, Landesschulrat, Paketreihe 75, Lehrer-Ernennungen 1938, Rosegg, Bewerbungsschreiben, 9. 6. 1938.

[81] Ebd., Amt der Kärntner Landesregierung, Abt. 6 (Schulwesen), Sch. 36, Abt. 5/1, Personalakt Maximilian Petutschnig, Landesschulrat für Kärnten, Zl. 6352, Ernennung zum Oberlehrer.

[82] Im September 1937 rief der KHB für die Zeit vom 8. bis zum 10. Oktober bereits in unverhohlener NS-Diktion zum „Grenzlandopfer" auf, das ausdrücklich der „kulturellen Wehrhaftmachung der Grenze" dienen sollte: „Kultureller Grenzschutz auf der Grundlage einer wirklichen Volksgemeinschaft ist das Leitwort unserer Schutzarbeit." Der Heimatkreis. Monatsschrift für das kulturpolitische Leben im Süden Kärntens, Heft Nr. 6/September 1937, S. 17.

[83] Im Tätigkeitsbericht des KHB für das Jahr 1936 werden unter den Aufgaben der „Heimatkreise" u. a. die Pflege der örtlichen Volksbildung, die Gesinnungspflege, die Kulturpropaganda und die Erziehung der „Grenzlandjugend" genannt. Jeder „Heimatkreis" habe Sorge zu tragen, „dass durch die in ihm geleistete Arbeit und die aus ihm hervorgehenden Kräfte Aufklärung geleistet werde über die Zustände, Fragen und Probleme des gemischtsprachigen Gebietes und vor allem auch über die Tätigkeit der nationalen Slowenen und ihrer Verbände, soweit sie im Interesse unseres Vaterlandes Aufmerksamkeit und Beobachtung zu erregen geeignet sind." Der Jugend sei im Besonderen der „Sinn ihres Grenzlanddaseins" und das Gefühl von „Heimat- und Bodentreue" zu vermitteln. Zu den noch im Laufe des Jahres 1936 gegründeten „Heimatkreisen" gehörten auch jene in St. Jakob und Schlatten/Svatne. Der Heimatkreis, Heft Nr. 2/Mai 1937, S. 4 f. In Maria Elend/Podgorje kam es erst Anfang Jänner 1938 zur Gründung eines eigenen „Heimatkreises". Zum „Heimatkreisführer" wurde der Lehrer Müller gewählt. Wie in einer Stellungnahme betont, wurde die anschließende Feier ganz „im Geiste wahrer Volksgemeinschaft" durchgeführt. KLA, Kärntner Heimatbund, Sch. 27, Fasz. 253 und 254.

[84] August Walzl, „Als erster Gau …". Entwicklungen und Strukturen des Nationalsozialismus in Kärnten, Klagenfurt 1992, S. 116.

[85] Der Heimatkreis, Heft Nr. 5/Mai 1938, S. 6.

kot „opredelitev v čisto nacionalsocialističnem smislu".[85] V pismu glavnemu tajniku in poslovodji KHB Aloisu Maier-Kaibitschu z dne 14. aprila 1938 se je deželni glavar Pawlowski ob izidu glasovanja za „anšlus" na južnem Koroškem dne 10. aprila izrecno zahvalil za „v sistemskem času na jezikovno mešanem območju" opravljeno „mukotrpno, vedno ogroženo, a […] neskončno plodno težavno delo" KHB, ki ga je NSDAP nazadnje brez truda lahko vključila v lastno propagando.[86]

Kaj se je dejansko skrivalo za ustanavljanjem „heimatkreisov", posebno jasno pokaže memorandum koroške deželne vlade „Kärnten im grossdeutschen Raum" (Koroška v velikonemškem prostoru) iz časa tik po „anšlusu"; v njem je „Koroški heimatbund" odločno označen kot „prvi poskusni objekt" za to, da se dejavnost legalnih nacionalnih društev – kot so predlagali koroški nacistični voditelji – „vpreže v ilegalno strankarsko delovanje. […] V heimatkreisih […] so se organizirali ilegalni člani stranke in prireditve so bile na zunaj srečanja heimatbunda, v resnici pa strankarska zborovanja. Praznovanje ob posvetitvi spomenika padlim brambovcem v Šentjakobu v Rožu dne 5. 9. 1937 je dokazalo, da je na ta način mogoče v velikem slogu prikrito izpeljati prireditve NSDAP. Podobno zakrinkano delovanje stranke so poskušali izpeljati tudi v telovadnih in pevskih društvih."[87] Potem ko naj bi koroški nacionalsocialisti pokazali, „da je to mogoče, so to metodo povzeli tudi v preostalih gauih".[88]

Med glavnimi akterji posvetitve spomenika v začetku septembra 1937 je bil tudi Karl Fritz, ikona „brambovstva" iz Roža, doma iz Kota pri Podrožci. Politična biografija Karla Fritza je dokument o neomajni opredelitvi za „nemško domovino" in o nepretrgani vključenosti v nemškonacionalne organizacije na Koroškem. Po letu 1920 je bil Fritz, ki je samega sebe prikazoval kot navdušenega borca za nemštvo,[89] nenehno prisoten tako v okolju skrajno desnega paravojaškega heimatschutza kot v „Koroškem heimatbundu". Dne 1. julija 1932 je vstopil v NSDAP (po „anšlusu" je bil priznan za „starega borca") in leta 1934 za nekaj mesecev prevzel koroški prapor SS. Pod njegovim vodstvom je prišlo do sodelovanja med SA in SS pri terorističnih akcijah.[90] Nazadnje

---

[85] August Walzl, „Als erster Gau…" (Kot prvi gau…). Entwicklungen und Strukturen des Nationalsozialismus in Kärnten (Razvoj in strukture nacionalsocializma na Koroškem), Klagenfurt 1992, str. 116.

[86] Der Heimatkreis, 5. zvezek/maj 1938, str. 6.

[87] Gosta mreža nemško-nacionalnih (völkisch-national) društev, ki de jure sploh niso veljala za politična, je bila eden od osnovnih dejavnikov za kasnejši uspeh nacizma: „Misel na negovanje nemštva in domovinskega razmišljanja, prav tako pa tudi zaščita nemštva pred ‚internacionalizmom' in judovstvom je bila vez, ki jih je družila in povezovala." Drobesch, Vereine und Verbände, str. 155.

[88] Kärnten im großdeutschen Raum. Denkschrift über die politischen, wirtschaftlichen und kulturellen Verhältnisse Kärntens, ohne Ort 1938 (Koroška v velikonemškem prostoru. Spominski zbornik o političnih, gospodarskih in kulturnih razmerah na Koroškem, brez kraja 1938), str. 16 sl.; izvleček objavljen v Kladivo, Nr. 9–10/1987, str. 20; Karl Stuhlpfarrer, Die Slowenen im „autoritären Ständestaat" (Slovenci v „avtoritarni stanovski državi") 1933/34–1938, v: Das gemeinsame Kärnten – Skupna Koroška. Dokumentation des deutsch-slowenischen Koordinationsausschusses der Diözese Gurk, Band. 11: Volksgruppen problematik 1948–1990 (Dokumentacija nemško-slovenskega koordinacijskega odbora krške škofije, zvezek 11: Problematika etničnih skupin 1948–1990), Celovec/Klagenfurt 1991, str. 140–149, tu str. 148; prim. Koschat, Braune Flecken im Ortsbild, str. 41 sl.

[89] Članek Karla Fritza o opredelitvi v Kärntner Sturmruf (priloga Kärntner Tagespost), 20. 1. 1924; citirano po Burz, Die nationalsozialistische Bewegung, str. 156.

[90] Theo Bauer, Die SS in Kärnten, v: Der Heimatkreis, 2. zvezek/ februar 1941, str. 2; Elste/Hänisch, Auf dem Weg zur Macht, str. 348 sl.

Was sich tatsächlich hinter der Bildung der „Heimatkreise" verbarg, verdeutlicht besonders eindringlich ein Memorandum („Kärnten im großdeutschen Raum") der Kärntner Landesregierung aus der Zeit unmittelbar nach dem „Anschluss", in welchem der „Kärntner Heimatbund" dezidiert als „erstes Versuchsobjekt" dafür bezeichnet wird, die Tätigkeit legaler nationaler Vereine – wie von den Kärntnern NS-Führern vorgeschlagen – „in die illegale Parteiarbeit einzuspannen. […] In seinen Heimatkreisen […] organisierten sich die illegalen Parteimitglieder und die Veranstaltungen waren nach außen hin Zusammenkünfte des Heimatbundes, in Wirklichkeit aber Parteiversammlungen. Die Feier zur Einweihung des Denkmales für die gefallenen Abwehrkämpfer in St. Jakob im Rosentale am 5.9.1937 erbrachte auch den Beweis, dass es auf diese Weise auch möglich ist, im großen Stil getarnte NSDAP-Veranstaltungen durchzuführen. Eine ähnliche Tarnung der Parteiarbeit wurde auch in den Turn- und Gesangsvereinen[86] versucht." Nachdem die Kärntner Nationalsozialisten gezeigt hätten, „dass dies möglich ist, wurde diese Methode auch von den übrigen Gauen übernommen".[87]

Unter den Hauptakteuren der Denkmaleinweihung Anfang September 1937 befand sich auch die aus Winkl bei Rosenbach stammende Rosentaler „Abwehrkampf"-Ikone Karl Fritz. Die politische Biographie von Karl Fritz dokumentiert ein unerschütterliches Bekenntnis zur „deutschen Heimat" und die personelle Kontinuität innerhalb der deutschnationalen Organisationen Kärntens. Nach 1920 war Fritz, der sich selbst zu einem begeisterten Kämpfer für das Deutschtum stilisierte[88], im Umfeld des extrem rechten paramilitärischen Heimatschutzes ebenso zu finden, wie innerhalb des „Kärntner Heimatbundes". Am 1. Juli 1932 trat er der NSDAP bei (er wurde nach dem „Anschluss" als „Alter Kämpfer" anerkannt) und übernahm 1934 für einige Monate die Kärntner SS-Standarte. Unter seiner Führung kam es zur Kooperation von SA und SS bei Terroraktionen.[89] Zuletzt bekleidete er den Rang eines SS-Sturmbannführers (SS-Nr. 356.862).[90] Zudem organisierte Fritz gemeinsam mit Offizieren des Bundesheeres die geheime militärische Ausbildung der Kärntner Turnerbewegung, die sich als Miliztruppe für ins Auge gefasste Interventionen in Jugoslawien bereithalten und der deutschen Expansion nach Südosteuropa Vorschub leisten sollte. Über die Wehrturnbewegung entwickelte der 1928 zum „Gauwehrführer" avancierte Fritz

---

[86] Das dichte Netz völkisch-nationaler Vereine, die de jure gar nicht als politisch galten, bildete einen der elementaren Faktoren für den späteren Erfolg des Nationalsozialismus: „Der Gedanke der Pflege des deutschen Volkstums und des Heimatgedankens, aber ebenso der Schutz des Deutschtums vor „Internationalismus" und Judentum war das sie verbindende und einigende Band." Drobesch, Vereine und Verbände, S. 155.

[87] Kärnten im großdeutschen Raum. Denkschrift über die politischen, wirtschaftlichen und kulturellen Verhältnisse Kärntens, ohne Ort 1938, S. 16 f.; auszugsweise wiedergegeben in Kladivo, Nr. 9–10/1987, S. 20; Karl Stuhlpfarrer, Die Slowenen im „autoritären Ständestaat" 1933/34–1938, in: Das gemeinsame Kärnten – Skupna Koroška. Dokumentation des deutsch-slowenischen Koordinationsausschusses der Diözese Gurk, Band. 11: Volksgruppenproblematik 1948–1990, Klagenfurt 1991, S. 140–149, hier S. 148; vgl. Koschat, Braune Flecken im Ortsbild, S. 41 ff.

[88] Bekenntnisartikel von Karl Fritz im Kärntner Sturmruf (Beiblatt zur Kärntner Tagespost), 20. 1. 1924; zit. n. Burz, Die nationalsozialistische Bewegung, S. 156.

[89] Theo Bauer, Die SS in Kärnten, in: Der Heimatkreis, Heft Nr. 2/Februar 1941, S. 2; Elste/Hänisch, Auf dem Weg zur Macht, S. 348 f.

[90] Dienstalterliste der Schutzstaffel der NSDAP (SS-Obersturmbannführer und SS-Sturmbannführer). Stand vom 1. Oktober 1944, hg. vom SS-Personalhauptamt, Berlin 1944, S. 47.

„Abstimmungs-Ehrenmal" in St. Jakob im Rosental, 1938.
Foto: Privatarchiv Michael Koschat, Maria Elend/Podgorje

„Spomenik na čast plebiscitu" v Šentjakobu v Rožu, 1938.
Fotografija: zasebni arhiv Michael Koschat, Podgorje/Maria Elend

je imel čin sturmbannführerja SS (SS številka 356.862).[91] Poleg tega je skupaj z oficirji avstrijske vojske organiziral tajno vojaško urjenje koroškega telovadnega gibanja, ki naj bi bilo v pripravljenosti kot miličniška četa za načrtovane intervencije v Jugoslaviji in za podporo nemški širitvi v jugovzhodno Evropo. Preko brambovskega telovadnega gibanja je Fritz, ki je leta 1928 napredoval v „gauwehrführerja", sklenil posebno tesno nazorsko prijateljstvo s Friedrichom Rainerjem, kasnejšim koroškim gauleiterjem, in mu dal možnost, da se je povezal z vodilnimi osebnostmi iz časa „koroškega obrambnega boja". Ti stiki so se potem ob organizaciji koroške NSDAP izkazali za koristne.[92] Kot „dislociran brambovski častnik" v podružnici v Celovcu je Fritz vlekel niti pri infiltraciji in razbitju čezmejne sabotažne mreže, usmerjene proti nacističnemu režimu, in s tem odločilno pripomogel k odkritju odporniške skupine pri Mariji na Zilji, ki ji je pripadal tudi nekdanji „brambovec" Franz Knes, doma iz Šentjakoba.

---

[91] Dienstalterliste der Schutzstaffel der NSDAP (SS-Obersturmbannführer und SS-Sturmbannführer). Stanje 1. oktobra 1944, izdal SS-Personalhauptamt, Berlin 1944, str. 47.

[92] Maurice Williams, Gau, Volk und Reich. Friedrich Rainer und der österreichische Nationalsozialismus. Eine politische Biographie nach Selbstzeugnissen (Gau, narod in rajh. Friedrich Rainer in avstrijski nacionalsocializem. Politična biografija po lastnih pričevanjih), Celovec/Klagenfurt 2005, str. 27 sl.; Burz, Die nationalsozialistische Bewegung, str. 155 sl.; Elste, Kärntens braune Elite, str. 51 sl.; Koschat, Braune Flecken im Ortsbild, str. 69 sl.

eine besonders enge Gesinnungsfreundschaft mit Friedrich Rainer, dem späteren Kärntner Gauleiter, und bot diesem die Möglichkeit, in Verbindung mit führenden Persönlichkeiten aus der Zeit des „Kärntner Abwehrkampfes" zu treten. Diese Kontakte sollten sich auch beim Aufbau der Kärntner NSDAP als vorteilhaft erweisen.[91] Als „vorgeschobener Abwehroffizier" einer in Klagenfurt eingerichteten Nebenstelle zog Fritz bei der Unterwanderung und Zerschlagung eines gegen das NS-Regime gerichteten und grenzüberschreitenden Sabotagenetzes die Fäden und trug damit entscheidend zur Aufdeckung einer Widerstandsgruppe in Maria Gail bei, der auch der aus St. Jakob gebürtige ehemalige „Abwehrkämpfer" Franz Knes angehörte. Knes wurde am 4. November 1941 in Brandenburg enthauptet.[92] Im Mai 1943 stand Karl Fritz im Zentrum einer feierlichen Kundgebung der NSDAP in St. Jakob: „Die Formationen der NSDAP, die Abwehrkämpfer der Gemeinden des oberen Rosentales mit ihren Kameradschaftsführern waren angetreten, die Bevölkerung war gekommen, um Zeuge zu sein, als Kreisleiter Herzog mit SS-Sturmbannführer Hptm. Karl Fritz am Ehrenmal der Abwehrkämpfer den Kranz niederlegte. Daran schloss sich die Kundgebung der NSDAP im Turnsaal der Schule, die zu einer Massenversammlung aller wurde, die treu zur Heimat, zum Reich und zum Führer stehen." Fritz sprach in seiner Rede „vom Verrat der Laibacher Politiker an der europäischen Kultur" und von „der Auslieferung des gläubigen Slowenenvolkes an die jüdisch-bolschewistische Barbarei". Er rief weiters „zur Mobilisierung aller Kräfte der guten Kärntner Grenzlandtradition auf, um diesen Verrätereien entgegenzutreten. Das sei eine besondere Aufgabe der Bürger des Großdeutschen Reiches, die in Grenzgauen leben."[93]

Die Organisationsstruktur des KHB stütze sich auf ein personell eng verflochtenes Netzwerk von Vertrauensleuten, das nach dem „Anschluss" nahtlos in den NS-Apparat und die braune Machtmatrix übernommen werden konnte. Die systematische Erfassung und Sammlung von Daten und Informationen über die nationalpolitische Orientierung der Kärntner Slowenen zählte dabei zu den elementaren Agenden der sich zunehmend verschärfenden Volkstumspolitik.[94] In der Gemeinde St. Jakob fiel diese Aufgabe dem Lehrer und Volksschuldirektor Winfried Marinitsch zu, der im „Abwehrkampf" mit dem Kärntner Kreuz ausgezeichnet worden war.[95] Anfang 1938 übermittelte er dem KHB einen akribisch erstellten Bericht über die nationalpolitische

---

[91] Maurice Williams, Gau, Volk und Reich. Friedrich Rainer und der österreichische Nationalsozialismus. Eine politische Biographie nach Selbstzeugnissen, Klagenfurt 2005, S. 27 ff.; Burz, Die nationalsozialistische Bewegung, S. 155 ff.; Elste, Kärntens braune Elite, S. 51 ff.; Koschat, Braune Flecken im Ortsbild, S. 69 ff.

[92] Peter Pirker, Gegen das „Dritte Reich". Sabotage und transnationaler Widerstand in Österreich und Slowenien 1938–1940, Klagenfurt/Wien 2010, S. 157 ff. und S. 243 ff.; Koschat, „ … bitte vergesst mich nicht und wofür ich sterben musste …", S. 34.

[93] Kärntner Zeitung, 12. 5. 1943, S. 5; Koschat, „Urgesund" und „kerndeutsch", S. 171 f.

[94] Vgl. Michael Koschat, „Die Nachbarn trauten sich nicht, uns zum Abschied die Hand zu geben." Die Deportation slowenischer Familien im April 1942: Vorgeschichte – Verlauf – Erinnerung, in: Johannes W. Schaschl (Hg.), Als Kärnten seine eigenen Kinder deportierte. Die Vertreibung der Kärntner Slowenen 1942–1945. Historischer Überblick – Zeitzeugenerzählungen – Briefe und Dokumente, 2. Auflage, Klagenfurt-Celovec/Ljubljana-Laibach/Wien-Dunaj 2012, S. 25–48, hier S. 27 ff.

[95] Vgl. den umfangreichen Schriftwechsel zwischen Marinitsch und dem „Kärntner Heimatbund" in den Jahren 1935 bis 1937. KLA, Kärntner Heimatbund, Sch. 16, Fasz. 131.

Knesa so 4. novembra 1941 v Brandenburgu obglavili.[93] Maja 1943 je bil Karl Fritz v središču slovesnega zborovanja NSDAP v Šentjakobu: „Nastopile so formacije NSDAP, brambovci občin zgornjega Roža s svojimi kameradschaftsführerji (vodje tovarištev), prišlo je prebivalstvo, da bi bili priče, ko je kreisleiter Herzog s sturmbannführerjem SS Karlom Fritzem položil venec ob spominskem obeležju brambovcev. Zborovanje NSDAP se je končalo v šolski telovadnici, kjer so se množično zbrali vsi, ki so zvesti domovini, rajhu in führerju." Fritz je v svojem govoru podčrtal, da so „ljubljanski politiki izdali evropsko kulturo" in „verni slovenski narod prepustili judovsko-boljševističnemu barbarstvu". Pozival je k „mobilizaciji vseh sil dobre koroške obmejnodeželske tradicije, da se postavijo po robu tem izdajstvom. To je posebna naloga državljanov Velikonemškega rajha, ki živijo v obmejnih gauih."[94]

Organizacijska struktura KHB se je opirala na tesno osebno prepleteno mrežo zaupnikov, ki so jo po „anšlusu" lahko v celoti prenesli v nacistični aparat in rjavo oblastno matrico. Sistematično zajemanje in zbiranje podatkov ter informacij o nacionalnopolitični usmerjenosti koroških Slovencev je pri tem spadalo med osnovna opravila vse ostrejše nacionalistične politike.[95] V občini Šentjakob je ta naloga pripadla učitelju in ravnatelju ljudske šole Winfriedu Marinitschu, ki je bil v „obrambnem boju" odlikovan s koroškim križem.[96] V začetku leta 1938 je predal KHB skrajno natančno poročilo o nacionalnopolitični situaciji v občini Šentjakob. Občinskemu svetu naj bi pripadalo deset „nemško usmerjenih" in šest Slovencev. Medtem ko je po njegovem mnenju duhovščina v celoti slovensko nastrojena, naj bi bili učitelji Fritz Dimnig (Šentjakob), Hans Müller (Podgorje) in Herbert Gross (Podrožca), ki izstopajo kot „mladinski führerji", pripadali nemškemu taboru.[97] Marinitsch je skupaj z občinskim upraviteljem Rudolfom Zhernetom (Podrožca), železničarjem Johannom Mikulo (Svatne/ Schlatten) in učiteljem Hansom Müllerjem (Podgorje) med drugim skrbel tudi za propagando pred glasovanjem o „anšlusu" 10. aprila 1938.[98]

Oktobra 1938 je denunciantsko predal KHB „seznam vodilnih slovenskih narodnjakov" v občini Šentjakob. O posestnikovem sinu Joziju Stickru iz Šentpetra, katerega družina je bila aprila 1942 deportirana, je recimo napisal: „Predsednik tukajšnjega slov. katoliškega izobraževalnega društva, podpredsednik cerkvenega zbora

---

[93] Peter Pirker, Gegen das „Dritte Reich". Sabotage und transnationaler Widerstand in Österreich und Slowenien 1938–1940 (Proti „Tretjemu rajhu". Sabotaža in transnacionalni odpor v Avstriji in Sloveniji 1938–1940), Celovec/Dunaj 2010, str. 157 sl. in str. 243 sl.; Koschat, „… bitte vergesst mich nicht und wofür ich sterben musste …" (prosim, ne pozabite me in za tega, zakaj sem moral umreti …), str. 32.

[94] Kärntner Zeitung, 12. 5. 1943, str. 5; Koschat, „Urgesund" und „kerndeutsch" („Prazdravo" in „vseskozi nemško"), str. 171 sl.

[95] Prim. Michael Koschat, „Die Nachbarn trauten sich nicht, uns zum Abschied die Hand zu geben." Die Deportation slowenischer Familien im April 1942: Vorgeschichte – Verlauf – Erinnerung („Sosedje si nam niso upali seči v roko za slovo." Deportacija slovenskih družin aprila 1942: predzgodovina – potek – spomin), v: Johannes W. Schaschl (izd.), Als Kärnten seine eigenen Kinder deportierte. Die Vertreibung der Kärntner Slowenen 1942–1945. Historischer Überblick – Zeitzeugenerzählungen – Briefe und Dokumente (Ko je Koroška deportirala lastne otroke. Izgon koroških Slovencev 1942–1945. Zgodovinski pregled – pričevanja – pisma in dokumenti), 2. izdaja, Klagenfurt/Celovec/Ljubljana/Laibach/Wien/Dunaj 2012, str. 25–48, tu str. 27 sl.

[96] Prim. obsežno dopisovanje med Marinitschem in KHB v letih od 1935 do 1937. KLA, Kärntner Heimatbund, šk. 16, fasc. 131.

[97] Ibid., šk. 32, fasc. 311.

[98] Ibid., Fasc. 304.

Situation in der Gemeinde St. Jakob. Dem Gemeindetag würden zehn „Deutschgesinnte" und sechs Slowenen angehören. Während die Priesterschaft durchwegs slowenisch gesinnt sei, gehörten die als „Jungvolkführer" in Erscheinung tretenden Lehrer Fritz Dimnig (St. Jakob), Hans Müller (Maria Elend) und Herbert Groß (Rosenbach) dem deutschen Lager an.[96] Gemeinsam mit dem Gemeindeverwalter Rudolf Zherne (Rosenbach), dem Eisenbahner Johann Mikula (Schlatten) und dem Lehrer Hans Müller (Maria Elend) oblag Marinitsch u. a. auch die Werbearbeit für die „Anschluss"-Volksabstimmung am 10. April 1938.[97]

Im Oktober 1938 übermittelte er dem KHB in denunziatorischem Ton eine „Liste der führenden nationalen Slowenen" in der Gemeinde St. Jakob. Über den Besitzersohn Josef Sticker aus St. Peter/Šentpeter, dessen Familie im April 1942 deportierte wurde, heißt es etwa: „Obmann des Slow. kath. Fortbildungsvereines hier, Obmann Stellv. des Kirchenchores von St. Jakob i. R., Mitglied der slowenischen Feuerwehr. Sticker ist ein geistig reger, verschlossener, aber auch verschlagener Mensch und ist so der unversöhnliche Gegner der Deutschen."[98]

Die Staatsanwaltschaft in Klagenfurt führte im Jahre 1947 gerichtliche Vorerhebungen gegen Marinitsch durch und erhob schließlich Anklage wegen des Verdachts der Denunziation und Mitwirkung an der „Aussiedlung" slowenischer Familien. Trotz zahlreicher belastender Aussagen (u. a. durch den Gendarmerieposten St. Jakob) wurde das Verfahren im Februar 1948 eingestellt und Marinitsch auf freien Fuß gesetzt. Bei den Vernehmungen gab Marinitsch an, bereits im Herbst 1932 der NSDAP in Klagenfurt beigetreten zu sein und bis zum Parteiverbot Beiträge geleistet zu haben. Ein formeller Austritt sei zu diesem Zeitpunkt nicht erfolgt, er habe sich während der „Verbotszeit" aber nicht für die NSDAP betätigt. Im Mai 1938 stellte er in St. Jakob einen Erfassungsantrag, in welchem er auf seine frühere Zugehörigkeit zur Partei hinwies. Im Laufe des Jahres 1938 erhielt er eine Mitgliedskarte mit dem Eintrittsdatum 1. Mai 1938,[99] später ein Parteimitgliedsbuch, in welchem auch die alte Mitgliedsnummer und das alte Eintrittsdatum (1932) angeführt waren. An Auszeichnungen erwähnte er die „Ostmarkmedaille". Nach Vorhalt seines Personalaktes flüchtete Marinitsch in die Behauptung, die Angaben im Lebenslauf und Fragebogen zu seiner illegalen Betätigung für die NSDAP (u. a. Aktivitäten für HJ und BDM in St. Jakob) wären nur erfolgt, um die alte Mitgliedsnummer zu erhalten. Er gab nur zu, vom Frühjahr 1935 bis März 1938 Leiter des „Heimatkreises" in St. Jakob gewesen zu sein. In der Ortsgruppe der NSDAP St. Jakob fungierte er von Anfang bis Ende 1939 als Zellenleiter und von Ende 1941 bis zum Kriegsende als Personalamtsleiter. Im Jänner 1940 rückte er zur Waffen-SS ein, aus welcher er im August 1940 auf eigenes Ansuchen entlassen wurde. Er hatte sich bei seiner Rückkehr aber zum Eintritt in die „Allgemeine SS" zu verpflichten. Marinitsch

---

[96] Ebd., Sch. 32, Fasz. 311.
[97] Ebd., Fasz. 304.
[98] Der Bericht vom 12. Oktober 1938 ist abgedruckt in Koschat, „ … bitte vergesst mich nicht und wofür ich sterben musste …", S. 20 f.
[99] Das Beitrittsdatum 1. Mai 1938 mit eigenem Nummernblock ist ein eindeutiges Indiz für eine illegale Parteimitgliedschaft.

v Šentjakobu, član slovenskih gasilcev. Sticker je duhovno aktiven, vase zaprt, a tudi prekanjen človek in zato nespravljiv nasprotnik Nemcev."[99]

Državno tožilstvo v Celovcu je leta 1947 izpeljalo predhodne sodne poizvedbe proti Marinitschu in nazadnje vložilo obtožnico zaradi suma denunciacije in sodelovanja pri „izseljevanju" slovenskih družin. Kljub številnim obremenjujočim izjavam (mdr. jo je dala tudi šentjakobska žandarmerijska postaja) je bil postopek februarja 1948 ustavljen in Marinitsch izpuščen. Na zaslišanjih je Marinitsch navedel, da je že jeseni 1932 vstopil v NSDAP v Celovcu in plačeval prispevke do prepovedi stranke. Formalno takrat ni izstopil iz NSDAP, vendar v „času prepovedi" ni bil dejaven v stranki. Maja 1938 je v Šentjakobu podal zahtevo za evidenco, v kateri se je skliceval na svojo prejšnjo pripadnost stranki. Do konca leta 1938 je dobil člansko karto z vstopnim datumom 1. maja 1938,[100] kasneje pa člansko izkaznico, v kateri sta bila navedena stara članska številka in stari vstopni datum (1932). Med odličji je omenil „medaljo Vzhodna marka". Ko je moral pojasnjevati svoj osebni dosje, se je zatekel v trditev, da je navedbe v življenjepisu in vprašalniku o ilegalnem delu za NSDAP (mdr. aktivnosti za Hitlerjugend – HJ in Bund Deutscher Mädel – BDM v Šentjakobu) dal samo zato, da bi obdržal staro člansko številko. Priznal je le, da je bil od pomladi 1935 do marca 1938 vodja „heimatkreisa" v Šentjakobu. V krajevni sekciji NSDAP v Šentjakobu je od začetka do konca leta 1939 deloval kot vodja celice in od konca leta 1941 do konca vojne kot vodja personalnega urada. Januarja 1940 je vstopil v waffen-SS, od koder je bil nato avgusta 1940 na lastno prošnjo odpuščen. Ob vrnitvi pa se je moral zadolžiti za vstop v „splošno SS". Nadalje je Marinitsch priznal, da je za varnostno službo (Sicherheitsdienst, SD) v Beljaku tu in tam pisal „poročila o razpoloženju", je pa odločno zanikal, da bi bil poverjenik gestapa. Z denunciacijami naj ne bi imel nič, prav tako ne z „izseljevanjem" slovenskih družin. Nasprotno, trdil je, da je skupaj s tedanjim vodjo krajevne sekcije Aloisom Peykerjem in županom Matthäusom Scherwitzlom uspešno interveniral za vrnitev že interniranih družin.[101] Kot član volkssturma se je večkrat udeležil oboroženih akcij proti partizanom. V eni teh akcij so ga ranili lastni možje in je izgubil eno oko.[102]

Winfried Marinitsch je umrl 25. januarja 1968 in je bil pokopan na pokopališču v Svečah/Suetschach. Njegovo zvesto prepričanje se s smrtjo ni končalo. Ob njegovem slovesu so prosili za prispevke za „koroške obmejnodeželne organizacije".[103] „V naravi pokrajine in njene žive zgodovine je," je pisalo v nekrologu časopisa „Volkszeitung", „da je pogreb šolnika in brambovca hkrati priznanje zvestobe ljubljeni domovini, ki je ostala svobodna. Simbol tega so častitljive živobarvne zastave društev, povezanih z

---

[99] Poročilo z dne 12. oktobra 1938 je natisnjeno v Koschat, „… bitte vergesst mich nicht und wofür ich sterben musste…" (prosim, ne pozabite me in tega, zakaj sem moral umreti …), str. 20 sl.

[100] Datum pristopa 1. maj 1938 s številko iz za bivše ilegalne naciste v Avstriji (1933–1938) rezerviranega bloka članskih številk je bil nedvoumen dokaz ilegalnega članstva v stranki NSDAP.

[101] KLA, LG Klagenfurt, Strafakten, šk. 345, 22 Vr 2383/47 združeno z 22 Vr 2480/47 in 22 Vr 2788/46, Kazenska zadeva zoper Winfrieda Marinitscha.

[102] O Marinitschu prim. izčrpno Koschat, Braune Flecken im Ortsbild, str. 52 sl.

[103] Volkszeitung, 26. 1. 1968, str. 10.

gestand weiters ein, gelegentlich „Stimmungsberichte" für den Sicherheitsdienst (SD) in Villach verfasst zu haben, stellte aber entschieden in Abrede, Verbindungsmann zur Gestapo gewesen zu sein. Mit Denunziationen wollte er ebenso wenig zu tun gehabt haben wie mit der „Aussiedlung" slowenischer Familien. Er nahm im Gegenteil sogar für sich in Anspruch, gemeinsam mit dem damaligen Ortsgruppenleiter Alois Peyker und Bürgermeister Matthäus Scherwitzl erfolgreich für eine Rückkehr bereits internierter Familien interveniert zu haben.[100] Als Mitglied des Volkssturms nahm Marinitsch mehrmals an bewaffneten Aktionen gegen Partisanen teil. Bei einem dieser Einsätze wurde er durch eigene Leute verwundet und büßte ein Auge ein.[101]

Winfried Marinitsch verstarb am 25. Jänner 1968 und wurde auf dem Friedhof in Suetschach/Sveče beigesetzt. Seine Gesinnungstreue ging über den Tod hinaus. Man bat bei seiner Verabschiedung um Spenden für „Kärntner Grenzlandorganisationen".[102] Es liege „in der Natur der Landschaft und ihrer lebendigen Geschichte", so die „Volkszeitung" in einem Nachruf, „dass das Begräbnis eines Schulmannes und Abwehrkämpfers zu einer Treuekundgebung für die geliebte, freierhaltene Heimat wird. Sinnbild dafür die ehrwürdigen, farbenfrohen Fahnen heimatverbundener Vereine, die bunten Mützen der Studentenschaft, das schlichte Grau der zahlreich erschienenen Exekutive des Grenzlandes." Als Lehrer habe Marinitsch stets „verantwortungsbewusst Anteil am öffentlichen Leben" genommen, sein Wirken bleibe unvergessen. Unter den Trauerrednern auch ein Vertreter der Burschenschaft „Normannia".[103] Noch im Jahre 1980 würdigte die „Kärntner Landsmannschaft" Marinitsch als Inbegriff „eines Kärntner Lehrers, der nicht nur als Schulmann, sondern auch als Kämpfer für seine Heimat und durch Mitarbeit in kulturellen Vereinigungen im Dorf stets mehr getan hat als seine Pflicht." In St. Jakob sei „ihm die Pflege der Erinnerung an die Zeit des Abwehrkampfes zur Herzenssache geworden. So wurde er zum Mitschöpfer des wohl schönsten und würdigsten Ehrenmales des Kärntner Abwehrkampfes, das dank seiner Initiative und der Mithilfe des Kärntner Heimatbundes für die 51 Gefallenen des Abschnittes Rosenbach seit seiner Einweihung im Jahre 1937 zu einem Wallfahrtsort der Kärntner Abwehrkämpfer geworden ist. […] Der jungen Kärntner Lehrerschaft möge Winfried Marinitsch als tapferer und treuer Grenzlandlehrer, dem die Grenze zur Heimat und zum Schicksal wurde, stets ein Vorbild sein."[104]

Die Saat, die Marinitsch und andere ausgebracht hatten, gedieh auch nach 1945, wie ein Bericht über den „Staatsbesuch" in St. Jakob im März 1946 verdeutlicht: „Etwa 600 Slowenen waren am 18. März in St. Jakob im Rosental versammelt, um zu hören, was der österreichische Innenminister Helmer, Staatssekretär Graf und Landeshaupt-

---

[100] KLA, LG Klagenfurt, Strafakten, Sch. 345, 22 Vr 2383/47 vereinigt mit 22 Vr 2480/47 und 22 Vr 2788/46, Strafsache gegen Winfried Marinitsch.
[101] Zu Marinitsch vgl. ausführlich Koschat, Braune Flecken im Ortsbild, S. 52 ff.
[102] Volkszeitung, 26. 1. 1968, S. 10.
[103] Ebd., 30. 1. 1968, S. 6.
[104] Die Kärntner Landsmannschaft, Heft 9/1980, S. 8.

domovino, pisane kape študentovstva, preprosta sivina neštetih prisotnih predstavnikov izvršne oblasti obmejne dežele." Kot učitelj da je Marinitsch vedno „odgovorno sodeloval v javnem življenju", njegova dejavnost ne bo nikoli pozabljena. Med govorniki na pogrebu je bil tudi predstavnik burševskega društva „Normannia".[104] Še leta 1980 je organizacija „Kärntner Landsmannschaft" počastila Marinitscha kot utelešenje „koroškega učitelja, ki je ne samo kot šolnik, ampak tudi kot borec za domovino in s sodelovanjem v kulturnih združenjih na vasi vedno storil več, kot je bila njegova dolžnost". V Šentjakobu „mu je negovanje spomina na čas obrambnega boja postalo srčna stvar. Tako je bil soustvarjalec najbrž najlepšega in najbolj dostojanstvenega spominskega obeležja koroškemu brambovstvu, ki je po zaslugi njegove pobude in s pomočjo Koroškega heimatbunda za 51 padlih z območja Podrožce od posvetitve leta 1937 dalje postalo romarski kraj koroških brambovcev. […] Mlademu koroškemu učiteljstvu naj bo Winfried Marinitsch vedno zgled pogumnega in zvestega učitelja obmejne dežele, ki mu je meja postala domovina in usoda."[105]

Seme, ki so ga raztrosili Marinitsch in drugi, je uspevalo tudi po letu 1945, kot kaže poročilo o „državniškem obisku" v Šentjakobu marca 1946: „Kakih 600 Slovencev je bilo 18. marca zbranih v Šentjakobu v Rožu, da bi slišali, kaj imajo povedati o slovenskem vprašanju v deželi Koroški avstrijski notranji minister Helmer, državni sekretar Graf in deželni glavar Piesch. To so bile prve državnopolitične izjave na jezikovno mešanem območju. Govorili pa so odgovorni politiki dežele Koroške in zvezne vlade. Za kaj takega so vzeli v zakup tudi prireditelja, ‚Zvezo avstrijskih Slovencev'. ‚Škandal!' je glasno rekel celo eden od prispelih gospodov, ko je nad koroško zastavo poleg plebiscitnega spomenika zagledal dobro viden železen kljukasti križ. Tudi na zadnji strani rdeče-belordeče zastave je bil še dobro razpoznaven kljukasti križ. In tudi spomenik so zgradili nacisti. To pa še ni vse. Posebej okrepljeni žandarmerijski ekipi je prav tako poveljeval nacist, komandant postaje Bader, ki novembra [1945] kot nekdanji Pg.[106] niti voliti ni smel. Sicer pa je Bader od nacistov prejel tudi odlikovanje za vojne zasluge. Slovenska pozdravna pesem, ki so jo hoteli zapeti šolarji, je odpadla, ker je gospod strokovni učitelj Stukovnik (nekdanji okrožni govornik NSDAP) menil, da bi šlo za vaje preveč časa. […] Zvezni minister Helmer je celo ‚ljubeznivo' rekel, da Slovenci vendar niso več manjšina, saj so že zelo ‚v sorodu in zrasli' z ‚Nemci'. […] ‚Nezadovoljni' izseljenci, zaporniki koncentracijskih taborišč, ‚izgnanci iz gaua' in slovenski kmetje so bili nekoliko skeptični do trditev, da je res vsakdo v Avstriji toliko pripomogel k osvoboditvi naše domovine kot oni. Zbrani so se potihem in brez petja spet razšli. Kje so ‚ustvarjalci nezadovoljnosti' in ‚netilci nemira', o katerih je bilo toliko govora, pa je postalo jasno vsakomur."[107]

---

[104] Ibid., 30. 1. 1968, str. 6.

[105] Die Kärntner Landsmannschaft, 9. zvezek/1980, str. 8.

[106] Parteigenosse (strankarski tovariš).

[107] Volkswille, 28. 3. 1946, str. 3.

mann Piesch zur slowenischen Frage im Lande Kärnten zu sagen hätten. Es waren die ersten staatspolitischen Äußerungen im Unterlande. Und es sprachen verantwortliche Politiker des Landes Kärnten und der Bundesregierung. Dafür nahm man selbst den Veranstalter, ‚den Bund österreichischer Slowenen' in Kauf. ‚Skandal!' sagte sogar einer der eingetroffenen Herren laut, als er ober der Kärntner Fahne neben dem Abstimmungsdenkmal ein gut sichtbares, eisernes Hakenkreuz erblickte. Auch auf der rückwärtigen Seite der rot-weiß-roten Fahne war noch das Hakenkreuz deutlich erkennbar. Das Denkmal war auch von den Nazi erbaut worden. Das ist aber noch nicht alles. Das besonders verstärkte Gendarmerieaufgebot stand ebenfalls unter dem Befehl eines Nazi, des Postenkommandanten Bader, der als ehemaliger Pg.[105] im November nicht einmal zur Wahl gehen durfte. Bader hat übrigens auch von den Nazi das Kriegsverdienstzeichen bekommen. Das slowenische Begrüßungslied, das die Schulkinder singen wollten, entfiel, da Herr Fachlehrer Stukovnik (ehemaliger Kreisredner der NSDAP) die Gesangsproben als zu zeitraubend gefunden hatte. […] Bundesminister Helmer meinte sogar ‚entgegenkommend', die Slowenen seien ja keine Minderheit mehr, da sie schon stark mit den ‚Deutschen' ‚verwandt und verwachsen' seien. […] Die ‚unzufriedenen' Aussiedler, KZ-Häftlinge, ‚Gauverwiesene' und die slowenischen Bauern standen den Behauptungen einigermaßen skeptisch gegenüber, dass wirklich jeder in Österreich so viel zur Befreiung unserer Heimat beigetragen hätte, wie sie. Sang- und klanglos ging die Versammlung wieder auseinander. Wo sich die ‚Schöpfer der Unzufriedenheit' und die ‚Unruhestifter' befinden, von denen soviel gesprochen wurde, war aber jedem klar geworden."[106]

Fritz Dimnig: Lehrer und Sachreferent für „Rassen- und Lebenskunde"

Der aus Haimburg bei Völkermarkt stammende Lehrer Fritz (Friedrich) Dimnig war im Herbst 1936 der Volksschule St. Jakob zugeteilt worden, wo er sich unverzüglich in das bestehende braune Netzwerk eingliederte, enge Kontakte zum prononciert nationalsozialistisch eingestellten Lehrer und Informanten Winfried Marinitsch unterhielt und bis Ende 1938 verblieb. Am 10. Oktober 1937 organisierte Dimnig eine Gedenkfeier der Schuljugend vor dem kurz zuvor errichteten „Abwehrkämpferdenkmal". Die „Freien Stimmen" berichteten ausführlich: „Wenn Grenzer den 10. Oktober feiern, so ist es keine Siegesfeier mit vielen Reden und leeren Phrasen, sondern eine Stunde der Einkehr zu sich selbst, eine Frage an das Gewissen, ein Bekennen zu Opfer und zu bodenverwurzelter Kraft. Vor dem Freiheitsdenkmal stand die Grenzlandjugend Wache; Samstags abends kamen die Burschen freiwillig und standen den ganzen Tag und die Nacht hindurch bis zum 10. Oktober abends vor den Wächtern aus Stein. So standen sie Wache, die Lebenden und die Toten! Das ist das Bekenntnis unserer Jugend, wie es schöner und eindeutiger nicht sein könnte […]. Abends ehrte die Schuljugend in einer schlichten, eindrucksvollen Feier die toten Helden. Ein

---
[105] Parteigenosse.
[106] Volkswille, 28. 3. 1946, S. 3.

Fritz Dimnig: učitelj in stvarni referent za „rasoslovje in življenjeslovje"

Učitelj Fritz (Friedrich) Dimnig, doma iz Vovber pri Velikovcu, je bil jeseni 1936 dodeljen ljudski šoli v Šentjakobu, kjer se je nemudoma vključil v obstoječo rjavo mrežo, vzpostavil tesne stike s poudarjeno nacionalsocialistično naravnanim učiteljem in informantom Winfriedom Marinitschem ter ostal tam do konca leta 1938. Dne 10. oktobra 1937 je organiziral spominsko slovesnost šolske mladine ob malo prej postavljenem „brambovskem spomeniku". Glasilo „Freie Stimmen" je o tem izčrpno poročalo: „Če mejaši praznujejo 10. oktober, to ni praznovanje zmage s številnimi govori in praznimi frazami, ampak ura obrnitve vase, prevpraševanje vesti, opredelitev za žrtve in za moč, zakoreninjeno v zemlji. Mladina obmejne dežele je stala na straži pred spomenikom svobode; fantje so prostovoljno prišli v soboto zvečer in stali vso noč in ves dan do večera 10. oktobra pred stražarji iz kamna. Tako so stali na straži, živi in mrtvi! To je opredelitev naše mladine, od katere ne more biti lepše in bolj jasne […]. Zvečer je šolska mladina s preprosto, učinkovito slovesnostjo počastila mrtve junake. Uprizorili so govorno enodejanko ‚Ta dežela ostaja svobodna', ki jo je napisal učitelj Fritz Dimnig. […] V nedeljo popoldne se je pred spomenikom zbrala šolska in druga mladina šol v Podrožci, Šentjakobu in Podgorjah, da bi skupaj počastili mrtve osvobodilnega boja in dogajanja pred 17 leti. Tako je mladina preživela praznični dan in zrasla bo v tem duhu 10. oktobra in ga nikoli ne bo zatajila. Oba dneva je imel Šentjakob izredno velik obisk. Od vsepovsod so prihajali ljudje k spomeniku. Hiše domovini zvestih so bile okrašene z zastavami in v kraju je vladalo praznično razpoloženje."[108]

Dimnig je prispeval tudi v glasilu KHB „Der Heimatkreis" objavljene fotografije mladinske ekipe – „Jungmannschaft", ki je baje spontano na lastno pobudo stala na straži pred spomenikom v tipični drži ilegalnih nacionalsocialistov. Že samo to daje misliti, da je šlo za inscenirano akcijo ilegalnih nacionalsocialističnih krogov v občini. Ob praznovanju božiča in obdarovanju šolarjev dne 19. decembra 1937, ki ga je organiziral „heimatkreis" Šentjakob in so se ga udeležila vsa nemškonacionalna društva, prepredena z ilegalnimi nacionalsocialisti, je Dimnig poudaril tesno povezanost „Nemškega šolskega društva Južna marka", ki je prispevalo večino daril, z obmejno deželo Koroško.[109]

Dne 7. aprila 1938 je bilo pred „brambovskim spomenikom" po običajnem ritualu uprizorjeno propagandno zborovanje za referendum 10. aprila 1938 o „anšlusu" Avstrije tretjemu rajhu. „Prišli so brambovci iz celotnega Roža in še 2000 narodnih tovarišev (Volksgenosse), da bi izrazili gorečo pripadnost svoji ožji domovini in velikonemškemu rajhu Adolfa Hitlerja," je evforično ugotovilo glasilo „Heimatkreis". Občinski upravitelj Zherne je v svojem govoru opozoril na neugodni gospodarski položaj kraja, ki pa je „v zavesti velike zmage" vendarle „bogat in srečen", da se lahko priključi zaobljubi, kako bo „trdno in zvesto stal skupaj in prihodnjo nedeljo enotno in odločno z veselim ‚da'

---

[108] Freie Stimmen, 17. 10. 1937, str. 12. V pismu kulturnemu referentu KHB Maxu Rumpoldu dne 8. oktobra 1937 je Winfried Marinitsch izrazil prepričanje, da je govorna enodejanka, ki jo je napisal Dimnig, primerna za to, „da se uporabi tudi v drugih krajih". KLA, Kärntner Heimatbund, šk. 29, fasc. 272.

[109] Freie Stimmen, 28. 12. 1937, str. 7.

vom Lehrer Fritz Dimnig verfasstes Sprechstück ‚Dies Land bleibt frei' wurde von der Jugend vorgetragen. […] Am Sonntag nachmittags versammelte sich die Schul- und Staatsjugend der Schulen Rosenbach, St. Jakob und Maria Elend vor dem Denkmal, um gemeinsam die Toten des Freiheitskampfes zu ehren und des Geschehens vor 17 Jahren zu gedenken. So verbrachte die Jugend den Festtag und sie wird hineinwachsen in diesen Geist des 10. Oktober und wird ihn nie verleugnen. An beiden Tagen hatte St. Jakob einen überaus großen Besuch. Von überall kamen Leute zum Denkmal. Die Häuser der Heimattreuen hatten Fahnenschmuck angelegt und Festesstimmung herrschte im Ort."[107]

Von Dimnig stammten auch die im Organ des KHB („Der Heimatkreis") veröffentlichten Fotos der angeblich spontan auf eigene Initiative erfolgten Wacht der „Jungmannschaft" vor dem Denkmal in typischer Adjustierung illegaler Nationalsozialisten. Allein dieser Umstand lässt auf eine inszenierte Aktion der illegalen NS-Kreise der Gemeinde schließen. Bei der am 19. Dezember 1937 vom „Heimatkreis" St. Jakob durchgeführten Weihnachtsfeier und Bescherung der Schulkinder, an der alle mit illegalen Nationalsozialisten durchsetzten deutschnationalen Vereine teilnahmen, betonte Dimnig die enge Verbundenheit des „Deutschen Schulvereins Südmark", der einen Großteil der Sachspenden bereitstellte, mit dem Grenzland.[108]

Am 7. April 1938 fand vor dem „Abwehrkämpferdenkmal" die nach dem üblichen Ritual inszenierte Propagandakundgebung für die am 10. April stattfindende „Anschlussabstimmung" statt. „Die Abwehrkämpfer des ganzen Rosentales und weitere 2000 Volksgenossen hatten sich eingefunden, um ein glühendes Bekenntnis zu ihrer engeren Heimat und zum Großdeutschen Reich Adolf Hitlers abzulegen", konstatierte der „Heimatkreis" euphorisch. Gemeindeverwalter Zherne wies in seiner Rede auf die prekäre wirtschaftliche Lage des Ortes hin, der „im Bewusstsein eines großen Sieges" aber „reich und glücklich" sei, um das Gelöbnis anzuschließen, „fest und treu zusammenzustehen und am kommenden Sonntag geschlossen und entschlossen mit einem freudigen ‚Ja' zur Urne zu schreiten, mit einem ‚Ja' für unsere Heimat, für die die Männer, denen wir das Mahnmal gesetzt haben, gefallen sind. Das ‚Ja' gilt unserem neuen Vaterland, das ‚Ja' gilt unserem geliebten Führer Adolf Hitler." Als Vertreter der Jugend sprach Fritz Dimnig und dankte Hitler, den Jahren der „Knechtschaft und Verfolgung" ein Ende bereitet zu haben: „Das Schicksal hat uns an die Grenze gestellt, an die Grenze eines Reiches, das von der Nordsee bis zur Wand der Karawanken reicht."[109] Landeshauptmann Pawlowski räsonierte pathetisch, dass die Helden des „Abwehrkampfes" ebenso „wie die Toten unserer Bewegung nicht umsonst gestorben sind, denn aus ihrem Blut ging jene herrliche Saat auf, die wir heute mit glückerfüllten Herzen ernten

---

[107] Freie Stimmen, 17. 10. 1937, S. 12. In einem Schreiben vom 8. Oktober 1937 an den Kulturreferenten des KHB, Max Rumpold, gab Winfried Marinitsch seiner Überzeugung Ausdruck, dass das von Dimnig verfasste Sprechstück dazu geeignet sei, „auch andernorts verwendet zu werden". KLA, Kärntner Heimatbund, Sch. 29, Fasz. 272.

[108] Freie Stimmen, 28. 12. 1937, S. 7.

[109] Der Heimatkreis, Heft Nr. 5/Mai 1938, S. 14; Koschat, Braune Flecken im Ortsbild, S. 99 ff.

Schule in St. Jakob im Rosental, um 1930.
Foto: Privatarchiv Michael Koschat, Maria Elend/Podgorje

Šola v Šentjakobu v Rožu, ok. 1930.
Fotografija: zasebni arhiv Michael Koschat, Podgorje/Maria Elend

korakal k skrinjici izrazit svoj ,da' za našo domovino, za katero so padli možje, ki smo jim postavili spomenik. ,Da' velja naši novi domovini, ,da' velja našemu ljubljenemu führerju Adolfu Hitlerju." Kot zastopnik mladine je spregovoril Fritz Dimnig in se zahvalil Hitlerju, da je napravil konec letom „hlapčevstva in preganjanja". „Usoda nas je postavila na mejo, na mejo rajha, ki sega od Severnega morja do zidu Karavank."[110] Deželni glavar Pawlowski je patetično razlagal, da junaki „obrambnega boja" prav tako „kot mrtvi našega gibanja niso umrli zaman, kajti iz njihove krvi je vzklilo tisto čudovito seme, ki ga danes lahko žanjemo s srci, prekipevajočimi od sreče". Na poseben način se je obrnil na „slovenske domovinske tovariše" in jim dal „kot predstavnik vlade nemškega rajha zagotovilo, da bodo njihovi kulturnopolitični interesi in posebnosti pod močnim orlom tretjega rajha bolje zaščiteni kot doslej". „Nemški rajh", ki je vso svojo veličino in moč „zgradil na pojmu narodnosti, bo razumel in varoval tudi tujo narodnost". Izjave lojalnosti slovenskih voditeljev[111] da je vzel na znanje z zadovoljstvom, tem možem zaupa: „Slovenci, torej ne imejte skrbi zaradi svoje svojske kulture, ki je sestavina naše ko-

---

[110] Der Heimatkreis, 5. zvezek/maj 1938, str. 14; Koschat, Braune Flecken im Ortsbild, str. 99 sl.

[111] Marca 1938 je vodstvo koroških Slovencev z Joškom Tischlerjem in Francem Petkom na čelu pod močnim političnim pritiskom dalo nacističnemu režimu varljivo izjavo lojalnosti, navdano z lažnim upanjem na boljšo državno zaščito, in pozvalo slovensko manjšino, naj na referendumu o „anšlusu" dne 10. aprila enotno glasuje z „da". Prim. Teodor Domej, Prvo leto koroških Slovencev pod kljukastim križem, v: Avguštin Malle/Valentin Sima (izd.), Der „Anschluß" und die Minderheiten in Österreich. „Anšlus" in manjšine v Avstriji, Klagenfurt/Celovec 1989, str. 66–88.

können." In besonderer Weise wandte er sich an die „slowenischen Heimatgenossen" und gab „ihnen als Vertreter der deutschen Reichsregierung die Versicherung, dass ihre kulturpolitischen Belange und Eigenheiten unter dem starken Adler des Dritten Reiches besser geschützt sein werden als bisher." Das „Deutsche Reich", das seine ganze Größe und Stärke „aufgebaut hat auf dem Begriff des Volkstums, wird auch fremdes Volkstum verstehen und schützen." Er habe die Loyalitätserklärungen der slowenischen Führer[110] mit Genugtuung zur Kenntnis genommen und vertraue diesen Männern: „Slowenen, habt daher keine Sorge um Eure eigenartige Kultur, die ein Bestandteil unseres Kärntnerlandes ist, die der Kärntner nicht missen möchte. Und so gehen wir alle, die guten Willens sind, einer schöneren und glücklicheren Zukunft entgegen."[111] Falsche Schwüre und kalkulierte Verbrüderungsversprechen, welche bald einer systematischen Herabwürdigung, Entwürdigung, Repression und Verfolgung weichen sollten.

Die „Anschlussabstimmung" am 10. April 1938 ergab in den beiden Wahllokalen der Gemeinde St. Jakob folgendes Ergebnis: In St. Jakob gaben alle 2116 Wahlberechtigten ihre Stimmen ab. Davon waren zwei Stimmen ungültig, drei Gemeindebürger hatten den Mut, mit „Nein" zu stimmen. Damit waren in St. Jakob 2111 „Ja"-Stimmen zu verzeichnen. In Maria Elend stimmten alle 512 Wahlberechtigten mit „Ja".[112] Wie das „Kärntner Tagblatt" sarkastisch bemerkte, wären in St. Jakob die „nationalen Slowenen" als erste beim Wahllokal erschienen, „um ihre Stimme für den Führer abzugeben." Maria Elend „im gemischtsprachigen Grenzgebiete Kärntens" konnte bereits um 14.30 Uhr vermelden, „dass der letzte Stimmberechtigte den Stimmzettel in die Urne geworfen hat. Somit ist für diese im Abwehrkampfe umstrittene Ortschaft eine hundertprozentige Wahlbeteiligung erreicht."[113]

Nach dem „Anschluss" fungierte Fritz Dimnig innerhalb des „NS-Lehrerbundes" (NSLB) als Sachreferent für „Rassen- und Lebenskunde". In dieser Funktion stand er in engem Kontakt zu der von Ernst Dlaska geleiteten „Gauwaltung" des NSLB.[114] Im Sommer 1938 wandte sich Dlaska als Kärntner Schulreferent mit dem Ersuchen an das Wiener Anthropologische Institut, „eine für das gemischtsprachige Gebiet charakteristische Gemeinde in ihrer Gesamtheit rassenkundlich zu bearbeiten. […] In Zusammenarbeit mit Kärntner Kreisen wurde die Gemeinde St. Jakob im Rosental als die geeignetste für diese Untersuchung ausgewählt."[115] Es ist nicht auszuschließen, dass Dimnig bei der

---

[110] Im März 1938 gab die Kärntner Slowenenführung mit Joško Tischler und Franc Petek an ihrer Spitze unter starkem politischen Druck eine trügerische und von falschen Hoffnungen auf einen besseren staatlichen Schutz getragene Loyalitätserklärung gegenüber dem NS-Regime ab und appellierte an die slowenische Volksgruppe, bei der „Anschlussabstimmung" am 10. April 1938 geschlossen mit „Ja" zu stimmen. Vgl. Teodor Domej, Prvo leto koroških Slovencev pod kljukastim križem (Die Kärntner Slowenen im ersten Jahr unter dem Hakenkreuz), in: Avguštin Malle/Valentin Sima (Hg.), Der „Anschluß" und die Minderheiten in Österreich. „Anšlus" in manjšine v Avstriji, Klagenfurt/Celovec 1989, S. 66–88.

[111] Kärntner Tagblatt, 9. 4. 1938, S. 13; Freie Stimmen, 9. 4. 1938, S. 3; Der Heimatkreis, Heft Nr. 5/Mai 1938, S. 14.

[112] Freie Stimmen, 12. 4. 1938, S. 3; Kärntner Tagblatt, 12. 4. 1938, S. 3.

[113] Kärntner Tagblatt, 12. 4. 1938, S. 3.

[114] Mitteilungen des Gauamtes für Erzieher, ohne Datum.

[115] Karl Tuppa, Rassenkundliche Untersuchungen in Kärnten, in: Sonderabdruck aus Verhandlungen der Deutschen Gesellschaft für Rassenforschung, Band X/1940, S. 28–31, hier S. 28.

roške dežele in je Korošec ne bi hotel pogrešiti. In tako gremo vsi, ki mislimo dobro, lepši in srečnejši prihodnosti naproti."[112] Tako so zvenele lažne prisege in preračunljive obljube bratstva, ki so jim kmalu sledili omalovaževanje, poniževanje, represija in preganjanje.

Glasovanje o „anšlusu" dne 10. aprila 1938 je na obeh voliščih občine Šentjakob dalo naslednji rezultat: v Šentjakobu je glasovalo vseh 2.116 volilnih upravičencev. Dva glasova sta bila neveljavna, trije občani so imeli pogum glasovati „ne". Tako je v Šentjakobu 2.111 občanov glasovalo „da". V Podgorjah je vseh 512 volilnih upravičencev glasovalo „da".[113] Kot je sarkastično pripomnil časopis „Kärntner Tagblatt" (Koroški dnevnik), so se v Šentjakobu „slovenski narodnjaki" prvi prikazali na volišču, „da bi dali svoj glas führerju." Podgorje „na jezikovno mešanem obmejnem območju Koroške" so že ob 14.30 lahko javile, „da je zadnji volilni upravičenec vrgel glasovnico v skrinjico. S tem je bila v tem kraju, spornem v obrambnem boju, dosežena stoodstotna volilna udeležba."[114]

Po „anšlusu" je Fritz Dimnig deloval v Nacionalsocialistični učiteljski zvezi („NS Lehrerbund", NSLB) kot stvarni referent za „rasoslovje in življenjeslovje". Na tem mestu je imel tesne stike z deželno upravo NSLB[115], ki jo je vodil Ernst Dlaska. Poleti 1938 se je Dlaska kot koroški šolski referent obrnil na dunajski antropološki inštitut s prošnjo, „naj rasoslovno obdela kakšno za mešano jezikovno območje značilno občino v vsej njeni celovitosti. […] V sodelovanju s koroškimi okrožji je bila kot najprimernejša za to raziskavo izbrana občina Šentjakob."[116] Ni izključeno, da je Dimnig pri odločanju v omenjenih „koroških okrožjih" igral pomembnejšo vlogo, saj je zaradi svoje dejavnosti kot učitelj in svoje krajevne povezanosti neposredno poznal konkretne etnične razmere v Šentjakobu.

V začetku januarja 1939 je bil Fritz Dimnig oproščen službe na šoli, da se je lahko v celoti posvetil delu za NSDAP. V šolskem uradu gaua v Celovcu je bil najprej namestnik poslovodje, od leta 1942 vodja centrale gaua, kasneje pa so razmišljali o njem kot o odgovornem za šolstvo v NSDAP na Gorenjskem. Po vojni je Dimnig poskušal svojo prerazporeditev v šolski urad gaua prikazati kot „službeno obveznost" brez svoje vednosti in ne da bi imel sam kaj besede pri tem, kar pa se že na osnovi njegove politične biografije ne zdi posebej verjetno. Član NSDAP je bil od 1. aprila 1933 (krajevna sekcija Velikovec, članska številka 1.522.311) do prepovedi stranke junija 1933 in nazadnje od maja 1938 (krajevna sekcija Šentjakob v Rožu, članska številka 6.529.843) do konca vojne. Poleg tega se je Dimnig leta 1938 potegoval za sprejem v „splošno SS". Septembra 1939 je prostovoljno vstopil v „SS-Totenkopfverband" (policijska okrepitev) in bil kasneje sprejet v waffen-SS. Nazadnje je imel čin unterscharführerja SS. Potem ko je bil oktobra 1943 ranjen in je moral večkrat bivati v lazaretu esesovske kasarne v

---

[112] Kärntner Tagblatt, 9. 4. 1938, str. 13; Freie Stimmen, 9. 4. 1938, str. 3; Der Heimatkreis, 5. zvezek/maj 1938, str. 14.
[113] Freie Stimmen, 12. 4. 1938, str. 3; Kärntner Tagblatt, 12. 4. 1938, str. 3.
[114] Kärntner Tagblatt, 12. 4. 1938, str. 3.
[115] Sporočila gauskega urada za vzgojitelje („Gauamt für Erzieher"), brez datuma.
[116] Karl Tuppa, Rassenkundliche Untersuchungen in Kärnten (Rasoslovne raziskave na Koroškem), v: Sonderabdruck aus Verhandlungen der Deutschen Gesellschaft für Rassenforschung (Separat iz razprav Nemške družbe za rasoslovje), zvezek X/1940, str. 28–31, tu str. 28.

Entscheidungsfindung der genannten „Kärntner Kreise" eine nicht unwesentliche Rolle spielte, hatte er durch seine Tätigkeit als Lehrer und seine lokale Vernetzung doch unmittelbare Kenntnis von den konkreten ethnischen Verhältnissen in St. Jakob.

Anfang Jänner 1939 wurde Fritz Dimnig vom Schuldienst dispensiert, um sich ganz in den Dienst der NSDAP zu stellen. Er fungierte im Gauschulungsamt Klagenfurt zunächst als Stellvertreter des Geschäftsführers und ab 1942 als Gauhauptstellenleiter und wurde später als Schulungsbeauftragter der NSDAP in Oberkrain in Erwägung gezogen. Nach dem Krieg versuchte Dimnig, seine Überstellung in das Gauschulungsamt als eine ohne sein Wissen und Zutun erfolgte „Dienstverpflichtung" darzustellen, was schon allein aufgrund seiner politischen Biografie wenig glaubwürdig scheint. Er war vom 1. April 1933 (Ortsgruppe Völkermarkt, Mitgliedsnummer 1.522.311) bis zum Parteiverbot im Juni 1933 und schließlich vom Mai 1938 (Ortsgruppe St. Jakob im Rosental, Mitgliedsnummer 6.529.843) bis Kriegsende Mitglied der NSDAP. Im Jahre 1938 bewarb sich Dimnig außerdem um die Aufnahme in die „Allgemeine SS". Im September 1939 rückte er freiwillig zu einem „SS-Totenkopfverband" (Polizeiverstärkung) ein und wurde später in die Waffen-SS übernommen. Zuletzt bekleidete er den Rang eines SS-Unterscharführers. Nach seiner Verwundung im Oktober 1943, die ihn zu wiederholten Aufenthalten im Lazarett der SS-Kaserne Lendorf zwang, kehrte Dimnig als nicht mehr kriegsverwendungsfähig erneut ins Gauschulungsamt zurück. Aufgrund seiner NS-Belastung befand er sich bis August 1947 in englischer Gefangenschaft in den Lagern Weißenstein und Wolfsberg. Das Verfahren nach Paragraph 11 des Verbotsgesetzes endete am 22. Dezember 1947 mit einem Freispruch Dimnigs, da ihm eine illegale Betätigung für die NSDAP nicht eindeutig nachgewiesen werden konnte, obwohl er bereits 1934 wegen angeblicher Beteiligung an nationalsozialistischen Umtrieben im Zuge eines Sängertreffens in St. Veit an der Glan mit einer Verwaltungsstrafe (acht Tage Arrest) belegt und für zwei Jahre als Volksschullehrer suspendiert worden war.[116] Dafür erhielt er nach dem „Anschluss" eine entsprechende Wiedergutmachung. Im Herbst 1950 wurde Dimnig über Beschluss der Kärntner Landesregierung nach vorübergehender Entlassung wieder in den Schuldienst übernommen und unterrichtete schließlich in Spittal an der Drau, wo bald seine Ernennung zum Volksschuldirektor erfolgte.[117]

---

[116] Das 13. Kärntner Sängerbundfest in St. Veit an der Glan am 9. und 10. Juni 1934 geriet zu einer regelrechten NS-Manifestation: Hakenkreuzfahnen wehten von Bäumen und Häusern, allerorts waren Hakenkreuze aufgemalt, Papierböller wurden abgeschossen. Aktivisten der NSDAP provozierten handgreifliche Auseinandersetzungen mit der Exekutive. Als ein Nationalsozialist, der unentwegt „Dollfuß verrecke" schrie, verhaftet wurde, kam es zu Tumulten und weiteren Arretierungen. Jože Dežman/Alfred Elste/Hanzi Filipič/Michael Koschat/Marjan Linasi, Unter Hakenkreuz und Titostern. Eine bilaterale Konfrontation mit nationalen Feindbildern, totalitären Ideologien und Parteiendiktaturen am Beispiel Kärntens und Sloweniens. Med kljukastim križem in rdečo zvezdo. Čezmejno soočenje nacionalnih predsodkov, totalitarističnih ideologij in partijskih diktatur ob primeru Slovenije in avstriske Koroške, Klagenfurt-Celovec/Ljubljana-Laibach/Wien-Dunaj 2002, S. 134 ff.

[117] KLA, AKL, Abt. 6 (Schulwesen), Sch. 41, Sig. 511 und LG Klagenfurt, Strafakten, Sch. 349, Vg 18 Vr 2526/47; Die Neue Zeit, 26. 9. 1954, S. 10; Michael Koschat, Brambovski spomenik v Št. Jakobu v Rožu v času „anšlusa" 1938 (Das Abwehrkämpferdenkmal in St. Jakob im Rosental zur Zeit des „Anschlusses" 1938), in: Koledar 2014, S. 70–75.

Lendorfu, ni bil več sposoben za vojsko in se je vrnil v šolski urad gaua. Zaradi obremenjenosti z nacizmom je bil do avgusta 1947 v angleškem ujetništvu v taboriščih Weissenstein in Wolfsberg. Sodni postopek proti Dimnigu po paragrafu 11 zakona o prepovedi se je 22. decembra 1947 končal z njegovo oprostitvijo, ker mu niso mogli nedvoumno dokazati ilegalne dejavnosti za NSDAP, čeprav je bil že leta 1934 zaradi domnevne udeležbe pri nacionalsocialističnem rovarjenju ob zveznem srečanju pevskih zborov v Šentvidu ob Glini kaznovan z upravno kaznijo (osem dni zapora) in dve leti ni smel opravljati poklica osnovnošolskega učitelja.[117] Zato je po „anšlusu" dobil ustrezno poravnavo. Jeseni 1950 je bil po začasni odpustitvi s sklepom koroške deželne vlade spet sprejet v službo v šolstvu in je nazadnje poučeval v Špitalu ob Dravi, kjer je bil kmalu imenovan za ravnatelja ljudske šole.[118]

Učiteljstvo je po „anšlusu" dobilo glavno vlogo pri ideologizaciji in „rasoslovni" indoktrinaciji šolske mladine. Temelj za to so bili mdr. posebej v ta namen pripravljeni „Delovni listi za nacionalnopolitični pouk". Delovni list „Rasna sestava nemškega naroda" je imel na začetku naslednji Hitlerjev citat: „Celotno izobraževalno in vzgojno delo rasno čiste narodne države mora biti kronano s tem, da zavest za raso in občutek za raso instinktivno in razumsko vžge v srca in možgane mladine, ki mu je zaupana." Vsem Nemcem je, tako se nadaljujejo manipulativne razlage, skupen „velik delež nordijske krvi. […] Mi smo […] spoznali, da je nordijski delež krvi v nemškem narodu najpomembnejši in ga je zato treba posebej gojiti. To ,gojenje nordijstva' ima torej namen v ljudeh krepiti in spodbujati lastnosti nordijskega krvnega deleža." „Negovanje nordijskega mišljenja" pomeni „negovanje nemštva, ker je skupni nordijski krvni delež vse Nemce povezal v en narod. Vednost o skupnem izvoru krvi se mora razširiti med nemškim narodom, da bo vsak posameznik prepoznal nevarnost, ki grozi zaradi poslabšanja krvi." V delovnem listu „Politika dednega zdravja nacionalsocialistične države" pa o „nevarnosti dedno bolnih in manjvrednih za narodno celoto" piše: „Za prihodnost naroda je […] odločilno, da se sposobna dedna debla ohranjajo in negujejo, nasprotno pa se obremenjene in bolne dedne linije iztrebljajo. […] Dedno obremenjene družine so izviri, iz katerih se vedno znova izliva v narodovo telo tok duševno in telesno bolnih. Poleg tega se dedna bolezen pogosto povezuje z nravno manjvrednostjo. Največji delež vseh zločincev izhaja iz dedno bolnih družin. […] Načelno bo nacionalsocialistična država svoje človeške dolžnosti do bolnih in slabotnih izpolnjevala.

---

[117] 13. praznovanje pevskih društev v Šentvidu ob Glini 9. in 10. junija 1934 je bilo povsem nacionalsocialistična manifestacija: z dreves in s hiš so plapolale zastave s kljukastim križem, kljukasti križi so bili naslikani vsepovsod, streljalo se je s petardami. Aktivisti iz vrst NSDAP so izzivali žandarmerijo k pretepom. Ko je bil eden od nacionalsocialistov, ki je nenehno kričal „Dollfuss naj crkne", aretiran, je prišlo do izgredov in nadaljnjih aretacij. Jože Dežman/Alfred Elste/Hanzi Filipič/Michael Koschat/Marjan Linasi, Unter Hakenkreuz und Titostern. Eine bilaterale Konfrontation mit nationalen Feindbildern, totalitären Ideologien und Parteiendiktaturen am Beispiel Kärntens und Sloweniens. Med kljukastim križem in rdečo zvezdo. Čezmejno soočenje nacionalnih predsodkov, totalitarističnih ideologij in partijskih diktatur ob primeru Slovenije in avstrijske Koroške, Klagenfurt/Celovec-Ljubljana/Laibach-Wien/Dunaj 2002, str. 134 sl.

[118] KLA, AKL, Abt. 6 (Schulwesen), šk. 41, Sig. 511 in LG Klagenfurt, Strafakten, šk. 349, Vg 18 Vr 2526/47; Die Neue Zeit, 26. 9. 1954, str. 10; Michael Koschat, Brambovski spomenik v Št. Jakobu v Rožu v času „anšlusa" 1938 (Das Abwehrkämpferdenkmal in St. Jakob im Rosental zur Zeit des „Anschlusses" 1938), v: Koledar 2014, str. 70–75.

„Die rassische Zusammensetzung des deutschen Volkes", aus: Merk- und Arbeitsblätter für den nationalsozialistischen Unterricht, Mittelstufe, 5. Auflage, Magdeburg, August 1939.
Quelle: Privatarchiv Michael Koschat, Maria Elend/Podgorje

„Rasna sestava nemškega naroda", iz: Navodila in delovni listi za nacionalsocialistični pouk, srednja stopnja, 5. izdaja, Magdeburg, avgust 1939.
Vir: zasebni arhiv Michael Koschat, Podgorje/Maria Elend

Der Lehrerschaft kam nach dem „Anschluss" bei der Ideologisierung und „rassenkundlichen" Indoktrinierung der Schuljugend eine zentrale Funktion zu. Als Grundlage dienten u. a. eigens zusammengestellte „Werk- und Arbeitsblätter für den nationalpolitischen Unterricht". Dem Arbeitsblatt „Die rassische Zusammensetzung des deutschen Volkes" war folgendes Hitler-Zitat vorangestellt: „Die gesamte Bildungs- und Erziehungsarbeit des völkischen Staates muss ihre Krönung darin finden, dass sie den Rassesinn und das Rassegefühl instinktiv und verstandesmäßig in Herz und Hirn der ihr anvertrauten Jugend hineinbrennt." Allen Deutschen gemeinsam, so die manipulativ-erklärenden Ausführungen, sei „der starke Anteil an nordischem Blut. […] Wir haben […] erkannt, dass der nordische Blutsanteil im deutschen Volke der wichtigste ist und deshalb besonders gefördert werden muss. Diese ‚Aufnordung' bezweckt also, in den Menschen die Eigenschaften des nordischen Blutsanteils zu stärken und zu fördern." Die „Pflege des nordischen Gedankens" bedeute „Pflege des Deutschtums, weil der gemeinsame nordische Blutanteil alle Deutschen zu einem Volk werden ließ. Das Wissen um die gemeinsame Herkunft des Blutes muss im deutschen Volk verbreitet werden, damit jeder einzelne die Gefahr erkennt, die durch die Verschlechterung des Blutes droht." Im Arbeitsblatt „Erbgesundheitspolitik des NS-Staates" heißt es zu den „Gefahren der Erbkranken und Minderwertigen für das Volksganze": „Für die Zukunft eines Volkes ist […] entscheidend, dass die tüchtigen Erbstämme erhalten und gefördert, dagegen die belasteten und kranken Erblinien ausgemerzt werden. […] Erblich belastete Familien sind Quellen, aus denen sich immer wieder ein Strom geistig und körperlich Kranker in den Volkskörper ergießt. Hinzu kommt, dass sich häufig Erbkrankheit mit sittlicher Minderwertigkeit paart. Der größte Teil aller Verbrecher stammt aus erbkranken Familien. […] Grundsätzlich wird der nationalsozialistische Staat seine Menschenpflichten gegen Kranke und Schwache erfüllen. Er kann es aber nicht dulden, dass sich unverdientes Leid weiter vererbt, der gesunde Volksteil überwuchert wird und Milliarden den schaffenden Volksgenossen entzogen werden."[118] Der Weg von solchen Gedanken zur Zwangssterilisation und in die Euthanasie-Mordanstalten war nur mehr ein kurzer.

---

[118] Werk- und Arbeitsblätter für den nationalpolitischen Unterricht (Sammlung des Verfassers).

Name: ____	**Die rassische Zusammensetzung des deutschen Volkes.**	Tag: ____
Klasse: ____		Gesehen: ____

> „Die gesamte Bildungs- und Erziehungsarbeit des völkischen Staates muß ihre Krönung darin finden, daß sie den Rassensinn und das Rassegefühl instinktiv und verstandesmäßig in Herz und Hirn der ihr anvertrauten Jugend hineinbrennt."
> (Adolf Hitler)

Alle europäischen Völker setzen sich aus sechs Rassen zusammen. Diese stehen jedoch bei jedem Volke in einem anderen Mischungsverhältnis zueinander. In der Regel überwiegen eine oder zwei Rassen und bestimmen dadurch den Volkscharakter.

Auch in Deutschland, dem zentral gelegenen Kernland Europas, sind viele Rassenströmungen durch Wanderung und kriegerische Züge zusammengetroffen. Das deutsche Volk stellt daher keine reine Rasse mehr dar, sondern setzt sich, wie alle anderen Völker, aus den verschiedenen, weiter unten dargestellten Rassen zusammen. — Trotzdem ist das deutsche Volk eine Einheit geworden, weil der Anteil eines rassischen Bestandteiles, des nordischen (zusammen mit dem eng verwandten fälischen), vorherrschend ist. Er ist deshalb für uns bestimmend.

Der nordische Anteil ist bei uns stärker als bei den meisten anderen Völkern Europas. Darauf können wir stolz sein. — In Deutschland leben zwar nur 10% reinrassig nordische Menschen. Der größte Teil aller deutschen Menschen besitzt aber neben Einschlägen der übrigen Rassen überwiegend nordisches Blut. — Auch reinrassig ostisch, ostbaltisch, dinarisch und westisch bestimmte Menschen sind in Deutschland selten.

■ **Allen Deutschen gemeinsam ist der starke Anteil an nordischem Blut.** ■

Diese Gemeinsamkeit der blutlichen Bindung hat der Nationalsozialismus immer wieder herausgestellt. Er hat diesen Gedanken zur Grundlage seiner Erziehung zur Gemeinschaft gemacht.

Der Aufruf an die gemeinsame blutliche Herkunft hat den Sieg der Bewegung begründet. Er hat den deutschen Arbeiter aus den internationalen Fronten herausgebrochen und seinem Volke wieder zugeführt. Die Überwindung des morschen Parteienstaates der Nachkriegszeit und die Schaffung eines großdeutschen Reiches wurde durch ihn ermöglicht. — Im neuen Reich gibt es im Bewußtsein der gemeinsamen Herkunft keine trennenden Schranken politischer, konfessioneller und gesellschaftlicher Art.

Die rassischen Bestandteile des deutschen Volkes.

Eine bestimmte Gruppe von Menschen gleichen Blutes und damit gleicher körperlichen, geistigen und seelischen Eigenschaften bildet eine Rasse. Sie hebt sich deutlich gegen andere Rassen ab. Alle europäischen Rassen sind artverwandt, weil sie sich in ihren Eigenschaften ähneln. Außereuropäische Rassen, darunter auch die jüdische Mischrasse, unterscheiden sich dagegen stark von den europäischen. Sie sind mit ihnen nicht artverwandt.

Rassenbilder						
Merkmale	× nordisch	○ fälisch	○ dinarisch	○ ostisch	○ ostbaltisch	○ westisch
Wuchs	Groß, schlank, lange Gliedmaßen. Durchschnittsgröße 174 cm.	Groß, schwer, breit, Oberkörper gedrungen. Durchschnittsgröße 174 cm.	Groß, schlank, sehnig, lange Gliedmaßen. Durchschnittsgröße 172 cm.	Klein bis mittelgroß, gedrungen, breit. Durchschnittsgröße 165 cm.	Klein bis mittelgroß, gedrungen, breit. Durchschnittsgröße 165 cm.	Klein, schlank, zierlich gebaut. Durchschnittsgröße 160 cm.
Gesichts- u. Schädelform	Schmales, langes Gesicht, langer Schädel, auslaufendes Hinterhaupt.	Breites, eckiges Gesicht, mittelbreiter u. mittellanger Schädel.	Schmales, langes Gesicht, hoher, hinten steil abfallender Schädel.	Breites, flach erscheinendes Gesicht, runder Kopf. Hervortretende Jochbogen.	Starkknochig, eckig. Breites Gesicht, großer, kurzer Schädel.	Wie bei der nordischen Rasse, nur kleiner und alles weicher.
Nase	Schmal, mit hochliegender Wurzel; gerade oder leicht gebogen.	Breiter und dicker, aber kürzer als bei der nordischen Rasse.	Groß, stark, hohe Wurzel. Hakennase.	Kurz, stumpf, oft nach innen gebogen. Flache, breite Wurzel.	Kurz, breit, nach innen gebogen, flache Wurzel.	Wie bei der nordischen Rasse, Nasenwurzel liegt aber flacher.
Mund	Schmal, wirkt streng.	Lang, dünn.	Breit, lose Lippen.	Klein.	Breit, groß.	Schmal, geschwungen, weich.
Kinn	Schmal, scharf ausgebildet.	Stark betont, grob.	Kräftig ausgebildet, stark vorspringend.	Breit, stumpf, rund.	Stark, rund.	Hervortretend, jedoch abgerundet.
Hautfarbe	Rosigweiß.	Hell, rosig.	Bräunlich.	Gelblich bis grau, fahl.	Fahl, grau.	Bräunlich.
Haarfarbe und -beschaffenheit	Blond, glatt oder leicht wellig, dünn.	Blond, glatt, wellig oder lockig.	Braun bis schwarz, dick struppig.	Braun bis schwarz, hart, strähnig.	Hell bis aschblond, hart, dick.	Dunkelbraun bis schwarz, lockig oder wellig, fein.
Augenfarbe	Blau, blaugrau oder grau.	Blau bis grau.	Braun bis schwarz.	Braun bis schwarz.	Braun.	Dunkelbraun bis schwarz.
Lage und Größe der Augen	Tiefliegend, groß.	Tiefliegend, schmal, zusammengekniffen.	Groß, flacher liegend.	Klein, flachliegend.	Klein, weit auseinander liegend.	Groß, tiefliegend.

×= Aus Hans F. K. Günther: „Kleine Rassenkunde des deutschen Volkes". J. F. Lehmanns Verlag, München/Berlin.
○= Aus J. Graf: Vererbungslehre, Rassenkunde und Erbgesundheitspflege". J. F. Lehmanns Verlag, München/Berlin.

Die Mischung der sechs Rassen ist für das deutsche Volk eine gegebene Tatsache. Sie hat auch keine schädlichen Folgen gezeigt, weil sich die sechs Rassen so ähnlich sind, daß sich ihr Blut verträgt. — Wir haben aber erkannt, daß der nordische Blutsanteil im deutschen Volke der wichtigste ist und deshalb gefördert werden muß. Diese „Aufnordung" bezweckt also, in den Menschen die Eigenschaften des nordischen Blutsanteils zu stärken und zu fördern.

Menschen nordischer Rasse besitzen folgende hervortretende Eigenschaften:
a) sie sind phantasiebegabt und besitzen einen scharfen Verstand (führend in Kunst und Wissenschaft);
b) durch Wahrhaftigkeit, Gerechtigkeit und Verantwortungsbewußtsein sind sie zum Führer geboren (große Heerführer, große Staatsmänner);
c) Wagemut, Kühnheit und Opferfreudigkeit, die besten soldatischen Tugenden, lassen sie zum besten Soldaten der Welt werden (unsere Armee im Weltkrieg mit ihren stolzen, von keiner anderen erreichten Leistungen);
d) durch die sachliche, nüchterne Auffassung besitzen sie ein gutes Organisationstalent (in der ganzen Welt wird diese Begabung anerkannt);
e) sie besitzen Tatkraft und Schaffensdrang (kühne Führer in der Wirtschaft).

Für die Beurteilung des geistigen Menschen sind nicht so sehr die körperlichen Merkmale entscheidend. Auch Haltung und das „Sichgeben" sind wichtig. Entscheidend ist aber das seelische Verhalten. Aus ihm kann man am besten auf die vorwiegende Rassenzugehörigkeit schließen. — Die Rassenseele kann ganz anders aussehen als die äußere Erscheinungsform. Das bedeutet, daß ein Mensch mit den äußeren Anzeichen etwa der ostischen Rasse in seinem Denken und Handeln als ausgesprochen nordischer Typ zeigt und umgekehrt.

■ **Man darf einen Menschen stets nur nach seiner inneren Haltung und seinen Taten, nicht nach seiner äußeren Erscheinung werten!** ■

1. Weshalb müssen wir vor allem dafür sorgen, daß der nordische Anteil im deutschen Volke gefördert wird?
2. Woher kommen die Bezeichnungen nordisch, fälisch usw.?

Germanisierungspolitik

Während die Nationalsozialisten in den Wochen vor der Volksabstimmung am 10. April 1938 mittels Drohungen, Verhaftungen und Versprechungen darangingen, auch im gemischtsprachigen Gebiet eine breite Zustimmung für den „Anschluss" sicherzustellen, setzte unmittelbar danach eine verschärfte Germanisierungspolitik ein. Die slowenische Sprache verschwand unter dem Gebot einer ethnischen Homogenisierung und der Schaffung einer neuen „Volksgemeinschaft" fast vollständig aus den Kindergärten, Schulen und Kirchen, die noch bestehenden Vereine wurden einer permanenten Kontrolle und Überwachung unterworfen, unliebsame Priester, Lehrer und Funktionäre in andere Orte versetzt. Mit dem Überfall auf Jugoslawien am 6. April 1941 und dem Wegfall letzter außenpolitischer Rücksichtnahmen gewann auch die NS-Slowenenpolitik in Kärnten weiter an Aggressivität. Die Kulturvereine, die slowenischen Spar- und Darlehenskassen sowie das wirtschaftlich erfolgreiche Genossenschaftswesen wurden aufgelöst bzw. unter kommissarische Verwaltung der NS-Behörden gestellt[119], Kulturheime, Veranstaltungssäle und Büchereien (auch in St. Jakob) geplündert und verwüstet, slowenische Priester und Intellektuelle aus dem zweisprachigen Gebiet entfernt.[120]

Unter jenen Priestern, die im April 1941 aus ihren Pfarren in deutsche Gebiete versetzt und vorübergehend in Haft genommen wurden, befanden sich mit Johann Hornböck und Franz Schenk (Franc Šenk) auch die Pfarrer von Maria Elend und St. Jakob.[121] Schenk sah sich allerdings auch seitens der slowenischen Gemeindebürger mit Kritik konfrontiert, da er den Pfarrgarten für die Denkmaleinweihung am 5. September 1937 zur Verfügung gestellt hatte. Der KHB-Konfident Marinitsch gab in einem Schreiben an Maier-Kaibitsch Ende September 1937 seinem Zweifel Ausdruck, dass bei einer möglichen Abberufung Schenks „mit einem besseren Nachfolger" zu rechnen sei: „Wie bereits erwähnt, halte ich den Einsatz für Schenk von unserer Seite nur deshalb für notwendig, weil ich nicht glaube, dass an seine Stelle ein Geistlicher hergegeben wird, der ‚nichts macht' (die Hoffnung auf einen heimattreuen dürfte vergebens sein), dagegen mit Bestimmtheit anzunehmen ist, dass Dr. Blüml & Cie. bei aller ‚Kollegialität' zu Schenk diesen zugunsten eines radikal-slowenischen Pfarrers für St. Jakob einfach fallen lässt."[122] Anlässlich der „Anschlussabstimmung" am 10. April 1938 hatte Pfarrer

---

[119] Zur Entstehungsgeschichte der 1941 aufgelösten slowenischen Spar- und Darlehenskasse/Hranilnica in posojilnica in St. Jakob vgl. Kaiser-Kaplaner, Die Marktgemeinde, S. 226 ff. Zur Zerschlagung des slowenischen Genossenschaftswesens vgl. Augustin Malle/Alfred Elste/Brigitte Entner/Boris Jesih/Valentin Sima/Heidi Wilscher, Vermögensentzug, Rückstellung und Entschädigung am Beispiel von Angehörigen der slowenischen Minderheit, ihrer Verbände und Organisationen, Wien/München 2004, S. 341 ff.

[120] Helena Verdel, Die Kärntner SlowenInnen, in: Mitteilungen des Dokumentationsarchivs des österreichischen Widerstands, Folge 177/Juli 2006, S. 1–4; Malle/Elste/Entner/Jesih/Sima/Wilscher, Vermögensentzug, S. 499 ff.

[121] Tropper, Kirche im Gau, S. 45, S. 116 ff. und S. 243 ff.; Avguštin Malle, Koroški Slovenci in katoliška cerkev v času nacizma, in: Avguštin Malle/Valentin Sima (Hg.), Narodu in državi sovražni. Pregon koroških Slovencev 1942. Volks- und staatsfeindlich. Die Vertreibung von Kärntner Slowenen 1942, Celovec/Klagenfurt 1992, S. 103 und S. 118; Kaiser-Kaplaner, Die Marktgemeinde, S. 245 f. und S. 251.

[122] KLA, Kärntner Heimatbund, Sch. 16, Fasz. 131, Schreiben Marinitschs an Hauptmann Maier-Kaibitsch, 23. 9. 1937.

Vendar pa ne more prenašati tega, da se nezasluženo trpljenje deduje dalje, da preraste zdravi del naroda in da so milijarde odvzete ustvarjalnim sonarodnjakom."[119] Pot od takih misli do prisilne sterilizacije in morilskih evtanazijskih ustanov ni bila dolga.

Germanizacijska politika

Medtem ko so si nacionalsocialisti v tednih pred referendumom 10. aprila 1938 z grožnjami, aretacijami in obljubami prizadevali, da tudi na jezikovno mešanem območju zagotovijo široko podporo za „anšlus", se je takoj nato začela poostrena germanizacijska politika. Slovenščina je z zapovedjo etnične homogenizacije in ustvarjanjem nove „narodove skupnosti" – „Volksgemeinschaft" – skoraj popolnoma izginila iz vrtcev, šol in cerkva; društva, ki so še obstajala, so bila podvržena stalnemu nadzoru, neljubi duhovniki, učitelji in funkcionarji so bili prestavljeni v druge kraje. Z napadom na Jugoslavijo 6. aprila 1941 so bili odstranjeni zadnji zunanjepolitični zadržki in nacistična politika do Slovencev na Koroškem je postala še bolj agresivna. Kulturna društva, slovenske hranilnice in posojilnice pa tudi gospodarsko uspešno zadružništvo so bili razpuščeni oziroma postavljeni pod komisarsko upravo nacističnih organov[120], kulturni domovi, prireditvene dvorane in knjižnice (tudi tista v Šentjakobu) oropani in razdejani, slovenski duhovniki in intelektualci odstranjeni z dvojezičnega območja.[121]

Med duhovniki, ki so bili aprila 1941 prestavljeni iz svojih župnij na nemška območja in prehodno tudi zaprti, sta bila tudi župnik v Podgorjah Johann Hornböck in šentjakobski župnik Franc Šenk.[122] Šenka pa so kritizirali tudi slovenski občani, ker je dal župnijski vrt na razpolago ob slavnostnem odprtju brambovskega spomenika 5. septembra 1937. Zaupnik KHB Marinitsch je v pismu Maier-Kaibitschu konec septembra 1937 izrazil dvom, da bi si ob možnem odpoklicu Šenka lahko obetali „boljšega naslednika": „Kot sem že omenil, se mi posredovanje za Šenka z naše strani zdi potrebno le zato, ker ne verjamem, da bi namesto njega dobili duhovnika, ki ‚ne bi naredil nič' (upanje na domovini zvestega je tako zaman), nasprotno pa lahko z gotovostjo sklepamo, da bi se dr. Blüml & njegovi pri vsej ‚kolegialnosti' enostavno odpovedali Šenku v prid bolj radikalno-slovenskemu župniku za Šentjakob."[123] V zvezi z referendumom za „anšlus" dne 10. aprila 1938 je moral župnik Šenk v Šentjakobu po

---

[119] Delovni listi za nacionalnopolitični pouk (zbirka avtorja).

[120] O nastanku leta 1941 razpuščene slovenske hranilnice in posojilnice v Šentjakobu prim. Kaiser-Kaplaner, Die Marktgemeinde, str. 226 sl. Za razbitje slovenskega zadružništva prim. Augustin Malle/Alfred Elste/Brigitte Entner/Boris Jesih/Valentin Sima/Heidi Wilscher, Vermögensentzug, Rückstellung und Entschädigung am Beispiel von Angehörigen der slowenischen Minderheit, ihrer Verbände und Organisationen (Odvzem premoženja, vrnitev in odškodnina ob primeru pripadnikov slovenske manjšine, njihovih društev in organizacij), Wien/München 2004, str. 341 sl.

[121] Helena Verdel, Die Kärntner Sloweninnen (Koroške Slovenke), v: Mitteilungen des Dokumentationsarchivs des österreichischen Widerstandes (Sporočila dokumentacijskega arhiva avstrijskega odpora), nadaljevanje 177/julij 2006, str. 1–4; Malle/Elste/Entner/Jesih/Sima/Wilscher, Vermögensentzug (Odvzem premoženja), str. 499 sl.

[122] Tropper, Kirche im Gau, str. 45, str. 116 sl. in str. 243 sl.; Avguštin Malle, Koroški Slovenci in katoliška Cerkev v času nacizma, v: Avguštin Malle/Valentin Sima (izd.), Narodu in državi sovražni. Pregon koroških Slovencev 1942. Volks- und staatsfeindlich. Die Vertreibung von Kärntner Slowenen 1942, Celovec/Klagenfurt 1992, str. 103 in str. 118; Kaiser-Kaplaner, Die Marktgemeinde, str. 245 sl. in str. 251.

[123] KLA, Kärntner Heimatbund, šk. 16, fasc. 131, Marinitschev pismo Maier-Kaibitschu, 23. 9. 1937.

Schenk in St. Jakob auf Anordnung von höchster Stelle zwei Messen, in deutscher und slowenischer Sprache, zu lesen, die Vereinigung Österreichs mit Deutschland bekannt zu geben und auf die eingeforderte Loyalität bei der Abstimmung hinzuweisen. Im Sinne der mit scharfer Strafandrohung gestellten Forderung des Reichsstatthalters in Kärnten sah sich das Gurker Ordinariat mit Weisung vom 29. Mai 1941 schließlich gezwungen, die Einführung der deutschen Sprache beim öffentlichen Gottesdienst im gemischtsprachigen Gebiet zu verfügen.[123] Im Memorabilienbuch der Pfarre St. Jakob heißt es dazu apodiktisch: „Die Sprache beim öffentlichen Gottesdienst ist Deutsch. Deutsch sind daher die Predigten, das Verkünden, der Religionsunterricht, die Kinderseelsorgestunden, der Gesang und das gemeinsame Gebet in der Kirche."[124] Beschlagnahmt und enteignet wurde auch das Vermögen der Zweigstelle des „Slowenischen Schulvereines" in St. Peter. Die Schulschwestern hatten im April 1941 unter Mitnahme ihrer Habseligkeiten das in der Folge zeitweise für Zwecke der Wehrmacht herangezogene Kloster zu verlassen, die Schule wurde geschlossen.[125]

Das anfängliche Taktieren der NS-Machthaber in der Slowenenfrage wich auch im Bereich der slowenischen Kulturvereine einer zunehmend repressiveren Realpolitik, die Organisationsstruktur der Vereine erfuhr durch zahlreiche Auflagen und Beschränkungen nach und nach eine radikale Veränderung. So wurde dem Slowenischen Kulturverband und seinen lokalen Bildungsvereinen, darunter der katholisch-slowenische Fortbildungsverein „Kot" in St. Jakob, im Jahre 1939 eine Satzungsänderung auferlegt, die die Einführung des Arierparagraphen und die Umstellung der Satzungen auf das Führerprinzip vorsah.[126] Nach dem deutschen Überfall auf Jugoslawien im April 1941 wurden der „Slowenische Kulturverband" und seine lokalen Kulturvereine endgültig aufgelöst und ihr noch vorhandenes Vermögen beschlagnahmt. Ende 1941 untersagte der Reichsminister des Inneren jede weitere Tätigkeit von Organisationen der slowenischen Volksgruppe.[127]

Einen für die Zeit vor der generellen Vermögensbeschlagnahme slowenischer Vereine im Jahre 1941 wohl einzigartigen Fall stellt die Auflösung des im Jahre 1884 gegründeten slowenischen „Freiwilligen Feuerwehrvereines St. Jakob" („Požarna bramba Št. Jakob v Rožu") dar, dessen Vermögen (8834,83 Reichsmark) der Gemeinde überantwortet wurde. Die Auflösung markierte den Endpunkt eines länger schwelenden Konfliktes. Beim Feuerwehrverbandstag am 10. Juni 1935 hatte der Kommandant der slowenischen Wehr, Hauptmannstellvertreter Rasinger, seine Mannschaft beim Defilee unter Verwendung slowenischer Kommandos aus Protest gegen die deutsche Kommandoführung abtreten lassen. Die beiden KHB-Vertrauensleute

---

[123] Tropper, Kirche im Gau, S. 139 f.
[124] Zitiert nach Kaiser-Kaplaner, Die Marktgemeinde, S. 60 und S. 181.
[125] Tropper, Kirche im Gau, S. 45 und S. 246 ff.; Malle/Elste/Entner/Jesih/Sima/Wilscher, Vermögensentzug, S. 488 ff.; Kaiser-Kaplaner, Die Marktgemeinde, S. 61 und S. 181.
[126] Malle/Elste/Entner/Jesih/Sima/Wilscher, Vermögensentzug, S. 472 ff.
[127] Ebd., S. 483 ff.

Helft uns deutsche Schulen bauen, Burgen im bedrohten Land.

Spendenkarte (100 Kronen) der „Arbeitsgemeinschaft deutscher Schulvereins-Ortsgruppen für den Schulbau in Loibl und St. Jakob", um 1924.
Quelle: Privatarchiv Michael Koschat, Maria Elend/Podgorje

Z nakupom (100 kron) razglednice, ki jo je izdala „Delovna skupnost krajevnih skupin Nemškega šolskega društva", so darovalci podprli gradnjo (nemških) šol v Podljubelju in Šentjakobu.
Vir: zasebni arhiv Michael Koschat, Podgorje/Maria Elend

odredbi z najvišjega mesta opraviti dve maši, eno v nemškem in eno v slovenskem jeziku, oznaniti združitev Avstrije z Nemčijo in opozoriti na zahtevano lojalnost pri glasovanju. Zaradi ostre, z grožnjo kazni podkrepljene zahteve koroškega deželnega upravitelja se je krški ordinariat nazadnje čutil prisiljenega, da je 29. maja 1941 odredil uporabo nemškega jezika v javni službi božji na jezikovno mešanem območju.[124] V farni kroniki šentjakobske župnije o tem apodiktično piše: „Jezik pri javni službi božji je nemščina. V nemščini potekajo zato vse pridige, oznanila, verouk, ure otroškega dušnega pastirstva, petje in skupna molitev v cerkvi."[125] Zaplenjeno in razlaščeno je bilo tudi premoženje podružnice „Slovenskega šolskega društva" v Šentpetru. Šolske sestre so morale aprila 1941 zapustiti samostan in vzeti s sabo vse svoje imetje, šolo so zaprli, samostan pa je bil nato začasno dan na razpolago wehrmachtu (nemški vojski).[126]

---

[124] Tropper, Kirche im Gau (Cerkev v gauu), str. 139 sl.
[125] Citirano po Kaiser-Kaplaner, Die Marktgemeinde, str. 60 in str. 181.
[126] Tropper, Kirche im Gau, str. 45 in str. 246 sl.; Malle/Elste/Entner/Jesih/Sima/Wilscher, Vermögensentzug (Odvzem premoženja), str. 488 sl.; Kaiser-Kaplaner, Die Marktgemeinde, str. 61 in str. 181.

Winfried Marinitsch und Peter Fantur berichteten darüber sofort nach Klagenfurt und forderten Konsequenzen sowie eine mediale Skandalisierung des Vorfalls, um den „Kameraden der deutschen Wehr" in „irgendeiner Art Genugtuung" zu verschaffen. Dies umso mehr, als „die gleichen Mitglieder der slowenischen Wehr einen Tag früher in Laibach vor fremden staatlichen Funktionären des Feuerwehrwesens defiliert und ‚Zivio' gerufen haben."[128] Die vom „Stillhaltekommissar" am 9. Mai 1939 beantragte Aufhebung der Rechtspersönlichkeit des Feuerwehrvereines und die Eingliederung von dessen Vermögen in jenes der Gemeinde St. Jakob wurde mit satzungs- und befehlswidrigem Verhalten (Verweigerung des „deutschen Grußes", Verwendung slowenischer Kommandobefehle) gerechtfertigt. Als letzter Kommandant fungierte der Sägewerksbesitzer Johann Čuden. Der Bürgermeister intervenierte unter Hinweis auf die prekäre Budgetsituation gegen die der Gemeinde in Höhe von zehn Prozent des Reinvermögens des slowenischen Feuerwehrvereines auferlegte Aufbauumlage und die zu entrichtende Verwaltungsgebühr und erreichte eine Herabsetzung auf eine „einmalige Anerkennungsgebühr" in Höhe von hundert Reichsmark.[129]

Die Deportation slowenischer Familien im April 1942

Einen Höhepunkt erreichte die nationalsozialistische Entnationalisierungspolitik mit der Deportation slowenischer Familien Mitte April 1942. Die Pläne zur zwangsweisen „Aussiedlung" wurden in Kärnten ausgearbeitet, die unmittelbare Direktive kam aus Berlin. Die „Aussiedlungsaktion" stellte nach dem Urteil des Historikers Stefan Karner die schärfste Form nationalsozialistischer „Rassen- und Volkstumspolitik" in Kärnten dar und hatte die rigorose „Eindeutschung" des gemischtsprachigen Gebietes zum Ziel, ähnlich wie dies 1941 bereits in Oberkrain und in der Untersteiermark in die Tat umgesetzt worden war. Organisation, Kommandostrukturen, Durchführung und Ablauf lassen ein nahezu identisches Muster erkennen.[130] Alois Maier-Kaibitsch, der nach dem „Anschluss" zum Landesrat und Leiter der Volkstumsstelle avancierte und zum Koordinator der Gewaltmaßnahmen des NS-Regimes gegen die Slowenen in Kärnten wurde, bekannte bei einer Tagung des Gauamtes für Volkstumsfragen am 10. Juli 1942 mit Blick auf die bereits begonnene Vertreibung slowenischer Familien aus Kärnten freimütig: „Die Ereignisse auf dem Balkan im Vorjahre geben uns die Handhabe, im Gebiet nördlich der Karawanken mit der sogenannten slowenischen Minderheit Schluss zu machen."[131]

---

[128] KLA, Kärntner Heimatbund, Sch. 16, Fasz. 129, Schreiben des KHB, E.Nr. 3556, an Major Franz Kohla, 27. 6. 1935 und Fasz. 131, Schreiben des KHB, E.Nr. 3559, an Oberlehrer Winfried Marinitsch, 27. 6. 1935, und Schreiben Marinitschs an Hauptmann Maier-Kaibitsch, 2. 7. 1935.

[129] Malle/Elste/Entner/Jesih/Sima/Wilscher, Vermögensentzug, S. 487; Kaiser-Kaplaner, Die Marktgemeinde, S. 177 ff.; Koschat, „… bitte vergesst mich nicht und wofür ich sterben musste …", S. 20 ff.

[130] Stefan Karner, Die Aussiedlung von Kärntner Slowenen 1942, in: Stefan Karner/Andreas Moritsch (Hg.), Aussiedlung – Verschleppung – nationaler Kampf (= Kärnten und die nationale Frage, Band 1), Klagenfurt-Celovec/Ljubljana-Laibach/Wien-Dunaj 2005, S. 21–51, hier S. 21.

[131] Tone Ferenc, Quellen zur nationalsozialistischen Entnationalisierungspolitik in Slowenien 1941–1945. Viri o nacistični raz narodovalni politiki v Sloveniji 1941–1945, Maribor 1980, S. 454.

Začetnemu taktiziranju nacističnih oblastnikov pri vprašanju Slovencev je sledila vse bolj represivna realna politika tudi na področju slovenskih kulturnih društev. Njihova organizacijska struktura je s številnimi predpisi in omejitvami doživljala vse bolj radikalne spremembe. Slovenski prosvetni zvezi in njenim lokalnim društvom, med njimi katoliško-slovenskemu izobraževalnemu društvu „Kot" v Šentjakobu, je bilo leta 1939 naloženo, naj spremeni pravila tako, da jih preoblikuje po „voditeljskem načelu" (Führerprinzip) in uvede arijski paragraf.[127] Po nemškem napadu na Jugoslavijo aprila 1941 so „Slovensko prosvetno zvezo" in njena lokalna društva dokončno odpravili in zaplenili premoženje, ki jim je še preostalo. Konec leta 1941 je notranji minister rajha prepovedal sleherne nadaljnje dejavnosti organizacij slovenske manjšine.[128]

Še pred splošnim odvzemom premoženja slovenskih društev leta 1941 pa je bila leta 1939 prepovedana slovenska prostovoljna „požarna bramba Št. Jakob v Rožu", ustanovljena leta 1884, in njeno premoženje (8834,83 nemške marke) preneseno na občino. Razpustitev, ki je bila za tisti čas najbrž enkratna, je predstavljala zaključek daljši čas tlečega spora. Na srečanju gasilske zveze 10. junija 1935 je poveljnik slovenskih gasilcev Rasinger iz protesta proti nemškemu poveljevanju svojemu moštvu pri slavnostnem mimohodu s slovenskimi povelji zaukazal odstop. Zaupnika KHB Winfried Marinitsch in Peter Fantur sta o tem takoj poročala v Celovec in zahtevala konsekvence ter medijsko ogorčenje nad pripetljajem, da bi „na neki način izrazila zadoščenje kameradom nemškega gasilstva". In to še toliko bolj, ker so „isti člani slovenskih gasilcev dan prej v Ljubljani defilirali pred tujimi državnimi funkcionarji gasilstva in vpili ,Živio'".[129] Nacistični komisar, ki je bil pristojen za poenotenje in likvidacijo društev v Avstriji po anšlusu (Stillhaltekommissar), je 9. maja 1939 zahteval razpustitev pravnega subjekta gasilskega društva in vključitev njegovega premoženja v premoženje občine Šentjakob ter to utemeljil z vedenjem, ki da se ne sklada s pravili in ukazi (odklanjanje „nemškega pozdrava", uporaba slovenskih povelj). Zadnji poveljnik je bil lastnik žage Johann Čuden. Župan je z opozorilom na kritično situacijo občinskega proračuna interveniral zoper občini naloženi prispevek v višini desetih odstotkov čistega premoženja slovenskega gasilskega društva, ki ga bi morala plačati občina, ki je prevzela premoženje slovenskega gasilskega društva ter zoper upravno pristojbino in dosegel znižanje na „enkratno koncesijsko pristojbino" v višini sto nemških mark.[130]

---

[127] Malle/Elste/Entner/Jesih/Sima/Wilscher, Vermögensentzug, str. 472 sl.
[128] Ibid., str. 483 sl.
[129] KLA, Kärntner Heimatbund, šk. 16, fasc. 129, pismo KHB, E.Nr. 3556, majorju Franzu Kohli, 27. 6. 1935 in fasc. 131, pismo KHB, E.Nr. 3559, načdučitelju Winfriedu Marinitschu, 27. 6. 1935, in pismo Marinitscha glavarju Maier-Kaibitschu, 2. 7. 1935.
[130] Malle/Elste/Entner/Jesih/Sima/Wilscher, Vermögensentzug, str. 487; Kaiser-Kaplaner, Die Marktgemeinde, str. 177 sl.; Koschat, „… bitte vergesst mich nicht und wofür ich sterben musste …" (… prosim, ne pozabite me in tega, zakaj sem moral umreti …), str. 20 sl.

Im Oktober 1942 urgierte Gauleiter Friedrich Rainer eine weitere Vertreibung von 50.000 slowenischen Einwohnern Südkärntens, und Heinrich Himmler bestimmte in seiner „Bereichserklärung" vom 6. Februar 1943 das gemischtsprachige Gebiet Kärntens Gemeinde für Gemeinde zum deutschen Siedlungsgebiet, „doch die von den Nationalsozialisten geplante endgültige ‚Bereinigung der Slowenenfrage' konnte wegen Widerstandes aus Teilen der Kärntner Bevölkerung, widersprüchlicher Haltungen bei den verschiedenen NS-Behörden in Kärnten und Berlin und wegen der zunehmenden Partisanentätigkeit im ‚Reichsgau Kärnten' nicht durchgeführt werden, vor allem aber, weil die Rote Armee längst die Front bei Charkow durchstoßen hatte", womit das im Gebiet zwischen Charkow und Rostow mit der Ansiedlung von 50.000 Menschen geplante „Neue Kärnten" nicht mehr realisierbar war: „Der Generalplan Ost, dessen Opfer am Ende auch die vertriebenen Kärntner Slowenen und Sloweninnen wurden, war ein apokalyptischer Herrschaftsentwurf – eine schwarze Utopie – erdacht von ehrgeizigen Wissenschaftlern und nationalsozialistischen Ideologen für ein supranationales Germanisches Weltreich […]. Leitbild für dieses totalitäre Reich waren die nationalsozialistischen Lehren von ‚Rasse und Raum'."[132]

Die örtlichen NS-Funktionäre zeigten besonderen Eifer bei der Denunziation von „Nationalslowenen" und bei der Erstellung der Vertreibungslisten, wobei neben nationalpolitischen Momenten und anderen Motiven (persönliche Konflikte, Ausschaltung wirtschaftlicher Konkurrenz, „Entledigung" möglicher Sozialfälle) bei einigen „Aussiedlungen" auch die Vermögensverhältnisse eine Rolle gespielt haben mögen.[133] Welchen genauen Kriterien die Auswahl der Betroffenen folgte, lässt sich zumeist jedoch nur mehr schwer rekonstruieren, was allgemein gültige Aussagen unmöglich macht. So befanden sich unter den „Ausgesiedelten" vermögende Familien ebenso wie Besitzer kleinster Keuschen oder Personen ohne jeden eigenen Grundbesitz. Betroffen waren viele Funktionäre slowenischer Organisationen, andererseits aber auch Frauen und Männer, die sich in keiner Weise für die Anliegen der Volksgruppe exponiert hatten. Gemeinsam war ihnen jedenfalls das auch öffentliche Festhalten an der slowenischen Muttersprache.[134]

Die faktische Involvierung des aus Bürgermeister (Matthäus Scherwitzl), Ortsgruppenleiter der NSDAP (Alois Peyker) und Ortsbauernführer (Josef Gabrutsch) gebildeten „Ortsdreiecks" in die schlagartig unter Ausnutzung des Überraschungsmoments durchgeführte Operation ist evident. Zumindest kann von einer gewissen Mitsprachemöglichkeit bei der Listenerstellung ausgegangen werden. Für die Gemeinde St. Jakob ist als Spezifikum die aktive Beteiligung mehrerer untergeordneter NS-Funktionäre (Block- und Zellenleiter) an der „Aussiedlungsaktion" auffällig. In einem

---

[132] Hannelore Burger, Der Generalplan Ost und die „Bereinigung der Slowenenfrage", in: Zveza slovenskih izseljencev/Verband ausgesiedelter Slowenen (Hg.), Valentin Oman/Karl Vouk. Denk mal: Deportation! 1942–2012, Klagenfurt/Celovec 2012, S. 13–20, hier S. 19 f.

[133] Karner, Die Aussiedlung, S. 26 f.

[134] Brigitte Entner, Die Deportation slowenischer Familien aus Kärnten II. Durchführung, Lageralltag, Rückkehr, in: Die Deportation slowenischer Familien aus Kärnten 1942. Ein Beitrag zur Geschichte der Kärntner Slowenen im 20. Jahrhundert mit ausgewählter Thematik anläßlich der gleichnamigen Ausstellung im 60. Gedenkjahr, Wien 2003, S. 71–77, hier S. 71 f.

Deportacija slovenskih družin aprila 1942

Nacistična raznarodovalna politika je dosegla enega od vrhuncev z deportacijo slovenskih družin sredi aprila 1942. Načrti za prisilno „izselitev" so bili izdelani na Koroškem, neposredni ukaz je prišel iz Berlina. „Akcija izselitve" je po mnenju zgodovinarja Stefana Karnerja predstavljala najhujšo obliko nacionalsocialistične „rasne in narodnostne politike" na Koroškem in je imela za cilj rigorozno „ponemčenje" jezikovno mešanega območja, podobno kot je bilo to leta 1941 že udejanjeno na Gorenjskem in slovenskem Štajerskem. Organizacija, poveljniške strukture, izpeljava in potek kažejo, da je šlo za skoraj identičen vzorec.[131] Alois Maier-Kaibitsch, ki je po „anšlusu" napredoval v deželnega svetnika in vodjo t. i. Volkstumsstelle (Urad za narodnosti) ter postal koordinator nasilnih ukrepov nacističnega režima zoper Slovence na Koroškem, je na zasedanju deželnega urada za narodnostna vprašanja dne 10. julija 1942 glede že začetega izganjanja slovenskih družin iz Koroške prostodušno priznal: „Dogodki na Balkanu v minulem letu nas silijo k temu, da na območju severno od Karavank napravimo konec s tako imenovano slovensko manjšino."[132]

Oktobra 1942 je gauleiter Friedrich Rainer zahteval nadaljnji izgon 50.000 slovenskih prebivalcev južne Koroške in Heinrich Himmler je 6. februarja 1943 razglasil jezikovno mešano območje Koroške od občine do občine za nemško naselitveno področje, „a dokončno ‚razčiščenje vprašanja Slovencev', ki so ga načrtovali nacionalsocialisti, ni moglo biti izvedeno zaradi odpora delov koroškega prebivalstva, protislovnega vedenja različnih nacističnih organov na Koroškem in v Berlinu ter naraščajoče partizanske dejavnosti v ‚gauu Koroška', predvsem pa zato, ker je Rdeča armada že davno prebila fronto pri Harkovu", s čimer načrtovane „Nove Koroške" z naselitvijo 50.000 ljudi na območju med Harkovom in Rostovom ni bilo več mogoče realizirati: „Generalplan Ost (generalni načrt Vzhod), katerega žrtve so nazadnje bili tudi izgnani koroški Slovenci in Slovenke, je bil apokaliptičen osnutek nacistične politike – črna utopija –, ki so si ga izmislili častihlepni znanstveniki in nacistični ideologi kot nadnacionalni germanski svetovni rajh […]. Vzor za to totalitarno državo je bil nacistični nauk o ‚rasi in prostoru'."[133]

Krajevni nacistični funkcionarji so kazali posebno vnemo za denunciacijo „slovenskih narodnjakov" in za sestavljanje seznamov za izgon, pri čemer so najbrž poleg nacionalnopolitičnih in drugih motivov (osebni konflikti, izločanje gospodarske konkurence, da se „znebijo možnih socialnih primerkov") pri nekaterih „izselitvah"

---

[131] Stefan Karner, Die Aussiedlung von Kärntner Slowenen 1942 (Izselitev koroških Slovencev leta 1942), v: Stefan Karner/Andreas Moritsch (izd.), Aussiedlung – Verschleppung – nationaler Kampf (= Kärnten und die nationale Frage, Band 1) (Izselitev – deportacija – narodni boj (= Koroška in nacionalno vprašanje, 1. zvezek), Klagenfurt/Celovec-Ljubljana/Laibach-Wien/Dunaj 2005, str. 21–51, tu str. 21.

[132] Tone Ferenc, Viri o nacistični raznarodovalni politiki v Sloveniji 1941–1945, Maribor 1980, str. 454.

[133] Hannelore Burger, Der Generalplan Ost und die „Bereinigung der Slowenenfrage" (Generalni načrt vzhod in „razčiščenje vprašanja Slovencev"), v: Zveza slovenskih izseljencev/Verband ausgesiedelter Slowenen (izd.), Valentin Oman/Karl Vouk. Denk mal: Deportation! (Pomisli: deportacija!) 1942–2012, Klagenfurt/Celovec 2012, str. 13–20, tu str. 19 sl.

nach dem Krieg erstellten Dossier wurden diesbezüglich massive Vorwürfe gegen mehrere Gemeindebürger erhoben, konkret u. a. gegen einen Zellenleiter, dem eine Mitbeteiligung an der Vertreibung mehrerer Familien angelastet wurde.[135]

Die Deportation lief unter dem Decknamen „K-Aktion" und wurde am 14. und 15. April 1942 von motorisierten Abteilungen des Reservepolizeibataillons 171 durchgeführt, das sich zuvor im Raum Veldes/Bled befunden hatte und wenige Tage vor dem Einsatz in das Gebiet von Jesenice/Assling verlegt worden sein dürfte. Polizisten und SS umstellten im Morgengrauen die Höfe, rissen die Bewohner aus dem Schlaf und ließen ihnen gerade eine halbe Stunde Zeit, um das Allernotwendigste behelfsmäßig zu verstauen. Abschließend erfolgte der Abtransport von insgesamt 1075 Kärntner Slowenen mit Lastwagen oder Bussen in das eigens dafür adaptierte Lager des „Reichsarbeitsdienstes" (RAD) in Ebenthal, wo die Familien persönlich registriert und mit Nummern versehen wurden. Zudem nahmen Funktionäre der „Deutschen Ansiedlungsgesellschaft" (DAG) mit den Betroffenen detaillierte Protokolle über den genauen Besitzstand auf. Nachdem es durch verschiedene Interventionen gelungen war, noch einige der von ihren Höfen Verschleppten frei zu bekommen, wurden schließlich 917 Personen in die einzelnen Lager deportiert und dort von der „Volksdeutschen Mittelstelle" (VoMi) u. a. als Zwangsarbeiter der Rüstungsindustrie oder als Landarbeiter zugeteilt. Auf den Höfen der deportierten Familien sollten Kanaltaler Optanten angesiedelt werden. Allerdings wurden bei weitem nicht alle Höfe tatsächlich an Kanaltaler zur Bewirtschaftung übertragen. Einige Liegenschaften wurden von Nachbarn bewirtschaftet, andere wiederum „verdienten" Parteigenossen zugeteilt. Die neuen „Besitzer" waren teilweise Pächter, zum Teil erhielten sie in weiterer Folge die Eigentumsrechte übertragen. Den „Ausgesiedelten" wurde im Juli 1942 ein Bescheid der Gestapo Klagenfurt zugestellt, worin man ihnen „volks- und staatsfeindliche Bestrebungen" zur Last legte, weshalb ihr Vermögen zu Gunsten des Deutschen Reiches beschlagnahmt worden sei.[136] Dies hinderte die NS-Machthaber aber nicht daran, Angehörige „ausgesiedelter" Familien zur Deutschen Wehrmacht einzuziehen.

In der Gemeinde St. Jakob waren folgende Familien von der „Aussiedlung" betroffen: Baumgartner mit sechs Personen (Lager Schwarzenberg, Frauenaurach und Hesselberg) und Isopp mit drei Personen (Lager Schwarzenberg)[137] aus Gorintschach/Gorinčiče, Janach mit fünf Personen (Lager Hesselberg und Schwarzenberg) aus Mühlbach/Reka[138], Kunčič mit fünf Personen (Lager Rehnitz, Rastatt und Gerlachsheim) aus Dreilach/Dravlje, Sticker mit sieben Personen (Lager Hesselberg und Weißenburg) aus St. Peter/Šentpeter[139], Gabriel mit fünf Personen (Lager Hesselberg)

---

[135] Kopie des Dossiers im Besitz des Verfassers.
[136] Entner, Die Deportation, S. 72 ff.
[137] Sohn Mirko wurde im August 1942 im Lager geboren, Sohn Anton im Dezember 1943.
[138] Franz Janach wurde zur Wehrmacht eingezogen und fiel im Krieg.
[139] Josef (Jozej) Sticker wurde aus dem Lager zur Wehrmacht eingezogen. Das Ansuchen der Familie Sticker um Genehmigung der Rückkehr anlässlich der Einberufung des Familienoberhauptes wurde abgelehnt.

igrale vlogo tudi premoženjske razmere.¹³⁴ Po katerih kriterijih natanko so izbirali prizadete, pa je večinoma zelo težko rekonstruirati, zato splošno veljavnih izjav ni mogoče dati. Med „izseljenimi" so bile tako premožne družine kot kajžarji in osebe brez kakršnekoli lastne zemljiške posesti. Prizadeti so bili številni funkcionarji slovenskih organizacij, po drugi strani pa tudi ženske in moški, ki se v nobenem oziru niso izpostavili v zadevah manjšine. Pač pa je bilo vsem skupno vztrajanje pri slovenskem maternem jeziku tudi v javnosti.¹³⁵

Da je bil „krajevni trikotnik", ki so ga predstavljali župan (Matthäus Scherwitzl), vodja krajevne sekcije NSDAP (Alois Peyker) in krajevni vodja kmetov (Josef Gabrutsch), dejansko vpleten v operacijo, ki je izkoristila trenutek presenečenja in bila v hipu izvedena, je očitno. Izhajati je mogoče vsaj iz tega, da je ta trikotnik imel nekaj besede pri sestavljanju seznama. Posebnost občine Šentjakob je aktivna udeležba več podrejenih nacističnih funkcionarjev (vodij blokov in celic – Block- und Zellenleiter) pri „izselitvi". V nekem po vojni sestavljenem dosjeju so glede tega navedeni obsežni očitki proti več prebivalcem občine, mdr. konkretno proti nekemu vodji celic, ki so mu očitali sodelovanje pri izgonu več družin.¹³⁶

Deportacija je potekala pod skrivnim imenom „Akcija K" in so jo 14. in 15. aprila 1942 izpeljali motorizirani oddelki rezervnega policijskega bataljona 171, ki je bil prej na področju Bleda in je bil verjetno nekaj dni pred akcijo prestavljen na področje Jesenic. Policisti in esesovci so ob prvem svitu obkolili hiše, vrgli stanovalce iz spanja in jim dali natanko pol ure časa, da so zasilno zapakirali najnujnejše. Nato so skupno 1.075 koroških Slovencev s tovornjaki ali avtobusi prepeljali v prav zanje pripravljeno zbirno taborišče za prisilno delo – „Reichsarbeitsdienst" (RAD) v Žrelec/Ebenthal, kjer so družine osebno popisali in jim dali številke. Hkrati so funkcionarji Nemške naseljevalne družbe – „Deutsche Ansiedlungsgesellschaft" (DAG) – s prizadetimi izpolnili podrobne protokole o njihovi posesti. Potem ko se je z različnimi intervencijami posrečilo osvoboditi nekaj nasilno odpeljanih s kmetij, je bilo nazadnje v posamezna taborišča deportiranih 917 oseb; tam jih je posredovalnica „Volksdeutsche Mittelstelle" (VoMi) mdr. dodelila kot prisilne delavce oboroževalni industriji ali jih razporedila kot kmečke delavce.

Na kmetijah deportiranih družin naj bi naselili optante iz Kanalske doline. Vsekakor pa tem optantom še zdaleč niso zares prepustili v obdelovanje vseh kmetij. Za nekaj posestev so poskrbeli sosedje, druga so bila dodeljena „zaslužnim" strankarskim tovarišem. Novi „lastniki" so bili deloma zakupniki, deloma pa so kasneje pridobili lastninske pravice. „Izseljeni" so julija 1942 dobili odločbo gestapa iz Celovca,

---

¹³⁴ Karner, Die Aussiedlung, str. 26 sl.

¹³⁵ Brigitte Entner, Die Deportation slowenischer Familien aus Kärnten II. Durchführung, Lageralltag, Rückkehr (Deportacija slovenskih družin iz Koroške II. Izpeljava, taboriščni vsakdan, vrnitev), v: Die Deportation slowenischer Familien aus Kärnten 1942. Ein Beitrag zur Geschichte der Kärntner Slowenen im 20. Jahrhundert mit ausgewählter Thematik anläßlich der gleichnamigen Ausstellung im 60. Gedenkjahr (Prispevek k zgodovini koroških Slovencev v 20. stoletju z izbrano tematiko ob priliki istoimenske razstave v 60. spominskem letu), Dunaj 2003, str. 71–77, tu str. 71 sl.

¹³⁶ Kopija dosjeja je v lasti avtorja.

aus Lessach/Leše[140], Hallegger mit sieben Personen (Lager Hesselberg, Schwarzenberg und Frauenaurach) aus Srajach/Sreje und Janežič mit vier Personen (Lager Hesselberg) aus Frießnitz/Breznica. Die Familien Schüttelkopf und Tautscher (Tavčar) aus Längdorf/Velika vas wurden ins Sammellager Ebenthal gebracht, durften von dort jedoch wieder nach Hause zurückkehren.[141] In einigen im Detail voneinander abweichenden Listen werden auch die in St. Johann/Ščedem (heute Gemeinde Rosegg) ansässige Familie Miklavčič (drei Personen; Lager Schwarzenberg und Frauenaurach)[142] und die in Raun/Ravne (Gemeinde Rosegg) wohnhafte Familie Lepuschitz (sechs Personen; Lager Hesselberg) der Gemeinde St. Jakob zugerechnet.[143] Die 1895 geborene Franciska Hallegger verstarb am 29. April 1943 im Lager Schwarzenberg.[144] Die in der Gemeinde kolportierte Version, wonach alle aus St. Jakob „ausgesiedelten" Personen wieder unversehrt in ihre Heimat zurückkehrt wären, entspricht demnach nicht den Tatsachen.[145]

Die Erinnerungen („Ihr müsst euch gut benehmen") Ljudmila Stickers aus St. Peter vermitteln einen unmittelbaren Eindruck der dramatischen und traumatisierenden Ereignisse im April 1942: „Sie kamen ungefähr um fünf Uhr früh […]. Es dämmerte schon ein bisschen. […] Da klopfte jemand fest auf die Scheiben: ‚Aufmachen, geheime Staatspolizei ist da.' […] Sie verlasen die Namen der Familienmitglieder, und befahlen uns, das Haus sofort zu verlassen. […] wir mussten in einer halben Stunde mit dem Packen fertig sein. […] Am schlimmsten auszuhalten im Lager war diese Gewissheit, dass du nicht nach Hause durftest. Wenn Besuch da war, war es besonders schlimm. Die fuhren wieder und du wusstest, du darfst nicht. Die alten Leute ertrugen das Lager sehr schwer. Meine Schwiegermutter hätte die drei Jahre nicht ausgehalten. Sie ging dauernd im Wald herum und weinte und betete. Die Schwiegermutter[146] wurde dann am 25. Juli nach Hause geschickt […]. Für unsere Mutter hatte ihr Bruder interveniert. Der war Tierarzt in Villach und ein alter Illegaler, ein fester ‚nemčur'. Uns ließen sie nicht frei, nur die Schwiegermutter. Sie wäre sicher gestorben, so sehr trauerte sie. Sie konnte sich nicht einleben. Freilich, vom Bauernhof direkt ins Lager. Sie bekam kaum das Essen hinunter. Unsereins aß, was vorgesetzt wurde. Das Bessere wurde sowieso den Kindern überlassen."[147]

---

[140] Der Sohn Gregor Gabriel befand sich zu diesem Zeitpunkt wegen des Verdachts der Verbindung mit Jugoslawien und Beteiligung an Sprengmittelschmuggel bereits in Haft; vgl. Koschat, Braune Flecken im Ortsbild, S. 52.

[141] Vgl. Kaiser-Kaplaner, Die Marktgemeinde, S. 297 ff.

[142] Josef (Jozej) Miklavčič wurde zur Wehrmacht eingezogen.

[143] Verband der ausgesiedelten Kärntner Slowenen. Alphabetisches Verzeichnis der in einer Nacht- und Nebelaktion im April 1942 zwangsausgesiedelten Kärntner Slowenen; Karner, Die Aussiedlung, S. 36 ff.; Kaiser-Kaplaner, Die Marktgemeinde, S. 186 ff.

[144] Durch Interventionen war es gelungen, ihrer Schwester Anna eine Rückkehr nach Kärnten zu ermöglichen. Entner, Wer war Klara, S. 133.

[145] Kaiser-Kaplaner, Die Marktgemeinde, S. 187.

[146] Es handelte sich dabei um die 1879 geborene Marija Sticker, die nach einiger Zeit im Lager zu Familienangehörigen nach Lessach zurückkehren durfte. Ebd., S. 188.

[147] Dokumentationsarchiv des österreichischen Widerstandes/Klub Prežihov Voranc/Institut za proučevanje prostora Alpe-Jadran (Hg.), Spurensuche. Erzählte Geschichte der Kärntner Slowenen (= Erzählte Geschichte, Band 4), Wien 1990, S. 187 ff.; vgl. auch Kaiser-Kaplaner, Die Marktgemeinde, S. 188 ff.; Ingrid Kaiser-Kaplaner, Schicksale Kärntner Sloweninnen im Zeitraum 1930–1950. Eine sozialgeschichtliche Darstellung anhand erzählter Erinnerungen, Klagenfurt 1995, S. 48 ff.; Malle/Sima, Narodu in državi sovražni. Volks- und staatsfeindlich, S. 323 ff.

v kateri so jih obdolžili „narodu in državi sovražnih prizadevanj", zaradi česar jim je bilo premoženje zaplenjeno v korist nemškega rajha.[137] To pa nacističnih oblastnikov ni oviralo, da ne bi pripadnike „izseljenih" družin vpoklicali v nemški wehrmacht.

V občini Šentjakob je „izselitev" doletela naslednje družine: Baumgartner s šestimi osebami (taborišča Schwarzenberg, Frauenaurach in Hesselberg) in Isopp s tremi osebami (taborišče Schwarzenberg)[138] iz Gorinčič, Janach s petimi osebami (taborišči Hesselberg in Schwarzenberg) iz Reke[139], Kunčič s petimi osebami (taborišča Rehnitz, Rastatt in Gerlachsheim) iz Dravelj, Sticker s sedmimi osebami (taborišči Hesselberg in Weissenburg) iz Šentpetra[140], Gabriel s petimi osebami (taborišče Hesselberg) iz Leš[141], Hallegger s sedmimi osebami (taborišča Hesselberg, Schwarzenberg in Frauenaurach) iz Srej in Janežič s štirimi osebami (taborišče Hesselberg) z Breznice. Družini Schüttelkopf in Tavčar (Tautscher) iz Velike vasi sta bili pripeljani v zbirno taborišče v Žrelcu, vendar sta se od tod lahko spet vrnili domov.[142] V nekaterih seznamih, ki se v podrobnostih razlikujejo, sta bili družinam občine Šentjakob pripisani tudi družina Miklavčič (tri osebe; taborišči Schwarzenberg in Frauenaurach) iz Ščedma (danes občina Rožek)[143] in družina Lepuschitz (šest oseb; taborišče Hesselberg) iz Raven (občina Rožek)[144]. Franciska Hallegger, rojena leta 1895, je umrla 29. aprila 1943 v taborišču Schwarzenberg.[145] V občini oznanjana verzija, po kateri naj bi se bile vse iz Šentjakoba „izseljene" osebe spet nepoškodovane vrnile v domovino, torej ne ustreza dejstvom.[146]

Spomini („Morate se lepo obnašati") Ljudmile Sticker iz Šentpetra posredujejo neposreden vpogled v dramatične in travmatizirajoče dogodke aprila 1942: „Prišli so približno ob petih zjutraj [...]. Malo se je že danilo. [...] Takrat je nekdo trdo potrkal po šipi: ,Odprite, tu tajna državna policija.' [...] Prebrali so imena družinskih članov in nam ukazali, naj takoj zapustimo hišo. [...] V pol ure smo morali vse spakirati. [...] V taborišču je bilo najteže prenašati gotovost, da ne smeš domov. Kadar je prišel kak obisk, je bilo posebno hudo. Odpeljali so se in ti si vedel, da ne smeš z njimi. Stari ljudje so zelo težko prenašali taborišče. Moja tašča ne bi zdržala tistih treh let. Nenehno je hodila po gozdu in jokala in molila. Taščo[147] so potem 25. julija poslali domov. [...] Za

---

[137] Entner, Die Deportation, str. 72 sl.

[138] Sin Mirko je bil rojen v taborišču avgusta 1942, sin Anton decembra 1943.

[139] Franz Janach je bil vpoklican v wehrmacht in je padel v vojni.

[140] Josef (Jozej) Sticker je bil iz taborišča vpoklican v wehrmacht. Prošnja družine Sticker, da bi ji dovolili vrnitev, ker je bil njen družinski poglavar vpoklican, je bila zavrnjena.

[141] Sin Gregor Gabriel je bil takrat zaradi suma povezave z Jugoslavijo in sodelovanja pri tihotapljenju razstreliva že zaprt; prim. Koschat, Braune Flecken im Ortsbild, str. 52.

[142] Prim. Kaiser-Kaplaner, Die Marktgemeinde, str. 297 sl.

[143] Josef (Jozej) Miklavčič je bil vpoklican v wehrmacht.

[144] Verband der ausgesiedelten Kärntner Slowenen. Alphabetisches Verzeichnis der in einer Nacht- und Nebelaktion im April 1942 zwangsausgesiedelten Kärntner Slowenen (Zveza izseljenih koroških Slovencev. Abecedni seznam v noči in megli aprila 1942 prisiljeno izseljenih koroških Slovencev); Karner, Die Aussiedlung, str. 36 sl.; Kaiser-Kaplaner, Die Marktgemeinde, str. 186 sl.

[145] Z intervencijo se je posrečilo njeni sestri Ani omogočiti vrnitev na Koroško. Entner, Wer war Klara, str. 133.

[146] Kaiser-Kaplaner, Die Marktgemeinde, str. 187.

[147] To je bila leta 1879 rojena Marija Sticker, ki se je čez nekaj časa smela iz taborišča vrniti k sorodnikom v Leše. Ibid., str. 188.

Euthanasie-Opfer

Wie von Bernhard Gitschtaler eindringlich beschrieben, gibt es keine andere NS-Opfergruppe, „die mehr mit gesellschaftlichen Tabus und stillschweigend akzeptierten Sprechverboten belegt ist, als die sogenannten ‚Euthanasie'-Opfer". Nicht zuletzt durch deren gesellschaftliche Stigmatisierung und die damit verbundenen Schamgefühle bei Nachfahren „bis hin zur Negativbesetzung von Behinderungen oder Beeinträchtigungen in unserer heutigen Zeit" sei es „für tausende betroffene Angehörige bis dato nicht oder kaum möglich, sich mit der Familiengeschichte und den traumatischen Euthanasie-Morden auseinanderzusetzen […]. Mit den Folgen der durch die NS-Medizin gewaltsam aufgerissenen Wunden haben viele Menschen bis heute zu kämpfen. […] Wunden, die ebenso präsent wie unsichtbar sind." Dabei stünden gerade „Angehörige der Euthanasie-Opfer vor enormen emotionalen und psychisch belastenden Aufarbeitungsschritten." Nicht selten stelle sich im Forschungsprozess heraus, dass Verwandte zumindest an der Einweisung der Betroffenen aktiv beteiligt waren: „Oft genug waren es […] die ideologischen Überzeugungen der Angehörigen oder schlicht Gleichgültigkeit, welche zu den Todesurteilen für Verwandte wurden."[148] Nur langsam „tauchen jene Vergessenen wieder auf, die sterben mussten, weil sie als verrückt, lästig oder peinlich empfunden wurden, weil sie unnormal, gemeingefährlich, arbeitsunfähig oder dauernd pflegebedürftig waren, weil sie ihre Familien mit einem Makel belasteten." Gerade die Namen dieser Toten, so Götz Aly, dürften heute nicht mehr verschwiegen werden: „Die Behinderten, Geistesschwachen und Krüppel, die alleingelassen wurden und sterben mussten, waren keine anonymen Unpersonen, deren Namen unterhalb der Schamgrenze liegen oder unter das Arztgeheimnis fallen. Sie waren Menschen, die vielleicht nicht arbeiten, aber lachen, leiden und weinen konnten – jeder Einzelne von ihnen eine unverwechselbare Persönlichkeit." Nur dann werde „den lange vergessenen Opfern ihre Individualität und menschliche Würde wenigstens symbolisch zurückgegeben."[149]

Auch mehrere Einwohner St. Jakobs wurden in den Euthanasie-Tötungsanstalten Schloss Hartheim bei Linz und Brandenburg an der Havel oder in der „Kärntner Landes-Heil- und Pflegeanstalt für Geisteskranke" in Klagenfurt als Opfer des NS-Rassenwahns ermordet.[150] Die 1894 in Hundsdorf geborene und in St. Jakob als Gemeindearme lebende Maria Krautzer wurde im Mai 1939 nach mehrjähriger Vorpflege im Klagenfurter Siechenhaus in die „Irrenanstalt" in Klagenfurt eingewiesen und anschließend entmündigt. Ihr Bruder war in Maria Rain als Gendarmerie-Bezirksinspektor tätig. Laut Gutachten des Anstaltsarztes Dr. Franz Niedermoser, in dessen Verantwortung die Euthanasie-Morde in Klagenfurt fielen, war Maria Krautzer

---

[148] Bernhard Gitschtaler, Geerbtes Schweigen. Die Folgen der NS-„Euthanasie", Salzburg/Wien 2016, S. 9 ff
[149] Götz Aly, Die Belasteten. „Euthanasie" 1939–1945. Eine Gesellschaftsgeschichte, Frankfurt am Main 2013, S. 9 f
[150] Zur NS-Euthanasie in Kärnten vgl. Helge Stromberger, Die Ärzte, die Schwestern, die SS und der Tod. Kärnten und das produzierte Sterben im NS-Staat, 3. erweiterte Auflage, Klagenfurt/Celovec 2002; Wolfgang Freidl (Hg.), Die NS-Psychiatrie in Klagenfurt, Wien 2016; Herwig Oberlerchner/Helge Stromberger, Sterilisiert, vergiftet und erstickt. Das Wüten der NS-Euthanasie in Kärnten, Klagenfurt/Celovec 2017.

našo mater je interveniral njen brat. Bil je veterinar v Beljaku in star ilegalec, trden „nemčur'. Nas niso izpustili, le taščo. Zagotovo bi umrla, tako je žalovala. Ni se mogla vživeti. Seveda, direktno s kmetije v taborišče. Komaj je spravila kaj vase. Mi smo jedli, kar so nam pač dali. Boljše smo tako in tako prepuščali otrokom."[148]

Žrtve evtanazije

Kot je nazorno opisal Bernhard Gitschtaler, ni nobene druge skupine nacističnih žrtev, „ki bi bila bolj obložena z družbenimi tabuji in potlačena z molče sprejeto prepovedjo javnega omenjanja, kot so tako imenovane žrtve ‚evtanazije'". Do danes naj bi bilo „za tisoče prizadetih svojcev nemogoče ali komaj mogoče spoprijeti se z družinsko zgodovino in travmatičnimi evtanazijskimi umori", ne nazadnje zaradi družbene stigmatizacije žrtev in zaradi s tem povezanih občutkov sramu pri potomcih pa tudi zaradi „negativne podobe o telesni in duševni prizadetosti v današnjem času […]. S posledicami ran, ki jih je nasilno odprla nacistična medicina, se morajo številni ljudje spopadati še danes. […] Ran, ki so hkrati prisotne in nevidne." Pri tem naj bi ravno „svojce žrtev evtanazije čakalo enormno čustveno in duševno obremenjujoče spoprijemanje z lastno zgodovino." Neredko naj bi se v raziskovalnem procesu pokazalo, da so bili sorodniki aktivno udeleženi vsaj pri napotitvi prizadetih: „Pogosto je bilo […] ideološko prepričanje svojcev ali samo njihova ravnodušnost tista, ki je prinesla smrtno kazen sorodnikom."[149]

Le počasi „prihajajo spet na površje tisti pozabljeni, ki so morali umreti, ker so jih imeli za nore, nadležne ali mučne, ker so bili nenormalni, splošno nevarni, delovno nesposobni ali trajno potrebni nege, ker so bili kot madež na svojih družinah." Ravno imena teh mrtvih, pravi Götz Aly, danes ne bi smela biti več zamolčana: „Ovirani, slaboumni in pohabljenci, ki so jih pustili same in so morali umreti, niso bili anonimne neosebe, katerih imena bi ležala pod mejo sramu ali bi spadala med zdravniške skrivnosti. Bili so ljudje, ki morda niso mogli delati, so se pa lahko smejali, trpeli in jokali – vsak od njih je bil nezamenljiva osebnost." Le potem bosta „dolgo pozabljenim žrtvam vsaj simbolično vrnjena njihova individualnost in človeško dostojanstvo."[150] V ustanovah za evtanazijske usmrtitve v gradu Hartheim pri Linzu, v Brandenburgu ob reki Havel in v umobolnici v Celovcu („Kärntner Landes-Heil- und Pflegeanstalt für Geisteskranke" – Koroški deželni zdravstveni in negovalni zavod za duševno bolne) so bili kot žrtve nacistične rasne poblaznelosti usmrčeni tudi nekateri prebivalci

---

[148] Dokumentacijski arhiv avstrijskega odpora/ Klub Prežihov Voranc/Institut za proučevanje prostora Alpe-Jadran (izd.), Spurensuche – iskanje sledi. Erzählte Geschichte der Kärntner Slowenen (Pripovedovana zgodovina koroških Slovencev), v: (= Erzählte Geschichte, Band 4), Dunaj 1990, str. 187 sl.; prim. tudi Kaiser-Kaplaner, Die Marktgemeinde, str. 188 sl.; Ingrid Kaiser-Kaplaner, Schicksale Kärntner Sloweninnen im Zeitraum 1930–1950 (Usode koroških Slovenk v obdobju 1930–1950). Eine sozialgeschichtliche Darstellung anhand erzählter Erinnerungen (Socialnozgodovinska predstavitev na osnovi pripovedovanih spominov), Celovec/Klagenfurt 1995, str. 48 sl.; Malle/Sima, Narodu in državi sovražni, str. 323 sl.

[149] Bernhard Gitschtaler, Geerbtes Schweigen. Die Folgen der NS-„Euthanasie" (Podedovani molk. Posledice nacistične „evtanazije"), Salzburg/Dunaj 2016, str. 9 sl.

[150] Götz Aly, Die Belasteten (Obremenjeni). „Euthanasie" 1939–1945. Eine Gesellschaftsgeschichte (Družbena zgodovina), Frankfurt am Main 2013, str. 9 sl.

„unheilbar geisteskrank", „gemein- und selbstgefährlich" und litt an „Wahn- und Sinnestäuschungen". Sie wurde am 25. August 1940 nach Niedernhart (Hartheim) überstellt.[151] Die 1880 in Srajach geborene landwirtschaftliche Arbeiterin Maria Sereinig, die demselben Transport nach Niedernhart zugeteilt wurde, war erstmals 1929 in die „Landes-Irrenanstalt" in Klagenfurt eingewiesen worden. Die Familie wird im Krankenakt als Anhänger des „Ständestaates" ausgewiesen. Maria Sereinig bewirtschaftete mit ihrer Schwester und ihrem Bruder ein kleines Anwesen. Laut Bescheid des Bezirksgerichtes Klagenfurt galt sie als „streitsüchtig" und drohte mit „Häuseranzünden und Umbringen. Da sie als gewalttätige, eigentümliche Person bekannt ist, wurde aus Angst vor ihren Drohungen um die Anstaltsaufnahme gebeten."[152] Der arbeitslose Tischlergehilfe Josef Kattnig wurde 1912 in St. Jakob geboren und im Mai 1936 wegen attestierter Schizophrenie in die „Landes-Irrenanstalt" eingewiesen. Auch seine Familie galt als Anhänger des „Ständestaates". Josef Kattnig stand ein Erbteil von 600 Schilling zu, welches ihm vom Bruder auszuzahlen war. Kattnig stand nicht unter Kuratel, es lag nur ein „Anhaltungsbeschluss" des Bezirksgerichtes Klagenfurt vom Juni 1936 vor. Er wurde mit dem Transport vom 24. März 1941 nach Niedernhart überstellt.[153]

Der 1890 in Schiefling unehelich geborene und seit 1938 in Winkl wohnhafte Rupert Pichler war bis November 1939 bei einer Firma in Villach als Hilfsarbeiter tätig. Als Muttersprache wird Slowenisch angegeben. Er war seit 1919 mit Angela Pichler (geb. Böhm) verheiratet. Sein Vater lebte als Altersrentner in Wien, seine Mutter war bereits verstorben. Seit November 1939 befand sich Pichler im Krankenstand, ehe er Anfang Jänner 1940 ins Krankenhaus Villach eingewiesen wurde, wo er bis Ende März 1940 verblieb. Bei ihm war zunächst eine fortschreitende Tabopalalyse (Rückenmarksschwindsucht) und eine daraus resultierende Arbeitsunfähigkeit festgestellt worden. Im Mai 1940 folgte die volle Entmündigung wegen angeblicher „Geisteskrankheit". Zum Kurator wurde seine Ehefrau bestellt. Mit dem Transport vom 29. Juni 1940 nach Niedernhart überstellt, dürfte er sofort nach der Ankunft im Schloss Hartheim vergast worden sein.[154]

Der zuletzt in der Steiermark als Maurer beschäftigte Philipp (Filipp) Nassimbeni wurde 1889 in St. Jakob geboren, seine Ehe scheiterte. Von Anfang April 1936 bis Mitte Februar 1937 befand er sich wegen Demenz in der Heilanstalt „Am Feldhof" in Graz.[155] Seine Überstellung nach Klagenfurt erfolgte am 17. Februar 1937. Wenige Wochen später fragte Johanna Semmernegg, mit der Nassimbeni ein gemeinsames Kind hatte, voller Sorge an, ob eine erbliche Belastung vorliege. Ihr wurde mitgeteilt, dass die festgestellte Gehirnerweichung Folge einer vor zehn bis fünfzehn Jahren

---

[151] KLA, Bestand LKH-Psychiatrie, Sch. 59, Aktennummer 4431. Die Anstalt Niedernhart in Linz diente als Zwischenstation zu Hartheim. Ernst Klee, „Euthanasie" im Dritten Reich. Die „Vernichtung lebensunwerten Lebens", Frankfurt am Main 2010, S. 161 f.
[152] KLA, Bestand LKH-Psychiatrie, Sch. 40, Aktennummer 3351.
[153] Ebd., Sch. 227, Aktennummer 12070.
[154] Ebd., Sch. 240, Aktennummer 12737.
[155] Vgl. Birgit Poier, Vergast im Schloss Hartheim. Die „T4"-PatientInnen aus der Grazer Heil- und Pflegeanstalt „Am Feldhof", in: Heimo Halbrainer/Ursula Vennemann (Hg.), Es war nicht immer so. Leben mit Behinderung in der Steiermark zwischen Vernichtung und Selbstbestimmung 1938 bis heute, Graz 2014, S. 25–57.

Šentjakoba.¹⁵¹ Maria Krautzer, rojena leta 1894 v Podsinji vasi, ki je kot občinska sirota živela v Šentjakobu, je bila maja 1939 po več letih predhodne nege v celovški hiralnici poslana v „norišnico" v Celovcu, ob tem pa ji je bila odvzeta opravilna sposobnost. Njen brat je delal kot žandarmerijski okrožni inšpektor na Žihpoljah. Po izvedenskem mnenju tamkajšnjega zdravnika dr. Franza Niedermoserja, ki je bil odgovoren za evtanazijske usmrtitve v Celovcu, je bila Maria Krautzer „neozdravljivo duševno bolna", „nevarna okolici in sebi" in je trpela za „blodnjami in halucinacijami". Dne 25. avgusta 1940 so jo premestili v Niedernhart (Hartheim).¹⁵² Z istim transportom je bila poslana v Niedernhart tudi kmetijska delavka Maria Sereinig, rojena v Srejah leta 1880, ki je bila prvič sprejeta v „deželno norišnico" v Celovcu leta 1929. V zdravstvenem kartonu je bila družina označena kot privrženka „stanovske države". Maria Sereinig je s sestro in bratom gospodarila na majhnem posestvu. Po poročanju okrožnega sodišča v Celovcu je veljala za „prepirljivo" in je grozila s „požigom hiš in ubijanjem. Ker je znana kot nasilna, čudaška oseba, je bilo iz strahu pred njenimi grožnjami zaprošeno, da jo sprejmejo v psihiatrično bolnišnico."¹⁵³ Brezposelni mizarski pomočnik Josef Kattnig je bil rojen v Šentjakobu leta 1912, maja 1936 so ga zaradi potrjene shizofrenije napotili v „deželno norišnico". Tudi njegova družina je veljala za privrženko „stanovske države". Josefu Kattnigu je pripadal dedni delež 600 šilingov, ki naj bi mu jih bil izplačal brat. Kattnig ni bil pod skrbništvom, zanj je okrožno sodišče v Celovcu junija 1936 izdalo „sklep o pridržanju". S transportom 24. marca 1941 so ga odpeljali v Niedernhart.¹⁵⁴

Rupert Pichler, nezakonski sin, ki se je rodil leta 1890 v Škofičah in je od leta 1938 bival v Kotu, je do novembra 1939 delal pri nekem podjetju v Beljaku kot pomožni delavec. Kot materni jezik je imel navedeno slovenščino. Od leta 1919 je bil poročen z Angelo Pichler (roj. Böhm). Njegov oče je kot upokojenec živel na Dunaju, mati mu je že umrla. Pichler je bil od novembra 1939 na bolniški, nato je bil v začetku januarja 1940 sprejet v bolnišnico v Beljaku in je ostal tam do konca marca 1940. Najprej so mu ugotovili napredujočo paralizo hrbtenice (tabes dorsalis) in iz tega izvirajočo delovno nesposobnost. Maja 1940 mu je bila odvzeta opravilna sposobnost zaradi domnevne „duševne bolezni". Za skrbnico je bila postavljena njegova žena. S transportom z dne 29. junija 1940 je bil prepeljan v Niedernhart in verjetno takoj po prihodu v grad Hartheim zaplinjen.¹⁵⁵

---

¹⁵¹ O evtanaziji na Koroškem prim. Helge Stromberger, Die Ärzte, die Schwestern, die SS und der Tod. Kärnten und das produzierte Sterben im NS-Staat (Zdravniki, sestre, SS in smrt. Koroška in produkcija smrti v nacistični državi), 3. razširjena izdaja, Klagenfurt/Celovec 2002; Wolfgang Freidl (izd.), Die NS-Psychiatrie in Klagenfurt (Nacistična psihiatrija v Celovcu), Dunaj 2016; Herwig Oberlerchner/Helge Stromberger, Sterilisiert, vergiftet und erstickt. Das Wüten der NS-Euthanasie in Kärnten (Sterilizirani, zastrupljeni in zadušeni. Besnenje nacistične evtanazije na Koroškem), Klagenfurt/Celovec 2017.
¹⁵² KLA, Bestand LKH-Psychiatrie (Gradivo deželne bolnišnice-psihiatrične klinike), šk. 59, štev. 4431. Ustanova Niedernhart v Linzu je delovala kot vmesna postaja na poti v Hartheim. Ernst Klee, „Euthanasie" im Dritten Reich. Die „Vernichtung lebensunwerten Lebens" („Evtanazija" v tretjem rajhu. „Uničevanje življenja nevrednega življenja"), Frankfurt am Main 2010, str. 161 sl.
¹⁵³ KLA, Bestand LKH-Psychiatrie (Gradivo deželne bolnišnice-psihiatrične klinike), šk. 40, karton 3351.
¹⁵⁴ Ibid., šk. 227, karton 12070.
¹⁵⁵ Ibid., šk. 240, karton 12737.

erfolgten enzephalitischen Ansteckung sei. Durch eine „Blutuntersuchung sollte festgestellt werden, ob Sie und das gemeinsame Kind gesund blieben oder behandlungsbedürftig sind." Ab 1. April 1939 wurden die anfallenden Kosten der Anstaltspflege in Höhe von drei Reichsmark täglich vom Landeshauptmann über das Fürsorgeamt Graz übernommen. Da sich Semmernegg, das Fürsorgeamt Graz, aber auch der „Oberbürgermeister der Stadt der Volkserhebung Graz" auch weiterhin nach dem medizinischen Zustand des Patienten erkundigten, zeichnete Dr. Niedermoser in mehreren ärztlichen Stellungnahmen eine düstere Prognose. Nassimbeni sei „ganz verworren, schwer geistesgestört, oft gemeingefährlich", „sehr unruhig und grob" und habe „massenhaft Größenideen". Eine Besserung seines Geisteszustandes sei nicht mehr zu erwarten, „er wird wahrscheinlich die Anstalt nicht mehr verlassen." Körperlich gehe es ihm allerdings gut. Anfang März 1941 teilte Niedermoser mit, dass Nassimbeni bereits am 29. Juni 1940 nach Niedernhart überstellt worden sei. Nähere Auskünfte über den aktuellen Zustand wären daher in dieser Anstalt einzuholen. Auf dem Krankenakt ist mit diesem Datum hingegen eine Verlegung Nassimbenis nach Brandenburg an der Havel[156] vermerkt.[157]

Die im Jahre 1909 in Tallach (Maria Elend) geborene Ursula Possnig (auch Poßnig, Posnig und Possnik) wurde am 4. Mai 1942 mit der Diagnose „angeborener Schwachsinn" in die „Heil- und Pflegeanstalt" in Klagenfurt eingewiesen. Damit begann für sie ein zweijähriges Martyrium. Sie entstammte einer kinderreichen Familie, blieb in ihrer geistigen Entwicklung zurück und wurde daher aus der 1. Klasse ausgeschult, konnte aber lesen und schreiben. Nach Aussage ihrer Nichte zeigte sie in der Landwirtschaft wenig Arbeitseifer und „hatte immer den Drang herumzulaufen und Besuche zu machen." Nach ihrer Rückkehr aus Deutschland, wo sie bei einem Bauern in der Nähe von Nürnberg vorübergehend Beschäftigung in einer Gärtnerei gefunden hatte und zwangssterilisiert worden war, arbeitete sie wieder bei ihrer Schwester: „Meist tut sie nichts, ist mit der Schwester grob, schreit mit ihr und wird oft gewalttätig, spuckt sie an. Wandert im ganzen Tale herum, will sich einen Mann suchen, wolle Hausfrau werden, will nach Nürnberg zurück, habe dort etwas vergessen. Kauft sich Kinderpuppen und schleppt diese herum, geht in fremde Häuser und bettelt, kommt tagelang nicht heim. Den Buben der Schwester schlägt sie ohne Grund, droht denselben umzubringen."[158]

Als Grundlage für die Einweisung diente das vom Gemeindearzt Karl Exel am 30. April 1942 an das Gaukrankenhaus Klagenfurt gerichtete ärztliche Parere. Ursula Possnig sei „zeitweise erregt und greift ihre Umgebung an. Sie will einen Mann haben und ein Kind. Sie wollte mit einer Puppe zum Arzt gehen." Sie wolle „keine Arbeit leisten und zeigt ein läppisches Wesen." Da bei ihren Zornausbrüchen die Umgebung gefährdet

---

[156] Das Zuchthaus Brandenburg an der Havel war im Herbst 1939 zu einer Vergasungsanstalt umgebaut worden. Als Büroleiter fungierte zunächst der als besonders blutrünstig beschriebene Christian Wirth. Klee, „Euthanasie" im Dritten Reich, S. 155 ff.
[157] KLA, Bestand LKH-Psychiatrie, Sch. 228, Aktennummer 12169.
[158] Ebd., Sch. 67, Aktennummer 4862.

Philipp (Filipp) Nassimbeni, rojen leta 1889 v Šentjakobu, je bil nazadnje zaposlen na Štajerskem kot zidar, njegov zakon je razpadel. Od začetka aprila 1936 do sredine februarja 1937 je bil zaradi demence v bolnišnici in negovalnici „Am Feldhof" v Gradcu.[156] V Celovec je bil prestavljen 17. februarja 1937. Nekaj tednov kasneje je Johanna Semmernegg, ki je imela otroka z njim, zaskrbljeno vprašala, ali gre za kako dedno obremenjenost. Sporočeno ji je bilo, da je ugotovljeno mehčanje možganov kot posledica encefalitične okužbe izpred desetih do petnajstih let. S „preiskavo krvi naj bi ugotovili, ali sta ona in njun otrok ostala zdrava ali pa sta potrebna treh mark na dan prevzelo deželno glavarstvo preko socialnega skrbstva v Gradcu. Ker so se Semmerneggova, socialno skrbstvo Gradec pa tudi „nadžupan mesta narodne vstaje Gradec" še naprej zanimali za zdravstveno stanje pacienta, je dr. Niedermoser z več zdravniškimi mnenji naslikal mračno prognozo. Nassimbeni da je „popolnoma zmeden, hudo duševno moten, pogosto splošno nevaren", „zelo nemiren in surov" in ima „ogromno idej o veličini". Izboljšanja njegovega duševnega stanja ni več pričakovati, „verjetno bolnišnice ne bo več zapustil". Telesno pa mu gre dobro. V začetku marca 1941 je Niedermoser sporočil, da je bil Nassimbeni že 29. junija 1940 premeščen v Niedernhart. Podrobnejše informacije o njegovem trenutnem stanju je torej mogoče dobiti v tej ustanovi. V zdravstvenem kartonu pa je nasprotno s tem datumom zabeleženo, da je bil Nassimbeni premeščen v kaznilnico Brandenburg ob reki Havel[157] in ne v Niedernhart.[158]

Ursula Possnig (tudi Posnig in Possnik) je bila rojena leta 1909 na Talah (Podgorje) in 4. maja 1942 sprejeta v „bolnišnico in negovalnico" v Celovcu z diagnozo „prirojena slaboumnost". S tem se je zanjo začelo dveletno mučeništvo. Izhajala je iz družine s številnimi otroki, zaostala je v duševnem razvoju in bila zato izpisana iz 1. razreda, vendar je znala brati in pisati. Po izjavi nečakinje je kazala le malo vneme za kmetijstvo in „je imela vedno potrebo po tem, da je tekala naokrog in hodila na obiske". Ko se je vrnila iz Nemčije, kjer je začasno našla zaposlitev v vrtnariji pri nekem kmetu blizu Nürnberga in so jo prisilno sterilizirali, je spet delala pri svoji sestri: „Večinoma ne dela nič, je groba do sestre, kriči nanjo in pogosto postane nasilna, jo opljuva. Sprehaja se po celi dolini naokrog, hoče si poiskati moža, postati gospodinja, hoče nazaj v Nürnberg, kjer da je nekaj pozabila. Kupuje si punčke in jih vlači naokrog, hodi v tuje hiše in berači, po cele dneve ne pride domov. Sestrinega fanta tepe brez razloga, grozi, da ga bo ubila."[159]

---

[156] Prim. Birgit Poier, Vergast im Schloss Hartheim (Zaplinjeni v gradu Hartheim). Die „T4"-Patientinnen aus der Grazer Heil- und Pflegeanstalt „Am Feldhof" („T4" pacientke iz graške bolnišnice in negovalnice „Am Feldhof", v: Heimo Halbrainer/Ursula Vennemann (izd.), Es war nicht immer so. Leben mit Behinderung in der Steiermark zwischen Vernichtung und Selbstbestimmung 1938 bis heute (Ni bilo vedno tako. Življenje s prizadetostjo na Štajerskem med uničenjem in samoodločanjem od 1938 do danes), Gradec 2014, str. 25–57.

[157] Kaznilnica Brandenburg ob reki Havel je bila jeseni 1939 predelana v zaplinjevalnico. Funkcijo vodje pisarne je sprva opravljal Christian Wirth, ki je veljal za zelo krvoločnega. Klee, „Euthanasie" im Dritten Reich, str. 155 sl.

[158] KLA, Bestand LKH-Psychiatrie (Gradivo deželne bolnišnice-psihiatrične klinike), šk. 228, karton 12169.

[159] Ibid., šk. 67, karton 4862.

erscheine, sei die „Abgabe in eine geschlossene Anstalt angezeigt."[159] Das Gutachten, das mit dem Hinweis auf die etwa drei Jahre zuvor vorgenommene Zwangssterilisierung endet, zeigt die Zerrissenheit Exels zwischen ärztlichem Ethos, ideologischer Verblendung und moralischer Betäubung. Er trat im Mai 1938 der NSDAP bei und war in den Jahren 1939 und 1940 Mitglied des „NS-Kraftfahrerkorps" (NSKK).[160] Er gehörte auch federführend dem Ausschuss für das Anfang September 1937 errichtete „Abwehrkämpferdenkmal" an. Dabei kam es zu einer engen Zusammenarbeit mit Fritz Dimnig, der im Festausschuss die Fäden zog.[161] Dennoch wird Exel in der lokalen Erinnerung aufgrund seiner ins Treffen geführten humanitären Gesinnung und bedingungslosen Loyalität der einheimischen Bevölkerung gegenüber große Hochachtung entgegengebracht.[162] Er sei ein „Muster der Pflichterfüllung" gewesen und habe seine eigene Gesundheit dem „Dienste für die Allgemeinheit" geopfert. Die in der Vorlaube der Pfarrkirche angebrachte Gedenktafel für Karl Exel trägt die Inschrift: „Retter und Helfer zu sein war der Inbegriff seines Lebens."[163] Mit Wirkung vom 1. Jänner 2018 wurde in St. Jakob ein Weg nach Karl Exel benannt.[164]

Für Ursula Possnig bedeutete Exels Gutachten jedenfalls den Beginn eines fatalen Entwürdigungsprozesses und Todeskampfes. Am 22. Juni 1942 erfolgte ihre volle Entmündigung wegen „Geisteskrankheit". Zum Kurator wurde einer ihrer Brüder bestellt. Das Amtsgericht Klagenfurt verfügte ihre weitere Anhaltung in einer „geschlossenen Heilanstalt". Bei ihrer Aufnahme in Klagenfurt zeigte sich die Patientin erregt und wehrte sich gegen die Internierung. Sie sei sich „keiner Schuld und keines Unsinnes bewusst" und wolle „einen Schatz haben und heiraten, nicht aber arbeiten, dazu seien ihre Hände viel zu schön, hier werde man sie vielleicht sogar schlagen." Die ärztliche Untersuchung ergab ein „kräftiges, gesundes Aussehen. […] Innenorgane ohne krankhaften Befund. Reflexe auslösbar, Gang und Sprache nicht gestört. Schwerhörigkeit mäßigen Grades." Bei ihrer Befragung beklagte sie die ungerechtfertigte Zurückhaltung in einem Siechenhaus, in dem sie nichts zu suchen habe, bekundete aber gleichzeitig, in der Küche des Krankenhauses oder lieber im Freien arbeiten zu wollen. Wie vom untersuchenden Arzt festgehalten, war Ursula Possnig zu diesem Zeitpunkt „örtlich und zeitlich orientiert". „Daheim habe ihr die Schwester nichts zum Essen gegeben und deshalb sei sie mit derselben öfters grob geworden, der Bub der Schwester habe sie geschlagen und deshalb habe sie zurückgeschlagen, sonst tue sie aber keinem Menschen etwas. In Nürnberg kam sie ins Krankenhaus, weil sie einen Schatz hatte

---

[159] Ebd.
[160] Liste der Angehörigen der NSDAP und ihrer Wehrverbände, der Parteianwärter und der Personen, die sich in der Ortsgemeinde St. Jakob im Rosental um die Aufnahme in die SS (Schutzstaffel) beworben haben (Kopie im Besitz des Verfassers). Laut dieser Liste erhielt Exel auch eine nicht näher angeführte Parteiauszeichnung.
[161] KLA, Kärntner Heimatbund, Sch. 27, Fasz. 250.
[162] Kaiser-Kaplaner, Maria Elend, S. 304 f.
[163] Kaiser-Kaplaner, Die Marktgemeinde, S. 62 und S. 201; Koschat, „… bitte vergesst mich nicht und wofür ich sterben musste …", S. 17.
[164] St. Jakober Nachrichten. Mitteilungen der Marktgemeinde St. Jakob im Rosental, Jg. 33/Dezember 2017, S. 4.

Osnova za napotitev v ustanovo je bilo izvedensko mnenje občinskega zdravnika Karla Exela z dne 30. aprila 1942, naslovljeno na deželno bolnišnico v Celovcu. Ursula Possnig da je „občasno razburjena in napadalna do okolice. Imeti hoče moža in otroka. Hotela je iti s punčko k zdravniku." „Noče delati in se abotno obnaša." Ker je ob njenih izbruhih okolica videti ogrožena, „se kaže potreba po sprejetju v zaprto ustanovo."[160] Mnenje, ki se na koncu sklicuje na prisilno sterilizacijo, izvedeno kaka tri leta prej, priča o Exelovi razdvojenosti med zdravniško etiko, ideološko zaslepljenostjo in moralno omamljenostjo. Maja 1938 je vstopil v NSDAP in bil v letih 1939 in 1940 član nacističnega „NS-Kraftfahrerkorps" (NSKK).[161] Bil je tudi vodilni v odboru za „brambovski spomenik", postavljen v začetku septembra 1937. Pri tem je tesno sodeloval s Fritzem Dimnigom, ki je vlekel niti v odboru za pripravo na praznovanje.[162] Kljub temu se Exela lokalno prebivalstvo spominja z velikim spoštovanjem zaradi njegovega humanitarnega prepričanja in brezpogojne lojalnosti domačemu prebivalstvu.[163] Bil da je „vzor izpolnjevanja dolžnosti" in je lastno zdravje žrtvoval „službi za skupnost". V preddverju župnijske cerkve je nameščena spominska plošča Karlu Exelu z napisom: „Biti reševalec in pomočnik je bila vsebina njegovega življenja."[164] Z veljavnostjo od 1. januarja 2018 so v Šentjakobu po Karlu Exelu poimenovali eno od ulic.[165]

Za Ursulo Possnig pa je Exelovo izvedensko mnenje pomenilo začetek usodnega procesa poniževanja in smrtnega boja. Dne 22. junija 1942 so ji v celoti odvzeli opravilno sposobnost zaradi „duševne bolezni". Za skrbnika ji je bil postavljen eden njenih bratov. Občinsko sodišče v Celovcu je zanjo odredilo nadaljnje pridržanje v „zaprti zdravstveni ustanovi". Pri sprejemu v Celovcu se je pacientka vedla razburjeno in se branila pred internacijo. Ona da „se ne zaveda nobene krivde in nobene neumnosti" in hoče „imeti ljubčka in se poročiti, ne pa delati, za kaj takega so njene roke veliko prelepe, tu pa jo bodo morda celo pretepali." Zdravniški pregled je pokazal „krepak, zdrav videz. […] Notranji organi brez bolezenskih izvidov. Reflekse ji je mogoče izzvati, hoja in govor nista motena, zmerna naglušnost." Ob posvetu z zdravnikom se je pritožila zaradi nepravičnega zadrževanja v hiralnici, v kateri nima kaj iskati, hkrati pa je povedala, da bi delala v bolnišnični kuhinji ali še raje na prostem. Kot je zapisal zdravnik, ki jo je preiskal, je bila Ursula Possnig tedaj „krajevno in časovno orientirana". „Doma da ji sestra ni dajala nič jesti in je bila zato do nje pogosto groba, sestrin fant jo je tepel in ga je zato udarila nazaj, drugače nikomur ne stori nič hudega. V Nürnbergu je prišla v bolnišnico, ker je imela ljubčka in je zbolela na živcih, ni mogla spati.

---

[160] Ibid.
[161] Seznam pripadnikov NSDAP in njihovih brambovskih združenj, kandidatov za stranko in oseb, ki so se potegovale za sprejetje v SS (Schutzstaffel), v občini Šentjakob v Rožu (kopija v lasti pisca). Po tem seznamu je Exel dobil tudi natančneje navedeno strankarsko priznanje.
[162] KLA, Kärntner Heimatbund, šk. 27, fasc. 250.
[163] Kaiser-Kaplaner, Maria Elend/Podgorje, str. 304 sl.
[164] Kaiser-Kaplaner, Die Marktgemeinde, str. 62 in str. 201; Koschat, „… bitte vergesst mich nicht und wofür ich sterben musste …" (… prosim, ne pozabite me in tega, zakaj sem moral umreti …), str. 17.
[165] St. Jakober Nachrichten. Mitteilungen der Marktgemeinde St. Jakob im Rosental (Šentjakobske novice. Sporočila tržne občine Šentjakob v Rožu), Jg. 33/december 2017, str. 4.

und nervenkrank war, nicht schlafen konnte. In Nürnberg seien so schöne Buben und da war sie verliebt und damit sie keine Kinder bekommen könne, habe man sie in Erlangen operiert, wegen Krankheit sei sie operiert worden, weil sie mit dem Bräutigam das Verheiratetsein probierte." Nach einem mehrmonatigen Aufenthalt in der Heil- und Pflegeanstalt in Erlangen wurde sie im Jänner 1940 von einem ihrer Brüder abgeholt und wieder nach Maria Elend zurückgebracht. Im April 1940 begab sie sich nach Niederbayern, wo sie ein Jahr lang bei einem größeren Bauern arbeitete. Eine Schwester des Bauern brachte sie schließlich nach Salzburg, „von wo sie allein heimfuhr. Zu dieser Zeit lebte ihre Mutter noch und diese drängte immer zur Arbeit, sodass sie sich mit ihr zerstritt." Auch mit ihrer Schwester habe es später immer wieder Streit gegeben, da diese ihre häufigen Verwandten- und Bekanntenbesuche nicht duldete und sie nicht mehr kochen ließ. Ursula Possnig dürften ihre verzweifelte Lage und die Vorgänge in Klagenfurt durchaus bewusst gewesen sein. Dem Arzt gegenüber sprach sie offen davon, sich hier nicht in einem Spital, sondern in einer „Mordanstalt" zu befinden, die Pflegerinnen würden die Insassen zu Tode martern, „auch sie wolle man umbringen, sie sei aber eine starke Person […]."[165]

Die Eintragungen im Krankenakt spiegeln Possnigs zunehmende Verzweiflung und Todesangst wider. Sie stand wie andere Euthanasie-Opfer „fassungslos vor der dämonischen Ungerechtigkeit, in der ihnen jetzt als todeswürdiges Verbrechen angerechnet wurde, was sie als unverschuldetes Kreuz ihr Leben lang getragen hatten: ihre Krankheit, die sie zugleich der Möglichkeit beraubte, sich zur Wehr zu setzen."[166] In ihren extremen Gefühlsschwankungen drohte sie einerseits, „lieber in die Drau gehen" zu wollen, dann sei „sie wieder übermütig, tanzt herum, schmückt sich, will sich schön kleiden, werde heiraten, wolle nach Nürnberg, habe dort einen Bräutigam." Sie unternahm mehrere Fluchtversuche und weigerte sich, vom Arzt und von den Oberschwestern behandelt zu werden. Die Eintragung vom 4. Juli 1942 lautete etwa: „Weint und schreit, weil sie hier in diesem Mordhause bleiben müsse. Muss öfter isoliert werden." Sie befürchtete, vergiftet und umgebracht zu werden, „sie müsse schreien, dass man auf sie nicht vergesse." Am 3. Februar 1943 hieß es nach einem neuerlichen Entweichungsversuch: „Schlägt eine Pflegerin, dass sie blaue Flecke hat, rauft bei jeder Türe herum, ist auch nachts oft unruhig." Am 10. Juli 1943 äußerte sie den Wunsch, zum „Führer" zu wollen, „der werde ihr schon helfen." Auffällig ist, dass Ursula Possnig im Jahre 1943 wiederholt Besuch von Verwandten und Bekannten erhielt.[167] Möglicherweise ein letzter Versuch, die Patientin aus den Fängen Niedermosers und seiner Mordschwestern zu befreien. Wie von Götz Aly an mehreren Beispielen gezeigt, erhöhte sich die Überlebenschance von Patienten und Patientinnen, wenn die Familien energisch intervenierten, unliebsame Nachforschungen anstellten oder zumindest durch regelmäßige Besuche Interesse bekundeten. Den Organisatoren der

---

[165] Ebd.
[166] Aly, Die Belasteten, S. 80.
[167] KLA, Bestand LKH-Psychiatrie, Sch. 67, Aktennummer 4862.

V Nürnbergu so tako lepi fantje in tam je bila zaljubljena, in da ne bi mogla dobiti otrok, so jo v Erlangenu operirali, zaradi bolezni da je bila operirana, ker je z ženinom preskušala zakonsko življenje." Po večmesečnem bivanju v bolnišnici in negovalnici v Erlangenu jo je januarja 1940 eden njenih bratov prišel iskat in jo spet odpeljal nazaj v Podgorje. Aprila 1940 se je odpravila na Spodnjo Bavarsko in eno leto delala pri nekem večjem kmetu. Kmetova sestra jo je nazadnje peljala v Salzburg, „od koder se je sama odpeljala domov. V tistem času je njena mati še živela in ta jo je vedno silila k delu, zato se je sprla z njo." Tudi s sestro se je kasneje vedno znova prepirala, ker ta ni prenašala njenih pogostih obiskov pri sorodnikih in znancih in ji ni več dovolila kuhati. Ursula Possnig se je gotovo zavedala svojega obupnega položaja in dogodkov v Celovcu. Z zdravnikom je odkrito govorila o tem, da se tu ne počuti v bolnišnici, ampak v „morilski ustanovi", negovalke naj bi oskrbovance trpinčile do smrti, „tudi njo hočejo ubiti, vendar je močna oseba […]".[166]

Vpisi v zdravstveni karton zrcalijo naraščajoči obup Ursule Possnig in njen smrtni strah. Tako kot druge žrtve evtanazije je „osuplo obstala pred demonično krivičnostjo, s katero so jim zdaj kot zločin, ki zasluži smrtno kazen, pripisali tisto, kar je kot nezaslužen križ nosila vse svoje življenje: bolezen, ki jo je obenem oropala možnosti, da bi se branila."[167] V skrajnih nihanjih razpoloženja je po eni strani grozila, da „gre rajši v Dravo", potem pa „je spet objestna, pleše naokrog, se lepotiči, se hoče lepo oblačiti, hoče v Nürnberg, tam da ima ženina." Večkrat je poskušala pobegniti in se je branila tega, da bi jo obravnavali zdravnik in glavne medicinske sestre. Vpis z dne 4. julija 1942 se npr. glasi: „Joka in kriči, ker mora ostati tu v tej morilski hiši. Večkrat jo je treba osamiti." Bala se je, da jo bodo zastrupili in ubili, „jokati da mora, da je ne pozabijo." Po ponovnem poskusu pobega dne 3. februarja 1943 piše v kartonu: „Tepe negovalko, da ima modre maroge, se ravsa pri vsakih vratih, je tudi ponoči pogosto nemirna." Dne 10. julija 1943 je izrazila željo, da bi rada k „führerju", „ta da ji bo že pomagal." Pozornost zbuja, da so Ursulo Possnig leta 1943 spet obiskali sorodniki in znanci.[168] Morda je bil to zadnji poskus, da bi pacientko rešili iz krempljev Niedermoserja in njegovih morilskih sester. Kot je na več primerih pokazal Götz Aly, se je možnost za preživetje pacientov in pacientk povečala, če so družine odločno intervenirale, se lotile neljubega poizvedovanja ali vsaj izkazovale svoj interes z rednimi obiski. Organizatorji evtanazije „pri svojih namerah niso bili togi, ampak so jih poskušali izvrševati s čim manj trenja. Zato so vedno znova svetovali, naj se bolniki odpustijo, če to poudarjeno zahtevajo njihovi bližnji sorodniki."[169]

V primeru Ursule Possnig je imela vsaka zahteva v tej smeri le malo upanja na uspeh. Dne 14. februarja 1944 je bilo njeno stanje opisano kot „nemirno, vročično,

---

[166] Ibid.
[167] Aly, Die Belasteten, str. 80.
[168] KLA, Bestand LKH-Psychiatrie, šk. 67, karton 4862.
[169] Aly, Die Belasteten, str. 41.

Euthanasie wäre „nicht am starren, sondern am möglichst reibungslosen Vollzug ihres Vorhabens gelegen. Deshalb rieten sie immer wieder, Kranke zu entlassen, sofern nahe Verwandte mit Nachdruck darauf drängten."[168]

Im Falle von Ursula Possnig hatte jedes Ansinnen in diese Richtung nur mehr geringe Hoffnung. Am 14. Februar 1944 wurde ihr Zustand als „unruhig, fiebernd, zeitweise nicht bei Bewusstsein" beschrieben. Zwei Tage später war Ursula Possnig tot.[169] Über die Umstände ihres grausamen Sterbens lassen sich angesichts der in Klagenfurt geübten Mordpraktiken mehr als nur Vermutungen anstellen. Nach Auskunft einer Nichte, die Ursula Possnig nicht als behindert empfand, habe es geheißen, sie hätte Fieber und Grippe bekommen: „Natürlich hat man im Dorf darüber geredet."[170] Die meisten Euthanasie-Opfer litten, wie Götz Aly eindringlich ins Gewissen rief, „an realen, nicht an herbeidiagnostizierten Problemen, die allermeisten erfüllten das zentrale Kriterium der Morde: Sie konnten nicht hinlänglich produktiv arbeiten, sie verbrauchten Gelder, banden Ressourcen und Arbeitskräfte. Deshalb mussten sie sterben."[171] Diese nüchterne Erkenntnis gilt auch für die aus der Gemeinde St. Jakob stammenden Opfer der NS-Euthanasie.

Dr. Michael Koschat, Historiker und AHS-Lehrer in Spittal an der Drau.

---

[168] Aly, Die Belasteten, S. 41.
[169] KLA, Bestand LKH-Psychiatrie, Sch. 67, Aktennummer 4862.
[170] Haider, Nationalsozialismus in Villach, S. 34.
[171] Aly, Die Belasteten, S. 20.

deloma brez zavesti". Dva dneva kasneje je bila Ursula Possnig mrtva.[170] O okoliščinah njenega grozljivega umiranja je spričo morilskih praktik, ki so jih izvajali v Celovcu, mogoče več kot samo domnevati. Kot je povedala neka nečakinja, kateri se Ursula Possnig ni zdela prizadeta, naj bi bilo rečeno, da je dobila vročino in gripo: „Seveda so v vasi govorili o tem."[171]

Večina žrtev evtanazije je trpela, kot je prepričljivo poudaril Götz Aly, „zaradi realnih, ne izmišljenih problemov, so pa v glavnem izpolnjevali osrednji kriterij za ubijanje: niso mogli delati dovolj produktivno, trošili so denar, zanje so bila potrebna sredstva in delovna sila. Zato so morali umreti."[172] To trezno spoznanje velja tudi za žrtve nacistične evtanazije iz občine Šentjakob.

Dr. Michael Koschat, zgodovinar in gimnazijski profesor v Špitalu ob Dravi.
Iz nemščine prevedla Seta Oblak.

---

[170] KLA, Bestand LKH-Psychiatrie (Gradivo deželne bolnišnice-psihiatrične klinike), šk. 67, karton 4862.
[171] Haider, Nationalsozialismus in Villach (Nacionalsocializem v Beljaku), str. 34.
[172] Aly, Die Belasteten, str. 20.

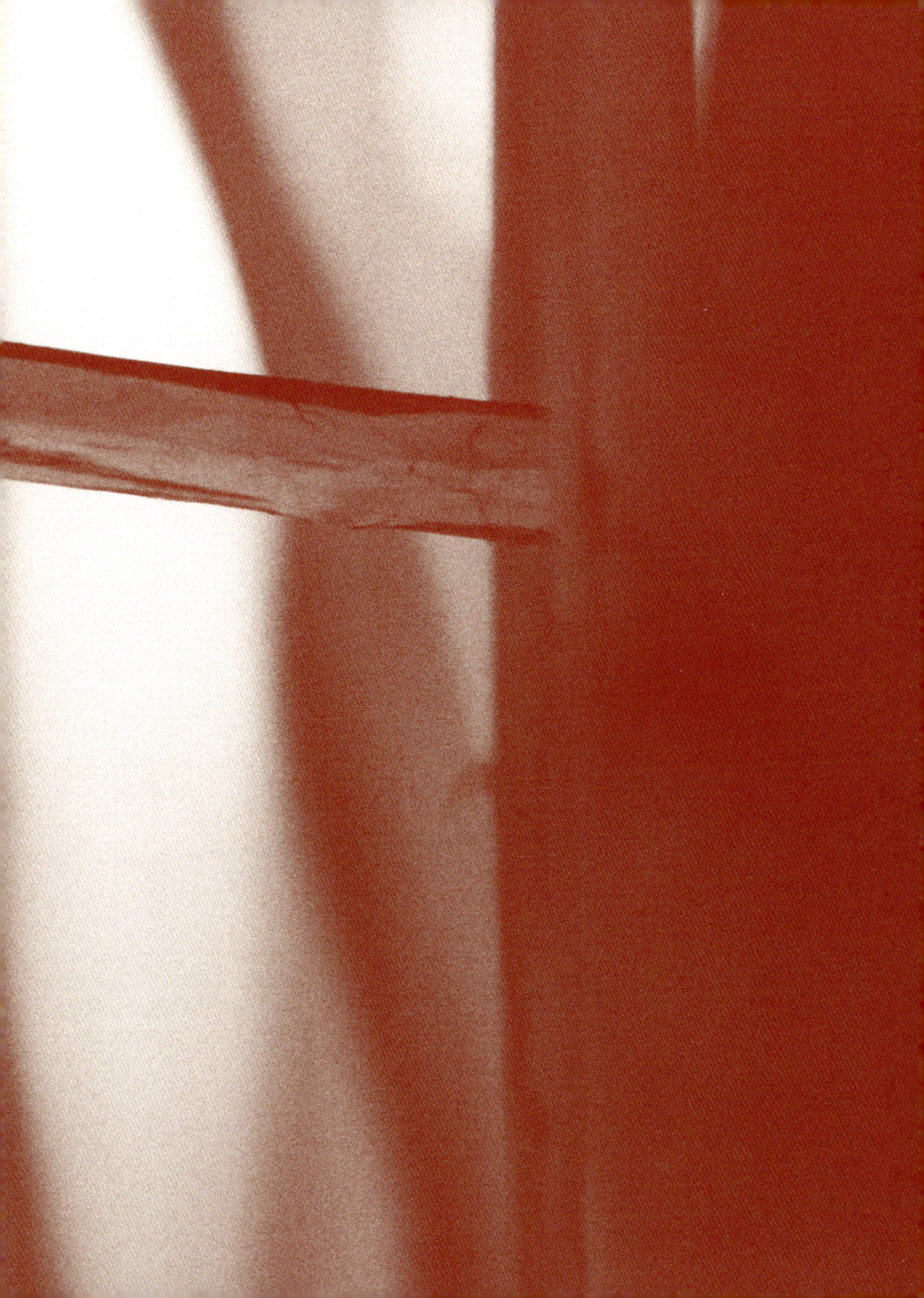

MARGIT BERNER

Anthropologische Untersuchungen in Kärnten 1930–1955. Sammlungsbestände der Anthropologischen Abteilung des Naturhistorischen Museums Wien

Im Jahre 1940 veröffentlichte der Assistent am Wiener Anthropologischen Institut, Karl Tuppa, einen Aufsatz mit dem Titel „Rassenkundliche Untersuchungen in Kärnten".[1] Darin führte er aus, dass Kärnten „das bestuntersuchte Gebiet der Ostmark" darstelle, wobei es von dem „außerordentlich umfangreichen Material" bisher erst „in geringem Umfange" Auswertungen gebe. Unter „Material" waren aufgenommene Befundbögen mit Vermessungsdaten und biografischen Angaben sowie Fotografien zu verstehen. Karl Tuppa selbst war nicht nur an den damaligen Schulkinderuntersuchungen in den Bezirken Klagenfurt und Villach beteiligt gewesen, sondern hatte im Sommer 1938 auch „rassenkundliche" Aufnahmen in der Kärntner Gemeinde St. Jakob in Rosental durchgeführt.

Die Anthropologische Abteilung des Naturhistorischen Museums umfasst neben einer umfangreichen Osteologischen Sammlung (Skelettsammlung) eine Abguss-Sammlung, eine Fotothek, eine Röntgensammlung und eine Somatologische Sammlung. Letztere beinhaltet auch Fotografien, Unterlagen und Aufzeichnungen von „rassenkundlichen Untersuchungen", die in der Zwischenkriegszeit und während der Zeit des Nationalsozialismus von Anthropologen und Anthropologinnen des Museums oder anderer Institutionen durchgeführt wurden. Teilweise sind zugehörige Fotografien in der Fotothek aufbewahrt. Vor allem die aus den Kärntner Untersuchungen stammenden Forschungsergebnisse und Archivbestände sind mit jenen Anthropologen verbunden, die damals an der Anthropologischen Abteilung des Naturhistorischen Museums beziehungsweise am Anthropologischen Institut der Universität Wien tätig waren, mit Viktor Lebzelter, Josef Wastl, Robert Routil, Karl Tuppa, Johann Jungwirth und Josef Weninger.

Neben den Unterlagen von Schulkinderuntersuchungen in den Bezirken Völkermarkt, Wolfsberg, Klagenfurt und Villach befinden sich in den Beständen auch Unterlagen zu den erbbiologischen und „rassenbiologischen" Erhebungen, die Johann Jungwirth im Sommer 1937 in der „rein deutschen Gemeinde" Feld am See an 450 Männern, Frauen und Kindern durchgeführt hatte; ferner Bögen und statistische Auswertungen von Ferdinand Thomaser, aufgenommen im Villacher Gymnasium im Jahre 1934, sowie ein Konvolut mit Messbögen von einer anthropologischen Untersuchung in Klagenfurt, aufgenommen von Ämilian Kloiber[2]. Außerdem birgt das Depot Unterlagen zu „rassenkundlichen Untersuchungen" an Kriegsgefangenen im Kriegsgefangenen-

---

[1] Karl Tuppa, Rassenkundliche Untersuchungen in Kärnten, in: Verhandlungen der Deutschen Gesellschaft für Rassenforschung 9, 1940, S. 28–31.

[2] Zu Ämilian Kloiber vgl. Michal V. Šimůnek, Institut für Rassenbiologie Naturwissenschaftliche Fakultät der DKU Prag, in: Michael Fahlbusch, Ingo Haar, David Hamann, Alexander Pinwinkler, München, Wien 2017, S. 1455–1464, hier S. 1457.

Antropološke raziskave na Koroškem 1930–1955. Zbirke antropološkega oddelka Prirodoslovnega muzeja Dunaj

Leta 1940 je Karl Tuppa, asistent na dunajskem Antropološkem inštitutu, objavil članek z naslovom „Rasoslovne raziskave na Koroškem".[1] V njem je navedel, da Koroška predstavlja „najbolje raziskano področje Vzhodne marke", pri čemer obdelave tega „izjemno obsežnega gradiva" obstajajo doslej šele „v omejenem obsegu". S pojmom „gradivo" je imel v mislih zapise s podatki meritev in biografskimi podatki ter fotografije. Karl Tuppa sam takrat ni le sodeloval pri preiskavah šolarjev v okrajih Celovec in Beljak, ampak je poleti 1938 naredil tudi „rasoslovne" raziskave v koroški občini Šentjakob v Rožu.

Antropološki oddelek Prirodoslovnega muzeja ima poleg obsežne osteološke zbirke (zbirka okostij) tudi zbirko odlitkov, fototeko, rentgensko zbirko in somatološko zbirko. Zadnja obsega tudi fotografije, dokumente in zapiske „rasoslovnih raziskav", ki so jih v času med prvo in drugo svetovno vojno ter v obdobju nacionalsocializma izvedli antropologi in antropologinje muzeja in drugih ustanov. Delno so v fototeki shranjene tudi pripadajoče fotografije. Konkretno za izsledke raziskav in arhivske zbirke raziskovanj na Koroškem lahko rečemo, da so povezane s tistimi antropologi, ki so bili tedaj dejavni na antropološkem oddelku Prirodoslovnega muzeja oziroma na Antropološkem inštitutu Univerze na Dunaju; to so bili Viktor Lebzelter, Josef Wastl, Robert Routil, Karl Tuppa, Johann Jungwirth in Josef Weninger.

Poleg dokumentov o preiskavah šolarjev v okrajih Velikovec, Wolfsberg, Celovec in Beljak so v arhivu tudi dokumenti o genetskih in „rasno-bioloških" preiskavah, ki jih je poleti 1937 opravil Johann Jungwirth v „čisto nemški občini" Feld am See na 450 moških, ženskah in otrocih; nadalje popisne pole in statistične ocene preiskav Ferdinanda Thomaserja, ki jih je opravil na gimnaziji v Beljaku leta 1934, pa zvitek s popisnimi polami antropološke raziskave v Celovcu, ki jo je opravil Ämilian Kloiber[2]. Poleg tega muzejski arhiv hrani tudi dokumente o „rasoslovnih raziskavah" vojnih ujetnikov v taborišču vojnih ujetnikov Wolfsberg, ki so jih prav tako med drugo svetovno vojno na Koroškem izpeljali antropologi Prirodoslovnega muzeja.[3]

---

[1] Karl Tuppa, Rassenkundliche Untersuchungen in Kärnten, v: Verhandlungen der Deutschen Gesellschaft für Rassenforschung 9, 1940, str. 28–31.

[2] Ämilian Kloiber, prim. Michal V. Šimůnek, Inštitut za rasno biologijo Naravoslovne fakultete DKU Praga, v: Michael Mahlbusch, Ingo Haar, David Hamann, Alexander Pinwinkler, München, Wien 2017, str. 1455–1464, tu str. 1457.

[3] Margit Berner, Anette Hoffmann, Britta Lange, Sensible Sammlungen. Iz antropološkega depoja, Hamburg 2011.

lager Wolfsberg, die ebenfalls Anthropologen des Naturhistorischen Museums während des Zweiten Weltkrieges in Kärnten durchgeführt hatten.[3]

Die Sammlungen gelangten aktiv, passiv, als Nachlass oder auf anderem Wege an das Museum. Die Art und Weise der Akquisition, die Aufbereitung und Auswertung der Bestände, ob in Form von Publikationen oder Präsentationen, geben uns heute wichtige Hinweise auf die Wissenschafts- und Museumsgeschichte und gewähren Einblicke in das Verhältnis und Zusammenspiel von Forschern und Erforschten. Dabei wird ersichtlich, dass die Menschen sich für diese Untersuchungen oftmals nicht freiwillig zur Verfügung gestellt hatten, die Untersuchten von den Wissenschafterinnen und Wissenschaftern benutzt und zu biologischem „Material" degradiert worden waren und immer wieder ethische, persönliche und religiöse Grenzen der Betroffenen überschritten wurden.

Wissenschaftlicher Hintergrund

Die sich im 19. Jahrhundert ausdifferenzierende Wissenschaft der physischen Anthropologie folgte in ihrer Arbeitsweise und ihren Inhalten den Naturwissenschaften, der Anatomie und der Archäologie und versuchte, die Verwandtschaft der lebenden Menschen und ihrer Vorfahren zu ergründen. Dem Ansatz der biologischen Klassifikation folgend, wurde versucht, die Menschen in scheinbar wertfreie, naturwissenschaftliche „Rassenklassifikationen" einzuteilen. Dabei stützen sich frühe Konzepte von „Rasse" zunächst auf Beschreibungen und die Charakterisierung „typischer" Individuen, bis man zur Vermessung großer Bevölkerungsserien überging.[4] „Rasse" wurde damit zu einer abstrakteren Kategorie, und die aus dem Durchschnitt einer Bevölkerung gewonnenen Maßzahlen wurden als „typisch" für die ganze Gruppe gewertet.

Obwohl die Anthropologen Ende des 19. Jahrhunderts die Gleichheit und Zugehörigkeit aller Menschen zu einer Art (auch Species oder Spezies) betonten, beinhalteten die Klassifikationen unterhalb der Art immer eine hierarchisierende, letztendlich abwertende Einstellung im Sinne einer „Rasseneinteilung" auf unterschiedlichen evolutionären Stufen. In vielen Klassifizierungen standen die „weißen Europäer" an der Spitze der Evolution, die Afrikaner bildeten das untere Ende und wurden in die Nähe der „Urmenschen" gestellt. Außerdem verzeichnete die Anthropologie in der zweiten Hälfte des 19. Jahrhunderts ein zunehmendes Interesse daran, auch die eigene Bevölkerung und die „Rassen" innerhalb Europas zu studieren. Daten, die in unzähligen Messreihen gewonnen wurden, führten zwar zu keiner allgemein gültigen und verbindlichen „Rassenklassifikation", trotzdem wurden Systeme mit mehreren „Grundrassen" und zahlreichen „Unterrassen" allgemein akzeptiert.[5]

---

[3] Margit Berner, Anette Hoffmann, Britta Lange, Sensible Sammlungen. Aus dem anthropologischen Depot, Hamburg 2011.
[4] Vgl. Stephan Jay Gould, Der falsch vermessene Mensch, Frankfurt am Main 1994.
[5] Joseph Deniker, The Races of Man, London 1900; William Z. Ripley, Races of Europe. A Sociological Study, New York 1899.

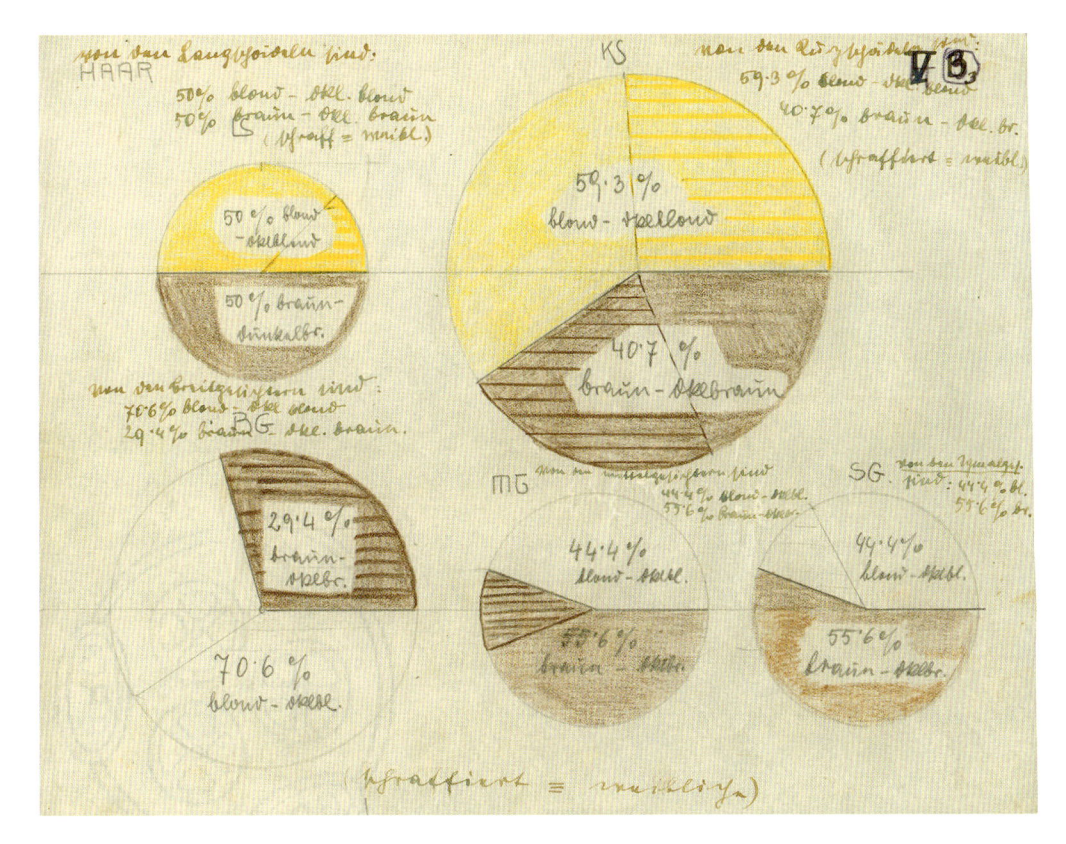

Auswertung der anthropologischen Aufnahmen der 8. Klasse des Villacher Gymnasiums von Ferdinand Thomaser, 1935.
Quelle: Somatologische Sammlung, Inv. Nr. 2705, Anthropologische Abteilung, Naturhistorisches Museum Wien

Analiza antropoloških raziskav 8. razreda gimnazije v Beljaku, Ferdinand Thomaser, 1935.
Vir: somatološka zbirka, inv. št. 2705, antropološki oddelek, Naravoslovni muzej Dunaj

Zbirke so prišle v muzej aktivno, pasivno, kot zapuščina ali po kaki drugi poti. Način njihove pridobitve in priprava ter obdelava inventarja, bodisi v obliki objav ali predstavitev, nam danes dajejo pomembne vpoglede v zgodovino znanosti in zgodovino muzeja ter omogočajo presojo odnosov in sodelovanja preiskovalcev in preiskovancev. Pri tem se pokaže, da se ljudje pogosto niso prostovoljno dali na razpolago za te raziskave, ampak so znanstveniki in znanstvenice izrabili preiskovance in jih degradirali na biološki „material" ter vedno znova prekoračili etične, osebne in religiozne meje prizadetih.

Anfang des 20. Jahrhunderts führten die Ergebnisse der Vererbungsforschung und die Anwendung der Mendel'schen Vererbungsregeln auf den Menschen zu neuen Sichtweisen und Forschungsansätzen in der Anthropologie. Nunmehr wurde versucht, Erbgänge von Merkmalen, die für die „Rassenklassifikation" als wesentlich angesehen wurden, anhand von Stammbäumen und Familienaufnahmen zu verfolgen und die Ergebnisse mittels standardisierter Portraitfotografien und grafisch-statistischer Darstellungen zu visualisieren.

Daneben wurden weiterhin Reihenuntersuchungen an Schülerinnen und Schülern, Soldaten und anderen (Bevölkerungs-)Gruppen durchgeführt – mit dem Ziel, die „rassische Zusammensetzung" von Bevölkerungen und Ländern zu erfassen und zu beschreiben.

So nahm im Ersten Weltkrieg Rudolf Pöch, Professor für Anthropologie und Ethnographie an der Universität Wien, gemeinsam mit seinem Assistenten Josef Weninger und einigen seiner Studenten umfangreiche „rassenkundliche" Reihenuntersuchungen in mehreren Kriegsgefangenenlagern vor. Von über 7000 Kriegsgefangenen wurden mittels Messblättern Daten zur Herkunft und Gesundheit erhoben, mehrere tausend Fotografien und an die 200 Gipsmasken angefertigt, Haarproben gesammelt sowie kinematographische und phonographische Aufnahmen hergestellt.[6] Das damalige Forschungsinteresse richtete sich hauptsächlich auf anthropologisch weniger bekannte Völkerschaften des russischen Reiches und sogenannte aussterbende Völker. Neben einer detaillierten Beschreibung von „Rassenmerkmalen" standen Fragen der „Rassensystematik" der Europäer sowie der „Rassenmischung" zwischen europäischen und asiatischen Populationen im Vordergrund.[7] Die Untersuchungen erfolgten nach den Richtlinien des 1914 erschienenen ersten deutschen Lehrbuches für Anthropologie von Rudolf Martin, Professor für Anthropologie in München.[8] In den Kriegsgefangenenlagern fanden die Forscher Voraussetzungen, an „Material" heranzukommen, wie es vorher nicht möglich gewesen war. Durch den Krieg gesteigerte Nationalismen förderten dabei – in Kombination mit dem Status abhängiger Kriegsgefangener in einer Lagersituation – eine rassistische und ausgrenzende Sichtweise. In der militärischen Disziplin in den Lagern sah man große Vorteile gegenüber den Schwierigkeiten, die bei zivilen Untersuchungen sonst auftraten – insbesondere beim Anfertigen von Nacktaufnahmen und Abnehmen von Gipsmasken.

---

[6] Vgl. Britta Lange, Die Wiener Forschungen an Kriegsgefangenen 1915–1918. Anthropologische und ethnografische Verfahren im Lager, Wien 2013.

[7] Vgl. Margit Berner, Forschungs-„Material" Kriegsgefangene: Die Massenuntersuchungen der Wiener Anthropologen an gefangenen Soldaten 1915–1918, in: Heinz Eberhard Gabriel, Wolfgang Neugebauer (Hg.), Vorreiter der Vernichtung. Eugenik, Rassenhygiene und Euthanasie in der österreichischen Diskussion vor 1938, Wien, Köln, Weimar 2005, S. 167–198.

[8] Rudolf Martin, Lehrbuch für Anthropologie in systematischer Darstellung mit besonderer Berücksichtigung der anthropologischen Methoden, Jena 2014.

Znanstveno ozadje

Znanost o fizični antropologiji, ki se je izdiferencirala v 19. stoletju, je po načinu dela in vsebinah sledila naravoslovju, anatomiji ter arheologiji in je poskušala doumeti sorodnost med živimi ljudmi in njihovimi predniki. Sledeč zasnovi biološke klasifikacije je poskušala ljudi razporediti glede na navidez nevtralno naravoslovno „rasno klasifikacijo". Zgodnji koncepti „rase" so se sprva opirali na opise in karakterizacijo „tipičnih" posameznikov, kasneje so prešli na izmero večjih skupin prebivalstva.[4] „Rasa" je s tem postala bolj abstraktna kategorija, izmerjene vrednosti, pridobljene iz povprečja prebivalstva, pa so se ovrednotile kot „značilne" za vso skupino.

Čeprav so antropologi ob koncu 19. stoletja poudarjali enakost in pripadnost vseh ljudi eni vrsti (species), so klasifikacije znotraj vrste vedno vsebovale hierarhično in konec koncev podcenjevalno razporeditev v smislu „rasne razvrstitve" po različnih stopnjah evolucije. Pri številnih klasifikacijah so bili „beli Evropejci" na evolucijskem vrhu, Afričani pa so predstavljali vznožje in so bili postavljeni v bližino „pračloveka". Poleg tega je antropologija v 2. polovici 19. stoletja kazala vedno večje zanimanje za to, da bi preučevala tudi lastno prebivalstvo in „rase" znotraj Evrope. Podatki, ki so jih pridobili v neštetih meritvah, sicer niso omogočili splošno veljavne in obvezujoče „rasne klasifikacije", a kljub temu so nastali splošno priznani sistemi z več „osnovnimi rasami" in neštetimi „podrasami".[5] V začetku 20. stoletja so rezultati raziskav o dednosti in uporaba Mendlovih pravil dedovanja pri ljudeh pripeljali do novih pogledov in raziskovalnih zasnov v antropologiji. Odslej so poskušali dedovanje značilnosti, ki so veljale za bistveno pomembne za „rasno klasifikacijo", spremljati na osnovi rodovnikov in družinskih slik ter rezultate vizualizirati s standardizirano portretno fotografijo in grafično-statističnimi prikazi.

Poleg tega so še naprej izvajali sistematske preiskave šolark in šolarjev, vojakov in drugih skupin prebivalstva – s ciljem zaobseči in opisati „rasno sestavo" prebivalstev in dežel.

V prvi svetovni vojni je Rudolf Pösch, profesor antropologije in etnografije na dunajski univerzi, skupaj z asistentom Josefom Weningerjem in nekaterimi od svojih študentov izvedel obsežne „rasoslovne" sistematske preiskave v več taboriščih vojnih ujetnikov. Na listih so zbrali podatke več kakor 7.000 vojnih ujetnikov o poreklu in zdravju, posneli več tisoč fotografij in izdelali 200 mavčnih odlitkov, zbrali vzorce las ter kinematografske in fonografske posnetke.[6] Takratni raziskovalni interesi so bili usmerjeni v glavnem v antropološko manj znane narodnosti ruskega carstva in tako imenovana izumirajoča ljudstva. Poleg podrobnega opisa „rasnih značilnosti" so bila v ospredju vprašanja „rasne sistematike" Evropejcev in „rasnega mešanja" med

---

[4] Prim. Stephan Jay Gould, Der falsch vermessene Mensch, Frankfurt am Main 1994.
[5] Joseph Deniker, The Races of Man, London 1900; William Z. Ripley, Races of Europe. A Sociological Study, New York 1899.
[6] Prim. Britta Lange, Die Wiener Forschungen an Kriegsgefangenen 1915–1918. Anthropologische und ethnografische Verfahren im Lager, Wien 2013.

In der Zwischenkriegszeit und während der Zeit des Nationalsozialismus, als die „Rassenkunde" um „rassenhygienische" Vorstellungen erweitert wurde, florierten Untersuchungen an lebenden Personengruppen.[9] So wurden in Deutschland und Österreich ganze Regionen und Familien „rassenkundlich" erforscht und erbbiologisch-genealogisch untersucht. Dazu der Wissenschaftshistoriker Thomas Mayer: „Die Methode der Dorfuntersuchung stand für die Arbeit vieler genetisch interessierter deutscher AnthropologInnen Modell und erlebte in den 1930ern eine regelrechte Konjunktur."[10] Durch die Verbindung von „rassenanthropologischen" Merkmalen mit der Vererbungsforschung verstand sich die Anthropologie ab jenem Zeitpunkt auch als „Rassenbiologie".[11]

In Österreich war Helene (Hella) Schürer von Waldheim, Pöchs Studentin und spätere Frau, die erste, die eine erbbiologische Studie in Verbindung mit „rassenanthropologischen" Aufnahmen durchführte. Sie hatte 1917 und 1918 Insassen des wolhynischen Flüchtlingslagers in Niederalm bei Salzburg untersucht und Beobachtungen zur Ernährung, Lebensweise und Gesundheit als „rassenhygienische Fragen" bezeichnet.[12] Eberhard Geyer, späterer Professor am Anthropologischen Institut der Universität Wien, verfasste 1925 seine Dissertation über die Vererbung von Merkmalen des menschlichen Ohres an Hand von Untersuchungen zweier Dorfbevölkerungen in der Steiermark.[13]

Ebenfalls in der Zwischenkriegszeit wurde von Otto Reche, von 1924 bis 1926 Professor für Anthropologie und Ethnographie in Wien[14], auf Anregung des Wiener Landesgerichtsrats Anton Rolleder ein anthropologisches Verfahren zur Bestimmung der Vaterschaft entwickelt, um anstelle der bislang durchgeführten Blutgruppenuntersuchung, die zwar einen Ausschluss in einigen Fällen ermöglichte, einen positiven Nachweis der Vaterschaft zu erhalten. Reches Methode basierte auf der „Bertillonage", eines im polizeilichen Erkennungsdienst vieler Staaten eingesetzten anthropometrischen Verfahrens zur Identifizierung einer Person. Dabei wurde eine größere Anzahl an Merkmalen gleichzeitig herangezogen und verglichen, um den Kreis der für die Vaterschaft in Betracht kommenden Männer durch „Eliminierung" auf einen einschränken zu können. Reche verwendete dafür Blutgruppen- und Hautleistenmerkmale

---

[9] Vgl. Peter Weingart, Jürgen Kroll, Kurt Bayeretz, Rasse, Blut und Gene. Geschichte der Eugenik und Rassenhygiene in Deutschland, Frankfurt am Main 1996; Paul Weindling, Health, race and German politics between national unification and Nazism 1870–1945, Cambridge 1989.

[10] Thomas Mayer, Das Rassenbiologische Institut der Universität Wien 1938–1945, phil. Diss. Universität Wien 2015, S. 116.

[11] Ebd.

[12] Archiv der Österreichischen Akademie der Wissenschaften: Subventionen, math.-nat., Klasse, Karton 7, Konv. „1918" Nr. 250/1918, Bericht Hella Schürer von Waldheim, 24. März 1918; vgl. auch Brigitte Fuchs, „Rasse", „Volk", Geschlecht. Anthropologische Diskurse in Österreich 1850–1960, Frankfurt am Main, New York 2003, S. 241–244.

[13] Eberhard Geyer, Gestalt und Vererbung der Gegenleiste (Anthelix) des menschlichen Ohres, Diss. Universität Wien 1925; vgl. Fuchs, „Rasse", „Volk", Geschlecht, S. 261–263.

[14] Vgl. Katja Geisenhainer, „Rasse ist Schicksal". Otto Reche (1879–1966) – ein Leben als Anthropologe und Völkerkundler, Leipzig 2002.

evropskimi in azijskimi populacijami.[7] Raziskave so potekale po smernicah prvega nemškega učbenika za antropologijo, ki je izšel leta 1914 in ga je napisal Rudolf Martin, profesor antropologije v Münchnu.[8] V taboriščih vojnih ujetnikov so raziskovalci našli možnosti, da pridejo do „gradiva", kakršnega prej ni bilo mogoče zbrati. Nacionalizmi, ki jih je stopnjevala vojna, so pri tem – v kombinaciji s statusom nemočnih vojnih ujetnikov, zaprtih v taborišču – podpirali rasističen in izločujoč pogled. Vojaška disciplina v taboriščih je omogočala veliko lažje delo v primerjavi s težavami, ki so se sicer pojavljale pri raziskavah med civilisti – posebej pri posnetkih golih teles in jemanju mavčnih odlitkov.

V času med prvo in drugo svetovno vojno ter v obdobju nacionalsocializma, ko se je „rasoslovje" razširilo na „rasno-higienske" predstave, so cvetele raziskave na živih ljudeh posameznih skupin.[9] Tako so v Nemčiji in v Avstriji „rasoslovno" in genetsko-genealoško preiskali cele pokrajine in posamezne družine. Strokovnjak za zgodovino znanosti Thomas Mayer je o tem izjavil: „Metoda raziskave vasi je bila model za delo številnih genetsko zainteresiranih nemških antropologov in antropologinj in je v 30-ih letih 20. stoletja doživela pravo konjunkturo."[10] S tem ko je povezala „rasno-antropološke" značilnosti z raziskavo dednosti, je antropologija od tistega časa veljala tudi za „rasno biologijo".[11]

V Avstriji je bila Helene (Hella) Schürer von Waldheim, Pöchova študentka in kasneje soproga, prva, ki je izvedla genetsko raziskavo v povezavi z „rasno-antropološkimi" posnetki. Leta 1917 in 1918 je preiskala begunce v volinijskem begunskem taborišču v Niederalmu pri Salzburgu in je beležke o njihovi prehrani, načinu življenja in zdravju poimenovala „rasno-higienska vprašanja".[12] Eberhard Geyer, kasnejši profesor na Antropološkem inštitutu dunajske univerze, je leta 1925 za temo svoje disertacije izbral dedovanje značilnosti človeškega ušesa glede na preiskave prebivalcev dveh vasi na Štajerskem.[13] Prav tako v času med prvo in drugo svetovno voj-

---

[7] Prim. Margit Berner, Forschungs-„Material" Kriegsgefangene: Die Massenuntersuchungen der Wiener Anthropologen an gefangenen Soldaten 1915–1918, v: Heinz Eberhard Gabriel, Wolfgang Neugebauer (izd.), Vorreiter der Vernichtung. Eugenik, Rassenhygiene und Euthanasie in der österreichischen Diskussion vor 1938, Wien, Köln, Weimar 2005, str. 167–198.

[8] Rudolf Martin, Lehrbuch für Anthropologie in systematischer Darstellung mit besonderer Berücksichtigung der anthropologischen Methoden, Jena 2014.

[9] Prim. Peter Weingart, Jürgen Kroll, Kurt Bayeretz, Rasse, Blut und Gene. Geschichte der Eugenik und Rassenhygiene in Deutschland, Frankfurt am Main 1996; Paul Weindling, Health, race and German politics between national unification and Nazism 1870–1945, Cambridge 1989.

[10] Thomas Mayer, Das Rassenbiologische Institut der Universität Wien 1938–1945, phil. Disstr. Universität Wien 2015, str. 116.

[11] Ibidem.

[12] Arhiv Avstrijske akademije znanosti: Subventionen, math.-nat., Klasse, Karton 7, Konv. „1918" Nr. 250/1918, Poročilo Helle Schürer von Waldheim, 24. marec 1918; Prim. tudi Brigitte Fuchs, „Rasse", „Volk", Geschlecht. Anthropologische Diskurse in Österreich 1850–1960, Frankfurt am Main, New York 2003, str. 241–244.

[13] Eberhard Geyer, Gestalt und Vererbung der Gegenleiste (Anthelix) des menschlichen Ohres, Disstr. Universität Wien 1925; Prim. Fuchs, „Rasse", „Volk", Geschlecht, str. 261–263.

sowie anthropologische Kopf- und Körpermaße.¹⁵ Da es keine Studien zu den Erbgängen der meisten anthropologischen Merkmale gab, versuchte Reches Nachfolger, Josef Weninger, die Grundlage für die Vaterschaftsgutachten weiterzuentwickeln und begann Familien und Zwillinge zu untersuchen.¹⁶ Zu diesem Zweck etablierte er eine Arbeitsgruppe, deren Mitglieder sich auf die Beobachtung und Aufnahme einzelner Merkmalsgruppen spezialisierten. 1934 führte die Arbeitsgruppe „erbbiologisch-rassenkundliche" Familienuntersuchungen in Marienfeld (rum. Teremia Mare), einem deutschen Dorf in Rumänien, durch. 1937 begann die Beteiligung der Wiener Anthropologen an den Schulkinderuntersuchungen in Kärnten.¹⁷

Am Naturhistorischen Museum hatte sich Viktor Lebzelter, Leiter der Anthropologischen Abteilung, Ende der 1920er-Jahre verstärkt der Erforschung der „Rassen" Österreichs zugewandt. Dazu hatte er mehrere Forschungsreisen unternommen, um „Skelettmaterial" aus verschiedenen Beinhäusern zu erhalten und um Vermessungen an der Bevölkerung durchzuführen. Lebzelter lehnte jedoch die „rassenideologische" und „nordische" Ausrichtung – mit ihrer Vorstellung von einem „nordischen Ursprung" – ab, wie sie von Eberhard Geyer vom Anthropologischen Institut der Universität Wien oder dem durch seine Bücher über „die Rassenkunde des deutschen Volkes" bekannt gewordenen Hans F. K. Günther vertreten wurde, und betonte den positiven Charakter von „Rassenmischung" bei den europäischen „Rassen".¹⁸ Lebzelter entwickelte eine Kombinationsmethode, mittels der er Individuen nach Maßen und morphologischen Merkmalen bestimmten „Kombinationstypen" zuordnete, um sie von „einem allzu eng gefassten Rassenschema zu befreien".¹⁹ Schließlich ordnete er aber diese „physiognomischen Typen" dann wieder „Rassentypen" zu.

Letztlich liefen all diese Untersuchungen darauf hinaus, „rassentypologische" Beurteilungen und Bestimmungen des deutschen beziehungsweise österreichischen Volkes zu liefern, wobei häufig auch völkisch-rassistisch oder eugenisch argumentiert wurde.

---

[15] Otto Reche, Die ersten erbbiologisch-anthropologischen Abstammungsgutachten, in: *Zeitschrift für Niederdeutsche Familienkunde* 38, 1963, S. 73–77.

[16] Josef Weninger, Über die Weichteile der Augengegend bei erbgleichen Zwillingen, in: *Anthropologischer Anzeiger* 9, 1932, S. 57–65.

[17] Josef Weninger, 25 Jahre Anthropologisches Institut an der Universität Wien, in: *Mitteilungen der Anthropologischen Gesellschaft Wien* 68, 1938, S. 199–200.

[18] Vgl. Viktor Lebzelter, Grundsätzliches zur Rassenhygiene, in: *Mitteilungen der Anthropologischen Gesellschaft Wien* 55, 1925, S. 361–362; Viktor Lebzelter, Hans F. K. Günther, Kleine Rassenkunde Europas (= Buchrezension), in: *Mitteilungen der Anthropologischen Gesellschaft Wien* 56, 1926, S. 128–129; vgl. auch Fuchs, „Rasse", „Volk", Geschlecht, S. 283–285; siehe auch Karl Pusman, Die „Wissenschaften vom Menschen" auf Wiener Boden (1870–1959): die anthropologische Gesellschaft in Wien und die anthropologischen Disziplinen im Fokus von Wissenschaftsgeschichte, Wissenschafts- und Verdrängungspolitik, Münster 2008, S. 130–133.

[19] Vgl. Fuchs, „Rasse", „Volk", Geschlecht, S. 285; siehe auch Viktor Lebzelter, Die österreichischen Rassen, in: Vereinigung christlich-deutscher Mittelschullehrer Österreichs (Hg.), „Österreich", Grundlegung der vaterländischen Erziehung, Wien, Leipzig 1936, S.183–188.

Aufnahmebögen der Schulkinderuntersuchungen im Bezirk Wolfsberg, 1936.
Quelle: Somatologische Sammlung, Inv. Nr. 2749, Anthropologische Abteilung, Naturhistorisches Museum Wien.
Foto: Wolfgang Reichmann, Naturhistorisches Museum Wien, 2018

Vpisne pole preiskav šolarjev v okrožju Wolfsberg, 1936.
Vir: somatološka zbirka, inv. št. 2749, antropološki oddelek, Naravoslovni muzej Dunaj.
Fotografija: Wolfgang Reichmann, Naravoslovni muzej Dunaj, 2018

no je Otto Reche, od 1924 do 1926 profesor antropologije in etnografije na Dunaju[14], na pobudo svetnika dunajskega deželnega sodišča Antona Rollederja razvil antropološki postopek za določanje očetovstva, ki naj bi namesto dotlej uveljavljene preiskave krvne skupine – ta je v nekaterih primerih sicer omogočala izključevanje – dajal pozitiven dokaz o očetovstvu. Rechejeva metoda je temeljila na „bertilonaži", antropometričnem postopku za identificiranje posamezne osebe, uveljavljenem v policijskem postopku identifikacije v številnih državah. Pri tem postopku so hkrati upoštevali večje število značilnosti in jih primerjali, tako da se je krog moških, ki bi prišli v poštev za očetovstvo, z „eliminacijo" skrčil na eno samo osebo. Reche je pri tem uporabil tako krvno skupino in brazde na prstnih jagodah kot antropološke mere glave in telesa.[15]

---

[14] Prim. Katja Geisenhainer, „Rasse ist Schicksal". Otto Reche (1879–1966) – ein Leben als Anthropologe und Völkerkundler, Leipzig 2002.

[15] Otto Reche, Die ersten erbbiologisch-anthropologischen Abstammungsgutachten, v: Zeitschrift für Niederdeutsche Familienkunde 38, 1963, str. 73–77.

Projekte und Tätigkeiten während der NS-Zeit

Der „Anschluss" Österreichs an das Deutsche Reich und der Kriegsbeginn veränderten die Situation an den Anthropologischen Institutionen. Josef Weninger wurde nach der NS-Machtergreifung aufgrund seiner Ehe mit Margarete Weninger, die nach den „Nürnberger Rassengesetzen" als Jüdin galt, der Professur enthoben. Daraufhin wurde sein Assistent Eberhard Geyer, seit 1933 illegales NSDAP-Mitglied, zunächst mit der provisorischen und ab 1941 mit der offiziellen Leitung des Instituts für Physische Anthropologie an der Universität Wien betraut.[20] Zudem begannen bereits im Mai 1938 Planungen für ein neues „Rassenbiologisches Institut", welches 1939 bewilligt wurde. 1942 nahm Geyer seine Lehr- und Forschungspraxis an der Medizinischen Fakultät der Universität Wien auf.[21]

Nach Geyers Tod im Jahr 1943 übernahm Karl Tuppa provisorisch die Institutsleitung und führte dessen „erbbiologisch-rassenkundliche" und „rassenhygienische" Ausrichtung in der Lehre fort. Tuppa, seit 1935 illegales NSDAP-Mitglied, hatte 1935 mit einer Arbeit zu den Kriegsgefangenenuntersuchungen promoviert, 1940 folgte die Habilitation.[22] Innerhalb Weningers Arbeitsgruppe hatte er sich auf das „Erscheinungsbild der Weichteile der Augengegend" spezialisiert.

Eberhard Geyer berichtete 1939 von unveröffentlichten Untersuchungen, die an über 30.000 Personen durchgeführt worden waren.[23] Zu diesen zählten Tuppas Aufnahmen von Kärntner Schulkindern in St. Jakob im Rosental und Untersuchungen von Johann Jungwirth in Feld am See.[24] Jungwirth hatte 1939 bei Eberhard Geyer über die Anthropologie von Kärntner Bergbauern promoviert und sich damals bereits als über zehn Jahre tätiger Nationalsozialist dargestellt.[25] Außerdem wurden die Auswertungen früherer Untersuchungen fortgesetzt, wie jene, die an Kriegsgefangenen während des Ersten Weltkrieges durchgeführt worden waren. Ein besonderes Interesse an der Erforschung von Juden entwickelte Dora Maria Kahlich, Assistentin am Anthropologischen Institut, die im Jahre 1938 Aufnahmen von jüdischen Insassen im Alters- und Pflegeheim Lainz vornahm.[26] 1942 untersuchte sie gemeinsam mit der 1940 am Wiener

---

[20] Vgl. Pusman, Die „Wissenschaften vom Menschen", S. 208.

[21] Vgl. Mayer, Das Rassenbiologische Institut der Universität Wien 1938–1945; Thomas Mayer, Das Wiener Modell der Rassenbiologie. Die Neuordnung der Erb- und Rassenforschung an der Universität Wien von 1938 bis 1945, in: Herwig Czech, Paul Weindling (Hg.), Österreichische Ärzte und Ärztinnen im Nationalsozialismus (= Jahrbuch des Dokumentationsarchives des österreichischen Widerstandes), Wien 2017, S. 109–131.

[22] Karl Tuppa, Anthropologische Untersuchungen an kriegsgefangenen Tipteren, Diss. Universität Wien 1935; Karl Tuppa, Mischeren und Tipteren. Ein Beitrag zur Anthropologie der Türkvölker in Rußland, Berlin 1941.

[23] Eberhard Geyer, Der Stand der rassenkundlichen Untersuchungen in der Ostmark, in: Michael Hesch, Gustav Spannaus (Hg.), Kultur und Rasse, Festschrift zum 60. Geburtstag Otto Reches, München, Berlin 1939, S. 80–87.

[24] Ebd. S. 85.

[25] Vgl. Fuchs, „Rasse", „Volk", Geschlecht, S. 302; Eberhard Geyers Dissertation liegt nicht vor.

[26] Vgl. Maria Teschler-Nicola, Margit Berner, Die Anthropologische Abteilung des Naturhistorischen Museums in der NS-Zeit, Berichte und Dokumentationen von Forschungs- und Sammlungsaktivitäten 1938–1945, in: Akademischer Senat der Universität Wien, Projektleitung Gustav Spann (Hg.), Untersuchungen zur Anatomischen Wissenschaft in Wien 1938–1945. Senatsprojekt der Universität Wien, Wien 1998, S. 333–358; Dora Maria Kahlich war seit 1932 Mitglied der NSDAP, im Februar 1938 trat sie der NS-Frauenschaft bei; vgl. OeStA AVA Unterricht, NS-Fragebögen – Assistenten Universität Wien, Dora Maria Koenner [= Dora Kahlich-Könner].

Ker ni bilo nobenih raziskav o dedovanju večine antropoloških značilnosti, je Rechejev naslednik Josef Weninger poskušal osnovo za izvedensko mnenje o očetovstvu razvijati dalje in je začel raziskovati družine in dvojčke.[16] V ta namen je ustanovil delovno skupino, katere člani so se usmerili na opazovanje in fotografiranje posameznih skupin z določenimi značilnostmi. Leta 1934 je delovna skupina izvedla „genetsko-rasoslovne" preiskave družin v kraju Teremia Mare (Marienfeld) v Romuniji. Leta 1937 so dunajski antropologi začeli sodelovati v preiskavah šolarjev na Koroškem.[17]

V Prirodoslovnem muzeju se je Viktor Lebzelter, vodja antropološkega oddelka, konec 20-ih let 20. stoletja začel intenzivno ukvarjati z raziskovanjem avstrijskih „ras". Opravil je več raziskovalnih potovanj, da bi dobil „skeletni material" iz različnih kostnic in izpeljal meritve na prebivalstvu. Vendar je Lebzelter odklanjal „rasno-ideološko" in „nordijsko" usmerjenost – s predstavo o „nordijskem poreklu" –, kakršno sta zagovarjala Eberhard Geyer z Antropološkega inštituta dunajske univerze in Hans F. K. Günther, ki je postal znan po svojih knjigah o „vedi o rasah nemškega naroda", in je poudarjal pozitivni značaj „rasnega mešanja" pri evropskih „rasah".[18] Lebzelter je razvil kombinirano metodo, s katero je posameznike glede na mere in morfološke značilnosti uvrstil v določene „kombinacijske tipe", da bi jih „osvobodil preozko zasnovane rasne sheme".[19] Nazadnje pa je te „fiziognomske tipe" spet priredil „rasnim tipom".

Konec koncev vse te raziskave niso pomenile nič drugega kot to, da so nemškemu oziroma avstrijskemu narodu nudile „rasno-tipološke" presoje in določanja, pri čemer so bili argumenti pogosto tudi narodnjaško-rasistični ali evgenični.

Projekti in dejavnosti v času nacizma

„Anšlus" Avstrije nemškemu rajhu in začetek vojne sta spremenila situacijo antropoloških ustanov. Josef Weninger je po prihodu nacistov na oblast izgubil profesuro zaradi zakonske zveze z Margarete Weninger, ki je po „nürnberških rasnih zakonih" veljala za Judinjo. Vodstvo inštituta za fizično antropologijo dunajske univerze je najprej začasno, od leta 1941 pa uradno prevzel njegov asistent Eberhard Geyer, od leta 1933

---

[16] Josef Weninger, Über die Weichteile der Augengegend bei erbgleichen Zwillingen, v: Anthropologischer Anzeiger 9, 1932, str. 57–65.

[17] Josef Weninger, 25 Jahre Anthropologisches Institut an der Universität Wien, v: *Mitteilungen der Anthropologischen Gesellschaft Wien* 68, 1938, str. 199–200.

[18] Prim. Viktor Lebzelter, Grundsätzliches zur Rassenhygiene, v: *Mitteilungen der Anthropologischen Gesellschaft Wien* 55, 1925, str. 361–362; Viktor Lebzelter, Hans F. K. Günther, Kleine Rassenkunde Europas (= Buchrezension), v: *Mitteilungen der Anthropologischen Gesellschaft Wien* 56, 1926, str. 128–129; prim. tudi Fuchs, „Rasse", „Volk", Geschlecht, str. 283–285; glej tudi Karl Pusman, Die „Wissenschaften vom Menschen" auf Wiener Boden (1870–1959): die anthropologische Gesellschaft in Wien und die anthropologischen Disziplinen im Fokus von Wissenschaftsgeschichte, Wissenschafts- und Verdrängungspolitik, Münster 2008, str. 130–133.

[19] Prim. Fuchs, „Rasse", „Volk", Geschlecht, str. 285; glej tudi Viktor Lebzelter, Die österreichischen Rassen, v: Vereinigung christlich-deutscher Mittelschullehrer Österreichs (izd.), „Österreich", Grundlegung der vaterländischen Erziehung, Wien, Leipzig 1936, str. 183–188.

Institut promovierten und später am Institut für Deutsche Ostarbeit tätigen Anthropologin Elfriede Fliethmann über hundert jüdische Familien im Ghetto von Tarnów.[27]

Die Erstellung von „erbbiologisch-rassenkundlichen" Gutachten bildete einen weiteren Schwerpunkt der Tätigkeiten am Anthropologischen Institut der Universität Wien. Mit dem „Anschluss", als die „Nürnberger Rassengesetze" von 1935 auch in Österreich Geltung erlangten, nahm die Gutachtertätigkeit eine neue Dimension an.[28] Nunmehr wurde die nationale Zugehörigkeit auf Basis der Vererbungslehre in eine biologische Frage umgewandelt.[29] Anthropologen und Anthropologinnen erstellten fortan in Fällen, in denen aufgrund fehlender Urkunden ein „Verdacht auf jüdische Abstammung" vorlag, „erbbiologisch-rassenkundliche" Gutachten beziehungsweise untersuchten, ob jemand im Sinne der „Nürnberger Gesetze" als „Jude" oder „jüdischer Mischling" galt. Dabei wurde nicht mehr nur die Abstammung des „Prüflings" untersucht, wie bei den Vaterschaftsgutachten zuvor, sondern auch eine „rassisch-typologische" Zuordnung getroffen.[30] Diese Gutachten wurden sowohl vom Anthropologischen Institut als auch am Naturhistorischen Museum anfertigt. So waren auch die Anthropologen und Anthropologinnen direkt in den Verfolgungs- und Vernichtungsapparat des NS-Regimes eingebunden. Denn ihr Urteil war mitentscheidend für das weitere Schicksal der Menschen.

Auch an der Anthropologischen Abteilung des Naturhistorischen Museums änderte sich mit dem „Anschluss" die personelle Situation. Gabriele Thalmann-Gruber, die seit 1923 als ehrenamtliche und ab 1929 als wissenschaftliche Mitarbeiterin eng mit Viktor Lebzelter zusammengearbeitet hatte, kündigte 1938 und schied aus der Abteilung aus.[31] Josef Wastl, seit den 1920er-Jahren am Naturhistorischen Museum tätig, übernahm nach dem Tode Lebzelters im Jahr 1936 die Stelle als wissenschaftlicher Leiter, 1938 wurde er Gesamtteiter und ab 1941 Direktor der Abteilung.[32] Wastl, der bereits 1932 der NSDAP beigetreten war, galt als „Alter Kämpfer" und hatte zudem 1934 eine „illegale Betriebszelle" der NSDAP am Naturhistorischen Museum mitgegründet.[33]

---

[27] Vgl. Götz Aly, Susanne Heim, Vordenker der Vernichtung. Auschwitz und die deutschen Pläne für eine neue europäische Ordnung, Hamburg 1991, S. 198–203; Fliethmann war in der Verbotszeit, im Februar 1937, der NSDAP beigetreten; im selben Jahr wurde sie Mitglied der NS-Frauenschaft, nahm an deren „rassenpolitischen" Schulungen im Gau Wien teil und war Kreisreferentin für Rassenpolitik im Kreis V in Wien. Darüber hinaus engagierte sie sich bei der Arbeitsgruppe Nationalsozialistischer Studentinnen (ANSt), BArch Berlin, R52 IV (Institut für Deutsche Ostarbeit) Personalakt 67.

[28] Vgl. Hans-Peter Kröner, Von der Vaterschaftsbestimmung zum Rassegutachten. Der erbbiologische Ähnlichkeitsvergleich als „österreichisch-deutsches Projekt" 1926–1945, in: *Berichte zur Wissenschaftsgeschichte* 22, 1999, S. 257–264.

[29] Vgl. Kröner, Von der Vaterschaftsbestimmung; Georg Lilienthal, Arier oder Jude? Die Geschichte des erb- und rassenkundlichen Abstammungsgutachtens, in: Peter Propping, Heinz Schott (Hg.), Wissenschaft auf Irrwegen: Biologismus – Rassenhygiene – Eugenik, Bonn 1992, S. 66–84.

[30] Vgl. Kröner, Von der Vaterschaftsbestimmung, S. 260.

[31] Zur Biografie von Gabriele Thalmann-Gruber vgl. Brigitte Fuchs, Gabriele Thalman-Gruber (1892–1965), in: Brigitta Keintzel, Ilse Korotin (Hg.), Wissenschafterinnen in und aus Österreich, Wien 2002, S. 741–744.

[32] Museumsdirektor Herrmann Michel übernahm für zwei Jahre interimistisch die administrative Leitung der Abteilung.

[33] OeStA/AdR ZNsZ GA (Gauakt) 76.660, Josef Wastl; OeStA/AdR UWFuK BMU PA Sign. 3, Wastl Josef; siehe auch Teschler-Nicola, Berner, Die Anthropologische Abteilung, 1998, S. 2.

ilegalni član NSDAP.[20] Poleg tega so že maja 1938 začeli načrtovati nov „rasno-biološki inštitut", ki je bil ustanovljen 1939. Leta 1942 je Geyer svojo poučevalsko in raziskovalno prakso nadaljeval na medicinski fakulteti dunajske univerze.[21]

Po Geyerjevi smrti leta 1943 je vodstvo inštituta začasno prevzel Karl Tuppa in nadaljeval njegovo „genetsko-rasoslovno" in „rasno-higiensko" usmeritev. Tuppa, od leta 1935 ilegalni član NSDAP, je leta 1935 promoviral iz raziskovanja vojnih ujetnikov, leta 1940 je temu sledila habilitacija.[22] V Weningerjevi delovni skupini se je specializiral za „habitus mehkih delov očesnega okolja". Eberhard Geyer je leta 1939 poročal o neobjavljenih raziskavah, ki so bile izpeljane na več kot 30.000 osebah.[23] Mednje so spadali Tuppovi posnetki koroških šolarjev v Šentjakobu v Rožu in raziskave Johanna Jungwirtha v kraju Feld am See.[24] Jungwirth je leta 1939 promoviral pri Eberhardu Geyerju iz antropologije koroških hribovskih kmetov in se takrat izkazal kot že več kot deset let dejaven nacionalsocialist.[25] Poleg tega so se nadaljevala vrednotenja prejšnjih raziskav, recimo tistih, ki so bile izvedene na vojnih ujetnikih med prvo svetovno vojno. Posebno zanimanje za raziskovanje Judov je pokazala Dora Maria Kahlich, asistentka na Antropološkem inštitutu, ki je leta 1938 izvedla raziskave judovskih stanovalcev v domu za ostarele in negovalni bolnišnici v Lainzu.[26] Leta 1942 je skupaj z antropologinjo Elfriede Fliethmann, ki je leta 1940 promovirala na dunajskem inštitutu in kasneje delala na Inštitutu za nemško delo na vzhodu (Institut für Deutsche Ostarbeit, IDO), raziskala več kakor sto judovskih družin v getu v Tarnówu.[27]

Drugo težišče dejavnosti Antropološkega inštituta dunajske univerze je bila izdelava „genetsko-rasoslovnega" izvedenskega mnenja. Z „anšlusom" so tudi v Avstriji

---

[20] Prim. Pusman, Die „Wissenschaften vom Menschen", str. 208.

[21] Prim. Mayer, Das Rassenbiologische Institut der Universität Wien 1938–1945; Thomas Mayer, Das Wiener Modell der Rassenbiologie. Die Neuordnung der Erb- und Rassenforschung an der Universität Wien von 1938 bis 1945, v: Herwig Czech, Paul Weindling (izd.), Österreichische Ärzte und Ärztinnen im Nationalsozialismus (= Jahrbuch des Dokumentationsarchives des österreichischen Widerstandes), Wien 2017, str. 109–131.

[22] Karl Tuppa, Anthropologische Untersuchungen an kriegsgefangenen Tipteren, Disstr. Universität Wien 1935; Karl Tuppa, Mischeren und Tipteren. Ein Beitrag zur Anthropologie der Türkvölker in Rußland, Berlin 1941.

[23] Eberhard Geyer, Der Stand der rassenkundlichen Untersuchungen in der Ostmark, v: Michael Hesch, Gustav Spannaus (izd.), Kultur und Rasse, Festschrift zum 60. Geburtstag Otto Reches, München, Berlin 1939, str. 80–87.

[24] Ibidem str. 85.

[25] Prim. Fuchs, „Rasse", „Volk", Geschlecht, str. 302; disertacije Eberharda Geyerja ni.

[26] Prim. Maria Teschler-Nicola, Margit Berner, Die Anthropologische Abteilung des Naturhistorischen Museums in der NS-Zeit, Berichte und Dokumentationen von Forschungs- und Sammlungsaktivitäten 1938–1945, v: Akademischer Senat der Universität Wien, Projektleitung Gustav Spann (izd.), Untersuchungen zur Anatomischen Wissenschaft in Wien 1938–1945. Senatsprojekt der Universität Wien, Wien 1998, str. 333–358; Dora Maria Kahlich je bila od 1932 članica NSDAP, februarja 1938 je vstopila v NS-Frauenschaft; prim. OeStA AVA Unterricht, NS-Fragebögen – Assistenten Universität Wien, Dora Maria Koenner [= Dora Kahlich-Könner].

[27] Prim. Götz Aly, Susanne Heim, Vordenker der Vernichtung. Auschwitz und die deutschen Pläne für eine neue europäische Ordnung, Hamburg 1991, str. 198–203; Fliethmannova je v času prepovedi, februarja 1937, vstopila v NSDAP; istega leta je postala članica NS-Frauenschaft, se udeležila „rasnopolitičnega" šolanja v gauu Dunaj in bila okrožna referentka za rasno politiko v V. okrožju na Dunaju. Poleg tega se je angažirala pri delovni skupini nacionalsocialističnih študentk (ANSt), BArch Berlin, R52 IV (Institut für Deutsche Ostarbeit) Personalakt 67.

Robert Routil, seit 1931 Assistent am Anthropologischen Instituts, wurde im Herbst 1939 von der Universität Wien beurlaubt und für „rassenkundliche" Untersuchungen der Anthropologischen Abteilung und für Vermessungen an Juden bis auf Weiteres zur Mitarbeit am Museum freigestellt.[34] Im Frühjahr 1941 erfolgte seine Übernahme durch das Naturhistorische Museum, wo er 1943 an der Anthropologischen Sammlung zum Kustos auf Lebenszeit ernannt wurde. Routil war der NSDAP bereits 1933, vor der Verbotszeit, beigetreten.

Anfang 1939 hatte Wastl eine Sonderausstellung des Naturhistorischen Museums über „Das körperliche und seelische Erscheinungsbild der Juden" initiiert und konzipierte. Intention der Ausstellung war es, den aktuellen Stand der nationalsozialistischen „Rassenlehre" zu vermitteln, wobei Wastl besonderen Wert auf die „Wissenschaftlichkeit" der vorhandenen Forschungsergebnisse legte.[35] Für diese Schau, an der auch Routil beteiligt war, forderte Wastl von der Polizeidirektion erkennungsdienstliche Fotos von Juden an. In zwei Vitrinen waren Judaica aus den beschlagnahmten Beständen des 1938 geschlossenen Jüdischen Museums in Wien ausgestellt. Im Zuge der Ausstellungsvorbereitungen hatte Wastl bei der Gestapo um Durchsicht und Entlehnung der beschlagnahmten Bestände angesucht und später in einem Brief an Adolf Eichmann, den Leiter der Zentralstelle für jüdische Auswanderung, die Übernahme der Sammlung in das Völkerkundemuseum angeregt.

Nach 1945 wurden die meisten der beschlagnahmten Objekte über das Museum für Völkerkunde an die Israelitische Kultusgemeinde Wien (IKG) zurückgegeben.[36]

Ein weiterer Arbeitsschwerpunkt der Anthropologischen Abteilung des Naturhistorischen Museums war der Ausbau der Osteologischen Sammlung. Dies geschah durch Ankäufe, archäologische Grabungen und im Bemühen darum, an Skelettreste aus Beinhäusern zu kommen.

Wastls Bestrebungen galten besonders dem Erwerb von Skelettresten von Juden. Schon im Vorfeld der Sonderausstellung von 1939 hatte er über einen „Mangel an Material" geklagt. Dementsprechend nahm die Abteilung 1942 bis 1943 Ausgrabungen von Skeletten am Wiener jüdischen Friedhof in Währing vor und kaufte Schädel und Totenmasken polnisch-jüdischer KZ-Opfer vom Anatomischen Institut

---

[34] OeStA/AdR UWFuK BMU PA Sign. 3, Routil Robert; OeStA/AdR ZNsZ GA (Gauakt) 153.108 Robert Routil.

[35] Vgl. Bernhard Purin, Beschlagnahmt. Die Sammlung des Wiener Jüdischen Museums nach 1938, Wien 1995; Verena Pawlowsky, Erweiterung der Bestände: Die Anthropologische Abteilung des Naturhistorischen Museums 1938–1945, in: *Zeitgeschichte* 32, 2005, S. 69–90, S. 72–73.

[36] Vgl. Purin, Beschlagnahmt, S. 20–26.

začeli veljati „nürnberški rasni zakoni" iz leta 1935 in izdelava izvedenskih mnenj je dobila nove razsežnosti.[28] Narodna pripadnost je na osnovi genetike postala biološko vprašanje.[29] Antropologi in antropologinje so odslej v primerih, ko je zaradi manjkajočih listin obstajal „sum o judovskem poreklu", izstavljali „genetsko-rasoslovno" izvedensko mnenje oziroma so raziskali, ali oseba v smislu „nürnberških zakonov" velja za „Juda" ali „judovskega mešanca". Pri tem niso raziskovali le porekla „preiskovanca" kot nekoč pri mnenjih o očetovstvu, ampak so določali tudi „rasno-tipološko" pripadnost.[30] Ta izvedenska mnenja sta izstavljala tako Antropološki inštitut kot Prirodoslovni muzej. Tako so bili tudi antropologi in antropologinje direktno vpleteni v preganjalski in uničevalni aparat nacističnega režima, kajti njihova presoja je soodločala o nadaljni usodi ljudi.

Osebna situacija se je z „anšlusom" spremenila tudi v antropološkem oddelku Prirodoslovnega muzeja. Gabriele Thalmann-Gruber, ki je od leta 1923 kot častna sodelavka, po letu 1929 pa kot znanstvena sodelavka tesno sodelovala z Viktorjem Lebzelterjem, je leta 1938 dala odpoved in odšla z oddelka.[31] Josef Wastl, ki je delal v Prirodoslovnem muzeju od 20-ih let 20. stoletja, je po Lebzelterjevi smrti leta 1936 prevzel položaj znanstvenega vodje, postal 1938 vodja skupine in leta 1941 direktor oddelka.[32] Wastl, ki je vstopil v NSDAP že leta 1932, je veljal za „starega borca" in je bil poleg tega leta 1934 med ustanovitelji „ilegalne celice" NSDAP v Prirodoslovnem muzeju.[33]

Robert Routil, od leta 1931 asistent na Antropološkem inštitutu, je jeseni 1939 dobil na dunajski univerzi dopust in je bil do nadaljnjega na razpolago Prirodoslovnemu muzeju za sodelovanje pri „rasoslovnih" raziskavah antropološkega oddelka in pri merjenju Judov.[34] Spomladi 1941 ga je muzej prevzel in ga leta 1943 imenoval za doživljenjskega kustosa antropološke zbirke. Routil je vstopil v NSDAP že leta 1933, torej pred prepovedjo.

V začetku leta 1939 je Wastl dal pobudo za posebno razstavo Prirodoslovnega muzeja o „telesnem in duševnem habitusu Judov" in jo tudi zasnoval. Namen razstave je bil posredovati aktualno stanje nacionalsocialističnega „nauka o rasah", pri čemer

---

[28] Prim. Hans-Peter Kröner, Von der Vaterschaftsbestimmung zum Rassegutachten. Der erbbiologische Ähnlichkeitsvergleich als „österreichisch-deutsches Projekt" 1926–1945, v: *Berichte zur Wissenschaftsgeschichte* 22, 1999, str. 257–264.

[29] Prim. Kröner, Von der Vaterschaftsbestimmung; Georg Lilienthal, Arier oder Jude? Die Geschichte des erb- und rassenkundlichen Abstammungsgutachtens, v: Peter Propping, Heinz Schott (izd.), Wissenschaft auf Irrwegen: Biologismus – Rassenhygiene – Eugenik, Bonn 1992, str. 66–84.

[30] Prim. Kröner, Von der Vaterschaftsbestimmung, str. 260.

[31] O življenjepisu Gabriele Thalmann-Gruber prim. Brigitte Fuchs, Gabriele Thalman-Gruber (1892–1965), v: Brigitta Keintzel, Ilse Korotin (izd.), Wissenschafterinnen in und aus Österreich, Wien 2002, str. 741–744.

[32] Direktor muzeja Herrmann Michel je za dve leti prevzel administrativno vodstvo oddelka.

[33] OeStA/AdR ZNsZ GA (Gauakt) 76.660, Josef Wastl, OeStA/AdR UWFuK BMU PA Sign. 3, Wastl Josef, glej tudi Teschler-Nicola, Berner, Die Anthropologische Abteilung, 1998, str. 2.

[34] OeStA/AdR UWFuK BMU PA Sign. 3, Routil Robert; OeStA/AdR ZNsZ GA (Gauakt) 153.108 Robert Routil.

der Universität in Posen an.[37] Die nach Wien gelieferten Präparate stammten von jüdischen KZ-Häftlingen und polnischen Widerstandskämpfern.[38]

Das zentrale Sammlungs- und Forschungsvorhaben der Anthropologischen Abteilung des Naturhistorischen Museums bildeten die zwischen 1939 und 1943 durchgeführten Reihenuntersuchungen an Juden und Kriegsgefangenen sowie an der zivilen Bevölkerung. Von diesen Untersuchungen stammen umfangreiche Bestände an Messbögen, Hand- und Fingerabdrücken, Haarproben, Gipsmasken und Tausende von Fotografien, die in die Sammlung am Haus aufgenommen wurden. Insgesamt wurden an die 7000 Menschen „rassenkundlich" untersucht.[39]

Die Vermessungen begannen im September 1939 an Juden, die nach einer brutalen Polizeiaktion im Wiener Praterstadion inhaftiert waren.[40] Aufgrund eines Erlasses von Reinhard Heydrich waren sofort nach Kriegsbeginn in Wien und anderen Städten des Deutschen Reichs „staatenlose Juden bzw. jene ehemals polnischer Herkunft" von der Gestapo inhaftiert worden. Da die Gefängnisse überfüllt waren, wurden über 1000 Männer in das Praterstadion gebracht. Die meisten von ihnen waren aus Galizien stammende, in Österreich ansässige Juden – mit ehemals polnischer Staatsbürgerschaft oder ohne.[41] In der dritten Woche ihrer Haft führten Wastl und sein Forscherteam Messungen an 440 inhaftierten Männern durch. Unmittelbar nach Beendigung der Vermessungsaktion wurden nahezu alle Gefangenen in das KZ Buchenwald deportiert, wo sie in einem Zeltlager unter katastrophalen Bedingungen untergebracht waren. Die meisten von ihnen starben innerhalb weniger Wochen oder Monate.[42]

An diese „Aktion" schlossen „rassenkundliche" Untersuchungen an Kriegsgefangenen an, die ab 1940 in mehreren Kampagnen in den Kriegsgefangenenlagern

---

[37] Vgl. Purin, Beschlagnahmt, S. 15–16; Teschler-Nicola, Berner, Die Anthropologische Abteilung, S. 337–339; Felicitas Heimann-Jelinek, Zur Geschichte einer Ausstellung – Masken. Versuch über die Schoa, in: Fritz-Bauer-Institut (Hg.) „Beseitigung des jüdischen Einflusses ...": antisemitische Forschung, Eliten und Karrieren im Nationalsozialismus, Frankfurt am Main, New York 1999, S. 131–146, hier S. 133–136; Pawlowsky, Erweiterung der Bestände, S. 71–72; Tina Walzer, Der jüdische Friedhof in Währing. Historische Entwicklung, Zerstörungen der NS-Zeit, status quo, Wien, Köln, Weimar 2011, S. 63–71.

[38] Vgl. Götz Aly, Das Posener Tagebuch des Anatomen Hermann Voss, in: *Beiträge zur nationalsozialistischen Gesundheits- und Sozialpolitik* 4: Biedermann und Schreibtischtäter. Materialien zur deutschen Täter-Biographie, Berlin 1987, 15–66, hier S. 54–55.

[39] Vgl. Teschler-Nicola, Berner, Die Anthropologische Abteilung; Pawlowsky, Erweiterung der Bestände; Margit Berner, The Nazi Period Collections of Physical Anthropology in the Museum of Natural History, Vienna, in: András Rényi (Hg.) „Col tempo". The W. Project, Catalog of the Installation in the Hungarian Pavilion of the 53rd International Art Exhibition in Venice/La Biennale di Venezia, Péter Forgács's installation, Budapest 2009.

[40] Vgl. Claudia Spring, Vermessen, deklassiert und deportiert. Dokumentation zur anthropologischen Untersuchung an 440 Juden im Wiener Stadion im September 1939 unter der Leitung von Josef Wastl vom Naturhistorischen Museum Wien, in: *Zeitgeschichte* 32, 2005, S. 91–110.

[41] Zu Heimatrecht und Staatsbürgerschaft österreichischer Juden vgl. Claudia Spring, Momentaufnahme zur Geschichte der Anthropologie in Wien: Staatenloses Subjekt, vermessenes Objekt: Anthropologische Untersuchungen an staatenlosen Juden, in: *Zeitgeschichte* 30, 2003, Heft 3, S. 163–170; Hannelore Burger, Heimatrecht und Staatsbürgerschaft österreichischer Juden. Vom Ende des 18. Jahrhunderts bis in die Gegenwart, Wien, Köln, Graz 2014, hier insbesondere S. 172–186.

[42] Vgl. Spring, Vermessen, deklassiert und deportiert; Harry Stein, „Wien – Das Stadion", in: Volkhard Knigge, Jürgen Seifert (Hg.), Vom Antlitz zur Maske. Wien. Weimar. Buchenwald 1939 – Gezeichnete Orte. Goetheblicke auf Weimar und Thüringen, Weimar 1999, S. 16–19.

je Wastl posebej poudaril „znanstvenost" predstavljenih rezultatov raziskav.[35] Za to razstavo, pri kateri je sodeloval tudi Routil, je Wastl od policijske direkcije zahteval identifikacijske fotografije Judov. V dveh vitrinah so bili razstavljeni obredni predmeti judovstva iz zaplenjenega fonda judovskega muzeja na Dunaju, ki so ga zaprli leta 1938. Med pripravami na razstavo je Wastl zaprosil Gestapo za pregled in izposojo zaplenjenega fonda in kasneje v pismu Adolfu Eichmannu, vodji centrale za judovsko izseljevanje, dal pobudo za prenos zbirke v etnološki muzej.

Po letu 1945 je bila večina zaplenjenih predmetov preko etnološkega muzeja vrnjena izraelski kulturni skupnosti na Dunaju.[36]

Antropološki oddelek Prirodoslovnega muzeja se je intenzivno ukvarjal tudi z dopolnitvijo osteološke zbirke. V ta namen je opravljal nakupe, organiziral arheološka izkopavanja in se trudil dobiti ostanke okostij iz kostnic.

Wastl si je prizadeval predvsem za to, da bi pridobil ostanke judovskih okostij. Že v pripravah na razstavo leta 1939 je tarnal o „pomanjkanju materiala". Zato se je antropološki oddelek v letih 1942 in 1943 lotil izkopavanja okostij na dunajskem judovskem pokopališču v Währingu in kupoval lobanje in mrliške maske poljsko-judovskih žrtev koncentracijskih taborišč od anatomskega inštituta univerze v Poznanju.[37] Preparati, ki so jih dostavili na Dunaj, so izvirali od judovskih jetnikov koncentracijskih taborišč in članov poljskega odporniškega gibanja.[38]

Osrednji zbiralni in raziskovalni projekt antropološkega oddelka Prirodoslovnega muzeja so bile med letoma 1939 in 1943 izvedene sistematske preiskave Judov in vojnih ujetnikov pa tudi civilnega prebivalstva. Od teh pregledov so se ohranili obsežni fondi merilnih listov, odtisov rok in prstnih odtisov, vzorcev las in mavčnih odlitkov ter na tisoče fotografij, kar je bilo vse vključeno v tamkajšnjo zbirko. Vsega skupaj je bilo „rasoslovno" pregledanih okrog 7.000 oseb.[39]

---

[35] Prim. Bernhard Purin, Beschlagnahmt. Die Sammlung des Wiener Jüdischen Museums nach 1938, Wien 1995; Verena Pawlowsky, Erweiterung der Bestände: Die Anthropologische Abteilung des Naturhistorischen Museums 1938–1945, v: *Zeitgeschichte* 32, 2005, str. 69–90, str. 72–73.

[36] Prim. Purin, Beschlagnahmt, str. 20–26.

[37] Prim. Purin, Beschlagnahmt, str. 15–16; Teschler-Nicola, Berner, Die Anthropologische Abteilung, str. 337–339; Felicitas Heimann-Jelinek, Zur Geschichte einer Ausstellung – Masken. Versuch über die Schoa, v: Fritz-Bauer-Institut (izd.) „Beseitigung des jüdischen Einflusses …": antisemitische Forschung, Eliten und Karrieren im Nationalsozialismus, Frankfurt am Main, New York 1999, str. 131–146, tu str. 133–136; Pawlowsky, Erweiterung der Bestände, str. 71–72; Tina Walzer, Der jüdische Friedhof in Währing. Historische Entwicklung, Zerstörungen der NS-Zeit, status quo, Wien, Köln, Weimar 2011, str. 63–71.

[38] Prim. Götz Aly, Das Posener Tagebuch des Anatomen Hermann Voss, v: *Beiträge zur nationalsozialistischen Gesundheits- und Sozialpolitik* 4: Biedermann und Schreibtischtäter. Materialien zur deutschen Täter-Biographie, Berlin 1987, str. 15–66, tu str. 54–55.

[39] Prim. Teschler-Nicola, Berner, Die Anthropologische Abteilung; Pawlowsky, Erweiterung der Bestände; Margit Berner, The Nazi Period Collections of Physical Anthropology in the Museum of Natural History, Vienna, v: András Rényi (izd.) „Col tempo". The W. Project, Catalog of the Installation in the Hungarian Pavilion of the 53rd International Art Exhibition in Venice/ La Biennale di Venezia, Péter Forgács's installation, Budapest 2009.

Kaisersteinbruch (Stalag XVII A) und Wolfsberg (Stalag XVIII A) erfolgten. Geplant waren weitere Untersuchungen an Juden in Amsterdam und im Konzentrationslager Ommen in Holland, die jedoch nicht zustande gekommen sein dürften. Außerdem fanden Vermessungen an der zivilen Bevölkerung etwa in Götzendorf in der Wachau, in den in Oberösterreich gelegenen Gemeinden Wallern und Hinterstoder sowie im damals dem NS-Staat eingegliederten Sudetenland statt.[43] Darüber hinaus fertigte Wastl Vaterschafts- und „Rassegutachten" an – zunächst als Privatgutachter und ab 1942 im Auftrag des Reichssippenamtes und anderer Gerichte.[44]

„Rassenkundliche Untersuchungen" in den Kriegsgefangenenlagern Kaisersteinbruch und Wolfsberg

Die Planungen der Kriegsgefangenenuntersuchungen begannen im Herbst 1939. Das Wehrkreiskommando XVII erteilte für diese anthropologischen Untersuchungen eine Sondergenehmigung. Finanzielle Unterstützungen gewährten die staatliche Verwaltung des Reichsgaues Wien, die Akademie der Wissenschaften in Wien sowie der Reichsforschungsrat Berlin.[45] Wastl und sein Team wollten die „rassische Zusammensetzung" des „großen Kriegsgefangenenmaterials" studieren, ihre Aufnahmen bezeichneten sie als „unerlässlich notwendige Arbeiten für das Siedlungs- und Arbeitseinsatzproblem".[46] Für die Durchführung der Arbeiten stellte die Lagerkommandantur eigene Baracken und Kriegsgefangene als Hilfskräfte zur Verfügung, deren Hilfsdienste nicht in Rechnung gestellt wurden. Die Erhebung erfolgte ähnlich wie im Ersten Weltkrieg mittels eigens angefertigter Datenblätter und wie in Weningers Arbeitsgruppe unter der jeweiligen Leitung eines Kommissionsmitgliedes in mehreren Stationen. Die erste Vermessungsaktion fand im Jänner 1940 an polnischen Soldaten im Kriegsgefangenenlager Kaisersteinbruch, das im Gebiet des heutigen Bundeslandes Burgenland liegt, statt. Im Sommer und Herbst folgten weitere Vermessungen an französischen Soldaten und an Soldaten aus den französischen Kolonien. Bei allen Untersuchungen wurden die Daten von Juden gesondert erfasst.[47] Die Vermessungen in den Kriegsgefangenenlagern spiegelten, wie Verena Pawlowsky es darlegte, den Kriegsverlauf wider.[48]

---

[43] Vgl. Teschler-Nicola, Berner, Die Anthropologische Abteilung; Pawlowsky, Erweiterung der Bestände; Berner, The Nazi Period Collections, S. 34–48.

[44] Vgl. Teschler-Nicola, Berner, Die Anthropologische Abteilung, S. 345–349.

[45] Vgl. Teschler-Nicola, Berner, Die Anthropologische Abteilung, S. 340–341; Pawlowsky, Erweiterung der Bestände, S. 77.

[46] Ebd.

[47] Vgl. Pawlowsky, Erweiterung der Bestände, S. 76–79.

[48] Vgl. Pawlowsky, Erweiterung der Bestände, S. 77.

Meritve so se začele septembra 1939 na skupini Judov, ki so jih aretirali v brutalni policijski akciji in jih nato zaprli na stadionu v Pratru na Dunaju.[40] Na osnovi odredbe Reinharda Heydricha je Gestapo takoj po začetku vojne na Dunaju in v drugih mestih nemškega rajha aretiral „Jude brez državljanstva oz. tiste nekoč poljskega porekla". Ker so bili zapori prenatrpani, so več kakor tisoč moških prepeljali na stadion v Pratru. Večinoma so bili to Judje, ki so prišli iz Galicije in so stalno prebivali v Avstriji – in imeli nekdanje poljsko državljanstvo ali bili brez njega.[41] Tretji teden njihovega zapora so Wastl in člani njegove raziskovalne ekipe izvedli meritve 440 zaprtih moških. Tik po koncu tega merjenja so bili skoraj vsi jetniki deportirani v koncentracijsko taborišče Buchenwald, kjer so jih nastanili v šotorišču v katastrofalnih bivalnih razmerah. Večina izmed njih je umrla v nekaj tednih ali mesecih.[42]

Tej „akciji" so se pridružile „rasoslovne" raziskave vojnih ujetnikov, ki so jih izvedli v več kampanjah v taboriščih vojnih ujetnikov Kaisersteinbruch (Stalag XVII A) in Wolfsberg (Stalag XVIII A). Načrtovali so še nadaljnje raziskave Judov v Amsterdamu in v koncentracijskem taborišču Ommen na Nizozemskem, vendar do teh očitno ni prišlo. Poleg tega so izvedli tudi meritve civilnega prebivalstva, recimo v Götzendorfu v Wachauu, v gornjeavstrijskih občinah Wallern in Hinterstoder ter v takrat v rajh vključenih Sudetih.[43] Poleg tega je Wastl izdeloval tudi izvedenska mnenja o očetovstvu in „rasna izvedenska mnenja" – najprej kot zasebnik in po letu 1942 po naročilu državnega urada za genealogijo (Reichssippenamt) in sodišč.[44]

„Rasoslovne raziskave" v taboriščih vojnih ujetnikov Kaisersteinbruch in Wolfsberg

Načrti za raziskave vojnih ujetnikov so začeli nastajati jeseni 1939. Poveljstvo vojaškega okrožja (Wehrkreiskommando) XVII je podelilo posebno dovoljenje za antropološke raziskave. Finančno podporo so zagotovili državna uprava gaua Dunaj, Dunajska akademija znanosti ter Raziskovalni svet rajha (Reichsforschungsrat) v Berlinu[45]. Wastl in njegova ekipa sta hotela preučiti „rasno sestavo" „velikega gradiva vojnih ujetnikov", njihove meritve sta prikazala kot „nujno potrebna dela za problem naseljevanja in

---

[40] Prim. Claudia Spring, Vermessen, deklassiert und deportiert. Dokumentation zur anthropologischen Untersuchung an 440 Juden im Wiener Stadion im September 1939 unter der Leitung von Josef Wastl vom Naturhistorischen Museum Wien, v: Zeitgeschichte 32, 2005, str. 91–110.

[41] O pravici do domovine in o državljanstvu avstrijskih Judov prim. Claudia Spring, Momentaufnahme zur Geschichte der Anthropologie in Wien: Staatenloses Subjekt, vermessenes Objekt: Anthropologische Untersuchungen an staatenlosen Juden, v: Zeitgeschichte 30, 2003, zvezek 3, str. 163–170; Hannelore Burger, Heimatrecht und Staatsbürgerschaft österreichischer Juden. Vom Ende des 18. Jahrhunderts bis in die Gegenwart, Wien, Köln, Graz 2014, tu posebej str. 172–186.

[42] Prim. Spring, Vermessen, deklassiert und deportiert; Harry Stein, „Wien – Das Stadion", v: Volkhard Knigge, Jürgen Seifert (izd.), Vom Antlitz zur Maske. Wien. Weimar. Buchenwald 1939 – Gezeichnete Orte. Goetheblicke auf Weimar und Thüringen, Weimar 1999, str. 16–19.

[43] Prim. Teschler-Nicola, Berner, Die Anthropologische Abteilung; Pawlowsky, Erweiterung der Bestände; Berner, The Nazi Period Collections, str. 34–48.

[44] Prim. Teschler-Nicola, Berner, Die Anthropologische Abteilung, str. 345–349.

[45] Prim. Teschler-Nicola, Berner, Die Anthropologische Abteilung, str. 340–341; Pawlowsky, Erweiterung der Bestände, str. 77.

Zu den Kriegsgefangenenlagern der Wehrkreise XVII und XVIII legte der österreichische Militärhistoriker Hubert Speckner eine umfassende Darstellung vor.[49] Das Lager Kaisersteinbruch war eines der ersten und bis 1941 auch eines der größten Kriegsgefangenenlager auf deutschem Reichsgebiet. Es war nicht nur ein Stammlager, sondern auch ein Durchgangslager. In allen Lagern herrschte eine starre Hierarchie unter den Kriegsgefangenen. Die Positionierung innerhalb dieser „Gefangenenhierarchie ergab sich einerseits durch die fixierte Stellung der einzelnen Ethnizitäten, andererseits durch das machtpolitische Kalkül möglicher Repressalien gegen deutsche Gefangene im Gewahrsam des betreffenden Feindesstaates".[50] An der Spitze der Hierarchie standen Briten, Amerikaner und Franzosen. Griechen und Serben bildeten eine eigene Kategorie. Polen standen bis 1941 an der untersten Stelle. Nach Beginn des deutsch-sowjetischen Krieges nahmen sowjetische Kriegsgefangene diese Stelle ein.[51] Für Letztere wurden „die Stalags der ‚Ostmark' zu ‚Todeslagern' ".[52]

Im Frühjahr 1941 gingen mit der Umwandlung der Offizierslager in Mannschaftslager im Wehrkreis XVIII viele Insassen in die Verwaltung der Kriegsgefangenenlager Wolfsberg (Stalag XVIII A) und Spittal an der Drau (Stalag XVIII B) über.[53] Im Gesamtbereich des Lagers Wolfsberg befanden sich im Herbst 1941 neben Franzosen, Belgiern und Sowjets auch über 5000 Engländer.[54] Dies war für die anthropologische Kommission von besonderem Interesse, war sie doch vor allem an der Vermessung der Kolonialsoldaten der Engländer interessiert. Doch die Vorbereitungen verzögerten sich, da die Organisation komplizierter wurde und es nicht mehr gelang, für alle Kommissionsmitglieder Freistellungen von der Wehrmacht zu erreichen.[55] Im Sommer 1942 nahm Wastl schließlich mit einem kleineren Team die Untersuchungen im Kriegsgefangenenlager Wolfsberg auf. Bei diesen Untersuchungen stießen die Forscher allerdings vermehrt auf Ablehnung. „Diesmal geht es nicht so leicht wie in Kaiser-Steinbruch. Die Zeiten haben sich stark geändert", schrieb Wastl Anfang Mai an den Museumsdirektor Hans Kummerlöwe.[56] Wenige Wochen später berichtete er: „Die Engländer und unter ihrem Einfluss die Australier, Neuseeländer und Maoris weigerten sich, Messungen und photographische Aufnahmen vornehmen zu lassen. Wie mir die

---

[49] Hubert Speckner, In der Gewalt des Feindes. Kriegsgefangenenlager in der „Ostmark" 1939 bis 1945, Wien, München 2003; Hubert Speckner, Kriegsgefangenenlager in der „Ostmark" 1939–1945. Zur Geschichte der Mannschaftsstammlager und Offizierslager in den Wehrkreisen XVII und XVIII, phil. Diss. Universität Wien 1999.

[50] Vgl. Barbara Stelzl-Marx, Zwischen Fiktion und Zeitzeugenschaft. Amerikanische und sowjetische Kriegsgefangene im Stalag XVII B Krems-Gneixendorf, Tübingen 2000, S. 40–41.

[51] Vgl. Speckner, Kriegsgefangenenlager in der „Ostmark", S. 262–284.

[52] Vgl. Stelzl-Marx, Zwischen Fiktion und Zeitzeugenschaft, S. 43.

[53] Vgl. Speckner, Kriegsgefangenenlager in der „Ostmark", S. 37–38 und S. 301; Christian Klösch, Lagerstadt Wolfsberg. Flüchtlinge – Gefangene – Internierte, Wolfsberg 2013, S. 26.

[54] NHM, AA, Somatologische Sammlung, Inv. Nr. 2749; Korrespondenz Wolfsberg, Flechner, 19. November 1941, an Mühlhofer; zu den englischen Kriegsgefangenen siehe auch http://www.stalag18a.org/ (Zugriff: 19. 7. 2018).

[55] Vgl. Pawlowsky, Erweiterung der Bestände, S. 81–82.

[56] NHM, AA, Korrespondenz 1941–1947; Wastl an Kummerlöwe, 6. Mai 1942.

Protokollbücher der anthropologischen Untersuchungen im Kriegsgefangenenlager Wolfsberg (Stalag VXIII A), 1942.
Quelle: Naturhistorisches Museum, Anthropologische Abteilung, Somatologische Sammlung, Inv. Nr. 2735, Wien.
Foto: Wolfgang Reichmann, Naturhistorisches Museum Wien, 2018

Protokoli antropoloških preiskav v taborišču vojnih ujetnikov v Wolfsbergu (Stalag VXIII A), 1942.
Vir: Naravoslovni muzej, antropološki oddelek, somatološka zbirka, inv. št. 2735, Dunaj.
Fotografija: Wolfgang Reichmann, Naravoslovni muzej Dunaj, 2018

problem [prisilnih] delovnih akcij".[46] Za izvedbo raziskav je poveljstvo taborišča dalo na razpolago posebne barake in za pomočnike pri delu ponudilo vojne ujetnike, ki jih ni bilo treba plačevati. Preiskava je podobno kot v prvi svetovni vojni potekala s pomočjo posebej sestavljenih pol za podatke in kot v Weningerjevi delovni skupini pod vsakokratnim vodstvom člana komisije na več postajah.

Prva merilna akcija je bila izvedena januarja 1940 na poljskih vojakih v taborišču vojnih ujetnikov Kaisersteinbruch, ki leži na območju današnje zvezne dežele

---

[46] Ibidem.

Kommandantur mitteilte, bestehen infolge einer Konvention keine Möglichkeiten, sie dazu zu zwingen"[57]. Mehrere Verhandlungsversuche scheiterten. Allerdings führte dies nicht zu einer Hinterfragung der Vermessungen. Denn vom „rein wissenschaftlichen Standpunkte" stellte dies keinen Verlust dar, so Wastls Argumentation. Da es sich „um Söldner britischer Kolonialtruppen handelte, also vornehmlich nur zu repräsentativen Zwecken auserlesene Leute, deren rassenelementare Mittelwerte ohnehin keinen richtigen Maßstab zur anthropologischen Beurteilung der Gesamtbevölkerung ergeben hätten".[58]

Die Kommission konnte auch aufgrund des zunehmenden Arbeitseinsatzes der gefangenen Soldaten weniger Männer vermessen.[59] Daher begannen Wastl und sein Team mit der Untersuchung anderer Gruppen, etwa von Angehörigen des Landesschützen-Bataillons, die für die Bewachung der Kriegsgefangenen in den Lagern herangezogen wurden.[60] Insgesamt untersuchten die Anthropologen in Wolfsberg im Sommer und Herbst 1942 über 700 Männer; neben den Männern des Landesschützen-Bataillons waren dies vor allem serbische, sowjetische und französische Kriegsgefangene.[61] Und obwohl die Engländer unter Verweis auf die Haager Konventionen die Messungen verweigerten, versuchte Wastl weiterhin, an „Material" zu gelangen und kaufte Negative der Portraitfotos, die für die Personalkarten der britischen Kriegsgefangenen beziehungsweise jener aus dem Commonwealth angefertigt worden waren, an.[62]

Ende 1942, als die „große Zeit" der „Rassenstudien" in den Kriegsgefangenenlagern vorbei war, ging Wastl dazu über, Aufnahmen der einheimischen Bevölkerung anzufertigen. Zudem versuchte er, die Untersuchungen in Kaisersteinbruch fortzuführen, um sowjetische Kriegsgefangene zu vermessen. Dazu kam es aber erst im Juni 1943, als sich die Kriegssituation für das Deutsche Reich bereits grundlegend geändert hatte.[63]

Personelle und inhaltliche Kontinuitäten nach 1945

Die Zeit nach 1945 brachte der Anthropologie weder am Naturhistorischen Museum noch an der Universität einen personellen Neubeginn. Am Wiener Universitätsinstitut wurde Josef Weninger wieder als Professor eingesetzt. Margarete Weninger, die Geographie und Anthropologie studiert und 1921 mit einer geographischen Arbeit promoviert hatte, war seit den 1920er-Jahren an den Forschungen am Institut beteiligt gewesen.[64]

---

[57] NHM, AA, Somatologische Sammlung, Inv. Nr. 2749; Korrespondenz Wolfsberg, Bericht Wastls vom 19. Juni 1942.
[58] Ebd.
[59] Vgl. Pawlowsky, Erweiterung der Bestände, S. 81–82.
[60] Vgl. Speckner, Kriegsgefangenenlager in der „Ostmark", S. 51.
[61] NHM, AA, Somatologische Sammlung, Inv. Nr. 2749; Protokollbuch 7 bis 9.
[62] Ebd. Protokollbuch 7, Wolfsberg, Eintrag vom 12. November 1942.
[63] Vgl. Pawlowsky, Erweiterung der Bestände, S. 77–83.
[64] Zur Biografie von Margarete Weninger vgl. Brigitte Fuchs, Margarete Weninger (1896–1987), in: Brigitta Keintzel, Ilse Korotin (Hg.), Wissenschafterinnen in und aus Österreich, Wien 2002, S. 809–812.

Gradiščanske. Poleti in jeseni so sledile nadaljnje meritve francoskih vojakov in vojakov iz francoskih kolonij. Pri vseh preiskavah so bili podatki o Judih zajeti posebej.[47] Merjenja v taboriščih vojnih ujetnikov so, kot je prikazala Verena Pawlowsky, odražala potek vojne.[48] Avstrijski vojaški zgodovinar Hubert Speckner je v obsežni študiji predstavil taborišča vojnih ujetnikov v vojnih okrožjih XVII in XVIII.[49] Taborišče Kaisersteinbruch je bilo eno prvih in do leta 1941 tudi eno največjih taborišč vojnih ujetnikov na nemškem območju rajha. To ni bilo samo stalno, ampak tudi prehodno taborišče. V vseh taboriščih je med vojnimi ujetniki vladala stroga hierarhija. Mesto znotraj te „hierarhije ujetnikov je po eni strani določal stalni položaj posameznih etničnih skupnosti, po drugi strani pa politična kalkulacija glede možnih represalij proti nemškim ujetnikom, ujetim v zadevni sovražni državi".[50] Na vrhu hierarhije so bili Britanci, Američani in Francozi. Grki in Srbi so bili posebna kategorija. Poljska je bila do leta 1941 na najnižji stopnici. Po začetku vojne med Nemčijo in Sovjetsko zvezo so to stopnico zasedli sovjetski vojni ujetniki.[51] Za te so „stalagi[52] ‚Vzhodne marke' postali ‚taborišča smrti'".[53]

Spomladi 1941 so s preobrazbo častniškega taborišča v moštveno taborišče v okrožju XVIII številni ujetniki prešli v upravljanje taborišč vojnih ujetnikov Wolfsberg (Stalag XVIII A) in Špital ob Dravi (Stalag XVIII B).[54] Na celotnem območju taborišča Wolfsberg je bilo poleg Francozov, Belgijcev in Sovjetov tudi več kot 5.000 Angležev.[55] To je bilo za antropološko komisijo posebej zanimivo, ker je bila zainteresirana predvsem za meritve angleških kolonialnih vojakov. A priprave so se zavlekle, ker je organizacija postala bolj zapletena in ni bilo več mogoče za vse člane komisije doseči izrednega dopusta iz wehrmachta.[56]

Poleti 1942 je Wastl končno z manjšo ekipo nadaljeval preiskave v taborišču vojnih ujetnikov Wolfsberg. Pri teh preiskavah pa so raziskovalci vedno pogosteje naleteli na odklonilno držo. „Tokrat ne gre tako lahko kot v taborišču Kaisersteinbruch. Časi so se močno spremenili," je v začetku maja napisal Wastl direktorju muzeja Hansu Kummerlöweju.[57]

---

[47] Prim. Pawlowsky, Erweiterung der Bestände, str. 76–79.

[48] Prim. Pawlowsky, Erweiterung der Bestände, str. 77.

[49] Hubert Speckner, In der Gewalt des Feindes. Kriegsgefangenenlager in der „Ostmark" 1939 bis 1945, Wien, München 2003; Hubert Speckner, Kriegsgefangenenlager in der „Ostmark" 1939–1945. Zur Geschichte der Mannschaftsstammlager und Offizierslager in den Wehrkreisen XVII und XVIII, phil. Disstr. Universität Wien 1999.

[50] Prim. Barbara Stelzl-Marx, Zwischen Fiktion und Zeitzeugenschaft. Amerikanische und sowjetische Kriegsgefangene im Stalag XVII B Krems-Gneixendorf, Tübingen 2000, str. 40–41.

[51] Prim. Speckner, Kriegsgefangenenlager in der „Ostmark", str. 262–284.

[52] Stalag = Stammlager: taborišče za vojne ujetnike v nacionalsocialističnem tretjem rajhu.

[53] Prim. Stelzl-Marx, Zwischen Fiktion und Zeitzeugenschaft, str. 43.

[54] Prim. Speckner, Kriegsgefangenenlager in der „Ostmark", str. 37–38 in str. 301; Christian Klösch, Lagerstadt Wolfsberg. Flüchtlinge – Gefangene – Internierte, Wolfsberg 2013, str. 26.

[55] NHM, AA, Somatologische Sammlung, Inv. Nr. 2749; Korrespondenz Wolfsberg, Flechner, 19. November 1941, an Mühlhofer; o angleških vojnih ujetnikih glej tudi http://www.stalag18a.org/ (dostop: 19. 7. 2018).

[56] Prim. Pawlowsky, Erweiterung der Bestände, str. 81–82.

[57] NHM, AA, Korrespondenz 1941–1947; Wastl Kummerlöweju, 6. maja 1942.

Im Rahmen der erbbiologischen Arbeitsgruppe hatte sie sich auf Aufnahmemethoden und die Vererbung von Hautleistenmerkmalen (Papillarsystem) spezialisiert; 1948 habilitierte sie sich als erste Frau in physischer Anthropologie. Karl Tuppa und Dora Maria Kahlich wurden aufgrund ihrer NS-Gutachtertätigkeit entlassen und waren nach dem Krieg als gerichtlich beeidete Sachverständige für Vaterschaftsgutachten tätig.[65]

Inhaltlich versuchte man an die Projekte und den Wissenstand der Vorkriegszeit anzuschließen. Josef Weninger wertete weiterhin die Kriegsgefangenenuntersuchungen aus dem Ersten Weltkrieg aus, Margarete Weninger war daran beteiligt und setzte ihre Forschungen zu den Hautleisten fort. Auch die Auswertungen der Kärntner Aufnahmen wurden fortgeführt. Helga-Maria Pacher promovierte 1946 mit der Arbeit „Biometrischer Vergleich der Bevölkerungsgruppen St. Jakob im Rosenthal (Kärnten) und Marienfeld im Banat (Rumänien)"[66]. Pacher, die bereits 1944 als Laborantin am Institut begonnen hatte, wurde 1949 Assistentin bei Weninger und war bis 1971 am Anthropologischen Institut tätig.[67]

Am Naturhistorischen Museum wurde Wastl 1945 als „minderbelasteter Nationalsozialist" vom Dienst suspendiert und 1948 in den Ruhestand versetzt. Bis zu seinem Tod im Jahre 1968 erstellte er als gerichtlicher Sachverständiger gut dotierte erbbiologische Gutachten. Auch Robert Routil verblieb am Museum. Nach seiner Entnazifizierung wurde er 1949 Leiter der Anthropologischen Abteilung, die er bis zu seinem Tod im Jahr 1955 führte.[68] Die nachfolgenden Direktoren, Wilhelm Ehgartner und Johann Jungwirth, die ihr Studium während der NS-Zeit absolviert und 1939 promoviert hatten, waren beide in die Kärntner Untersuchungen involviert gewesen.

Im Auftrag des Direktors des Naturhistorischen Museums war Routil an der Ausarbeitung der Sonderschau „Die Menschheit eine Familie" beteiligt, die in Zusammenarbeit mit dem Amt für Kultur und Volksbildung im Frühjahr 1949 realisiert wurde. In dieser Schau, in der auch einige Bildtafeln aus der antifaschistischen Propagandaausstellung „Niemals vergessen" zu sehen waren, wurde nicht nur versucht, den Rassismus mit Gegenpropaganda und moralischer Umerziehung zu bekämpfen; das erklärte Ziel war, „die nationalsozialistischen Rassentheorien mit wissenschaftlichen Mitteln zu widerlegen und die Menschheit als grundlegende Einheit aller Menschen glaubhaft vorzuführen." Die Anthropologie wurde von den Ausstellungsmachern als

---

[65] Vgl. Johann Szilvássy, In memoriam Karl Tuppa (1899–1981), in: *Mitteilungen der Anthropologischen Gesellschaft Wien* 111, 1981, S. 102–103; Karl Tuppa, Dora Maria Kahlich-Koenner, 25. 12. 1905–28. 3. 1970, in: *Anthropologischer Anzeiger* 32, 1970, S. 291–292.

[66] Helga-Maria Pacher, Biometrischer Vergleich der Bevölkerungsgruppen St. Jakob im Rosenthal (Kärnten) und Marienfeld im Banat (Rumänien), Diss. Universität Wien 1946.

[67] Vgl. Brigitte Fuchs, Helga-Maria Pacher (1922–1971), in: Brigitta Keintzel, Ilse Korotin (Hg.), Wissenschafterinnen in und aus Österreich, Wien 2002, S. 544–545.

[68] Vgl. Wilhelm Ehagartner, Robert Routil † (= Nachruf), in: Annalen des Naturhistorischen Museums Wien, Band 60, 1954/55, S. 1–4; OeStA/AdR UWFuK BMU PA Sign. Routil Robert.

Nekaj tednov kasneje je poročal: „Angleži in pod njihovim vplivom tudi Avstralci, Novozelandčani in Maori niso hoteli sodelovati pri meritvah in fotografskih posnetkih. Kot mi je sporočilo poveljstvo, zaradi konvencije ne obstaja nobena možnost, da bi jih k temu prisilili."[58] Več poskusov pogajanja se je izjalovilo. Vendar to ni postavilo pod vprašaj že izvedenih meritev. „S popolnoma znanstvenega stališča" to namreč ni pomenilo izgube, je argumentiral Wastl. Saj da „je šlo le za vojake britanskih kolonialnih čet, torej ljudi, izbranih predvsem za reprezentativne namene, in srednje vrednosti njihovih rasnih elementov ne bi bile pravo merilo za antropološko presojo celotnega prebivalstva".[59]

Komisija je lahko izmerila manj moških tudi zaradi vse večje delovne obremenjenosti ujetih vojakov.[60] Zato je Wastl s svojo ekipo začel preiskovati druge skupine, recimo pripadnike bataljona deželnih strelcev, ki so jih uporabili za čuvanje vojnih ujetnikov v taboriščih.[61] Poleti in jeseni 1942 so antropologi v Wolfsbergu preiskali vsega skupaj več kot 700 moških; poleg bataljona deželnih strelcev so bili to predvsem srbski, sovjetski in francoski vojni ujetniki.[62] In čeprav so Angleži sklicujoč se na Haaško konvencijo odklonili merjenje, je Wastl še naprej poskušal priti do „materiala" in je kupoval negative portretnih fotografij, posnetih za osebne izkaznice vojnih ujetnikov iz Britanije oziroma iz Commonwealtha.[63]

Konec leta 1942, ko je bilo „veliko obdobje" „preučevanja ras" v taboriščih končano, se je Wastl preusmeril v posnetke domačega prebivalstva. Poleg tega je poskušal nadaljevati preiskave v Kaisersteinbruchu in izvajati meritve sovjetskih vojnih ujetnikov. A do tega je prišlo šele junija 1943, ko je bila vojna situacija za nemški rajh že bistveno spremenjena.[64]

Osebne in vsebinske kontinuitete po letu 1945

Čas po letu 1945 antropologiji v smislu personalnih sprememb ni prinesel novega začetka ne v Prirodoslovnem muzeju ne na univerzi. Josef Weninger je spet postal profesor na inštitutu dunajske univerze. Margarete Weninger, ki je študirala geografijo in antropologijo in je leta 1921 promovirala z delom iz geografije, je sodelovala pri raziskavah na inštitutu od 20-ih let 20. stoletja.[65] V okviru delovne skupine za genetiko se je specializirala za metode raziskovanja in dedovanja brazdnih značilnosti (papilarni sistem); leta 1948 se je kot prva ženska habilitirala za fizično antropologijo. Karl Tuppa in Dora Maria Kahlich sta bila odpuščena zaradi dejavnosti pri izdelavi

---

[58] NHM, AA, Somatologische Sammlung, Inv. Nr. 2749; Korrespondenz Wolfsberg, Wastlovo poročilo z dne 19. junija 1942.
[59] Ibidem.
[60] Prim. Pawlowsky, Erweiterung der Bestände, str. 81–82.
[61] Prim. Speckner, Kriegsgefangenenlager in der „Ostmark", str. 51.
[62] NHM, AA, Somatologische Sammlung, Inv. Nr. 2749; Protokollbuch 7 do 9.
[63] Ibidem Protokollbuch 7, Wolfsberg, vpis 12. novembra 1942.
[64] Prim. Pawlowsky, Erweiterung der Bestände, str. 77–83.
[65] O biografiji Margarete Weninger prim. Brigitte Fuchs, Margarete Weninger (1896–1987), v: Brigitta Keintzel, Ilse Korotin (izd.), Wissenschaftlerinnen in und aus Österreich, Wien 2002, str. 809–812.

vom NS-Regime missbrauchte Wissenschaft dargestellt, dessen Ideologie und Politik die Wissenschafterinnen und Wissenschafter vom geraden Weg abgebracht hätten.[69]

Im Zuge von Bergungsaktionen waren die Bestände des Naturhistorischen Museums gegen Ende des Zweiten Weltkrieges an verschiedene Orte ausgelagert worden. Sie konnten später nahezu vollständig wieder geborgen werden – darunter auch die Aufnahmen aus Kärnten. Die Zugänge aus der NS-Zeit wurden noch bis in die 60er-Jahre geographisch sortiert und inventarisiert und kleinere Arbeiten zu den Untersuchungen nach dem Zweiten Weltkrieg publiziert.[70] Auch die Aufnahmebögen und Fotografien der vermessenen Juden blieben Teil des Inventars. Sie wurden aber bei den nachfolgenden wissenschaftlichen Auswertungen nicht mehr als eigens untersuchte Gruppe berücksichtigt. Der größte Teil der Untersuchungen wurde jedoch nie ausgewertet. Die entsprechenden Mappen und verschnürten Pakete mit den Unterlagen blieben bis Ende der 1990er-Jahre ungeöffnet. Sie wurden erst wieder im Zuge von Recherchen zur Tätigkeit der Anthropologen während der NS-Zeit geöffnet.

1947 übergab die Anthropologische Abteilung des Naturhistorischen Museums die Skelettreste aus den geplünderten Gräbern des jüdischen Friedhofs in Währing an die Israelitische Kultusgemeinde Wien, die sie in der Folge bestattete.[71] 1991 wurden schließlich auch die von der Anatomie in Posen angekauften Schädel jüdischer KZ-Häftlinge in Wien bestattet und die Totenmasken dem Jüdischen Museum überantwortet. Die Schädel der polnischen Widerstandskämpfer wurden erst 1999 der polnischen Botschaft in Wien übergeben.

---

[69] Vgl. Andreas Mayer, Von der „Rasse" zur „Menschheit". Zur Inszenierung der Rassenanthropologie im Wiener Naturhistorischen Museum, in: Herbert Posch, Gottfried Fliedl (Hg.), Politik der Präsentationen. Museum und Ausstellung in Österreich 1918–1945, Wien 1996, S. 213–237, hier S. 213; Robert Routil, Die Menschheit eine Familie. Dokumentation der Sonderausstellung, Naturhistorisches Museum Wien, Wien 1848/49.

[70] Vgl. Teschler-Nicola, Berner, Die Anthropologische Abteilung, S. 344; Alois Zlabinger, Studien über Körperbau und Konstitution an Armeniern, Annalen des Naturhistorischen Museums Wien 57, 1949/50, S. 21–33; Johann Jungwirth, Untersuchungen über das Papillarliniensystem der Fingerbeeren und Handflächen von Tonkinesen und Annamiten, *Mitteilungen der Anthropologischen Gesellschaft Wien* 87/88, 1959, S. 91–107; Johann Jungwirth, Untersuchungen über das Papillarliniensystem der Fingerbeeren und Handflächen von Armeniern, *Mitteilungen der Anthropologischen Gesellschaft Wien* 90, 1960, S. 39–54; Josef Wastl, Das physische Erscheinungsbild der Vietnamesen, *Mitteilungen der Anthropologischen Gesellschaft Wien* 95, 1965, S. 168–179; Josef Wastl, Korsen: Eine somatometrische und somatoskopische Untersuchung, *Mitteilungen der Anthropologischen Gesellschaft Wien* 96/97, 1967, S. 89–108.

[71] NHM, AA, Inventarbuch Osteologie; Übergabeprotokoll, 24. April 1947.

nacističnih izvedenskih mnenj in sta po vojni postala sodno zaprisežena izvedenca za izdelavo izvedenskih mnenj o očetovstvu.[66]

Vsebinsko so se antropologi poskušali navezati na projekte in znanstveno stanje predvojnega časa. Josef Weninger je še naprej analiziral preiskave vojnih ujetnikov iz prve svetovne vojne, Margarete Weninger je sodelovala pri tem in nadaljevala raziskovanje brazd. Nadaljevali so tudi z analizami gradiva, pridobljenega na Koroškem pred vojno in med njo. Helga-Maria Pacher je leta 1946 promovirala z delom „Biometrična primerjava skupin prebivalstva v Šentjakobu v Rožu (Koroška) in v Teremii Mare (Marienfeld) v Banatu (Romunija)"[67]. Pacherjeva, ki je že leta 1944 začela delati na inštitutu kot laborantka, je leta 1949 postala asistenka pri Weningerju in je delala na Antropološkem inštitutu do leta 1971.[68]

Wastl je bil leta 1945 suspendiran z mesta v Prirodoslovnem muzeju kot „manj obremenjen nacionalsocialist" in leta 1948 upokojen. Do smrti leta 1968 pa je kot sodni izvedenec izdajal dobro plačana genetska izvedenska mnenja. Robert Routil je ostal v muzeju. Po svoji denacifikaciji je leta 1949 postal vodja antropološkega oddelka in ga vodil do smrti leta 1955.[69] Njegova naslednika Wilhelm Ehgartner in Johann Jungwirth, ki sta absolvirala študij v času nacizma in promovirala leta 1939, sta bila oba vpletena v koroške raziskave.

Po naročilu direktorja Prirodoslovnega muzeja je Routil sodeloval pri izdelavi posebne razstave „Človeštvo je ena družina", ki je bila realizirana spomladi 1949 v sodelovanju z Zavodom za kulturo in izobraževanje. Na tej razstavi, kjer so bile prikazane tudi nekatere slike iz antifašistične propagandne razstave „Nikoli pozabiti", so poskušali ne le bojevati se proti rasizmu z nasprotno propagando in moralno prevzgojo, ampak je bil njen izrecni cilj „ovreči nacistične rasne teorije z znanstvenimi sredstvi in človeštvo verodostojno prikazati kot osnovno celoto vseh ljudi". Razstavljavci so antropologijo pokazali kot znanost, ki jo je zlorabil nacistični režim, njegova ideologija in politika pa sta znanstvenice in znanstvenike zapeljala na kriva pota.[70]

---

[66] Prim. Johann Szilvássy, In memoriam Karl Tuppa (1899–1981), v: *Mitteilungen der Anthropologischen Gesellschaft Wien* 111, 1981, str. 102–103; Karl Tuppa, Dora Maria Kahlich-Koenner, 25. 12. 1905–28. 3. 1970, v: *Anthropologischer Anzeiger* 32, 1970, str. 291–292.

[67] Helga-Maria Pacher, Biometrischer Vergleich der Bevölkerungsgruppen St. Jakob im Rosenthal (Kärnten) und Marienfeld im Banat (Rumänien), Disstr. Universität Wien 1946.

[68] Prim. Brigitte Fuchs, Helga-Maria Pacher (1922–1971), v: Brigitta Keintzel, Ilse Korotin (izd.), Wissenschaftlerinnen in und aus Österreich, Wien 2002, str. 544–545.

[69] Prim. Wilhelm Ehagartner, Robert Routil † (= Nachruf), v: Annalen Naturhistorisches Museum Wien, zvezek 60, 1954/55, str. 1–4; OeStA/AdR UWFuK BMU PA Sign. Routil Robert.

[70] Prim. Andreas Mayer, Von der „Rasse" zur „Menschheit". Zur Inszenierung der Rassenanthropologie im Wiener Naturhistorischen Museum, v: Herbert Posch, Gottfried Fliedl (izd.), Politik der Präsentationen. Museum und Ausstellung in Österreich 1918–1945, Wien 1996, str. 213–237, tu str. 213; Robert Routil, Die Menschheit eine Familie. Dokumentation der Sonderausstellung, Naturhistorisches Museum Wien, Wien 1848/49.

Untersuchungen an Kärntner Schulkindern

Am Beginn der Kärntner Untersuchungen stand ein Artikel von Viktor Lebzelter in der *Reichspost*, der das Interesse von Adolf Fritz geweckt hatte, Bergbauerngemeinden in Kärnten anthropologisch und ärztlich zu untersuchen.[72] Lebzelter hatte im Zuge seiner Untersuchungen „in den verschiedensten Landstrichen Hunderte von Bauernhäusern und Familien" besucht und war dabei oftmals auf schlechte Wohnverhältnisse, schlechte Gesundheit und mangelnde „gesundheitliche Beführsorgung" gestoßen. Unter dem Gesichtspunkt, „dass der Bauernstand der gesunde Urquell unseres Volkes" sei, sah er sich veranlasst, „im Interesse der Zukunft unseres Volkes hier warnend das Wort zu ergreifen". Außerdem stellte er fest: „Häufig erreicht in der Landbevölkerung das Individuum nicht jene körperliche Entwicklung, die ihm der Rasse nach erbgegeben wäre. Die Leute bleiben in der Körperlänge weit zurück."[73]

Wenige Monate später, im Sommer 1936, konnte Lebzelter mit Unterstützung des Landesjugendamtes und des Kinderferienhilfswerkes der Vaterländischen Front mehrere tausend Kinder in den Bezirken Völkermarkt und Wolfsberg untersuchen. Ziel dieses Projektes war es, der Frage nachzugehen, „ob die langen Schulwege irgendeinen Einfluss auf die Entwicklung haben und ob vielleicht verschiedene rassenmäßige Zusammensetzung der Bevölkerung verschiedene Wachstumsrhythmen bedingt."[74] Außerdem wollte Lebzelter erforschen, warum „Landkinder im Wachstum relativ stark zurückbleiben".[75] Vom Anthropologen wurden daraufhin Daten zu „Körperlänge, Brustumfang, Kopflänge, Kopfbreite, Gesichtsbreite, Gesichtshöhe, Nasenhöhe, Nasenbreite, Haar- und Augenfarbe, der physiognomische Rassentypus und bei Kindern des Bezirkes Wolfsberg auch der Konstitutionstypus" aufgenommen. Von den Lehrern wurden „das Gewicht, die Länge des Schulweges, der Wohlhabenheitsgrad der Eltern nach drei Stufen (A, B, C)" sowie „der Intelligenzgrad nach vier Stufen" erfragt. Außerdem hatten die Kinder einen Aufsatz zum Thema „Was habe ich gestern gegessen" zu schreiben. Damit sollte ein „Einblick in die Ernährung der Bergbauern" gewonnen werden.[76]

Noch im Herbst 1936 übermittelte Lebzelter erste „Berechnungen über Körperlänge und Körpergewicht, sowie über die Perzentsätze der über- und unterentwickelten Individuen in den einzelnen Ortschaften" an Fritz und informierte ihn, dass er an

---

[72] Viktor Lebzelter, Um die Gesundheit unseres Bauernvolkes, *Reichspost*, 29. September 1935, S. 17; vgl. auch *Reichspost*, 19. Jänner 1936; Adolf Fritz, Not der Jugend am Lande, *Kärntner Fürsorgeblatt* 7/9, 1935, S. 1–9 (Sonderabdruck); ders. Bevölkerungspolitik nicht von der Stadt, sondern vom Lande aus gesehen, in: *Archiv für Bevölkerungswissenschaft und Bevölkerungspolitik* 5, 1936, S. 158–172.

[73] *Reichspost*, 29. September 1935, S. 17.

[74] OeStA/AVA BMU Fasz. 3212 Sign. 15 C1, Z 18677/36, Lebzelter an Michel, 23. Mai 1936.

[75] Ebd.

[76] OeStA/AVA BMU Fasz. 3212 Sign. 15 C1, Z 5612/37, Bericht Lebzelters.

Med reševalnimi akcijami (po bombnih napadih) so bile zbirke Prirodoslovnega muzeja proti koncu druge svetovne vojne vzete iz skladišča in odpeljane na različne kraje. Kasneje jih je bilo mogoče skoraj v celoti spet pridobiti nazaj – med njimi tudi posnetke iz Koroške. Gradivo iz časa nacizma so še tja do 60-ih let geografsko razvrščali in inventarizirali ter objavljali manjša dela iz raziskav po drugi svetovni vojni.[71] Tudi merilni listi in fotografije izmerjenih Judov so ostali del inventarja. Vendar pri nadaljnjih znanstvenih analizah niso bili več upoštevani kot posebej preiskana skupina. Največji del preiskav pa ni bil nikoli analiziran. Ustrezne mape in zavezani paketi z dokumenti so do 90-ih let 20. stoletja ostali neodprti. Odprli so jih šele med raziskovanjem dejavnosti antropologov v obdobju nacizma.

Leta 1947 je antropološki oddelek Prirodoslovnega muzeja izročil ostanke okostij iz izropanih grobov judovskega pokopališča v Währingu izraelski verski skupnosti na Dunaju, ki jih je nato pokopala.[72] Leta 1991 so končno pokopali tudi lobanje judovskih zapornikov koncentracijskih taborišč, ki so jih odkupili od akademije v Poznanju, in mrliške maske predali judovskemu muzeju. Lobanje poljskih članov odporniškega gibanja so predali poljskemu veleposlaništvu na Dunaju šele leta 1999.

Preiskovanje koroških šolarjev

Ob začetku koroških preiskav je bil v časopisu Reichspost objavljen članek Viktorja Lebzelterja, ki je v Adolfu Fritzu zbudil zanimanje za to, da bi antropološko in zdravstveno preiskali občine s hribovskimi kmetijami na Koroškem.[73] Lebzelter je med svojimi preiskavami obiskal „na stotine kmetij in družin na najrazličnejših področjih" in pri tem večkrat naletel na slabe stanovanjske razmere, slabo zdravstveno stanje in pomanjkljivo „zdravstveno oskrbo". S stališča, „da je kmečki stan zdravi pravir našega naroda", se je čutil dolžnega „v interesu prihodnosti našega naroda tu svareče spregovoriti". Poleg tega je ugotovil: „Pogosto med podeželskim prebivalstvom posameznik ne doseže tiste stopnje telesnega razvoja, ki bi mu bila glede na raso dana z dedovanjem. Ljudje precej zaostajajo v telesni višini."[74]

---

[71] Prim. Teschler-Nicola, Berner, Die Anthropologische Abteilung, str. 344; Alois Zlabinger, Studien über Körperbau und Konstitution an Armeniern, Annalen Naturhistorisches Museum Wien 57, 1949/50, str. 21–33; Johann Jungwirth, Untersuchungen über das Papillarliniensystem der Fingerbeeren und Handflächen von Tonkinesen und Annamiten, *Mitteilungen der Anthropologischen Gesellschaft Wien* 87/88, 1959, str. 91–107; Johann Jungwirth, Untersuchungen über das Papillarliniensystem der Fingerbeeren und Handflächen von Armeniern, *Mitteilungen der Anthropologischen Gesellschaft Wien* 90, 1960, str. 39–54; Josef Wastl, Das physische Erscheinungsbild der Vietnamesen, *Mitteilungen der Anthropologischen Gesellschaft Wien* 95, 1965, str. 168–179; Josef Wastl, Korsen: Eine somatometrische und somatoskopische Untersuchung, *Mitteilungen der Anthropologischen Gesellschaft Wien* 96/97, 1967, str. 89–108.

[72] NHM, AA, Inventarbuch Osteologie; Übergabeprotokoll, 24. april 1947.

[73] Viktor Lebzelter, Um die Gesundheit unseres Bauernvolkes, *Reichspost*, 29. september 1935, str. 17; prim. tudi *Reichspost*, 19. januar 1936; Adolf Fritz, Not der Jugend am Lande, *Kärntner Fürsorgeblatt* 7/9, 1935, str. 1–9 (separat); isti, Bevölkerungspolitik nicht von der Stadt, sondern vom Lande aus gesehen, v: *Archiv für Bevölkerungswissenschaft und Bevölkerungspolitik* 5, 1936, str. 158–172.

[74] *Reichspost*, 29. september 1935, str. 17.

der „Frage des Schulweges" arbeite. Sodann schrieb er: „Ich glaube nicht, dass die Ihnen übersendeten Daten nun keinen unmittelbar praktischen Wert haben, denn an der Hand der Tabellen kann nunmehr jeder Lehrer eine Klassifikation vornehmen und es können die verschiedensten sozialbiologischen Probleme behandelt werden."[77] Ende November ließ Lebzelter Fritz wissen: „Der Entwicklungszustand jedes einzelnen Kindes ist bereits festgestellt, es handelt sich nur mehr um das Herstellen der Kombinationstafeln.[78] Lebzelter konnte die Studie nicht mehr fertigstellen, er starb im Dezember 1936.

Nur wenige Monate später, im Feber 1937, wurde Robert Routil, damals Assistent am Anthropologischen Institut, im Einvernehmen mit Professor Josef Weninger und dem Direktor des Naturhistorischen Museums, Hermann Michel, mit der Fortführung der Auswertung betraut.[79] Zu diesem Zweck schlug Routil dem Kinderferienwerk der Vaterländischen Front vor, eine Größen-Gewichtstabelle zu erstellen. Außerdem plante er, Tabellen zur Schulwegstrecke, zum Ernährungszustand und Gewicht der Kinder anzufertigen und daran eine Typenanalyse „für eine anthropologische Studie in unserem schönen Vaterlande als wertvoller Beitrag" anzuschließen.[80] Bald darauf übermittelte Routil erste Auswertungen, und noch im selben Jahr publizierte er die Größen-Gewichtstabellen der Schulkinder der Bezirke Völkermarkt und Wolfsberg.[81]

Zu diesem Zeitpunkt arbeitete Routil bereits an dem Band „Völker und Rassen auf dem Boden Kärntens", der 1937 im Kärntner Heimatverlag erschien. Darin definierte er „Rasse" als eine „Gruppe von Menschen, welche durch den gemeinsamen Besitz körperlicher und geistiger Merkmale als zusammengehörig erscheinen und dadurch von anderen derartigen Gruppen sich deutlich unterscheiden."[82] Neben einem urgeschichtlichen, historischen und volkskundlichen Abriss der Geschichte Kärntens publizierte Routil darin eigene sowie bereits vorliegende Forschungsergebnisse „rassenanthropologischer" Untersuchungen. Im Gegensatz zu früheren Untersuchungen, die davon ausgegangen waren, dass die „Urbevölkerung eine klein gewachsene, untersetzte Gruppe dunkel komplektierter, leicht rundschädeliger Menschen" gewesen sei oder der „alpinen Rasse" angehörte, zu der später „das hochwüchsige, dunkle, kurzschädelige Element der dinarischen Rasse" hinzugekommen sei, kam Routil zu dem Ergebnis, dass in Kärnten „langschädelige Menschen nordischer Rassenzugehörigkeit"

---

[77] NHM, AA, Somatologische Sammlung, Inv. Nr. 2749, Lebzelter an Fritz, 20. Oktober 1936.
[78] Ebd., Lebzelter an Fritz, 23. November 1936.
[79] Ebd., Routil an Dr. Erwin M. Auer, Bundesgeschäftsführer des Kinderferienwerks der Vaterländischen Front, 15. Feber 1937.
[80] Ebd.
[81] Robert Routil, Die Größen-Gewichtstabellen der Schulkinder in den Kärntner Bezirken Völkermarkt und Wolfsberg, in: Erwin Auer, Das Kinderferienwerk der Vaterländischen Front 1936, Wien 1937, S. 31–35.
[82] Robert Routil, Völker und Rassen auf dem Boden Kärntens, Klagenfurt 1937, S. 46, siehe auch S. 9.

Nekaj mesecev kasneje, poleti 1936, je Lebzelter lahko s podporo Deželnega urada za mladino in socialne ustanove za počitnikovanje otrok preiskal več tisoč otrok v okrožjih Velikovec in Wolfsberg. Cilj tega projekta je bil raziskati vprašanje, „ali imajo dolge poti v šolo kak vpliv na razvoj in ali morda različna rasna sestava prebivalstva pogojuje različne ritme rasti".[75] Poleg tega je hotel Lebzelter raziskati, zakaj „podeželski otroci razmeroma močno zaostajajo v rasti".[76] Antropologi so nato zbrali podatke o „telesni višini, obsegu prsi, dolžini glave, širini glave, širini obraza, dolžini obraza, višini nosu, širini nosu, barvi las in oči, o fiziognomskem rasnem tipu in pri otrocih okrožja Wolfsberg tudi o tipu konstitucije". Učitelje so povprašali o „teži, dolžini poti v šolo, stopnji premožnosti staršev merjeno v treh stopnjah (A, B, C)" ter o „stopnji inteligence merjeno v štirih stopnjah". Poleg tega so morali otroci napisati spis z naslovom „Kaj sem včeraj jedel". S tem naj bi pridobili „vpogled v prehranjevanje hribovskih kmetov".[77]

Že jeseni 1936 je Lebzelter posredoval Fritzu prve „izračune o telesni višini in telesni teži pa tudi odstotke nadpovprečno in podpovprečno razvitih posameznikov v posameznih krajih" in ga obvestil, da obdeluje „vprašanje poti v šolo". Nato je napisal: „Ne verjamem, da ti vam poslani podatki ne bi imeli nobene neposredno praktične vrednosti, kajti s pomočjo tabel lahko zdaj vsak učitelj izvede klasifikacijo in lahko se obravnavajo najrazličnejši socialno biološki problemi."[78] Konec novembra je Lebzelter pisal Fritzu: „Razvojno stanje vsakega posameznega otroka je že ugotovljeno, zdaj gre samo še za izdelavo kombinacijskih tabel."[79] Lebzelter študije ni več mogel dokončati, umrl je decembra 1936.

Le nekaj mesecev kasneje, februarja 1937, je bilo v soglasju s profesorjem Josefom Weningerjem in direktorjem Prirodoslovnega muzeja Hermannom Michelom nadaljevanje vrednotenja zaupano Robertu Routilu, takrat asistentu na Antropološkem inštitutu.[80] V ta namen je Routil ustanovi za počitnikovanje otrok domovinske fronte[81] predlagal, naj sestavi tabelo velikosti in teže. Poleg tega je načrtoval pripravo tabel o dolžini poti v šolo, o prehranjevalnem stanju in teži otrok in nato analizo tipov „kot dragocen prispevek za antropološko raziskavo v naši lepi domovini".[82] Routil je kmalu nato posredoval prve analize in še istega leta objavil tabele velikosti in teže šolarjev v okrožjih Velikovec in Wolfsberg.[83]

---

[75] OeStA/AVA BMU Fasz. 3212 Sign. 15 C1, Z 18677/36, Lebzelter Michelu, 23. maj 1936.
[76] Ibidem.
[77] OeStA/AVA BMU Fasz. 3212 Sign. 15 C1, Z 5612/37, Lebzelterjevo poročilo.
[78] NHM, AA, Somatologische Sammlung, Inv. Nr. 2749, Lebzelter Fritzu, 20. oktober 1936.
[79] Ibidem, Lebzelter Fritzu, 23. november 1936.
[80] Ibidem, Routil dr. Erwinu M. Auerju, zveznemu poslovodji ustanove za počitnikovanje otrok domovinske fronte (Bundesgeschäftsführer des Kinderferienwerks der Vaterländischen Front), 15. februar 1937.
[81] = Vaterländische Front je bila edina dovoljena stranka, organizacija v avstrijski avtoritarni stanovski državi (1933–1938).
[82] Ibidem
[83] Robert Routil, Die Größen-Gewichtstabellen der Schulkinder in den Kärntner Bezirken Völkermarkt und Wolfsberg, v: Erwin Auer, Das Kinderferienwerk der Vaterländischen Front 1936, Wien 1937, str. 31–35.

bis ins Mittelalter die dominierenden Formen gewesen wären.[83] Für ihn waren Deutschkärntner und Kärntner Slowenen „sicherlich die Abkömmlinge einer hellen Rasse, die durch Einkreuzung dunkler Gruppen den rein hellen Typus vielfach verloren" hatten. Auch stünden die „Kärntner Slowenen den Kärntner Deutschen bedeutend näher als den Krainer Slowenen", dies zeige „uns deutlich eine seit mehr als tausend Jahren vorsichgehende Eingliederung des slowenischen Volkselementes in das Deutschtum dieses Landes".[84] So kommt Routil zu dem Schluss, dass für die rezenten Bewohner Kärntens Formen des „nordischen Rassenkreises" zu den „wichtigsten Aufbauelementen" gehören würden, gefolgt von der „dinarischen Rasse". Das „alpine oder dunkelostische Element" hingegen sei viel seltener, genauso wie „hellostische Typen, die wir im slowenischen Sprachgebiete öfters antreffen".[85]

Routils eigene Auswertungen umfassten Untersuchungsergebnisse von Beinhausschädeln aus der Sammlung des Naturhistorischen Museums und von vor- und frühgeschichtlichen Schädeln. Ferner wertete er von Dr. Oswin Moro und Dr. K. Resch vorgenommene Aufnahmen aus St. Oswald bei Kleinkirchheim sowie Aufnahmen von 200 Kärntnern aus den Beständen des Wiener Anthropologischen Institutes „erbbiologisch und rassenkundlich" aus.[86] Außerdem legte Routil erste Ergebnisse zu den Studien an den Wolfsberger und Völkermarkter Schulkindern vor, jedoch ohne zu erwähnen, dass diese von Lebzelter durchgeführt worden waren.[87]

Amtsarzt Fritz interessierte die Frage, inwieweit sich „die mit langen Schulwegen verbundenen Schädigungen (tagsüber keine ausreichende Verköstigung, oft auch vollkommen durchnässte Fußbekleidung und dergleichen mehr) hemmend auf eine normale Entwicklung der Kinder" auswirkten.[88] Dies sollte im Zusammenhang mit der Sozialstruktur untersucht werden. Mit dem „mühsam gewonnenen Zahlenmaterial" könnten „unsere den Landverhältnissen zum Teil ferner stehenden Zentralstellen dadurch auf diese Tatsachen hingewiesen werden, der österreichischen Landjugend auf billige und einfache Weise eine rationelle, überall durchgeführte Hilfe" anzubieten. Eine solche Hilfe zur Beseitigung „typischer Land-Schulschädigung" bestünde in der „Einrichtung einer Schul-Ausspeisung und Sorge für trockene Fußbekleidung (,Schulstrümpfe', ,Schulpatschen', die von den Kindern in der Schule angefertigt, dort verbleiben)". Zudem beanstandete Fritz, dass Routil in seinem Bericht von einer „ungünstigen sozialen Lage der Bergbauern" schrieb. Wieder verwies er auf Lebzelters Artikel in der *Reichspost* und dessen Mutmaßungen über eine geringere Körperhöhe der

---

[83] Ebd., S. 73–74.
[84] Ebd., S. 75.
[85] Ebd., S. 76.
[86] Ebd., S. 46 und 52.
[87] Ebd., S. 55 f.
[88] NHM, AA, Somatologische Sammlung, Inv. Nr. 2749, Anmerkungen von Fritz zur Arbeit Routils, Beilage zum Schreiben des Kärntner Landesjugendamtes, 23. März 1937.

V tem času je Routil že pripravljal knjigo „Narodi in rase na koroških tleh", ki je izšla leta 1937 v založbi Kärntner Heimatverlag. V knjigi je „raso" definiral kot „skupino ljudi, za katere se zdi, da zaradi skupnega posedovanja telesnih in duševnih značilnosti spadajo skupaj, in ki se po tem jasno razlikujejo od drugih takšnih skupin".[84] Poleg prazgodovinskega, zgodovinskega in narodopisnega orisa koroške zgodovine je Routil v njej objavil lastne pa tudi že obstoječe rezultate „rasno-antropoloških" raziskav. V nasprotju s prejšnjimi raziskavami, ki so izhajale iz tega, da je bilo „praprebivalstvo skupina čokatih ljudi majhne rasti, temneje komplektiranih in z rahlo okroglo lobanjo" ali da so pripadali „alpski rasi", kateri se je kasneje pridružil „visokorasli, temni element dinarske rase s kratko lobanjo", je Routil prišel do sklepa, da so bili na Koroškem „ljudje nordijske rasne pripadnosti z dolgo lobanjo" prevladujoča forma vse tja do srednjega veka.[85] Zanj so bili koroški Nemci in koroški Slovenci „prav gotovo potomci svetle rase, ki je s križanjem s temnejšimi skupinami večkratno izgubila popolnoma svetli tip". Tudi naj bi bili „koroški Slovenci veliko bliže koroškim Nemcem kakor kranjskim Slovencem", kar „nam jasno kaže več kakor tisoč let potekajoče včlenjevanje slovenskega narodnega elementa v nemštvo te dežele".[86] Tako Routil pride do ugotovitve, da so oblike „nordijskega rasnega kroga" za sedaj živeče prebivalce Koroške „najpomembnejši gradbeni elementi", sledijo pa jim oblike „dinarske rase". „Alpski ali temno-ostični element" je nasprotno veliko redkejši, enako kot „svetlo-ostični tipi, ki jih pogosteje srečamo v slovenskem govornem območju".[87]

Routilove lastne analize so obsegale rezultate raziskav lobanj iz kostnic, shranjenih v zbirki Prirodoslovnega muzeja, in prazgodovinskih ter najstarejših zgodovinskih lobanj. Nadalje je „genetsko in rasoslovno" analiziral posnetke dr. Oswina Mora in dr. K. Rescha iz St. Oswalda pri Kleinkirchheimu ter posnetke 200 Koroščev iz fondov dunajskega Antropološkega inštituta.[88] Poleg tega je Routil priložil prve rezultate preiskav šolarjev iz Wolfsberga in Velikovca, vendar ni omenil, da je te preiskave izpeljal Lebzelter.[89]

Zdravnik deželnega urada za mladino Adolf Fritz se je zanimal za to, v kolikšni meri „poškodbe, povezane z dolgo potjo v šolo (čez dan nezadostna prehrana, pogosto tudi popolnoma premočeno obuvalo in še marsikaj podobnega), zavirajo normalen razvoj otrok".[90] To naj bi preiskali v povezavi s socialno strukturo. Z „mukoma pridobljenim gradivom v številkah" bi lahko „naše centrale, ki so deloma odmaknjene od podeželskih razmer, opozorili na ta dejstva, tako da bi avstrijski podeželski mladini lahko

---

[84] Robert Routil, Völker und Rassen auf dem Boden Kärntens, Klagenfurt 1937, str. 46, glej tudi str. 9.
[85] Ibidem, str. 73–74.
[86] Ibidem, str. 75.
[87] Ibidem, str. 76.
[88] Ibidem, str. 46 in 52.
[89] Ibidem, str. 55 sl.
[90] NHM, AA, Somatologische Sammlung, Inv. Nr. 2749, Pripombe Fritza na delo Routila, priloga pisanju koroškega deželnega urada za mladino, 23. marca 1937.

Landbevölkerung. Lebzelter hatte die Ursache nicht in der schweren Arbeit vermutet, da die Kinder „kaum mehr zu der ganz schweren Arbeit herangezogen" würden, sondern vielmehr in einem Vitaminmangel, bedingt durch den überwiegenden Verzehr von konservierter Nahrung. Routil solle darauf verweisen, dass die Lebensverhältnisse der Bergbauern (Bergbauern-Not, unrationelle Ernährungs-, Wohn- und Lebensweise) eine normale Entwicklung der Schulkinder im stärksten Ausmaße erschweren. „Wissenschaft muss dem Leben dienen", schrieb Fritz, und so wolle er seiner „derzeitigen Wirkungsmöglichkeit entsprechend" versuchen, „wissenschaftliche Ergebnisse der Bevölkerung praktisch nutzbar zu machen".[89]

Routil plante noch weitere Auswertungen, wie Standardtabellen zur Konstitution, ferner eine Typenerfassung und die Auszählung einzelner Kombinationstypen von Körpergröße, Kopfform und Komplexion vorzunehmen.[90] Im Mai 1937 richtete Fritz ein Schreiben an Primarius Dr. Ernst Gabriel, in dem er ihn bat, im Zusammenhang mit weiteren geplanten Untersuchungen des Anthropologischen Institutes eine Studie zur „Relation zwischen Alkoholkonsum Jugendlicher und deren geistiger Entwicklung" durchzuführen.[91] Die wissenschaftliche Leitung würde Routil übernehme, die statistische Auswertung das Wiener Anthropologische Institut und das Kinderhilfswerk.[92] Routil erstellte einen Arbeitsplan für eine „anthropologisch-psychologische Aufnahme von Schulkindern in den Bezirken Klagenfurt-Land und Villach-Land" in den Sommermonaten des Jahres 1937. Zweck der Aufnahme von rund 5000 Kindern sei die „Schaffung einwandfreier Grundlagen für die Beurteilung der körperlichen und geistigen Entwicklung der Schuljugend in bergigen Landbezirken". Neben der Aufnahme der Personaldaten sollten auch die im Vorfeld mit Gabriel diskutierten Fragen zur Auswirkung des Genusses von Most inkludiert werden. Karl Tuppa würde die psychologischen Studien an Kindern aus Most- und Nicht-Mostgebieten auswerten, die Untersuchung der erbbiologischen Geschwisterreihen könnte als Dissertation vergeben werden.[93]

Unter dem Titel „Anthropologische Wanderung durch Kärntner Schulen" berichtete Tuppa Ende November 1937 in einem Vortrag in der „Wiener Gesellschaft für Rassenhygiene (Rassenpflege)" von seinen Aufnahmen.[94] Zusammen mit seiner Frau und einer Mitarbeiterin habe er „in den Gebieten von Klagenfurt-Land und Villach-Land 33 Schulen mit ungefähr 5000 Kindern in 6 Wochen" untersucht, einige der Orte seien nur zu Fuß erreichbar gewesen. Die Daten hatte Tuppa nach dem von Routil

---

[89] Ebd.
[90] Ebd., Routil an Auer, o. D.
[91] Ebd., Fritz an Prim. Dr. Ernst Gabriel, 28. Mai 1937.
[92] Vgl. ebd.
[93] Ebd., Arbeitsplan, o. D.; Routil verwies in späteren Briefen auf Messungen, die Dr. Tuppa und Willhelm Ehgartner durchgeführt hatten; ebd., Schreiben von Routil an das Amt der Kärntner Landesregierung, Statistik und Wirtschaftsdienst, 12. November 1951.
[94] Ebd., Typoskript des Vortrages vom 30. November 1937 von Karl Tuppa.

ponudile racionalno, povsod dostopno pomoč na preprost in cenen način". Taka pomoč za odpravo „tipičnih pomanjkljivosti podeželskega šolanja" bi bila „uvedba šolske prehrane in skrb za suho obutev (,šolske nogavice', ,šolske copate', ki bi jih izdelali otroci v šoli in bi tam ostale)". Poleg tega je Fritz ugotavljal, da Routil v svojem poročilu piše o „neugodnem socialnem položaju hribovskih kmetov". Spet je opozoril na Lebzelterjev članek v časopisu *Reichspost* in na njegove domneve o vzrokih za manjšo telesno višino podeželskega prebivalstva. Lebzelter je domneval, da vzrok ni v težkem delu, saj otroci „skoraj ne sodelujejo več pri zares težkem delu", ampak prej v pomanjkanju vitaminov, kar je posledica pretežnega uživanja konzervirane hrane. Routil naj bi opozoril na to, da življenjske razmere hribovskih kmetov (njihova stiska, neracionalno prehranjevanje, bivalne in življenjske razmere) v največji meri otežujejo normalen razvoj otrok v času šolanja. „Znanost mora služiti življenju," je napisal Fritz, in tako bo sam „v skladu s svojo možnostjo vplivanja" poskusil „znanstvene rezultate prebivalstva napraviti praktično uporabne".[91]

Routil je načrtoval še nadaljnje analize, recimo standardne tabele za konstitucijo, nadalje zajetje tipov in preštevanje posameznih kombinacijskih tipov telesne višine, oblike glave in kompleksije.[92] Maja 1937 je Fritz pisal primariju dr. Ernstu Gabrielu in ga prosil, naj v zvezi z nadaljnjimi načrtovanimi raziskavami Antropološkega inštituta izvede študijo o „relaciji med konzumiranjem alkohola mladih in njihovim duševnim razvojem".[93] Znanstveno vodenje bi prevzel Routil, statistično ovrednotenje dunajski Antropološki inštitut in ustanova za pomoč otrokom.[94] Routil je napravil delovni načrt za „antropološko-psihološki pregled šolarjev v podeželskih okrožjih Celovca in Beljaka" v poletnih mesecih leta 1937. Cilj pregledovanja okrog 5.000 otrok naj bi bil „priprava neoporečnih osnov za presojanje telesnega in duševnega razvoja šolske mladine v hribovitih predelih dežele". Poleg beleženja osebnih podatkov naj bi bila vključena tudi vprašanja o učinku uživanja mošta, ki jih je prej prediskutiral z Gabrielom. Karl Tuppa bi ovrednotil psihološke raziskave otrok z območij z moštom in brez mošta, raziskavo genetskih vrst sorojencev pa bi lahko oddal kot disertacijo.[95]

Tuppa je konec novembra 1937 v predavanju „Dunajskemu društvu za rasno higieno (rasno nego)" pod naslovom „Antropološko potovanje po koroških šolah" poročal o svojih ugotovitvah.[96] Povedal je, da je skupaj s svojo ženo in s sodelavko „na območju podeželja okrog Celovca in Beljaka raziskal 33 šol s približno 5.000 otroki v 6 tednih",

---

[91] Ibidem.
[92] Ibidem, Routil Auerju, o. D.
[93] Ibidem, Fritz primariju dr. Ernstu Gabrielu, 28. maja 1937.
[94] Prim. ibidem.
[95] Ibidem, Arbeitsplan, o. D.; Routil je v kasnejših pismih opozoril na meritve, ki sta jih izvedla dr. Tuppa in Willhelm Ehgartner; ibidem, pismo Routila na urad koroške deželne vlade, Statistik und Wirtschaftsdienst, 12. november 1951.
[96] Ibidem, tipkopis predavanja Karla Tuppe z dne 30. novembra 1937.

ausgearbeiteten Fragebogen erhoben, „Intelligenzprüfungen" in Form von Tests durchgeführt und Fotografien angefertigt. In dem Vortrag zeigte er auch „typische Rassenbilder unter besonderer Berücksichtigung der nordischen Rasse, weil selbst in Kreisen von Fachanthropologen das Vorkommen der nordischen Rasse in den Kärntner Gebieten bestritten wird".[95] Insgesamt beurteilte er die Lage der „Landschulkinder in den Gebirgsgegenden Kärntens ungünstig", was auf die Länge des Schulweges, ungünstige Ernährungs- und Bekleidungsverhältnisse und mangelhafte medizinische Versorgung zurückzuführen sei.[96] „Mögen diese Untersuchungen Anlaß sein", dass mehr Geldmittel aufgebracht werden, hieß es am Ende des Vortragsberichtes: „Denn nicht in der Großstadt liegt die Kraft unseres Volkes, sondern in jenen Schichten unserer Landbevölkerung, die trotz der schweren körperlichen Anforderungen, die schon an die Kinder gestellt werden, doch den gesunden, aufbaufähigen Kern und damit die Zukunft unseres Volkes bilden".[97]

1938 veröffentlichte Tuppa erste Auswertungen unter dem Titel „Intelligenz und Alkohol" in der *Wiener klinischen Wochenschrift*.[98] Darin erwähnte er, dass die ursprünglich geplante Fortsetzung dieser Erhebungen nicht mehr zustande gekommen war.[99] Er nahm aber weitere anthropologische Messungen an Schulkindern in St. Jakob im Rosental vor und fertigte Aufnahmen von ihnen an. Ein Jahr später verwendete Tuppa einige der Kinderfotos der Kärntner Untersuchungen für einen Kurzbeitrag, den er unter dem Titel „Fremdartige Typen in bodenständiger Bevölkerung" in der NS-Zeitschrift *Volk und Rasse* veröffentlichte. Darin stellte er Kinderfotos von „zwei Fällen von Zuwanderung" Bildern gegenüber, die die „nordische und dinarische Hauptkomponente der Bevölkerung Mittelkärntens veranschaulichen" würden.[100]

Noch im Juni 1938 stellte Routil ein Gesuch an das Landesjugendamt, um eine Genehmigung zur Bearbeitung der Daten von weiteren 15.000 Kindern zu erhalten.[101] Im Frühjahr 1939 übersandte er das von ihm ausgearbeitete „Normalmaßband" – eine Tabelle zur Erfassung von Körpergröße und Gewicht einzelner Altersstufen. Die Arbeiten hätten sich aufgrund neue Berechnungen verzögert. Außerdem war seine „Mitarbeit am Museum für eine Judenausstellung" hinzugekommen.[102] Die Auswertungen zur „wirtschaftlichen Lage" und zu den „Studienerfolgen" der untersuchten Schulkinder sollten bald folgen. Diese Studien seien interessant, so Routil weiter, da sie „die Unterschiede zwischen Stadt

---

[95] Ebd.
[96] Ebd.
[97] Ebd.
[98] Karl Tuppa, Intelligenz und Alkohol, in: *Wiener klinische Wochenschrift* 44, 1938, S. 1–15 (Sonderabdruck).
[99] Ebd. S. 6.
[100] Karl Tuppa, Fremdartige Typen in bodenständiger Bevölkerung, in: *Volk und Rasse* 9, 1939, S. 196–197.
[101] NHM, AA, Somatologische Sammlung, Inv. Nr. 2749, Routil an Landesregierungskommissar Dr. Peter Zojer, 30. Juni 1938.
[102] Ebd., Routil an Zojer, 10. April 1939, die Mitarbeit bezieht sich auf die Ausstellung „Das körperliche und seelische Erscheinungsbild der Juden" im Naturhistorischen Museum.

Aufnahmebögen zur Ernährung der Schulkinderuntersuchungen in den Bezirken Wolfsberg und Völkermarkt, 1936.
Quelle: Somatologische Sammlung, Inv. Nr. 2749, Anthropologische Abteilung, Naturhistorisches Museum Wien.
Foto: Wolfgang Reichmann, Naturhistorisches Museum Wien, 2018

Vpisne pole o prehrani iz preiskave šolarjev v okrožjih Wolfsberg in Velikovec, 1936.
Vir: somatološka zbirka, inv. št. 2749, antropološki oddelek, Naravoslovni muzej Dunaj.
Fotografija: Wolfgang Reichmann, Naravoslovni muzej Dunaj, 2018

nekaj krajev je bilo dosegljivih le peš. Podatke je zbiral na vprašalnikih, ki jih je izdelal Routil, izvedel je „preizkuse inteligence" v obliki testov in posnel fotografije. Med predavanjem je pokazal tudi „tipične rasne slike s posebnim ozirom na nordijsko raso, ker celo v strokovnih antropoloških krogih oporekajo pojavljanju nordijske rase na koroškem ozemlju".[97] V celoti je položaj „podeželskih šolarjev v hribovitih predelih Koroške" ocenil kot „neugoden", za kar so krivi dolžina šolske poti, neugodne razmere

[97] Ibidem.

und Land, zwischen Volksschule, Hauptschule und Mittelschule" zeigen würden – wie auch Unterschiede zwischen deutschen und slowenischen Schulkindern.[103]

Fritz erwartete Publikationen und Ergebnisse, die sich für die Praxis der Jugendfürsorge auswerten ließen.[104] Doch die versprochenen Ergebnisse und deren Veröffentlichung in Fachzeitschriften blieben aus.

Erst im Jahre 1948 kam es zu einer neuerlichen Kontaktaufnahme zwischen Fritz, nunmehr Sanitätsrat, und Routil, sodann Direktor der Anthropologischen Abteilung des Naturhistorischen Instituts. Ende Juli informierte Routil Fritz, dass er die Aufzeichnungen der Untersuchungen an Kärntner Schulkindern „unter dem Bergematerial des Museums" vorgefunden habe, den Verbleib der Aufnahmebögen Tuppas allerdings nicht habe eruieren könne. Im selben Schreiben regte er eine Fortsetzung der Studie an, um Änderungen hinsichtlich der Größe, des Gewichts und des Brustumfangs gegenüber den in den 1930er-Jahren erhobenen Daten zu untersuchen.[105]

1951 begann der Statistik- und Wirtschaftsdienst der Kärntner Landesregierung damit, die Arbeiten fortzuführen und erstellte anhand der Karteiblätter Größen- und Gewichtstabellen.[106] Im Juni 1952 schrieb Fritz an Routil, dass August Reuss, der Leiter von Glanzing, der ehemaligen Kinderklinik der Stadt Wien, angeregt habe, zwei Aufsätze im *Fachblatt für Kinderheilkunde und Kinderfürsorge* zu veröffentlichen.[107] Aus der Summe derartiger Einzelstudien wären nicht nur für die „Volksgesundheitspflege wertvollste Ergebnisse sozialmedizinischer Art zu erwarten", so Fritz an Routil in einem weiteren Schreiben, sondern Kärnten würde „beispielgebend" bleiben als das „Land mit der fortschrittlichsten und dabei zweckmäßigsten Landschul-Gesundheitsfürsorge".[108] Ferner plante Routil, einige der Ergebnisse in dem „später zu eröffnenden anthropobiologischen Saal (der auch den neuesten Zweig der Anthropologie, nämlich die Rassenpathologie teilweise beinhalten wird)" im Museum zu präsentieren.[109] „Für das Kärntner Material", schrieb er, „wird meiner Anschauung nach vor allem ein Unterschied zwischen den wirklichen Bergbauernkindern, den Flachlandkindern und den Stadtkindern sich zeigen, der mitunter vielleicht manch völkisch-rassisch unterschiedliche Verschiebungen in der Entwicklung auch einschließen wird."[110]

1953 erschien der Artikel zu Größe, Gewicht und Brustumfang der Kärntner Schulkinder mit einem Vergleich der Ergebnisse der Bezirke Völkermarkt und Wolfsberg, basierend

---

[103] Ebd.
[104] Ebd., Inv. Nr. 2749, Fritz an Routil, 30. August 1939, sowie mehrere Schreiben aus dem Jahre 1940.
[105] Ebd., Routil an Fritz, 27. Juli 1948.
[106] Ebd., Brandstätter an Routil, 5. November 1951.
[107] Ebd., Fritz an Routil, 2. Juni 1952.
[108] Ebd., Fritz an Routil, 6. August 1952.
[109] Ebd., Routil an Fritz, 22. August 1952.
[110] Ebd.

za prehranjevanje in oblačenje ter pomanjkljiva medicinska oskrba.[98] „Naj bodo te raziskave spodbuda", da se zbere več denarnih sredstev, je sklenil svoje predavanje. „Moč našega naroda ni v velemestu, ampak v tistih plasteh podeželskega prebivalstva, ki kljub težkim fizičnim zahtevam, s katerimi se srečujejo že otroci, vendarle predstavlja zdravo, izgradnje sposobno jedro in s tem bodočnost našega naroda."[99]

Leta 1938 je Tuppa objavil prve analize pod naslovom „Inteligenca in alkohol" v tedniku *Wiener klinische Wochenschrift*.[100] V članku je omenil, da prvotno načrtovano nadaljevanje teh preiskav ni bilo več izvedeno.[101] Vendar je opravil še nadaljnje antropološke meritve šolarjev v Šentjakobu v Rožu in izdelal njihove posnetke. Leto dni kasneje je nekatere od otroških fotografij s koroških raziskav uporabil v kratkem prispevku, ki ga je objavil v nacističnem glasilu *Volk und Rasse* pod naslovom „Tuji tipi med avtohtonim prebivalstvom". V njem je predstavil otroške fotografije „dveh primerov priselitve" v primerjavi s slikami, ki naj bi „ponazarjale nordijsko in dinarsko raso kot glavni komponenti prebivalstva osrednje Koroške".[102]

Še junija 1938 je Routil na deželni urad za mladino naslovil vlogo za dovoljenje za obdelavo podatkov nadaljnjih 15.000 otrok.[103] Spomladi 1939 je preposlal „normalni merilni trak", ki ga je sam izdelal – tabelo za vnašanje telesne višine in teže posameznih starostnih stopenj. Delo da se je zavleklo zaradi novih preračunavanj. Poleg tega je bil vpet še v „sodelovanje z muzejem za judovsko razstavo".[104] Analiza „gospodarskega položaja" in „študijskih uspehov" preiskanih otrok naj bi kmalu sledila. Te preiskave da so zanimive, nadaljuje Routil, ker bodo pokazale „razlike med mestom in deželo, med ljudsko šolo, višjimi razredi ljudske šole in srednjo šolo" – kakor tudi razlike med nemškimi in slovenskimi šolarji.[105] Fritz je pričakoval objavo in rezultate, ki bi jih bilo mogoče obdelati za potrebe mladinskega skrbstva.[106] A do obljubljenih rezultatov in njihove objave v strokovnih revijah ni prišlo.

Šele leta 1948 sta Fritz, zdaj sanitarni svetnik, in Routil, direktor antropološkega oddelka Prirodoslovnega muzeja, ponovno navezala stike. Konec julija je Routil obvestil Fritza, da je „pod goro gradiv v muzeju" naletel na zapise preiskav koroških šolarjev, vendar ni mogel ugotoviti, kje naj bi ostale Tuppove vpisovalne pole. V istem pisanju

---

[98] Ibidem.
[99] Ibidem.
[100] Karl Tuppa, Intelligenz und Alkohol, v: *Wiener klinische Wochenschrift* 44, 1938, str. 1–15 (separat).
[101] Ibidem str. 6.
[102] Karl Tuppa, Fremdartige Typen in bodenständiger Bevölkerung, v: *Volk und Rasse* 9, 1939, str. 196–197.
[103] NHM, AA, Somatologische Sammlung, Inv. Nr. 2749, Routil komisarju deželne vlade dr. Petru Zojerju, 30. junija 1938.
[104] Ibidem, Routil Zojerju, 10. aprila 1939, sodelovanje se nanaša na razstavo „Das körperliche und seelische Erscheinungsbild der Juden" v Prirodoslovnem muzeju.
[105] Ibidem.
[106] Ibidem, Inv. Nr. 2749, Fritz Routilu, 30. avgusta 1939, ter v·č pisem iz leta 1940.

auf den Daten aus den Jahren 1936 bis 1938.[111] Auswertungen im Hinblick auf ethnische Zuordnungen, „Kombinationstypen" oder „Rassentypen" waren darin nicht enthalten. Routil sandte mehrere Sonderdrucke an Fritz sowie an diverse Ämter und Stellen in Österreich. Karl Nevole, der Kärntner Landesamtsdirektor, antwortete Routil daraufhin: „Ich habe die Absicht, daraus Konsequenzen zu ziehen." Künftig werde man bei der „Gründung neuer Schulen durchaus darauf Bedacht nehmen müssen, die Schulweglängen zu kürzen."[112]

Das Amt der Kärntner Landesregierung publizierte 1954 Größen- und Gewichtstabellen für ganz Kärnten, aufgegliedert nach fünf Bezirken.[113] Im Jahr 1955 erschien Routils zweiter Artikel mit dem Titel „Größen-Gewichtstabellen als Kriterien individueller Entwicklungsstudien an Kärntner Schulkindern".[114] Basierend auf den Auswertungen des Statistischen Amtes veröffentlichte Routil Größen- und Gewichtstabellen für ganz Kärnten einschließlich eines Bezirksvergleichs. Dabei zeigte sich, dass die Stadtkinder im Vergleich zu den Landkindern größer waren. Ein wesentlicher Teil der Arbeit war dem Methodenvergleich zur Berechnung von Wachstumstabellen gewidmet. Ebenfalls 1955 veröffentlichte Routil einen Aufsatz mit dem Titel „20 Jahre Anthropologie im Dienste der Volksgesundheit", für den Fritz einen chronologischen Abriss zusammengestellt hatte.[115]

Fritz interessierte sich aber nicht nur für Beobachtungen zur Entwicklung von Schulkindern, sondern erkundigte sich, ob man nicht auch Haar- und Augenfarben und „Rassentypen" in die Untersuchungen einbinden könne.[116] Für ihn sei die Frage des Zusammenhanges „zwischen Komplexionen und Größe (Alter und Gewicht)" wichtiger als jener zwischen „Komplexion und Wohnort (Siedelung)".[117] Dazu merkte Routil an, dass die Auswertung bei 18 möglichen Komplexionskombinationen zeitintensiv sei und „der ungefähre Formentypus (Rassentypus)" nur unter Hinzunahme weiterer Kriterien wie Körpergröße und Kopfform erkannt werden könne.[118] Darauf meinte Fritz, ob man nicht einfach den „umfangreichen Apparat aus dem bereits vorliegenden Erfahrungsgut der Anthropologie" verwenden könne; dass etwa „dunkle Komplexion" wahrscheinlich dem entsprechen würde, was man „früher entweder Dinarier oder Westische" genannt habe und „helle Komplexionen", was man „Nordische oder

---

[111] Robert Routil, Über die körperliche Entwicklung von Schulkindern, in: *Österreichische Zeitschrift für Kinderheilkunde und Kinderfürsorge* 8, 1953, S. 377–394; Adolf Fritz, Zum Problem rationeller Volksgesundheitspflege, in: *Österreichische Zeitschrift für Kinderheilkunde und Kinderfürsorge* 8, 1953, S. 246–257.

[112] NHM, AA, Somatologische Sammlung, Inv. Nr. 2749, Nevole an Routil, 13. August 1953.

[113] Herwig Schön, Größe und Gewicht des Kärntner Schulkindes. Normal-, Größen- und Gewichtstabellen, Klagenfurt 1954.

[114] Robert Routil, Größen-Gewichtstabellen als Kriterien individueller Entwicklungsstudien an Kärntner Schulkindern, in: *Österreichische Zeitschrift für Kinderheilkunde und Kinderfürsorge* 11, 1955, S. 302–324.

[115] Robert Routil, 20 Jahre Anthropologie im Dienste der Volksgesundheit, in: Annalen des Naturhistorischen Museums 60, 1954/55, S. 53–59; NHM, AA, Somatologische Sammlung, Inv. Nr. 2749, Fritz an Routil, 28. September 1954.

[116] NHM, AA, Somatologische Sammlung, Inv. Nr. 2749, Fritz an Routil, 6. Juli 1953.

[117] Ebd., Fritz an Routil, 29. Juli 1954.

[118] Ebd., Routil an Fritz, 4. August 1954 und 30. November 1954.

je spodbudil tudi nadaljevanje raziskave, in sicer bi ugotavljali spremembe v velikosti, teži in prsnem obsegu v primerjavi s podatki iz 30-tih let.[107]

Leta 1951 se je statistični in gospodarski urad koroške deželne vlade lotil nadaljevanja dela in je namesto kartonov izstavil tabele višine in teže.[108] Junija 1952 je Fritz pisal Routilu, da je August Reuss, vodja Glanzinga, nekdanje otroške klinike mesta Dunaj, dal pobudo, da se objavita dva članka v strokovnem glasilu *Fachblatt für Kinderheilkunde und Kinderfürsorge*[109]. Iz vsote takšnih posameznih raziskav bi bilo ne le mogoče „pričakovati najpomembnejše rezultate socialno-medicinske vrste za skrb za narodovo zdravje", je napisal Fritz Routilu v naslednjem pismu, ampak bi Koroška ostala „zgled kot dežela najbolj napredne in smotrne skrbi za zdravje v deželnih šolah".[110] Nadalje je Routil načrtoval predstavitev nekaterih rezultatov v „antropobiološki dvorani, ki bi jo odprli v prihodnosti (in kjer bi bila deloma prikazana tudi najnovejša veja antropologije, to je patologija ras)".[111] Napisal je: „Po mojem mnenju se bo pri koroškem materialu pokazala predvsem razlika med dejanskimi otroki hribovskih kmetij, otroki nižin in mestnimi otroki, ki bo morda spotoma vključila tudi nekatere narodno-rasistične premike v razvoju."[112]

Leta 1953 je izšel članek o višini, teži in prsnem obsegu koroških šolarjev, ki je vseboval tudi primerjavo z rezultati okrožij Velikovca in Wolfsberga na osnovi podatkov iz let 1936 do 1938.[113] Analiz glede na etnično pripadnost, na „kombinacijske tipe" ali „rasne tipe" v njem ni bilo. Routil je poslal več separatov tako Fritzu kot različnim uradom in službam v Avstriji. Karl Nevole, direktor koroškega deželnega urada, mu je odgovoril: „Nameravam potegniti konsekvence iz tega." V prihodnje da se bo pri „ustanavljanju novih šol vsekakor treba ozirati na to, kako bi skrajšali poti v šolo".[114] Urad koroške deželne vlade je leta 1954 objavil tabele telesne višine in teže za vso Koroško, razdeljeno na pet okrožij.[115] Leta 1955 je izšel drugi Routilov članek z naslovom „Tabele višine in teže kot kriteriji individualnih študij razvoja koroških šolarjev".[116] Na osnovi analiz statističnega urada je Routil objavil tabele telesne višine in teže za celotno Koroško, vključno s primerjavo med okrožji. Pri tem se je pokazalo, da so mestni otroci v primerjavi s podeželskimi višji. Bistvena sestavina dela je bila primerjava metod za preračunavanje

---

[107] Ibidem, Routil Fritzu, 27. julija 1948.
[108] Ibidem, Brandstätter Routilu, 5. novembra 1951.
[109] Ibidem, Fritz Routilu, 2. junija 1952.
[110] Ibidem, Fritz Routilu, 6. avgusta 1952.
[111] Ibidem, Routil Fritzu, 22. avgusta 1952.
[112] Ibidem.
[113] Robert Routil, Über die körperliche Entwicklung von Schulkindern, v: *Österreichische Zeitschrift für Kinderheilkunde und Kinderfürsorge* 8, 1953, str. 377–394; Adolf Fritz, Zum Problem rationeller Volksgesundheitspflege, v: *Österreichische Zeitschrift für Kinderheilkunde und Kinderfürsorge* 8, 1953, str. 246–257.
[114] NHM, AA, Somatologische Sammlung, Inv. Nr. 2749, Nevole Routilu, 13. avgusta 1953.
[115] Herwig Schön, Größe und Gewicht des Kärntner Schulkindes. Normal-, Größen- und Gewichtstabellen, Klagenfurt 1954.
[116] Robert Routil, Größen-Gewichtstabellen als Kriterien individueller Entwicklungsstudien an Kärntner Schulkindern, v: *Österreichische Zeitschrift für Kinderheilkunde und Kinderfürsorge* 11, 1955, str. 302–324.

Wachstumsdiagramm für Knaben zur Beurteilung der Entwicklung von Schulkindern nach Robert Routil auf Basis der Untersuchungen in den Jahren 1951/52, Statistik- und Wirtschaftsdienst, 13. 10. 1954.
Quelle: Somatologische Sammlung, Inv. Nr. 2749, Anthropologische Abteilung, Naturhistorisches Museum Wien

Diagram rasti za dečke ob oceni razvoja šolarjev po Robertu Routilu na osnovi preiskav v letih 1951/52, služba za statistiko v gospodarstvo, 13. 10. 1954.
Vir: somatološka zbirka, inv. št. 2749, antropološki oddelek, Naravoslovni muzej Dunaj

Ostische" genannt habe.[119] Wenige Monate später plädierte Fritz dafür, die „Verhältnisse (Relationen) zwischen Komplexionen und Entwicklungswerten" zu untersuchen, denn „wüsste man für die in Kärnten häufigen Komplexionen (Rassen) diese Relationen, dann könnte man mit viel höherer Wahrscheinlichkeit als jetzt von ‚Normal' bzw. ‚Abnormal' des gefundenen Zustandes sogleich beim ersten Feststellen der Entwicklungswerte (Größe, Gewicht) eines Kindes sprechen."[120]

Auch Routil wandte sich wieder „rassenkundlichen" Auswertungen zu und teilte Fritz mit, dass er eine Arbeit für die Zeitschrift *Homo* über Entwicklungsstudien vorbereite, in der er auf der Basis von Lebzelters Daten beabsichtige, den „menschenformenkundlich (rassisch) unterschiedlichen Aufbau" der beiden Bezirke Wolfsberg und Völkermarkt einander gegenüberzustellen.[121] Dazu kam es nicht mehr, Routil starb im Herbst 1955.

Fritz publizierte ein Jahr später eine Arbeit zum Thema „Wachstumsdiagramme für die Pflichtschuljugend", in der er auch Routils – auf Basis der Schulkinderuntersuchungen erstellte – Tabelle zu den „Menschenformen der Kärntner Bevölkerung" inkludierte. Durch das Eintragen von Größe und Gewicht könne nicht nur das individuelle Wachstum eines Kindes verfolgt werden, sondern auch eine Beurteilung „gleicher Menschenformen (Rassen, Rassentypen)" erfolgen. Die „Menschformtypen" der Kärntner Schulkinder ließen sich in „53 % nordisch und fälisch, 27 % dinarisch, 17 % hellostisch, ostbaltisch und 3 % westisch-mediterran" unterteilen.[122] Womit Fritz in Wortwahl und Ergebnis direkt an seine 19 Jahre zurückliegende Darstellung über „Völker und Rassen in Kärnten" von 1937 anschloss.

Vergleichende Biometrie: St. Jakob und Marienfeld

Ein weiteres Beispiel für das absolute Fehlen jeglicher kritischen Hinterfragung der grundlegenden Methoden und „Rassekonzepte" stellte Helga-Maria Pachers Dissertation von 1946 dar, in der sie die Messbögen Tuppas von St. Jakob im Rosental auswertete.

---

[119] Ebd., Fritz an Routil, 5. August 1954.
[120] Ebd., 22. November 1954.
[121] Ebd., Fritz an Routil, 22. November 1954 und 30. November 1954.
[122] Adolf Fritz, Wachstums-Diagramme für die Pflichtschuljugend, *Mitteilungen der österreichischen Sanitätsverwaltung* 57, 1956, S. 1–7 (Sonderabdruck).

Name: .... geb.: ....

Wachstumsdiagramm für Knaben

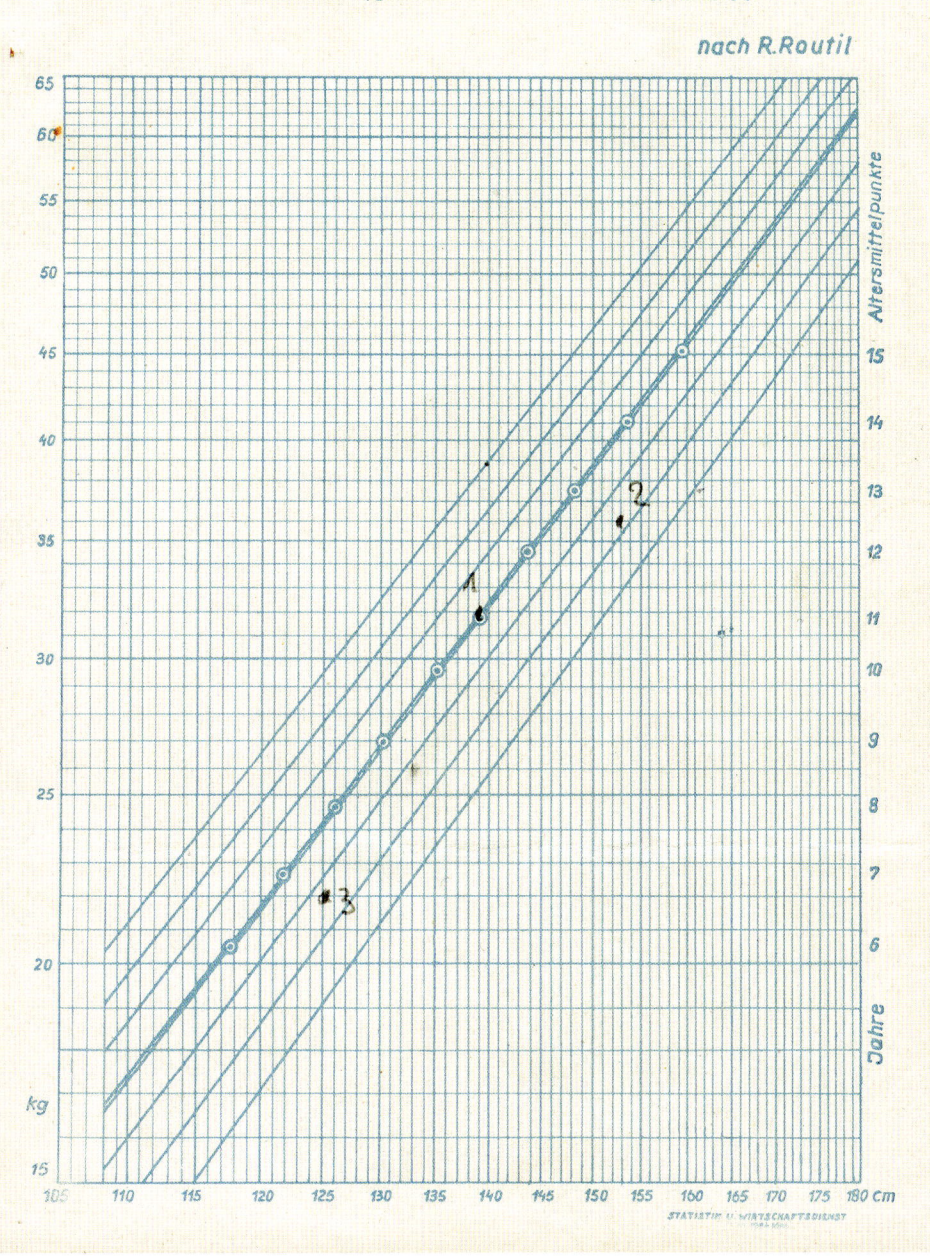

nach R. Routil

173

Name: .... geb.: ....

Wachstumsdiagramm für Mädchen

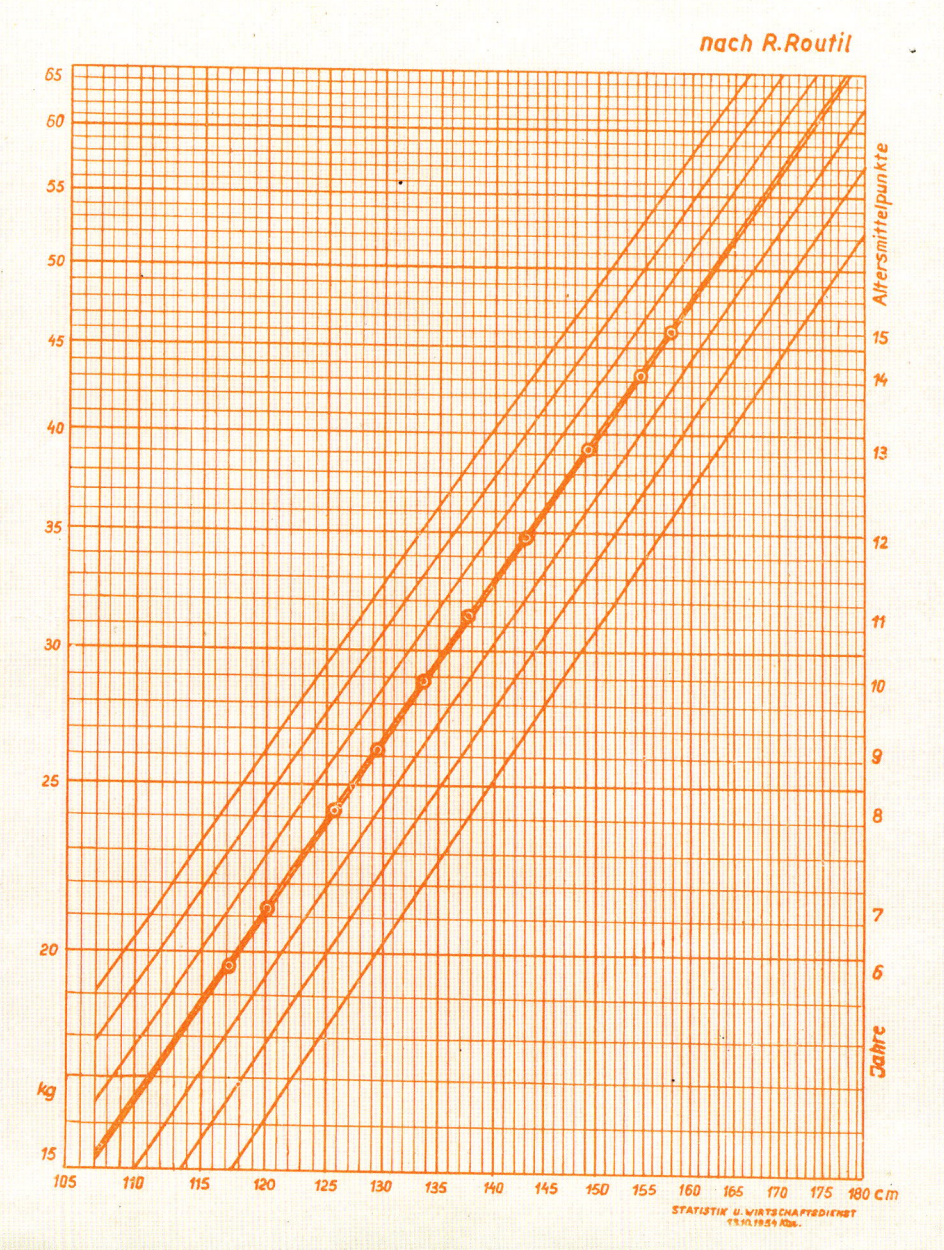

nach R. Routil

Wachstumsdiagramm für Mädchen zur Beurteilung der Entwicklung von Schulkindern nach Robert Routil auf Basis der Untersuchungen in den Jahren 1951/52, Statistik- und Wirtschaftsdienst, 13. 10. 1954.
Quelle: Somatologische Sammlung, Inv. Nr. 2749, Anthropologische Abteilung, Naturhistorisches Museum Wien

Diagram rasti za deklice ob oceni razvoja šolarjev po Robertu Routilu na osnovi preiskav v letih 1951/52, služba za statistiko in gospodarstvo, 13. 10. 1954.
Vir: somatološka zbirka, inv. št. 2749, antropološki oddelek, Naravoslovni muzej Dunaj

tabel rasti. Istega leta je Routil objavil še en članek z naslovom „20 let antropologije v službi narodnega zdravja", za katerega je Fritz prispeval kronološki oris.[117]
Fritz pa se ni zanimal le za opažanja o razvoju šolarjev, ampak se je pozanimal tudi, ali je mogoče v raziskavo vključiti barvo las in oči ter „rasne tipe".[118] Zanj da je vprašanje povezave „med kompleksijami in velikostjo (starost in teža)" pomembnejše kot tisto o povezavi „med kompleksijo in bivališčem".[119] Routil je ob tem pripomnil, da je analiza pri 18 možnih kombinacijah kompleksij časovno intenzivna in da je „približni tip forme (rasni tip)" mogoče prepoznati le ob upoštevanju nadaljnih kriterijev, kot sta velikost telesa in oblika glave.[120] Fritz je v odgovoru vprašal, ali ni mogoče preprosto uporabiti „obsežni aparat iz že zbranega izkustvenega fonda antropologije"; da bi recimo „temna kompleksija" najbrž ustrezala tistemu, kar so prej poimenovali „ali dinarska ali vestična", in „svetle kompleksije" tistemu, čemur so rekli „nordijska ali ostična".[121] Nekaj mesecev kasneje je Fritz plediral za to, da bi raziskali „odnose (relacije) med kompleksijami in razvojnimi vrednostmi", kajti „če bi poznali te relacije za kompleksije (rase), ki so na Koroškem pogoste, bi lahko z veliko večjo verjetnostjo kot zdaj govorili o ‚normalnosti' oz. ‚abnormalnosti' ugotovljenega stanja že pri prvi določitvi razvojnih vrednosti (telesna višina, teža) otroka."[122]

Tudi Routil se je spet usmeril v „rasoslovne" analize in je Fritzu sporočil, da za revijo *Homo* pripravlja članek o raziskavah razvoja, v katerem na osnovi Lebzelterjevih podatkov namerava soočiti „glede na človeško formo (raso) različno izgradnjo" v okrožjih Wolfsberg in Velikovec.[123] A do tega ni prišlo, Routil je jeseni 1955 umrl.
Fritz je leto dni pozneje objavil članek „Diagrami rasti šoloobvezne mladine", v katerega je vključil tudi Routilovo tabelo o „človeških formah koroškega prebivalstva", izvedeno na

---

[117] Robert Routil, 20 Jahre Anthropologie im Dienste der Volksgesundheit, v: Annalen des Naturhistorischen Museums 60, 1954/55, str. 53–59; NHM, AA, Somatologische Sammlung, Inv. Nr. 2749, Fritz Routilu, 28. septembra 1954.
[118] NHM, AA, Somatologische Sammlung, Inv. Nr. 2749, Fritz Routilu, 6. julija 1953.
[119] Ibidem, Fritz Routilu, 29. julija 1954.
[120] Ibidem, Routil Fritzu, 4. avgusta 1954 in 30. novembra 1954.
[121] Ibidem, Fritz Routilu, 5. avgusta 1954.
[122] Ibidem, 22. novembra 1954.
[123] Ibidem, Fritz Routilu, 22. novembra 1954 in 30. novembra 1954.

In der Einleitung fasste sie Tuppas Untersuchungsziel folgendermaßen zusammen: „Da es sich um eine Mischbevölkerung handelte, sollte festgestellt werden, wie groß der Anteil der Slowenen in der Bevölkerung sei und ob sich rassische Unterschiede zwischen Slowenen und Deutschen aufzeigen lassen."[123]

Laut Volkszählung von 1934 wohnten in der 21 Ortschaften umfassenden Gemeinde St. Jakob im Rosental damals 4005 Menschen. Zur Auswahl der untersuchten Männer, Frauen und Kinder schrieb Pacher: „Von diesen konnten 3.216 Personen anthropologisch aufgenommen werden, was einem Hundersatz von 80,3 entspricht. 75 Kinder unter einem Jahr und einige alte, bettlägerige Leute schieden von vorne herein von der Untersuchung aus, ebenso jener Teil der Bevölkerung, der auswärts in Arbeit stand. […] 17 von Hundert der untersuchten Personen waren deutsch, 83 von Hundert windisch. Wie die genealogische Untersuchung ergeben hat, hat eine ständige Durchmischung der beiden Völkerschafteten stattgefunden."[124] Allerdings belegen die aufgefundenen Vermessungsunterlagen, dass auch Kinder unter einem Jahr untersucht wurden.

Pachers Forschungsvorhaben war es, einen Vergleich der aus den Untersuchungen im Sommer 1938 stammenden Ergebnisse Tuppas mit den Auswertungen, die Routil 1942 von der Institutsuntersuchung in Marienfeld publiziert hatte, vorzunehmen.[125] Der Vergleich sei von Interesse, schrieb sie, „da es sich in beiden Fällen um deutsche Grenzbevölkerungen handelt, wobei in der St. Jakober Bevölkerung eine dauernde Durchmischung mit der Nachbarbevölkerung stattgefunden hat, während die Marienfelder Bevölkerung als ein eng begrenzter Zeugungskreis anzusprechen ist."[126]

In ihren Auswertungen fand Pacher bei den Kopf- und Körpermaßen – in Bezug zum Alterswandel und im Vergleich zwischen Frauen und Männern – zahlenmäßig „keine schwerwiegenden Unterschiede zwischen den beiden Bevölkerungsgruppen. […] Bei der Bevölkerung von St. Jakob haben durch viele Generationen Mischehen zwischen Slowenen und Deutschen stattgefunden. Der Charakter der Bevölkerung ist daher nicht einheitlich. Auch die Bevölkerung weist trotz ihrer biologischen Abgeschlossenheit keine homogenen Rassentypen auf."[127]

---

[123] Pacher, Biometrischer Vergleich, S. 2.
[124] Ebd.
[125] Robert Routil, Familienanthropologische Untersuchungen in dem ostschwäbischen Dorfe Marienfeld im rumänischen Banat, in: Biometrische Studien, *Untersuchungen zur Rassenkunde und Menschlicher Erblehre*, Akademie der Wissenschaften, Wien, Heft 1, 1942.
[126] Pacher, Biometrischer Vergleich, S. 3.
[127] Ebd. S. 67.

osnovi preiskav šolarjev. Z vnašanjem telesne višine in teže naj bi bilo mogoče ne le slediti individualni rasti otroka, ampak tudi presoditi o „enakih človeških formah (rasah, rasnih tipih)". „Tipi človeške forme" koroških šolarjev se dajo razdeliti na „53 % nordijskih in falskih, 27 % dinarskih, 17 % svetlo-ostičnih, vzhodnobaltskih in 3 % vestično-mediteranskih".[124] S tem se je Fritz v izbiri besed in v rezultatih direktno naslonil na svojo predstavitev izpred dvanajstih let, na članek o „narodih in rasah na Koroškem" iz leta 1937.

Primerjalna biometrija: Šentjakob in Marienfeld

Še en primer popolnega pomanjkanja vsakršne kritične presoje osnovnih metod in „rasnih konceptov" predstavlja disertacija Helge-Marie Pacher iz leta 1946, v kateri je analizirala Tuppove meritvene pole iz Šentjakoba v Rožu. V uvodu je takole povzela Tuppov raziskovalni cilj: „Ker je šlo za mešano prebivalstvo, naj bi se ugotovilo, kolikšen je delež Slovencev med prebivalstvom in ali je mogoče zaslediti rasne razlike med Slovenci in Nemci."[125]

Glede na štetje prebivalstva leta 1934 je v občini Šentjakob v Rožu, ki je obsegala 21 naselij, takrat živelo 4.005 prebivalcev. O izbiri preiskanih moških, žensk in otrok je Pacherjeva napisala: „Med njimi je bilo mogoče antropološko preiskati 3.216 oseb, kar ustreza 80,3 odstotka. 75 otrok, mlajših od enega leta, in nekaj starih, na posteljo priklenjenih ljudi je bilo že od začetka izključenih iz preiskave, prav tako tisti del prebivalstva, ki je delal zunaj kraja bivališča. […] 17 od 100 preiskanih oseb je bilo Nemcev, 83 od 100 Vindišarjev. Kakor je pokazala genealoška preiskava, sta se obe narodnosti nenehno prepletali."[126] Vendar najdeno gradivo z meritvami dokazuje, da so preiskali tudi otroke, mlajše od enega leta.

Pacherjeva je hotela izvesti primerjavo med Tuppovimi rezultati preiskav iz poletja 1938 in analizami, ki jih je objavil Routil leta 1942 o inštitutski preiskavi v Marienfeldu.[127] Primerjava je zanimiva, je napisala, „ker gre v obeh primerih za nemške obmejne prebivalce, pri čemer se je prebivalstvo Šentjakoba nenehno prepletalo s prebivalstvom soseščine, medtem ko je prebivalstvo Marienfelda mogoče obravnavati kot tesno omejen oploditveni krog".[128]

Pacherjeva pri analizi mer glave in telesnih mer – glede na starostno spreminjanje in v primerjavi med ženskami in moškimi – v številkah ni našla „nobenih občutnih

---

[124] Adolf Fritz, Wachstums-Diagramme für die Pflichtschuljugend, *Mitteilungen der österreichischen Sanitätsverwaltung* 57, 1956, str. 1–7 (separat).

[125] Pacher, Biometrischer Vergleich, str. 2.

[126] Ibidem.

[127] Robert Routil, Familienanthropologische Untersuchungen in dem ostschwäbischen Dorfe Marienfeld im rumänischen Banat, v: Biometrische Studien, *Untersuchungen zur Rassenkunde und Menschlicher Erblehre*, Akademie der Wissenschaften, Wien, zvezek 1, 1942.

[128] Pacher, Biometrischer Vergleich, str. 3.

Die von Pacher abschließend vorgebrachte Anregung, zur Charakterisierung einer Bevölkerung nicht nur die Anthropometrie, sondern auch die Morphologie heranzuziehen, griff sie in weiterer Folge selbst auf, indem sie die Daten zu Augen- und Haarfarben in ihrer 1952 erschienenen Publikation auswertete.[128]

Anders als in Routils Arbeit blieb Pacher bei einer deskriptiven Auswertung. Ihre Schlussfolgerungen machten aber deutlich, „dass sich die ‚völkische' Orientierung der ‚Wiener Schule' nach 1945 nicht geändert habe", wie die Historikerin und Ethnologin Brigitte Fuchs ausführte.[129]

In den Arbeiten von Fritz und Routil sowie in deren Korrespondenz finden sich keine Hinweise auf Pachers Arbeit. Helga-Maria Pacher inkludierte keine Fotografien in ihre beiden Arbeiten. Sie erwähnte lediglich, dass ihr nur die Messblätter zur Verfügung gestanden seien.[130]

Möglicherweise hatte sich Tuppa die Auswertung der Fotografien selbst vorbehalten. Pachers Unterlagen zu den Auswertungen liegen nicht vor, Tuppas Messbögen hingegen und die von ihm angefertigten Fotografien konnten am Department für Evolutionäre Anthropologie der Universität Wien aufgefunden werden.[131]

Resümee

Aus heutiger Sicht sind die anthropologischen Untersuchungen aus der Zwischenkriegszeit und der Zeit des Nationalsozialismus ein Beispiel dafür, dass die Anthropologie nicht nur von einem erkenntnistheoretischen Interesse geleitet wurde, sondern insbesondere auch dafür, wie Ideologie und Zeitgeist die Forschung beeinflusst haben. Zudem sind die Untersuchungen und Vermessungen Musterbeispiele für die enge Verbindung von Anthropologie und „Rassenkunde" mit den Konzepten von Sozialdarwinismus, Eugenik und „Rassenhygiene". Sie verweisen außerdem auf unterschiedliche Sichtweisen innerhalb der Wiener „Rassenforschungen". So trat Viktor Lebzelter für eine Vielfalt von „Kombinationstypen" bei den „österreichischen Rassen" ein, während für Eberhard Geyer, Karl Tuppa und Robert Routil die sogenannten „Formen des nordischen Rassenkreises" die „wichtigsten Aufbauelemente Kärntens" darstellten.

Wie der Briefwechsel von Routil und Fritz aufzeigte, versuchte man sich nach dem Krieg zwar von der nationalsozialistischen „Rassenlehre" und den damit zusammenhängenden politischen Verflechtungen abzugrenzen, war dabei aber gleichzeitig bemüht, die „Rassenkunde" als Forschungsrichtung beizubehalten – indem diese kurzerhand in eine „Menschenformenkunde" und „Menschheitsforschung"

---

[128] Ebd. S. 68; Helga-Maria Pacher, Anthropometrischer Vergleich zweier mitteleuropäischer Bevölkerungsgruppen (St. Jakob im Rosental, Kärnten und Marienfeld, rumänisches Banat), *Mitteilungen der Anthropologische Kommission*, Akademie der Wissenschaften, Wien, Band 1, Nr. 1, 1952.

[129] Fuchs, „Rasse", „Volk", Geschlecht, S. 315.

[130] Pacher, Biometrischer Vergleich, S. 3.

[131] Siehe dazu den in diesem Band erstmals veröffentlichten Beitrag von Katarina Matiasek, Archiv und Knoten, S. 32–41.

razlik med obema skupinama prebivalstva. […] Pri prebivalcih Šentjakoba je v številnih generacijah prišlo do mešanih zakonov med Slovenci in Nemci. Značaj prebivalstva zato ni enoten. Prav tako prebivalstvo kljub svoji biološki zaprtosti ne kaže nobenih homogenih rasnih tipov."[129]

Pobudo, ki jo je Pacherjeva dala v zaključku, da se pri karakterizaciji prebivalstva ne upošteva le antropometrija, ampak tudi morfologija, je v nadaljevanju izvedla sama, tako da je v svoji publikaciji, ki je izšla leta 1952, analizirala podatke o barvi oči in las.[130] Drugače kakor takrat Routil je Pacherjeva ostala pri opisnem vrednotenju. Njeni zaključki pa jasno kažejo, „da se 'rasno čista' usmeritev 'dunajske šole' po letu 1945 ni spremenila", kakor je povzela zgodovinarka in etnologinja Brigitte Fuchs.[131]

V delih Fritza in Routila ter v njuni korespondenci ni najti nobenih omemb o delu Helge-Marie Pacher. Pacherjeva v nobeno od svojih dveh del ni vključevala fotografij. Omenila je le, da so ji bili na voljo zapisi meritev.[132]

Možno je, da je Tuppa analizo fotografij zadržal zase. Dokumentov za analize, ki jih je opravila Pacherjeva, ni, Tuppove liste z meritvami in fotografije, ki jih je sam naredil, pa je bilo mogoče najti na Antropološkem inštitutu dunajske univerze.[133]

Povzetek

Z današnjega vidika so antropološke raziskave iz časa med prvo in drugo svetovno vojno ter iz obdobja nacizma zgled za to, kako antropologije niso vodili le spoznavnoteoretični interesi, in še posebej zgled za to, kako sta ideologija in duh časa vplivala na raziskovanje. Poleg tega so preiskave in meritve klasični primeri tesne povezave med antropologijo in „vedo o rasah" s koncepti socialnega darvinizma, evgenike in „rasne higiene". Opozarjajo pa tudi na različna stališča znotraj dunajskih „rasnih raziskav". Tako se je Viktor Lebzelter zavzemal za raznovrstnost „kombinacijskih tipov" pri „avstrijskih rasah", medtem ko so Eberhard Geyer, Karl Tuppa in Robert Routil tako imenovane „forme nordijskega rasnega kroga" predstavljali kot „najpomembnejše gradnike Koroške".

Kot je pokazalo dopisovanje med Routilom in Fritzem, so se po vojni poskušali sicer ograditi od nacističnega „nauka o rasah" in s tem povezane politične prepletenosti, a hkrati so se trudili, da bi „rasoslovje" obdržali kot raziskovalno smer – tako da so ga kratko malo preimenovali v „vedo o človeških formah" in „raziskovanje

---

[129] Ibidem str. 67.

[130] Ibidem str. 68; Helga-Maria Pacher, Anthropometrischer Vergleich zweier mitteleuropäischer Bevölkerungsgruppen (St. Jakob im Rosental, Kärnten und Marienfeld, rumänisches Banat), *Mitteilungen der Anthropologische Kommission*, Akademie der Wissenschaften, Wien, zvezek 1, Nr. 1, 1952.

[131] Fuchs, „Rasse", „Volk", Geschlecht, str. 315.

[132] Pacher, Biometrischer Vergleich, str. 3.

[133] Več o tem glej v prispevku Katarine Matiasek, Archiv und Knoten, str. 32–41.

umbenannt und somit umdefiniert wurde.[132] Und wie Helga-Maria Pachers Studie exemplarisch zeigte, wurde auch über „völkische" Sichtweisen nicht weiter reflektiert. Das Konzept „Rasse", dessen Sinnhaftigkeit als biologisches Klassifikationskriterium sowie der damit einhergehende Einfluss von Vorurteilen und Alltagsvorstellungen, wurde von den Anthropologen bis in die 80er- und 90er-Jahre des 20. Jahrhunderts kaum hinterfragt.[133]

Darüber hinaus sind die Schulkinderuntersuchungen ab den späten 30er-Jahren in Kärnten ein Beispiel für das Interesse und die Bestrebungen, die Erkenntnisse der Wissenschaftsdisziplinen Anthropologie und „Rassenkunde" auch auf die Praxis zu übertragen. In der Ideologie der Nationalsozialisten schließlich erlangte die „Rassenkunde" eine wichtige Rolle – mit zunehmender Orientierung hin auf praktische Aufgaben im Zusammenhang mit der „Rassenhygiene" und Bevölkerungspolitik des „Dritten Reichs".[134]

Historische Studien haben gezeigt, dass die Anthropologie in Deutschland und Österreich während des Nationalsozialismus nicht als radikale Abkehr von der vorhergehenden Anthropologie gesehen werden kann.

In einer Untersuchung zum Thema „Wie schreiben deutsche Wissenschaftler ihre eigene Wissenschaftsgeschichte?" aus dem Jahr 1999 zeigte Benoit Massin das beharrliche Festhalten deutscher Wissenschafterinnen und Wissenschafter an einer apologetischen Geschichtsschreibung auf.[135] Nach Massin verbreiteten Anthropologinnen und Anthropologen über zu lange Zeit das Selbstbild einer unpolitischen und passiven wissenschaftlichen Gemeinschaft, geprägt vom jeweils herrschenden Zeitgeist und vom Missbrauch der Wissenschaft durch Ideologie und Politik. Neben inhaltlichen Kontinuitäten lag und liegt die fehlende Selbstreflexion auch in einer Kontinuität der Personalbesetzungen begründet. Denn trotz Entlassungen, die hauptsächlich leitende Positionen betrafen, verblieben viele Anthropologinnen und Anthropologen auch nach 1945 in ihren Ämtern. Ihre Darstellungen und oft auch Umdeutungen der Geschichte wurden somit auf die nächste Generation übertragen, oftmals unterstützt durch starke Bindungen zwischen Lehrenden und Studierenden. Erst spätere Generationen von Wissenschafterinnen und Wissenschaftern begannen diese fortgeschriebenen Sichtweisen aufzubrechen.

---

[132] Vgl. Andreas Mayer, Von der „Rasse" zur „Menschheit". Zur Inszenierung der Rassenanthropologie im Wiener Naturhistorischen Museum nach 1945, in: Herbert Posch, Gottfried Fliedl (Hg.), Politik der Präsentation. Museum und Ausstellung in Österreich 1918–1945, Wien 1996, S. 213–237.

[133] Vgl. Ulrich Kattmann, Warum und mit welcher Wirkung klassifizieren Wissenschaftler Menschen?, in: Heidrun Kaupen-Haas, Christain Saller (Hg.), Wissenschaftlicher Rassismus. Analysen einer Kontinuität in den Human- und Naturwissenschaften, Frankfurt, New York, 1999, S. 65–83.

[134] Vgl. Eberhard Geyer, Wissenschaft am Scheidewege, in: *Archiv für Rassen- u. Gesellschaftsbiologie* 37, 1943, S. 1–6, hier S. 3.

[135] Benoit Massin, Anthropologie und Humangenetik im Nationalsozialismus oder: Wie schreiben deutsche Wissenschaftler ihre eigene Wissenschaftsgeschichte?, in: Heidrun Kaupen-Haas, Christain Saller (Hg.), Wissenschaftlicher Rassismus. Analysen einer Kontinuität in den Human- und Naturwissenschaften, Frankfurt, New York, 1999, S. 12–64.

človeštva" in ga s tem redefinirali.¹³⁴ In kot je eksemplarično pokazala študija Helge-Marie Pacher, tudi niso več razmišljali o „rasno čistih" vidikih. O pojmu „rase", njegovi smiselnosti kot biološkem klasifikacijskem kriteriju ter s tem o njegovem vplivu na predsodke in vsakdanje predstave pa antropologi tja do 80-ih in 90-ih let 20. stoletja skoraj niso podvomili.¹³⁵

In vendar so raziskave koroških šolarjev od poznih 30-ih let 20. stoletja zgled za interes in prizadevanja, da bi spoznanja znanstvene stroke antropologije in „rasoslovja" prenesli tudi v prakso. V nacistični ideologiji je „veda o rasah" nazadnje dobila pomembno vlogo – z vse večjo usmerjenostjo v praktične naloge v zvezi z „rasno higieno" in prebivalstveno politiko „tretjega rajha".¹³⁶

Zgodovinske študije so pokazale, da antropologije v Nemčiji in Avstriji v času nacionalsocializma ni mogoče imeti za radikalen odklon od predhodne antropologije.

V raziskavi na temo „Kako pišejo nemški znanstveniki svojo lastno znanstveno zgodovino?" iz leta 1999 je Benoit Massin opozoril na trdovratno vztrajanje nemških znanstvenic in znanstvenikov pri apologetskem zgodovinopisju.¹³⁷ Po Massinovem mnenju antropologinje in antropologi predolgo gojijo samopodobo nepolitične in pasivne znanstvene skupnosti, ki jo oblikuje vsakokratni vladajoči duh časa in ki ji daje pečat ideološko in politično zlorabljanje znanosti. Poleg vsebinskih kontinuitet se je pomanjkanje samorefleksije odražalo in se odraža tudi v kontinuiteti personalne zasedbe. Kajti kljub odpuščanju, ki je v glavnem prizadelo vodstvene funkcije, so številne antropologinje in antropologi tudi po letu 1945 ostali na svojih položajih. Njihovi prikazi in pogosto tudi preinterpretacije zgodovine so se s tem prenesli na naslednjo generacijo, pogosto s podporo močnih vezi med poučevalci ter študentkami in študenti. Šele kasnejše generacije znanstvenic in znanstvenikov so začele kritično presojati te prenesene poglede.

Podobno podobo izkazuje tudi avstrijska antropologija. Horst Seidler, profesor na Antropološkem inštitutu dunajske univerze, je v 80-ih letih 20. stoletja prvi kritično osvetlil vlogo avstrijskih antropologinj in antropologov v obdobju nacizma

---

[134] Prim. Andreas Mayer, Von der „Rasse" zur „Menschheit". Zur Inszenierung der Rassenanthropologie im Wiener Naturhistorischen Museum nach 1945, v: Herbert Posch, Gottfried Fliedl (izd.), Politik der Präsentation. Museum und Ausstellung in Österreich 1918–1945, Wien 1996, str. 213–237.

[135] Prim. Ulrich Kattmann, Warum und mit welcher Wirkung klassifizieren Wissenschaftler Menschen?, v: Heidrun Kaupen-Haas, Christain Saller (izd.), Wissenschaftlicher Rassismus. Analysen einer Kontinuität in den Human- und Naturwissenschaften, Frankfurt, New York, 1999, str. 65–83.

[136] Prim. Eberhard Geyer, Wissenschaft am Scheidewege, v: *Archiv für Rassen- u. Gesellschaftsbiologie* 37, 1943, str. 1–6, tu str. 3.

[137] Benoit Massin, Anthropologie und Humangenetik im Nationalsozialismus oder: Wie schreiben deutsche Wissenschaftler ihre eigene Wissenschaftsgeschichte?, v: Heidrun Kaupen-Haas, Christain Saller (izd.), Wissenschaftlicher Rassismus. Analysen einer Kontinuität in den Human- und Naturwissenschaften, Frankfurt, New York, 1999, str. 12–64.

Ein ähnliches Bild ergibt sich auch für die österreichische Anthropologie. Horst Seidler, Professor am Anthropologischen Institut der Universität Wien, beleuchtete in den 1980er-Jahren erstmals die Rolle der österreichischen Anthropologinnen und Anthropologen während der NS-Zeit kritisch – insbesondere deren Tätigkeiten für das Reichssippenamt.[136] In der Folge kam es jedoch weder zu einer fachinternen Diskussion noch zu weiterführenden Untersuchungen. Erst im Zusammenhang mit den Diskussionen um den 1978 eingerichteten „Rassensaal" im Naturhistorischen Museum begannen weitere Auseinandersetzungen mit den Rollen von Anthropologie und „Rassenkunde" während der Zeit des Nationalsozialismus.[137] Anstöße von außen sowie interne Recherchen zu den Archivbeständen im Zuge der in den 1990er-Jahren einsetzenden Provenienzforschung fuhrten zu einer tiefergreifenden Auseinandersetzung mit den Beständen des Naturhistorischen Museums. Diese werden seither nicht mehr unter einem „biologischen" Sammlungsaspekt gesehen, sondern vor allem im Rahmen der historischen und wissenschaftsgeschichtlichen Forschung betrachtet – und im Hinblick auf ethische Fragen im Umgang mit Sammlungen wie diesen.

Dr.[in] **Margit Berner**, Kuratorin der Sammlung der Anthropologischen Abteilung des Naturhistorischen Museums in Wien.

---

[136] Vgl. Horst Seidler, Andreas Rett, Das Reichssippenamt entscheidet. Rassenbiologie im Nationalsozialismus, Wien, München 1982; Horst Seidler, Andreas Rett, Rassenhygiene. Ein Weg in den Nationalsozialismus, Wien, München 1988.

[137] Vgl. Klaus Taschwer, „Lösung der Judenfrage". Zu einigen Ausstellungen im Naturhistorischen Museum Wien, in: Kirstin Breitenfellner, Charlotte Kohn-Ley (Hg.), Wie ein Monster entsteht, Bodenheim 1998, S. 153–180.

– posebno njihovo dejavnost za rajhovski urad za rodoslovje.[138] Vendar v nadaljevanju ni prišlo ne do diskusije znotraj stroke ne do nadaljnjih raziskav. Šele v povezavi z diskusijami ob leta 1978 odprti „rasni dvorani" v Prirodoslovnem muzeju so se začele nadaljnje debate o vlogi antropologije in „rasoslovja" v času nacizma.[139] Impulzi od zunaj in interni pregledi arhivskih fondov v okviru raziskave izvora, ki se je začela v 90-ih letih 20. stoletja, so nazadnje privedli do globljega spoprijemanja z inventarjem Prirodoslovnega muzeja. Tega odtlej ne dojemajo več kot „biološko" zbirko, ampak ga obravnavajo predvsem s stališča zgodovinskega in znanstveno-zgodovinskega raziskovanja – in zavedajoč se tudi etičnih vprašanj pri ravnanju s takšnimi zbirkami.

Dr.[in] **Margit Berner**, kuratorka Zbirke antropološkega oddelka Prirodoslovnega muzeja na Dunaju.
Iz nemščine prevedla Seta Oblak.

---

[138] Prim. Horst Seidler, Andreas Rett, Das Reichssippenamt entscheidet. Rassenbiologie im Nationalsozialismus, Wien, München 1982; Horst Seidler, Andreas Rett, Rassenhygiene. Ein Weg in den Nationalsozialismus, Wien, München 1988.
[139] Prim. Klaus Taschwer, „Lösung der Judenfrage". Zu einigen Ausstellungen im Naturhistorischen Museum Wien, v: Kirstin Breitenfellner, Charlotte Kohn-Ley (izd.), Wie ein Monster entsteht, Bodenheim 1998, str. 153–180.

WERNER KOROSCHITZ
Vermessungsamt

Prolog

Während unmittelbar nach der nationalsozialistischen Machtübernahme im März 1938 auch in Kärnten die Entrechtung, Beraubung und Verfolgung jüdischer Bürger und Bürgerinnen mit letzter Konsequenz durchgeführt wurde, rüsteten sich die NS-Volkstumspolitiker gleichzeitig zum Kampf gegen den „slawischen Feind". Im Mai 1938 fasste der Reichsstatthalter für Kärnten den Zusammenschluss sämtlicher wissenschaftlicher Einrichtungen Kärntens zur Erforschung Südosteuropas ins Auge.[1] Demzufolge sollte in Klagenfurt ein Haus der Wissenschaften beziehungsweise das Kärntner Grenzlandinstitut entstehen, das der wissenschaftlichen Forschungstätigkeit an der Laibacher Universität künftig etwas entgegensetzen, etwaige Gebietsforderungen seitens Sloweniens abwehren und die „geistige Macht Großdeutschlands an seiner Südgrenze" demonstrieren sollte.[2]

Beim Novemberpogrom 1938 fanden in Velden am Wörthersee, wie im gesamten Reichsgebiet, Ausschreitungen gegen die jüdische Bevölkerung beziehungsweise jüdische Liegenschaften statt. NS-Landesschulrat Ernst Dlaska und NS-Landeshauptmann Wladimir Pawlowski glaubten zu jenem Zeitpunkt, in den leer gewordenen, zerstörten und enteigneten jüdischen Villen in Velden das geplante Kärntner Grenzlandinstitut unterbringen zu können. Wenige Wochen nachdem im Zuge des Novemberpogroms 1938 ortsansässige Nazis sämtliche jüdischen Häuser und Villen in Velden demoliert hatten und diese in weiterer Folge den rechtmäßigen Besitzern geraubt wurden, forderte Dlaska zwei „jüdische Villen" für die neu zu schaffende NS-Wissenschaftseinrichtung; dies waren die Villen Giebelhaus und Seehof. In der ebenfalls vom Veldener Nazimob heimgesuchte Villa Anni, deren jüdische Besitzerin Camilla Weishut sich in die Schweiz retten konnte, sollte das Pflanzensoziologische Institut unter der Leitung von Erwin Aichinger untergebracht werden.

Im Vorfeld der Planungen des Grenzlandinstituts wurden von Vertretern unterschiedlicher Wissenschaftszweige Kostenvoranschläge und Informationen zu den beabsichtigten Forschungsschwerpunkten eingeholt. Vollmundig kündigten die betreffenden Personen eine wohlorganisierte, auf Wissenschaftlichkeit basierende „Abwehrarbeit" in Kärnten an; letztendlich ging es ihnen neben ihrer pseudowissenschaftlichen Propagandaarbeit vermutlich wohl auch um einen gut dotierten Professorenposten. Ideologisch befanden sich die um ihre Stellungnahmen gebetenen „Experten" ohnehin längst im nationalsozialistischen Fahrwasser.

---

[1] Schreiben der Landeshauptmannschaft Kärnten zur Zusammenfassung der Einrichtungen zur wissenschaftlichen Erforschung Südosteuropas, Klagenfurt, 14. Juli 1938, Österreichisches Staatsarchiv (ÖStA), AVA, Reichsstatthalter, Abt. III Inneres, Karton 7682.

[2] Ebd.

Geodetski urad

Uvod

Medtem ko so neposredno po nacionalsocialističnem prevzemu oblasti marca 1938 tudi na Koroškem s skrajno odločnostjo jemali judovskim občanom in občankam pravice, jih ropali in preganjali, so se nacionalsocialistični narodni politiki pripravljali na boj proti „slovanskemu sovražniku". Maja 1938 je državni namestnik za Koroško načrtoval, kako bi povezal vse koroške znanstvene ustanove, da bi raziskovale jugovzhodno Evropo.[1] V skladu s tem naj bi v Celovcu nastala hiša znanosti oz. koroški obmejni inštitut, ki naj bi se v prihodnje postavljal po robu znanstveni raziskovalni dejavnosti ljubljanske univerze, odbijal morebitne ozemeljske zahteve Slovenije in demonstriral „duhovno moč Velike Nemčije na njeni južni meji".[2]

Med novembrskimi pogromi leta 1938 je prišlo v Vrbi ob Vrbskem jezeru kakor na celotnem področju rajha do nasilnih izgredov proti judovskemu prebivalstvu oz. judovskim nepremičninam. Nacionalsocialistični deželni šolski svetnik Ernst Dlaska in nacionalsocialistični deželni glavar Wladimir Pawlowski sta bila tedaj prepričana, da lahko načrtovani koroški obmejni inštitut namestita v izpraznjenih, uničenih in razlaščenih judovskih vilah v Vrbi. Nekaj tednov po tistem, ko so domači nacisti med novembrskim pogromom leta 1938 v Vrbi opustošili vse judovske hiše in vile in so bile te zatem ukradene zakonitim lastnikom, je Dlaska zahteval dve „judovski vili" za nacionalsocialistično znanstveno ustanovo, ki naj bi jo ustanovili; to sta bili vili Giebelhaus in Seehof. V prav tako od vrbske nacistične drhali razdejani vili Anni, katere judovska lastnica Camilla Weishut se je mogla pravočasno rešiti v Švico, naj bi bil nastanjen Inštitut za fitocenologijo pod vodstvom Erwina Aichingerja.

V pripravah na ustanovitev obmejnega inštituta so se s predstavniki različnih znanstvenih vej posvetovali o predračunu stroškov in iskali informacije o načrtovanih znanstvenih težiščih. Zadevne osebe so bahaško napovedale dobro organizirano, na znanstvenosti temelječe „obrambno delo" na Koroškem; navsezadnje jim je poleg njihovega psevdoznanstvenega propagandnega dela verjetno šlo tudi za dobro plačana profesorska mesta. „Strokovnjaki", katere so prosili za njihovo mnenje, so bili tako in tako že dolgo dejavni v nacionalsocialističnem gibanju.

Zgodovinar Ernst Klebel je v skladu „z načeli NSDAP" zahteval okrepitev „obmejnega dela v nemški visokošolski vzgoji". Za svoje bodoče raziskovalno delo na obmejnem inštitutu je Klebel zahteval podelitev profesorskega naslova in dohodke v višini

---

[1] Dopis Deželnega glavarstva Koroške o združitvi ustanov za znanstveno preučevanje jugovzhodne Evrope, Celovec, 14. julij 1938, Avstrijski državni arhiv (ÖStA), Splošni upravni arhiv na Dunaju (Allgemeines Verwaltungsarchiv in Wien, AVA), Rajhovski državni namestnik (Reichsstatthalter), Odd. III notranje zadeve, škatla 7682.

[2] Prav tam.

Der Historiker Ernst Klebel forderte gemäß den „Grundsätzen der NSDAP" eine Stärkung der „Grenzlandarbeit in der deutschen Hochschulerziehung". Für seine künftige Forschungsarbeit am Grenzlandinstitut forderte Klebel die Verleihung eines Professorentitels sowie Bezüge in der Höhe von mindestens 400 Reichsmark monatlich.[3] In seinem 1938 verfassten Lebenslauf bekannte Klebel unverblümt: „Als Parteiverbot und Illegalität jede andere Rücksicht überflüssig machten, trat ich am 1. 6. 1933 der NSDAP als Mitglied bei und stellte meine wissenschaftlichen Vorträge der NSDAP zur Verfügung." Gleichzeitig bekannte er sich dazu, Informationen aus kirchlichen Kreisen an die Partei weitergegeben zu haben.[4]

Der Volkskundler Georg Graber erhoffte sich mit der geplanten Errichtung des Grenzlandinstituts „das Erwachen eines neuen Stammesbewusstseins". Er erklärte sich bereit, seine germanisch-völkischen Forschungsergebnisse umgehend „in den Dienst der deutschen Volksgemeinschaft" zu stellen. Graber wollte seinen Beitrag im „Kampfe gegen fremdes Volkstum" leisten und hegte den Wunsch, dass sich sein Traum von „einer großen gesamtkärntnerischen Volkskunde" erfüllen würde, die seiner Meinung nach „trotz der slawischen Siedlungen im südöstlichen Landesteile nur eine deutsche sein" könne.[5] Dem Germanenforscher und Nationalsozialisten Georg Graber, unter anderem bekannt für seine Arbeiten zur „deutschen Durchdringung" von Brauchtum und Volkskultur der Kärntner Slowenen sowie zu verschiedenen rassenideologisch geprägten Veröffentlichungen zur Kärntner und Oberkrainer Volkskultur und Landesgeschichte, erhielt 1944 eine Honorarprofessur für Volkskunde an der Universität Graz.[6]

Für den Linguisten Eberhard Kranzmayer waren es vor allem die „warmblütigen Söhne der Heimat", sprich, die heimische Wissenschaftselite, die trotz Verzichts auf eine eigene Universität das „deutsche Gesicht des ganzen Gaues wissenschaftlich zu bekräftigen und beweisen wussten". Kranzmayer war fest davon überzeugt, dass dem Dritten Reich die endgültige Befreiung Kärntens von „weltfremden, südslawischen Chauvinisten" zu verdanken sei.[7]

Nach dem „Anschluss" lieferten Kärntens „warmblütige" Wissenschafter den Nazis umso kaltblütiger sogenannte wissenschaftliche Belege für deren Volkstumspolitik, die geprägt war von Verfolgung, Deportation und Mord. Ideologische Barrieren zwischen Wissenschaft und Nationalsozialismus existierten hierzulande ohnehin schon lange nicht mehr.

---

[3]   Dozent Dr. Ernst Klebel über die Aufgaben des Historikers am geplanten Grenzlandinstitut, Klagenfurt, o. J., ÖStA, AVA, Reichsstatthalter, Abt. III Inneres, Karton 7682.
[4]   Wolfram Ziegler, Ernst Klebel (1897–1975). Landeshistoriker zwischen Katholizismus und Nationalsozialismus, in: Karel Hruza (Hg.), Österreichische Historiker. Lebensläufe und Karrieren 1900–1945, Band 2, Wien, Köln, Weimar 2012, S. 489–522, hier S. 505.
[5]   Dr. Georg Graber über die Forschungsaufgaben der Volkskunde in Kärnten, Klagenfurt, o. J., ÖStA, AVA, Reichsstatthalter, Abt. III Inneres, Karton 7682.
[6]   Vgl. Ingo Haar, Michael Fahlbusch (Hg.), Handbuch der völkischen Wissenschaften. Personen – Institutionen – Forschungsprogramme – Stiftungen, München 2008, S. 271.
[7]   Stellungnahme Dozent Dr. Eberhard Kranzmayer, München, o. J., ÖStA, AVA, Reichsstatthalter, Abt. III Inneres, Karton 7682.

najmanj 400 rajhovskih mark mesečno.³ V svojem življenjepisu, ki ga je napisal leta 1938, je brez olepšav priznal: „Ko zaradi prepovedi stranke in ilegalnosti ni bilo več treba biti obziren do ničesar drugega, sem 1. 6. 1933 pristopil k stranki NSDAP kot član in ji dal na voljo svoja znanstvena predavanja." Obenem je priznal, da je stranki prenašal informacije, ki jih je zbiral v cerkvenih krogih.⁴

Etnolog Georg Graber je z načrtovano ustanovitvijo Obmejnega inštituta upal na „vznik nove plemenske zavesti". Izrazil je pripravljenost, da svoje germansko naravnane znanstvene izsledke nemudoma prepusti v „službo nemški narodni skupnosti". Graber je svoj prispevek hotel nameniti „boju proti tujim narodnim vplivom" in je upal, da se mu bodo izpolnile sanje o „eni veliki skupni koroški etnologiji", ki je lahko bila po njegovem mnenju „kljub slovanskim naseljem v jugovzhodnem delu dežele samo in zgolj nemška".⁵ Univerza v Gradcu je raziskovalcu Germanov in nacistu Georgu Graberju, med drugim poznanemu po spisih o „nemški prepojitvi" običajev in narodnostne kulture koroških Slovencev ter raznih rasno ideoloških publikacijah o koroški in gorenjski narodnostni kulturi in deželni zgodovini, leta 1944 podelila honorarno profesuro za etnologijo.⁶

Jezikoslovec Eberhard Kranzmayer je menil, da so „nemški obraz celotnega gaua [dežele]", čeprav so se na Koroškem odpovedali lastni univerzi, „znali znanstveno podpreti in utemeljiti" predvsem „toplokrvni sinovi domovine" – s tem je menil domačo znanstveno elito. Kranzmayer je bil sveto prepričan, da gre tretjemu rajhu zahvala za dokončno osvoboditev Koroške izpod „nevednih južnoslovanskih šovinistov".⁷

Po „anšlusu" so koroški „toplokrvni" znanstveniki naciste toliko bolj hladnokrvno oskrbovali s tako imenovanimi znanstvenimi dokazi za njihovo narodnostno politiko, ki so jo določevali pregoni, deportacije in umori. Ideoloških ovir med znanostjo in nacizmom pa v tej deželi tako ali tako že davno pred tem ni bilo več.

Obmejni inštitut so ustanovili šele oktobra 1942 – in sicer v obliki Inštituta za raziskovanje dežele Koroške/Institut für Kärntner Landesforschung, ki je od vsega začetka sledil izključno ekspanzionističnim in agresivnim demografsko političnim ciljnim usmeritvam.⁸

---

3   Dozent Dr. Ernst Klebel über die Aufgaben des Historikers am geplanten Grenzlandinstitut, Klagenfurt (Predavatelj dr. Ernst Klebel o nalogah zgodovinarja na načrtovanem Obmejnem inštitutu), Celovec, brez letnice, AVA, Reichsstatthalter, Abt. III Inneres, škatla 7682.

4   Wolfram Ziegler, Ernst Klebel (1897–1975). Landeshistoriker zwischen Katholizismus und Nationalsozialismus, v: Karel - Hruza (izd.), Österreichische Historiker. Lebensläufe und Karrieren 1900–1945, knjiga 2, Wien, Köln, Weimar 2012, str. 489–522, tu str. 505.

5   Dr. Georg Graber über die Forschungsaufgaben der Volkskunde in Kärnten, Klagenfurt, brez letnice, ÖStA, AVA, Reichsstatthalter, Abt. III Inneres, škatla 7682.

6   Prim. Ingo Haar, Michael Fahlbusch (izd.), Handbuch der völkischen Wissenschaften. Personen – Institutionen – Forschungsprogramme – Stiftungen, München 2008, str. 271.

7   Stellungnahme Dozent Dr. Eberhard Kranzmayer (Stališče predavatelja dr. Eberharda Kranzmayerja), München, brez letnice, ÖStA, AVA, Reichsstatthalter, Abt. III Inneres, škatla 7682.

8   Prim. Ingo Haar, Michael Fahlbusch (ur.), Handbuch der völkischen Wissenschaften, str. 266.

Tatsächlich kam es erst im Oktober 1942 zur Umsetzung des Grenzlandinstituts – und zwar in Form des Instituts für Kärntner Landesforschung, welches von Beginn an ausschließlich expansions- und aggressiven bevölkerungspolitischen Zielsetzungen gehorchte.[8] Das Institut wurde mit dem Auftrag bedacht, den deutschen Anspruch auf das „wissenschaftlich" wie „rassisch" begründete „uralte germanische Siedlungsland Oberkrain unumstößlich zu begründen".[9]

Zu den bereits angeführten Expertisen aus dem Jahre 1939 – im Zusammenhang mit der beabsichtigten Gründung eines Kärntner Grenzlandinstituts, das in geplünderten und enteigneten jüdischen Liegenschaften untergebracht hätte werden sollen – gesellte sich noch jene des Anthropologen Karl Tuppa, des damaligen Dozenten am Anthropologischen Institut der Universität Wien. In seinem „Voranschlag für rassenkundliche Aufnahmen im Gau Kärnten" fand sich bei seiner Wiederentdeckung knapp achtzig Jahre später der erste Hinweis auf die im Sommer 1938 durchgeführte „Vermessungsaktion" in der Gemeinde St. Jakob im Rosental. Laut Tuppa wies „der Grenzgau Kärnten in seinem südöstlichen Teil eine Mischbevölkerung auf, über deren rassische Zusammensetzung bisher keine genauen Untersuchungen angestellt wurden". Da seiner Meinung nach „einer Grenzbevölkerung auch vom außenpolitischen Standpunkt aus eine erhöhte Aufmerksamkeit zugewendet werden" müsse, schien es ihm „geboten, sich durch eine gründliche Untersuchung der Gesamtbevölkerung vom rassischen Aufbau des nicht deutschen Teiles im Vergleich zum deutschen Teil ein klares Bild zu verschaffen".

Dementsprechend wurde „im Sommer 1938 als erster Schritt zur Lösung dieser Aufgabe im Auftrage des Gaues Kärnten vom Anthropologischen Institut der Universität Wien durch Herrn Dr. Karl Tuppa und drei Mitarbeitern die Gemeinde St. Jakob i. R., die im ehemaligen Abstimmungsgebiet liegt, rassenkundlich und genealogisch aufgenommen. Die Aufnahmearbeiten samt den unbedingt erforderlichen genealogischen Vorarbeiten dauerten acht Wochen und es konnten dabei etwa 80 % der Gesamtbevölkerung (das sind rund 3200 Personen) erfasst werden."[10]

„Aufgrund der dabei gesammelten Erfahrungen" hatte Tuppa sogleich eine Weiterführung seiner Arbeit vorgeschlagen, wonach insgesamt 44.807 Personen für „rassenkundliche Aufnahmen" in den Gemeinden „südlich der Gail-Draulinie und östlich der Gailitz" vorgesehen waren. Nach Anführung diverser Reise-, Verpflegungs- und

---

[8] Vgl. Ingo Haar, Michael Fahlbusch (Hg.), Handbuch der völkischen Wissenschaften, S. 266.
[9] *Kärntner Zeitung*, 30. September 1942, S. 4.
 Am 6. April 1941 bombardierte die deutsche Luftwaffe Belgrad mit dem Ergebnis von 1500 Toten unter der Zivilbevölkerung. Wenige Tage nach der Invasion deutscher Truppen, noch vor der offiziellen Kapitulation der jugoslawischen Armee, begann in den deutsch besetzten Teilen Sloweniens – das Binnenland um die Hauptstadt Ljubljana sowie der Grenzbereich an der Adria zwischen Görz, Triest, Pola und Fiume wurde von Italien annektiert, das im Nordosten gelegene Übermurgebiet (Prekmurje) mit der Hauptstadt Murska Sobota von Ungarn – der Aufbau einer zivilen Verwaltung, da diese bereits im Vorfeld des Überfalls zur Eingliederung in das Reichsgebiet vorgesehen war. Als Chefs wurden am 14. April 1941 per Führererlass die Gauleiter der Steiermark und Kärntens für die Untersteiermark (Spodnja Štajerska) und Oberkrain (Gorenjska) bestimmt.
[10] Dozent Dr. Karl Tuppa, Voranschlag für rassenkundliche Aufnahmen im Gau Kärnten, Wien, o. J., ÖStA, AVA, Reichsstatthalter, Abt. III Inneres, Karton 7682.

Temu inštitutu so dali nalogo, „znanstveno" in „rasno" „neizpodbitno utemeljiti" nemško pravico do „prastare germansko poseljene dežele Gorenjske/Oberkrain".[9]

Že omenjenim ekspertizam iz leta 1939 – v povezavi z načrtovano ustanovitvijo Koroškega obmejnega inštituta, ki naj bi deloval na okradenih in razlaščenih judovskih nepremičninah – se je pridružila tudi ekspertiza antropologa Karla Tuppe, tedanjega predavatelja na Antropološkem inštitutu Univerze na Dunaju. V Tuppovem „Finančnem načrtu za rasni znanstveni popis v gauu Koroška"/„Voranschlag für rassenkundliche Aufnahmen im Gau Kärnten" smo, ko smo ga slabih osemdeset let kasneje odkrili, našli prvo omembo poleti 1938 izpeljane „meritvene akcije" v občini Šentjakob v Rožu. Tuppa navaja, da „v jugovzhodnem delu mejnega okrožja Koroška obstaja mešano prebivalstvo, o katerega rasni sestavi doslej še niso bile opravljene natančnejše raziskave". Ker bi bilo treba „vsem obmejnim prebivalcem tudi z zunanjepolitičnega stališča posvečati povečano pozornost", se mu je zdelo „priporočljivo, s temeljito preučitvijo celotnega prebivalstva pridobiti jasno podobo o rasni sestavi nenemškega dela v primerjavi z nemškim delom".

Skladno s tem „je Antropološki inštitut Univerze na Dunaju po naročilu gaua Koroške kot prvi korak k uresničenju te naloge poleti 1938 zaupal gospodu dr. Karlu Tuppu in trem sodelavcem nalogo, da izvedejo rasno znanstveno in genealoško terensko popisovanje podatkov v občini Šentjakob v Rožu, ki leži znotraj nekdanjega plebiscitnega teritorija. Popisovanje je vključno z nujno potrebnim predhodnim genealoškim raziskovanjem trajalo osem tednov, ob tem pa je bilo zajetih približno 80 odstotkov celotnega prebivalstva (to je okrog 3.200 oseb)."[10]

„Zaradi ob tem zbranih izkušenj" je Tuppa takoj predlagal nadaljevanje izvajanja svojega dela, pri čemer bi bilo treba „rasno znanstveno popisati" skupaj 44.807 oseb v občinah „južno od Zilje in Drave ter vzhodno od Ziljice". Tuppa je naštel različne potne stroške, stroške prehrane in namestitve ter izdatke za genealoška dela, pisarniške potrebščine, tiskarski material, fotografski material in ovrednotenje pridobljenega podatkovnega gradiva, ter prišel do sklepa, da bi bila „po izkušnjah iz poletja 1938 za izpeljavo predlaganih del potrebna vsota 50.000 rajhovskih mark". Stroški in trajanje popisa, ki bi ga opravili s fotografskimi aparati, merilnimi trakovi in kljunastimi merili, bi se po Tuppovih prikazih porazdelili na obdobje petih let.[11]

---

[9] *Kärntner Zeitung*, 30. september 1942, str. 4.
Dne 6. aprila 1941 je nemška Luftwaffe bombardirala Beograd, ob tem pa je bilo med civilnim prebivalstvom 1.500 smrtnih žrtev. Nekaj dni po invaziji nemških enot, še pred uradno kapitulacijo jugoslovanske armade, so na nemških okupacijskih območjih v Sloveniji – osrednji del okrog glavnega mesta ter obmejno področje okrog Gorice, Trsta ter Pule in Reke na Hrvaškem si je priključila Italija, slovensko Prekmurje na severovzhodu z glavnim mestom Murska Sobota je zasedla Madžarska – začeli vzpostavljati civilno upravo, ker so bili načrti zanjo pripravljeni že pred napadom na Jugoslavijo z namenom priključitve k rajhu. Šefa okupiranih pokrajin v Sloveniji sta 14. aprila s firerjevim dekretom postala štajerski gaulajter za Spodnjo Štajersko in koroški gaulajter za Gorenjsko.

[10] Dozent Dr. Karl Tuppa, Voranschlag für rassenkundliche Aufnahmen im Gau Kärnten (Finančni načrt za rasno znanstveni popis v gauu Koroška), Wien, o. J., ÖStA, AVA, Reichsstatthalter, Abt. III Inneres, škatla 7682.

[11] Prav tam.

Quartierkosten sowie Ausgaben für genealogische Arbeiten, Schreibwaren, Drucksorten, Lichtbildmaterial und Auswertung des gewonnenen Datenmaterials kam Karl Tuppa zu dem Schluss, dass „nach den Erfahrungen von Sommer 1938 für die Durchführung der vorgeschlagenen Arbeit ein Betrag von RM 50.000,-- erforderlich" wäre. Kosten und Dauer der mit Fotoapparat, Maßband und Schublehre durchgeführten Arbeiten hätten sich laut Tuppas Darlegungen auf fünf Jahre verteilt.[11]

Warum St. Jakob im Rosental?

Im Zuge der Recherchen zu dem Ausstellungsprojekt „Vermessungsamt" konnten am Department für Evolutionäre Athropologie an der Universität Wien die Originalunterlagen zu der im Sommer 1938 durchgeführten „rassenkundlichen" Kampagne in St. Jakob im Rosental gefunden werden. Der Archivfund im Dezember 2014 löste bei den Anthropologinnen und Anthropologen nicht nur großes Befremden aus, sondern stellte auch eine mittlere Sensation dar, war doch bis zu diesem Zeitpunkt keine derart umfassende anthropologische Vermessungsaktion in Kärnten bekannt gewesen.

St. Jakob im Rosental wurde nicht zufällig zum „rassenkundlichen" Studienobjekt auserkoren. Die ortsansässigen Nationalsozialisten waren bereits in den frühen 1920er-Jahren in Erscheinung getreten, als sie mit der NS-Lehrerschaft, dem Kärntner Heimatbund, dem deutschen Turnverein und den deutschvölkischen Schutzvereinen gemeinsame Sache gemacht und ihre antislowenische Hetze in der Gemeinde betrieben hatten.

Im Sommer 1938 wandte sich der Kärntner Schulreferent und NS-Landesrat Ernst Dlaska an das Wiener Anthropologische Institut mit dem Ersuchen, „eine für das gemischtsprachige Gebiet charakteristische Gemeinde in ihrer Gesamtheit rassenkundlich zu bearbeiten". Der Anthropologe Karl Tuppa wurde daraufhin mit der Durchführung dieser Arbeit beauftragt, für welche Dlaska die erforderlichen Mittel aufbrachte. Laut Tuppa wurde „in Zusammenarbeit mit Kärntner Kreisen die Gemeinde St. Jakob im Rosental als die geeignetste für diese Untersuchung ausgewählt".[12]

Als hochrangiger SS-Führer, sein Beitritt zur SS erfolgte 1931, leistete der Hauptschullehrer Ernst Dlaska bereits als illegaler Nazi innerhalb der Kärntner Lehrerschaft „Aufbauarbeit für ein nationalsozialistisches Österreich". Unter den illegalen Nationalsozialisten der Gemeinde befand sich auch der mit Herbst 1936 der Volksschule St. Jakob im Rosental zugeteilte Lehrer Fritz (Friedrich) Dimnig. Nach dem „Anschluss" im März 1938 dürften die beiden Lehrerkollegen und SS-Kameraden Dlaska und Dimnig, Letzterer war mittlerweile zum Sachreferenten für „Rassen- und Lebenskunde" ernannt worden, zu jenen „Kärntner Kreisen" gezählt haben, die eine „rassenkundliche" Untersuchung in St. Jakob im Rosental favorisierten.[13]

---

[11] Ebd.

[12] Karl Tuppa, Rassenkundliche Untersuchungen in Kärnten, in: Verhandlungen der Deutschen Gesellschaft für Rassenforschung 9, 1940, S. 28–31, hier S. 28.

[13] Siehe dazu den in diesem Band erstmals veröffentlichten Beitrag von Michael Koschat, Die Gemeinde St. Jakob im Rosental/Šentjakob v Rožu als deutschnationales Exerzierfeld und Opfer der NS-Rassenpolitik, S. 44–127.

Ein Gemeindemitglied aus St. Jakob im Rosental erschien mit Hakenkreuz am Revers zur Untersuchung, Sommer 1938.
Im Gegensatz zur slowenischen Bevölkerung wurden „Nordisch-" beziehungsweise „Deutschstämmige" durch ein dickes Plus ausgewiesen.
Foto: Archiv des Departments für Evolutionäre Anthropologie der Universität Wien

Neki občan iz Šentjakoba v Rožu se je na preiskavi pojavil s kljukastim križem na reverju, poletje 1938.
V nasprotju s slovenskim prebivalstvom so označili vrstnike „nordijskega" oz. „nemškega porekla" s krepkim plusom.
Fotografija: Arhiv Oddelka za evolucijsko antropologijo na dunajski univerzi

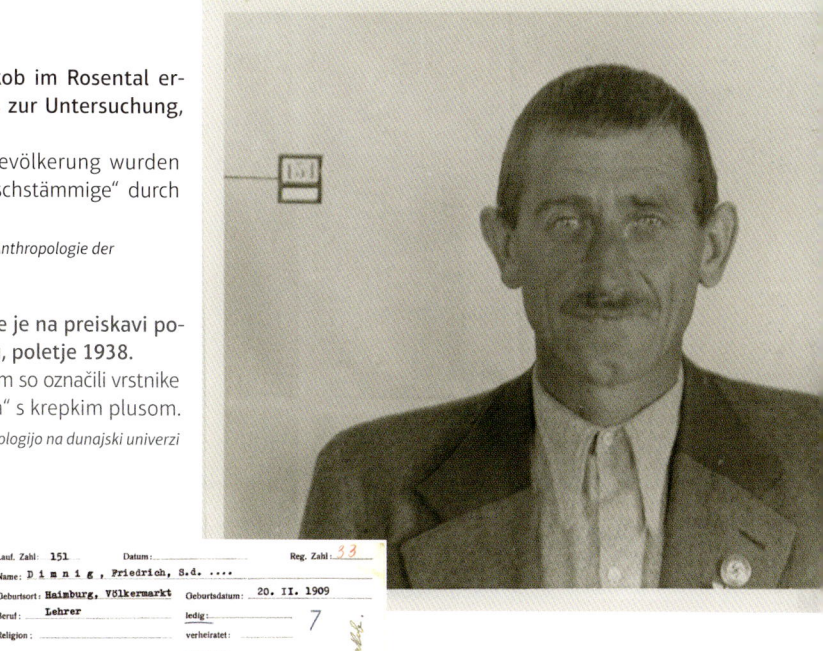

Messbogen von Fritz Dimnig, St. Jakob im Rosental, Sommer 1938.
Nach vorübergehender Entlassung aus dem Schuldienst wurde der zeit seines Lebens überzeugte Nationalsozialist und SS-Offizier Fritz Dimnig 1950 über Beschluss der Kärntner Landesregierung der Volksschule Spittal an der Drau zugewiesen, wo alsbald seine Ernennung zum Direktor erfolgte.
Quelle: Archiv des Departments für Evolutionäre Anthropologie der Universität Wien

Meritveni list Fritza Dimniga, Šentjakob v Rožu, poleti 1938.
Po začasni odpustitvi iz službovanja v šoli so esesovskega oficirja Fritza Dimniga, ki je bil vse svoje življenje prepričan nacionalsocialist, po sklepu koroške deželne vlade leta 1950 dodelili ljudski šoli v Špitalu ob Dravi, kjer je kaj kmalu postal ravnatelj.
Vir: Arhiv Oddelka za evolucijsko antropologijo na dunajski univerzi

Gasthof Primik, Mühlbach, 1930er-Jahre.
Die Vermessungen wurden in Schulen oder umliegenden Gasthäusern durchgeführt, wie zum Beispiel in den Gasthöfen Matschnig (Rosenbach), Janach (St. Jakob), Moser (Maria Elend), Prešan (Winkl), Amruš (Schlatten) oder Primik (Mühlbach). Zur umfangreichen Vermessungsaktion waren weder Unterlagen auffindbar, noch ist sie im kollektiven Gedächtnis der Bevölkerung verankert. Im Deutschen Reich kam es immer wieder zu derartigen „rassenkundlichen" Bestandsaufnahmen. So wurden 1934 etwa 200 schlesische Dörfer mit insgesamt 15.000 Personen vermessen. Die Schreiben des Anthropologischen Instituts der Universität Breslau an die jeweils zuständigen Bürgermeister hatten alle denselben Wortlaut: „Im Einverständnis mit der Regierung wird Ihre Gemeinde rassenkundlich untersucht. Sie werden gebeten, alteingesessene Männer (Frauen) für die nachstehend bezeichneten Stunden in das Gasthaus (Schule) … zu bestellen."[1]

Foto: Thomas Dobernik, Mühlbach/Reka

Gostilna Primik, Reka, v času okrog leta 1930.
Meritve so opravljali po šolah in okoliških gostilnah, na primer v gostilnah Matschnig (Podrožca), Janach (Šentjakob), Moser (Podgorje), Prešan (Kot), Amruš (Svatne) in Primik (Reka). O obširni meritveni akciji ni bilo mogoče najti podlag, pa tudi v kolektivnem spominu prebivalstva je ni. V nemškem rajhu se je vedno znova dogajalo takšno „rasoslovno" ugotavljanje stanja. Tako so leta 1934 v približno 200 šlezijskih vaseh izmerili 15.000 oseb. Sporočila Antropološkega inštituta Univerze v Bratislavi pristojnim županom so se glasila vedno enako: „V soglasju z vlado bomo vašo občino rasoslovno raziskali. Prosimo vas, da naročite staroselce (moške, ženske) za spodaj navedene ure v gostilno (šolo) …"[2]

Fotografija: Thomas Dobernik, Reka

---

[1] Zit. in: Horst Seidler, Andreas Rett, Das Reichssippenamt entscheidet. Rassenbiologie im Nationalsozialismus, Wien, München 1982, S. 62.

[2] Cit. v: Horst Seidler, Andreas Rett, Das Reichssippenamt entscheidet. Rassenbiologie im Nationalsozialismus (Nacistični „Reichssippenamt" [Rajhovski Genealoški urad] odloča. Rasovska biologija in nacionalni socializem), Wien, München 1982, str. 62.

Zakaj Šentjakob v Rožu?

Ob raziskovanjih za projekt razstave „Geodetski urad" so na Oddelku za antropologijo Univerze na Dunaju našli izvirne podlage o „rasoslovni" kampanji, ki so jo izvedli v poletnih mesecih leta 1938 v Šentjakobu v Rožu. Ta najdba v arhivu decembra leta 2014 ni izzvala le velikega začudenja pri antropologih in antropologinjah, bila je tako rekoč srednje velika senzacija, saj dotlej niso vedeli za nobeno tako obsežno antropološko meritveno akcijo na Koroškem.

Šentjakoba v Rožu niso slučajno izbrali za „rasoslovni" študijski objekt. Krajevni nacionalsocialisti so se izkazali že v zgodnjih 20. letih, ko so sodelovali z nacionalsocialističnimi učitelji, s Koroško domovinsko zvezo (Kärntner Heimatbund), z nemškim Telovadnim društvom (Turnverein) in nemškonacionalnimi obrambnimi društvi ter skupaj z njimi hujskali proti Slovencem v občini.

Poleti leta 1938 se je obrnil koroški referent za šolstvo in nacionalsocialistični deželni svetnik Ernst Dlaska na dunajski Antropološki inštitut s prošnjo, da naj bi „rasoslovno obdelali za večjezično območje značilno občino v vsej njeni celovitosti". Izvedbo tega dela so zaupali antropologu Karlu Tuppi, Dlaska pa je poskrbel za potrebna sredstva. Kot je izjavil Tuppa, „je bila občina Šentjakob v Rožu v sodelovanju s koroškimi krogi izbrana za to raziskavo kot najprimernejša".[12]

Kot visok esesovski vodja je glavnošolski učitelj Ernst Dlaska, ki je pristopil k SS leta 1931, opravljal že v času, ko je bila nacionalsocialistična stranka v Avstriji prepovedana (1933–1938), med koroškimi učitelji „delo za izgradnjo nacionalsocialistične Avstrije". Med ilegalnimi nacionalsocialisti v občini je bil tudi učitelj Fritz (Friedrich) Dimnig, ki so ga jeseni leta 1936 dodelili ljudski šoli v Šentjakobu v Rožu. Po anšlusu sta učiteljska kolega in esesovska tovariša Dlaska in Dimnig, ki je bil medtem imenovan za strokovnega referenta za „vedo o rasah in življenju", po vsej verjetnosti spadala v tiste „koroške kroge", ki so favorizirali „rasoslovno" raziskavo v Šentjakobu v Rožu.[13]

Meritve

Nekaj mesecev po anšlusu Avstrije Hitlerjevi Nemčiji so leta 1938 več kot 80 odstotkov celotnega prebivalstva v Šentjakobu izmerili in fotografirali po kriterijih „vede o rasah". Po nalogu rajhovskega gaua Koroška je dunajski antropolog Karl Tuppa s tremi sodelavci v petih tednih „strokovno" pregledal okoli 3.200 oseb. Med njimi so bili tudi otroci, stari komaj leto dni, ter nad devetdeset let stari prebivalci: „Razen običajnih meritev glave in obraza smo določili tudi telesno višino ter barvo in obliko las. Nadalje smo vsako osebo fotografirali z desne strani in od spredaj, na koncu pa smo

---

[12] Karl Tuppa, Rassenkundliche Untersuchungen in Kärnten [Rasne znanstvene raziskave na Koroškem], v: Verhandlungen der Deutschen Gesellschaft für Rassenforschung 9, 1940, str. 28–31, tu str. 28.

[13] Več o tem glej v prispevku Michaela Koschata, Občina Šentjakob v Rožu kot nemškonacionalno vežbališče in kot žrtev nacistične „rasne politike", ki ga prvič objavljamo v tej knjigi, S. 44–127.

Vermessen

Die Untersuchung, bei der achtzig Prozent der Gesamtbevölkerung von St. Jakob im Rosental nach „rassenkundlichen Kriterien" vermessen und fotografiert wurden, erfolgte wenige Monate nach dem „Anschluss" Österreichs an Hitlerdeutschland. Im Sommer 1938 begutachtete der Wiener Anthropologe Karl Tuppa mit drei Mitarbeitern fünf Wochen lang rund 3200 Personen aus dem Gemeindegebiet. Unter ihnen befanden sich auch Kinder, die nicht einmal ein Jahr alt waren sowie über 90 Jahre alte Dorfbewohner: „Neben den üblichen Kopf- und Gesichtsmaßen wurden noch Körpergröße, Haarfarbe und Haarform bestimmt. Ferner wurde von jeder untersuchten Person ein Lichtbild von der rechten Seite und von vorne hergestellt, endlich noch zu erbbiologischen Studien über Formmerkmale der Hand von jeder Person ein Lichtbild beider Hände von oben. Insgesamt konnten also rund 9600 Lichtbilder aufgenommen werden, an deren Auswertung bisher noch nicht geschritten werden konnte, da die Mittel zur Herstellung von Großkopien fehlen. Lediglich die Handaufnahmen werden derzeit von einem Hörer unseres Institutes im Rahmen einer Dissertation benützt."[14]

Die pseudowissenschaftliche „Rassenstudie" führte zum selben Ergebnis wie alle anderen derartigen Gauuntersuchungen im Deutschen Reich. Auch in Kärnten vermeinten die Anthropologen, das Vorherrschen eines „nordischen Typus" festzustellen. Für Karl Tuppa zählten schlussendlich die „Formen des nordischen Rassenkreises" zu den „wichtigsten Aufbauelementen Kärntens". Robert Routil, ein Kollege Tuppas und ebenso wie dieser schon vor 1938 Mitglied der NSDAP, vertrat in der 1937 im Kärntner Heimatverlag publizierten Schrift über die „Völker und Rassen auf dem Boden Kärntens" dieselbe Auffassung.[15]

Die aus solchen „Erkenntnissen" gezogene Schlussfolgerung war vorhersehbar: Bei den slowenischen Gebieten im Unterkärntner Raum handelte es sich demnach um „urgermanischen Boden". Die anthropologische Datenauswertung sollte nicht nur etwaige jugoslawische Besitzansprüche abwehren, sondern auch eine wissenschaftliche Grundlagen für die rassistische Bevölkerungspolitik der Nationalsozialisten schaffen.

Bei einem Datenvergleich mit der im Sommer 1937 vom Anthropologen Johann Jungwirth in Feld am See durchgeführten „erbbiologischen" Untersuchung kam Karl Tuppa zu dem Schluss, dass der Anteil „nordischen Blutes in Feld am See sehr beträchtlich" sei, „während die Bevölkerung von St. Jakob in viel höherem Ausmaße den Charakter einer Mischbevölkerung" aufweise. Trotzdem glaubte Tuppa in der Gegenüberstellung der Daten von Gesichtsmaßen und Körpergrößen – zwischen den in Feld am See Vermessenen und jenen in St. Jakob im Rosental – „überraschenderweise eine außerordentlich große Übereinstimmung" zu erkennen.[16]

---

[14] Karl Tuppa, Rassenkundliche Untersuchungen in Kärnten, S. 29.
[15] Robert Routil, Völker und Rassen auf dem Boden Kärntens, Klagenfurt 1937, S. 76.
[16] Karl Tuppa, Rassenkundliche Untersuchungen in Kärnten, S. 30 f.

Beispiel eines standardisierten Messbogens, wie er anlässlich der „rassenkundlichen Untersuchung" in St. Jakob im Rosental Verwendung fand, Sommer 1938.
Quelle: Archiv des Departments für Evolutionäre Anthropologie der Universität Wien

Primer standardiziranega meritvenega lista, kakršnega so uporabili tudi pri „rasni raziskavi" v Šentjakobu v Rožu, poletje 1938.
Vir: Arhiv Oddelka za evolucijsko antropologijo dunajske univerze

za potrebe genetskega preučevanja s pomočjo oblikovnih značilnosti rok z zgornje strani pofotografirali dlani vsake osebe. Vsega skupaj je torej morebiti nastalo okrog 9.600 fotografskih posnetkov, ki pa se jih še nismo lotili obdelati, ker nam manjkajo sredstva za izdelavo velikih kopij. Posnetke rok ta čas v okviru doktorske disertacije uporablja eden od slušateljev našega inštituta."[14]

Izsledki te psevdoznanstvene študije so bili enaki kot pri vseh drugih tovrstnih preiskavah v gauih nemškega rajha. Tudi na Koroškem so antropologi domnevno ugotovili prevladovanje „nordijskega tipa". Karl Tuppa je bil slednjič mnenja, da „oblike nordijskega rasnega kroga" spadajo „k najpomembnejšim gradnikom Koroške". Robert Routil, Tuppov kolega ter prav tako že pred letom 1938 član nacistične stranke, je v leta 1937 pri založbi Kärntner Heimatverlag izdanem spisu o „narodih in rasah na koroški zemlji" zagovarjal isto stališče.[15]

---

[14] Karl Tuppa, Rassenkundliche Untersuchungen in Kärnten, str. 29.
[15] Robert Routil, Völker und Rassen auf dem Boden Kärntens (Narodi in rase na tleh Koroške), Celovec 1937, str. 76.

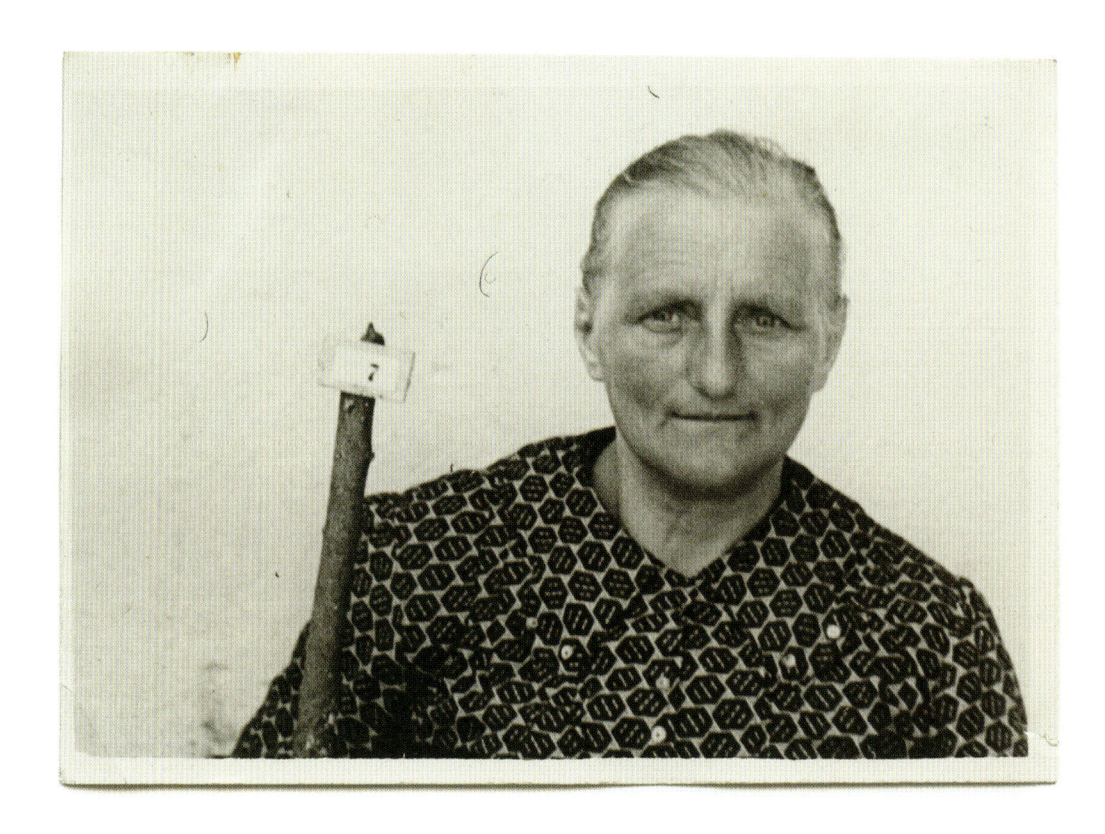

Anthropometrische Fotografie, St. Jakob im Rosental, Sommer 1938.
Anlässlich der im Sommer 1938 durchgeführten „rassenkundlichen" Untersuchung in St. Jakob im Rosental wurden von circa 3200 Menschen Schwarzweißfotografien von vorne und im Profil aufgenommen – und für erbbiologische Studien über Formmerkmale der Hand von jeder Person auch noch ein Lichtbild beider Hände von oben. Von den damals rund 9600 produzierten Fotografien konnten im Zuge der Recherchen zu dieser Ausstellung nur mehr einige hundert aufgefunden werden.
Foto: Archiv des Departments für Evolutionäre Anthropologie der Universität Wien

Antropometrična fotografija, Šentjakob v Rožu, poletje 1938.
Pri „rasnih" preiskavah v Šentjakobu v Rožu poleti leta 1938 so naredili črno-bele posnetke 3.200 ljudi od spredaj in v profilu – in za genetsko-biološke študije o značilnostih oblik roke še od vsakega sliko obeh rok, fotografiranih od zgoraj. Od vseh 9.600 fotografij, ki so jih tedaj posneli, je bilo v času reširanja za to razstavo mogoče najti le nekaj sto.
Fotografija: Arhiv Oddelka za evolucijsko antropologijo dunajske univerze

Sklep iz takih „spoznanj" je bil predvidljiv: slovenska področja na južnem Koroškem so „pragermanska tla". Antropološki izsledki iz podatkov naj ne bi zavračali samo morebitnih ozemeljskih zahtevkov Jugoslavije, temveč naj bi ustvarili tudi znanstvene podlage za rasistično narodnostno politiko nacionalsocialistov.

Karl Tuppa je med primerjanjem izsledkov „genetske" raziskave, ki jo je poleti 1937 v kraju Feld am See izvedel antropolog Johann Jungwirth, ugotovil, da je „delež nordijske krvi v kraju Feld am See zelo izdaten", medtem ko „prebivalstvo Šentjakoba v mnogo višji meri izkazuje značaj mešanega prebivalstva". Vendar pa je Tuppa po primerjavi podatkov obraznih mer in telesnih višin – pri ljudeh iz Feld am Seeja in iz Šentjakoba v Rožu – detektiral „presenetljivo izjemno veliko ujemanje".[16]

Končno so tako antropologi kakor tudi tisti domači zgodovinarji, arheologi, etnologi, geografi in germanisti, katerih napisana narodnopolitična besedila so že desetletja služila predvsem propagandnim namenom in precej manj znanstvenim, ustrežljivo ravnali v smislu nacionalsocialistične „rasne" in germanizacijske politike.

Podatki o tisočih izmerjenih moških, žensk in otrok iz Šentjakoba v Rožu so zapisani na tisočih meritvenih listih. Natančno so zapisovali telesno višino, dolžino nosnega korena, širino arkade ter čela in podobno. Prav tako pedantno so ugotavljali obliko obraza, barvo las in oči itd. in iz vsega tega izpeljevali dvomljive sklepe.

Rasistična ocena na osnovi teh podatkov je bila, da pripada večina družin iz občine Šentjakob v Rožu „slovanskemu rodu", zato so jih označili z rdečim minusom – nasprotno pa so dobili „nemški" občani rdeč plus.

Merilci

Tako imenovana veda o rasah, nauk o razvrščanju domnevnih „ras" po tipih ali v tako imenovane sistemske rase, ni temeljila na naravoznanstvenih, preverljivih standardih. Nasprotno, njeni zagovorniki so uporabljali vse mogoče kategorizacije, da bi z merjenjem lobanj in opisovanjem različnih oblik obraza, z barvo kože, las in oči, dolžino nosu, zavoji na ušesih itd. dokazali psevdoznanstveno skonstruirane „tipe ras" in legitimirali ta način „raziskovanja". Poleg tega so ti „raziskovalci ras" trdili, da imajo „rase" poleg fiziognomičnih tudi njim lastne duševne lastnosti („veda o duševnosti ras"). Tako je na primer koroški narodopisec Georg Graber menil, da si lahko razlagamo „veliko delo brambovskega boja" le „z nordijskimi herojskimi rasnimi značilnostmi" Korošca.

Tudi „rasoznačajske" razvrstitve Roberta Routila nikakor niso izvirale iz resnih znanstvenih raziskav. Za Routila je bil „nemški Korošec pošten, čednosten, srčen in polnokrven", medtem ko je Slovence po njegovem mnenju določala „preproščina in neambicioznost".[17]

---

[16] Karl Tuppa, Rassenkundliche Untersuchungen in Kärnten, str. 30.
[17] Robert Routil, Völker und Rassen auf dem Boden Kärntens, str. 76.

Letztendlich leisteten die Anthropologen der nationalsozialistischen „Rassen"- und Germanisierungspolitik ebenso willfährig Vorschub wie jene heimischen Historiker, Archäologinnen, Volkskundler, Geographen und Germanistinnen, deren volkstumspolitische Schriften seit Jahrzehnten weniger auf Wissenschaftlichkeit beruhten als vielmehr propagandistischen Zwecken dienten.

Auf Tausenden Messbögen wurden die Daten von Tausenden vermessenen Männern, Frauen und Kindern aus St. Jakob im Rosental erfasst. Akribisch wurden dabei Körpergröße, Nasenbodenlänge, Jochbogen- und Stirnbreite et cetera festgehalten. Ebenso penibel wurden Gesichtsformen, Haar- und Augenfarben et cetera bestimmt, um daraus dubiose Rückschlüsse zu ziehen.

Die rassistische Auswertung der erhobenen Daten ergab, dass die Familien der Gemeinde St. Jakob im Rosental mehrheitlich dem „slawischen Stamm" angehörten. Dementsprechend wurden diese mit einem roten Minus versehen – im Gegenzug erhielten „deutsche" Gemeindemitglieder ein rotes Plus.

Die Vermesser

Die sogenannte Rassenkunde, die Lehre von der Einteilung vermeintlicher „Rassen" nach Typen oder in sogenannte Systemrassen, beruhte nicht auf naturwissenschaftlichen, verifizierbaren Standards. Ihre Vertreter arbeiteten vielmehr mit allen erdenklichen Kategorisierungen, um anhand von Schädelmessungen und der Erfassung verschiedener Gesichtsformen, von Haut-, Haar- und Augenfarben, Nasenlängen, Ohrkrümmungen et cetera pseudowissenschaftlich konstruierte „Rassentypen" zu belegen und diese Art von „Forschung" zu legitimieren. Zudem vertraten die „Rassenforscher" die Ansicht, dass einer „Rasse" neben physiognomischen auch seelische Eigenschaften innewohnten („Rassenseelenkunde"). So glaubte der Kärntner Volkskundler Georg Graber beispielsweise, dass „die große Tat des Abwehrkampfes" nur durch die „nordisch-heldischen Rassenzüge" des Kärntners zu erklären sei.

Auch die „rassencharakterologischen" Zuweisungen von Robert Routil sind keineswegs seriösen Forschungen entsprungen. Für Routil war „der Deutsche Kärntner ehrlich, bieder, gemütvoll und sinnesfreudig", während sich der Slowene für ihn durch „Genügsamkeit und Anspruchslosigkeit" auszeichnete.[17]

Der Volkskundler Georg Graber wiederum hatte sogar für einzelne Talschaften des Landes Charakterbeschreibungen parat: Die Möll-, Lieser- und Drautaler wären demnach berechnend, klug, nüchtern und wissbegierig; die Glan- und Gurktaler leichtlebig, sangeslustig, übermütig und etwas rauflustig; im Gegendtal und in Feldkirchen glaubte Graber einen urbanen und freundlichen Menschanschlag auszumachen, während er die Lavanttaler als schwerfällig, prozesssüchtig und

---

[17] Robert Routil, Völker und Rassen auf dem Boden Kärntens, S. 76.

Merksätze für angehende Anthropologen für Messungen am lebenden Objekt

„Der Tastenzirkel dient für die Messungen am Kopf, wir gewinnen die kleinste Stirnbreite, indem wir mit den vorderen Enden von Daumen und Zeigefinger das Instrument an den Schläfen anlegen. Die Haut soll dabei nicht zusammengepresst, sondern nur mit den Spitzen des Instruments berührt werden. Mit dem Gleitzirkel messen wir die Breiten, zum Beispiel die Nasenbreite oder die Nasentiefe. Das Anthropometer verwenden wir für die Messung der Höhe und Breite des ganzen Körpers. Weiters haben wir das Radiometer, an dessen freien Enden konische Pflöcke angebracht sind, die in die Ohren eingesteckt werden. Einmal in den Ohren befestigt, kann man das Instrument in der Ohrachse um den Kopf rotieren. Zur Bestimmung des Gewichts verwenden wir das Dynamometer, auf Reisen kann auch eine gewöhnliche Stangenwaage mitgenommen werden, wie sie Metzger verwenden. Das Individuum muss für die Messungen völlig nackt sein. Die Brustwarze verwenden wir als Messpunkt nur bei Kindern, Männern und bei Frauen ohne die herabhängende Zigeunerbrust. Der Schambeinpunkt wird gefunden, indem wir mit der flachen Hand und mit gestreckten Fingern auf der vorderen Bauchwand des Untersuchungsobjektes vom Nabel an abwärts fahren. Die Formen der weiblichen Brust werden unterteilt in schalenförmig, halbkugelig, konisch, zigeunerförmig. Die nordische Rasse oder der Homo Europaeus ist blond, langschädlig und groß."

Christoph Keller, 1995[1]

Navodila za bodoče antropologe za meritve na živih objektih

„Šestilo s ploščicami služi merjenju glave, najmanjšo širino čela dobimo tako, da položimo instrument s sprednjimi konicami palca in kazalca na senca. Kože ob tem ne stisnemo, temveč se je s konicami instrumenta le dotaknemo. Z drsečim šestilom merimo širine, na primer širino in globino nosu. Antropometer uporabljamo za merjenje višine in širine celotnega telesa.
Tu je še radiometer, na njegovih koncih pa so pritrjeni konični količki, ki jih vtaknemo v ušesa. Ko so pritrjeni v ušesih, lahko vrtimo instrument v ušesni osi okoli glave. Za določanje teže uporabljamo dinamometer, na potovanja pa se lahko vzame s seboj tudi navadna palična tehtnica, kakršno uporabljajo mesarji. Individuum mora biti za meritve popolnoma gol. Prsno bradavico uporabljamo za merjenja samo pri otrocih, moških in ženskah, ki nimajo visečih ciganskih prsi. Sramno točko najdemo tako, da drsimo s plosko roko in z iztegnjenimi prsti po sprednji steni trebuha preiskovalnega objekta od popka navzdol. Oblike ženskih prsi delimo v skodelasto, polkroglasto, konično in cigansko obliko. Nordijska rasa ali homo europaeus je plavolasa, s podolgovato obliko glave in velika."

Christoph Keller, 1995[2]

---

[1] Der Schädelvermesser. Otto Schlaginhaufen – Anthropologe und Rassenhygieniker. Eine bibliographische Reportage, Zürich 1995, S. 25–26.

[2] Der Schädelvermesser. Otto Schlaginhaufen – Anthropologe und Rassenhygieniker. Eine bibliographische Reportage (Antropolog in rasni higienik. Bibliografska reportaža), Zürich 1995, str. 25–26.

sinnlich beschrieb.[18] Welche wissenschaftlichen Belege Graber für seine volkskundlichen „Erkenntnisse" herangezogen haben mag, bleibt dahingestellt.

Die „Rassenforscher" nahmen zudem eine Hierarchisierung der „Rassentypen" vor. Wobei sich die kulturelle Entwicklung eines Volkes ihren Überlegungen zufolge schlicht aus dem „rassisch" definierten Volkskörper ergab. Die „nordische" beziehungsweise „arische Rasse" wurde von den „Rassenforschern" bereits vor der Machtübernahme der Nazis als die am höchsten entwickelte definiert. So wurde etwa der Kärntner Landeshistoriker Martin Wutte nicht müde zu betonen, dass die „Deutschen ohne Zweifel die Schöpfer aller höheren Kultur in Kärnten" seien.[19]

Anscheinend glaubte so mancher Hobbyrassist, den nationalsozialistischen Liebkindern unter den „Rassenkundlern" nacheifern zu müssen und fühlte sich berufen, die einzelnen „Rassen" anhand körperlicher und seelisch-geistiger Charakteristika zu beschreiben. Unter den Nazis erlebte die eindeutig „nordisch orientierte Rassenseelenkunde" schließlich ihre unmenschliche Renaissance. Während die „nordische" Rasse – versehen mit Attributen wie hochgewachsen, schlank, „nordischer" Tatkraft und Kühnheit et cetera – eine Sonderstellung einnahm, wurden die dem „nordischen" Menschen untergeordneten „Rassen" mit allerlei hauptsächlich negativen Eigenschaften belegt:

„Westische Rasse":	klein, schlank, geschwätzig, leichtsinnig, sadistisch
„Ostische Rasse":	klein, gedrungen, plump, spießbürgerlich, gehässig, hemmungsloses Triebleben
„Fälische Rasse":	groß, hünenhaft, verschlossen, starrköpfig
„Ostbaltische Rasse":	klein, gedrungen, plump, kurzbeinig, anspruchslos, unzufrieden, der ostbaltische Mensch lehnt den nordischen ab
„Dinarische Rasse":	hochgewachsen, langbeinig, schlank, heimatliebend, tapfer, zuverlässig, jähzornig, gewalttätig[20]

Der Doyen unter den „Rassenkundlern", H. F. K. Günther, ging in seiner 1925 erstmals erschienenen „Kleinen Rassenkunde Europas" ohne weitere Begründung auf einmal von der Existenz zweier „Ostrassen" aus (bis dahin wurde in Expertenkreisen von einer einheitlichen „ostischen Rasse" gesprochen). Während Günther die „ostische Rasse" West- und Zentraleuropa zuordnete, sah er die „ostbaltische" Rasse in Osteuropa

---

[18] Ebd., S. 76–77.

[19] Ulfried Burz, Martin Wutte (1876–1948). Ein Kärntner Historiker und die Janusköpfigkeit in der nationalen Frage, in: Karel Hruza (Hg.), Österreichische Historiker. Lebensläufe und Karrieren 1900–1945, Band. 2, Wien, Köln, Weimar 2012, S. 201–261, hier S. 234.

[20] Vgl. Horst Seidler, Andreas Rett, Das Reichssippenamt entscheidet, S. 49–58.

Etnolog Georg Graber pa je lahko postregel celo z opisi značajev za različne doline v deželi: prebivalci dolin rek Möll in Lieser ter Dravske doline naj bi bili po Graberju preračunljivi, bistri, trezni in zvedavi; prebivalci dolin rek Gline in Krke brezskrbni, razposajeni, radi naj bi peli in si kdaj tudi skočili v lase; v Trebinjskem podolju in v Trgu se je Graberju zdelo, da je našel urbane in prijazne ljudi, medtem ko je prebivalce Labotske doline opisal kot počasne in okorne, prepirljive in čutne ljudi. O znanstvenih dokazih za Graberjeva etnološka „spoznanja" ni podatkov.[18]

„Raziskovalci ras" so ustvarili tudi hierarhijo „rasnih tipov", po kateri rezultira kulturni razvoj nekega naroda kratko malo iz „rasno" definiranega narodovega telesa. „Nordijsko" oz. „arijsko" raso so opredelili kot najvišje razvito že pred nacističnim prevzemom oblasti. Tako je deželni zgodovinar Martin Wutte nenehno poudarjal, da so „Nemci brez dvoma ustvarjalci vse višje kulture na Koroškem".[19]

Očitno je marsikateri ljubiteljski rasist mislil, da se mora pomeriti z nacističnimi ljubljenčki med „strokovnjaki vede o rasah", ter se je tako čutil poklicanega, da opiše posamezne „rase" v skladu s telesnimi in duševno-duhovnimi značilnostmi. Pod nacisti je nesporno „nordijsko usmerjena rasna psihologija" slednjič doživela nečloveški preporod. Medtem ko je „nordijska" rasa – opremljena z atributi, kakršni so visokoraslo, vitko, „z nordijsko" smelostjo in drznostjo in tako naprej – zavzela poseben položaj, so „nordijskemu" človeku podrejenim „rasam" pripisovali vsakovrstne prvenstveno negativne lastnosti:

„zahodna rasa", „westische Rasse":	majhni, vitki, klepetavi, lahkomiselni, sadistični
„vzhodna rasa", „Ostische Rasse":	majhni, čokati, nerodni, malomeščanski, sovražni, nebrzdani nagoni
„falijska rasa", „Fälische Rasse":	veliki, orjaški, zadržani, trmasti
„vzhodnobaltska rasa", „Ostbaltische Rasse":	majhni, čokati, nerodni, kratkih nog, neambiciozni, nezadovoljni, vzhodnobaltski človek nordijskega zavrača
„dinarska rasa", „Dinarische Rasse":	visokorasli, dolgonogi, vitki, domoljubni, junaški, zanesljivi, vzkipljivi, nasilni[20]

Siva eminenca med „strokovnjaki vede o rasah", H. F. K. Günther, je v svoji leta 1925 prvič natisnjeni „Mali rasni vedi Evrope"/„Kleine Rassenkunde Europas" brez posebne

---

[18] Prav tam, str. 76–77.
[19] Ulfried Burz, Martin Wutte (1876–1948). Ein Kärntner Historiker und die Januskötfigkeit in der nationalen Frage, v: Karel Hruza (izd.), Österreichische Historiker. Lebensläufe und Karrieren 1900–1945, Band. 2, Wien, Köln, Weimar 2012, str. 201–261, tu str. 234.
[20] Prim. Horst Seidler, Andreas Rett, Das Reichssippenamt entscheidet, str. 49–58.

beheimatet. Seinem Dafürhalten nach war die „ostbaltische Rasse" minderwertig als die „ostische Rasse". Günthers Konstrukt einer inferioren „ostbaltischen" „Sklavenrasse" machten sich die Nationalsozialisten später zur Legitimation ihrer Eroberungspläne im „Osten" zunutze. Ähnlich verfuhr der angesehene Anthropologe Otto Reche, ein weiterer führender „Rassenforscher", indem er eine sechste „Systemrasse" einführte. Dabei löste er eine „fälische" als „echt deutsche Rasse" aus dem Gebilde der „Ostrasse" heraus und trug das Seine zur „rassischen Aufartung" des „deutschen Volkes" bei.[21]

Die wissenschaftliche „rassenkundliche" Forschung wurde mehr und mehr zur Grundlage politischer Ideologien, die die Höherwertigkeit der einen und die Minderwertigkeit anderer Menschengruppen zum Ziel hatten. Insbesondere der Rassenwahn der Nationalsozialisten und deren gnadenlose Verfolgung und Ermordung unzähliger Menschen fanden ihre grauenhafte Legitimation nicht zuletzt im wissenschaftlichen Rassismus.

Lang- und Kurzköpfe

Der physische Anthropologe Emil Zuckerkandl glaubte in den 1880er-Jahren, im Wörterseeraum relativ häufig die sogenannte langköpfige Schädelform auszumachen. Ein Umstand, der für ihn auf „eine dichte Vertretung des ursprünglich germanischen Elementes" hindeutete. In dieselbe Kerbe schlug wenige Jahre später Augustin Weisbach, der um 1900 systematisch österreichische Soldaten vermessen hatte und dabei zu dem Schluss gekommen war, dass die Deutschen in Kärnten im Vergleich zu jenen in der Steiermark, Salzburg, Ober- und Niederösterreich die meisten Langschädel aufwiesen. Demnach war für ihn der „nordisch-germanische Einschlag" in Kärnten am stärksten. Des Weiteren vertrat Weisbach die Ansicht, dass die Slowenen in Kärnten ebenfalls „einen verhältnismäßig hohen langköpfigen Einschlag" aufwiesen. Daher war es für ihn klar, dass die Kärntner Slowenen den Deutschkärntnern hinsichtlich ihrer Schädelform näher stünden als den Krainer Slowenen.

Nur allzu bereit ließ Kärntens akademisches Milieu in der Folge die „Erkenntnisse" der Schädelvermesser in ihre eigenen, nationalpolitisch motivierten Forschungen einfließen. Denn nach ihrem Dafürhalten stellte der Unterkärntner Raum uralten, deutschen Kulturboden dar. Außerdem wurden sie nicht müde, die geistige und kulturelle Überlegenheit „nordischen" beziehungsweise „deutschen Blutes" zu betonen. 1931 veröffentlichte Martin Wutte in der Zeitschrift *Volk und Rasse* einmal mehr seine Ansichten zur „völkischen Entwicklung Kärntens". Dass im „Slowenen viel deutsches Blut" fließe, sah er durch die „Resultate" der „Rassenforschung" in Kärnten bestätigt.[22]

---

[21] Vgl. Brigitte Fuchs, „Rasse", „Volk", Geschlecht. Anthropologische Diskurse in Österreich 1850–1960, Frankfurt am Main 2003, S. 256 f.

[22] Martin Wutte, Die völkische Entwicklung Kärntens mit besonderer Berücksichtigung der Kärntner Slowenen, in: *Volk und Rasse*, Heft 3, München, Berlin, Juli 1931, S. 209–220, hier S. 213.

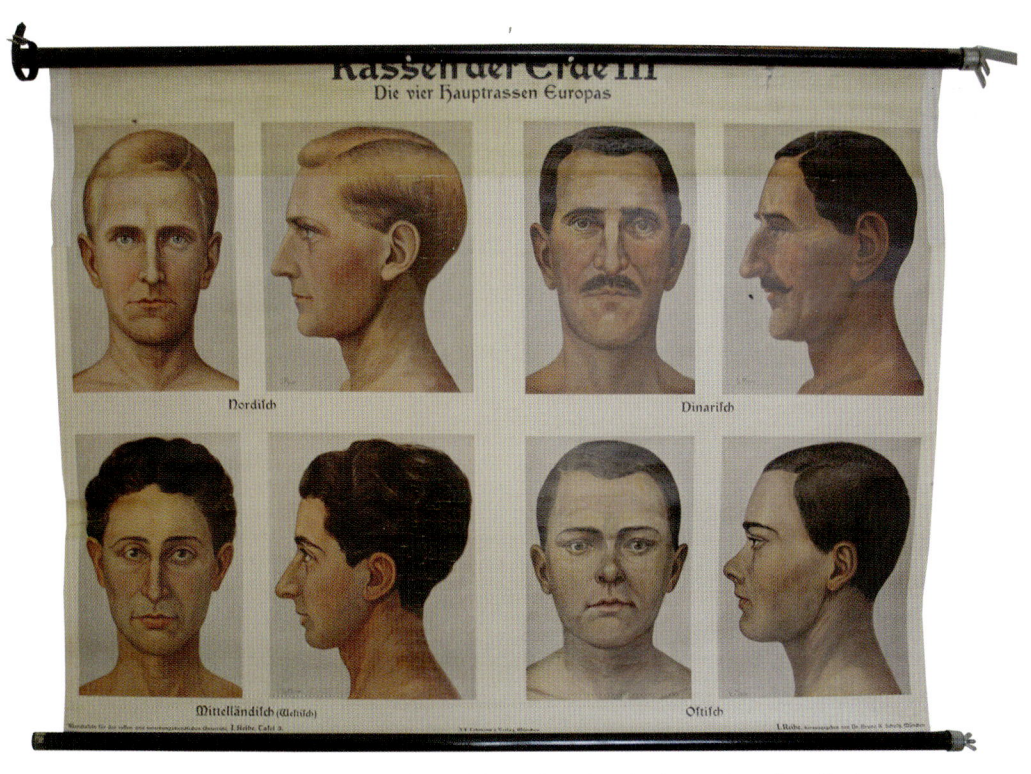

Schautafel „Rassen der Erde" aus der Lehrmittelsammlung des Villacher Peraugymnasiums, um 1940.
Die Lehrkräfte wurden angewiesen, die NS-„Rassenlehre" im Unterricht zu vermitteln. Die großformatigen Bildtafeln mit den verschiedene „Rassentypen" wurden auch nach 1945 noch im Unterricht verwendet.
Quelle: Peraugymnasium Villach

Pano „Rase na Zemlji" iz zbirke učnih pripomočkov gimnazije na Peravi v Beljaku, okoli leta 1940.
Učiteljice in učitelji so imeli navodila za poučevanje nacistične „rasne teorije". Na širokoformatnih slikovnih straneh so učencem in učenkam kazali različne „tipe ras", tudi še po letu 1945.
Vir: Gimnazija Perava, Beljak

utemeljitve izhajal s podmene o obstoju dveh „vzhodnih ras"/„Ostrassen" (dotlej se je v strokovnih krogih govorilo o „ostische Rasse"). Medtem ko je Günther „vzhodno raso" uvrstil k zahodni in osrednji Evropi, je domovino „vzhodnobaltske" lociral v Vzhodno Evropo. Menil je, da je bila „vzhodnobaltska" manjvrednejša od „ostische". Güntherjev konstrukt inferiorne „vzhodnobaltske" „suženjske rase" so nacisti kasneje uporabili kot legitimacijo svojih osvajalskih načrtov na „Vzhodu". Podobno je ravnal ugledni antropolog Oto Reche, še eden od vodilnih „rasnih znanstvenikov", ko je uvedel šesto

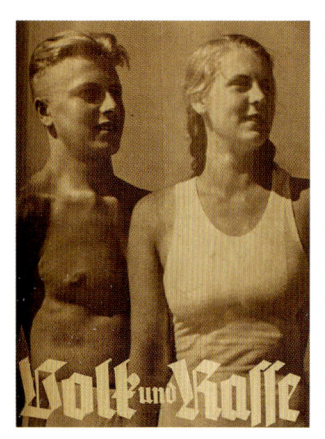

Volk und Rasse, Berlin, August 1939.
Quelle: Bibliothek des Museums für Volkskunde Wien
Vir: Knjižnica Muzeja za narodnostne vede, Dunaj

Volk und Rasse, Berlin, September 1939.
Quelle: Bibliothek des Museums für Volkskunde Wien
Vir: Knjižnica Muzeja za narodnostne vede, Dunaj

1926 gründete der namhafte Anthropologe Otto Reche die Zeitschrift *Volk und Rasse*. Wenig überraschend stufte Reche die „nordische Rasse" als die wertvollste kulturschöpfende „Rasse" ein, die durch „Rassenmischung" gefährdet sei; als die gefährlichste Bedrohung betrachtete er „die Juden".[23] Demgemäß bediente sich *Volk und Rasse* eines grob antisemitischen Tons. Neben einer völkisch-antisemitischen „Rassenhygiene" propagierte die Zeitschrift die Sterilisation geistig und körperlich beeinträchtigter Menschen. Von den Nationalsozialisten erwarteten sich die Herausgeber eine radikale Umsetzung der von ihnen eingeforderten Maßnahmen. Die ideologischen Zielsetzungen von *Volk und Rasse* hielten weder Martin Wutte noch die beiden Kärntner Volkskundler Georg Graber oder Franz Koschier davon ab, in diesem rassistischen Organ zu publizieren. Ganz im Gegenteil, ihre Feindbilder waren genauso klar umrissen wie jene der Herausgeber: Sozialismus, Slawen- und Judentum.

Bruno Kurt Scholtz, seit 1929 Schriftleiter von *Volk und Rasse*, war Ideengeber und Vordenker der „Rassenauslese" und eine der prägendsten Figuren des Rassen- und Siedlungshauptamtes der SS (RuSHA). Während des Krieges führte er fast überall in Europa „Rassenuntersuchungen" an Zivilisten durch. Seinen ersten Großeinsatz absolvierte Scholtz als Leiter der Einsatzstelle Südost des RuSHA im Frühjahr 1941 in Slowenien.

„Rassenuntersuchungen" in Slowenien

Die Nationalsozialisten wandten ihre rassistische Bevölkerungspolitik in allen Gebieten an, die sie als „Lebensraum" zu erobern beziehungsweise zu „germanisieren" gedachten. So waren bereits vor dem deutschen Überfall auf Jugoslawien im April 1941 sämtliche Vorbereitungen für die „Germanisierung" slowenischer Gebiete getroffen worden, die de facto als Oberkrain und Untersteiermark annektiert wurden. Zunächst hatte die SS für Slowenien die gewaltsame Aussiedelung von 260.000 Personen in

---

[23] Vgl. Brigitte Fuchs, „Rasse", „Volk", Geschlecht, S. 259.

"sistemsko raso". Pri tem je „falijsko raso" kot „pravo nemško raso" izločil iz tvorbe „vzhodne rase" ter prispeval svoje k „rasnemu vzponu" „nemškega naroda".[21]

Znanstveno „rasno raziskovanje" je vse bolj postajalo osnova političnih ideologij, katerih vsebina je bila večvrednost enih in manjvrednost drugih skupin ljudi. Posebej še rasne blodnje nacistov, neusmiljeno preganjanje in ubijanje nešteto ljudi so tako na grozljiv način legitimirali ne nazadnje z znanstvenim rasizmom.

Dolge in kratke glave

Fizičnemu antropologu Emilu Zuckerkandlu se je v času okrog l. 1880. zdelo, da je okoli Vrbskega jezera posebno veliko tako imenovanih podolgovatih lobanj. Iz tega je sklepal na „gosto zastopanost prvotno germanskega elementa". Enako je trdil le nekaj let zatem Augustin Weisbach, ki je okoli leta 1900 sistematsko meril avstrijske vojake in ob tem prišel do ugotovitve, da imajo Nemci na Koroškem v primerjavi z Nemci na Štajerskem, Salzburškem, Zgornje Avstrije in Niže Avstrije največ podolgovatih lobanj. Potemtakem so bile „germanske značilnosti" najmočnejše na Koroškem.

Weisbach je nadalje zastopal tudi stališče, da se tudi pri Slovencih na Koroškem pojavlja „razmeroma visok delež podolgovate lobanje". To je bil zanj neizpodbiten dokaz, da so koroški Slovenci po obliki lobanje bliže koroškim Nemcem kakor pa Slovencem iz Kranjske.

Z velikim veseljem je koroška akademska srenja dopustila vnašanje „spoznanj" merilcev lobanj v lastne nacionalno-politično motivirane raziskave. Po njihovem naj bi bila namreč južna Koroška prastara nemška kulturna tla. Poleg tega so z vso vnemo poudarjali duhovno in kulturno prevlado „nordijske" oz. „nemške krvi". Leta 1931 je Martin Wutte v reviji *Volk und Rasse* (Narod in rasa) ponovno objavil svoja načela o „narodnostnem razvoju Koroške". Da „teče po žilah Slovenca mnogo nemške krvi", je imel za dokazano z rezultati „rasnih raziskav" na Koroškem.[22]

Leta 1926 je priznani antropolog Otto Reche ustanovil revijo *Volk und Rasse*. Reche je „nordijsko raso" imenoval kot najdragocenejšo kulturo ustvarjajočo „raso", ki je ogrožena zaradi mešanja ras, najnevarnejši pa naj bi bili „Judje".[23] Temu odgovarjajoče so v *Volk und Rasse* uporabljali grobo antisemitsko dikcijo. Poleg narodnostno-antisemitske „rasne higiene" je revija propagirala sterilizacijo duševno in telesno prizadetih ljudi. Izdajatelji so od nacionalsocialistov pričakovali in zahtevali radikalno vpeljavo ukrepov, ki so jih izdelali. Ideološki cilji revije *Volk und Rasse* za Martina Wutteja ter za oba koroška narodopisca Georga Graberja in Franza Koschierja niso bili

---

[21] Prim. Brigitte Fuchs, „Rasse", „Volk", Geschlecht. Anthropologische Diskurse in Österreich 1850–1960, Frankfurt am Main 2003, str. 256 sl.

[22] Martin Wutte, Die völkische Entwicklung Kärntens mit besonderer Berücksichtigung der Kärntner Slowenen, v: *Volk und Rasse*, zvezek 3, München, Berlin, julij 1931, str. 209–220, tu str. 213.

[23] Prim. Brigitte Fuchs, „Rasse", „Volk", Geschlecht, str. 259.

Aussicht genommen. Dies hätte einem Drittel der unter deutscher Besatzung stehenden Bevölkerung entsprochen. Allein für Oberkrain war die Deportation von ungefähr 75.000 „rassisch Minderwertigen" und politisch Unerwünschten sowie die „Ansetzung" von bis zu 80.000 deutschen Zwangsmigranten vorgesehen.[24]

Von Frühjahr bis Ende 1941 bestand in Graz die Einsatzstelle Südost des RuSHA. Ihre Aufgabe bestand in der „rassischen" Musterung der slowenischen Bevölkerung der Gebiete Untersteiermark und Oberkrain. Deren „rassischer Wert" sollte darüber entscheiden, ob die Menschen vor Ort belassen, ins „Altreich" deportiert oder aber nach Kroatien und Serbien abgeschoben würden. Der Besitz der Deportierten sollte beschlagnahmt und statt ihrer volksdeutsche Siedler angesiedelt werden, um aus der Untersteiermark und Oberkrain „deutsches Siedlungsland" und, noch wichtiger, „eine gesicherte, auf deutschem Blute ruhende deutsche Grenzmark" zu machen.

Die diesbezüglichen Anweisungen Heinrich Himmlers beinhalteten unter anderem folgende Bestimmungen: Aussiedlung der slowenischen Intelligenz, Aussiedlung aller nach 1914 eingewanderten Slowenen, Aussiedlung der Bewohner des Save- und Sotla-Streifens sowie aller Personen „artfremden Bluteinschlags". Alle diese Menschen sollten einer „rassischen" Grobmusterung unterzogen werden, damit der Verlust „guten Blutes" vermieden würde. Wer dabei als „gutrassig" abschnitt, sollte einer Feinauslese unterzogen werden und anschließend im „Altreich" als „Wiedereindeutschungsfähiger" Zwangsarbeit verrichten.[25]

Von April bis November 1941 erstellten bis zu 18 „Rassenexperten" eine „rassenbiologische" Übersicht über die Bevölkerung der Untersteiermark und Oberkrains. Insgesamt wurden dabei weit mehr als eine halbe Million Menschen „rassisch" gemustert. Die „Rassenprüfer" diagnostizierten einmal mehr einen „überraschend hohen Anteil nordischen Blutes". Wobei sich der „ostische und ostbaltische Blutzuschuß" in „lenkbaren und nicht ausschlaggebenden Bevölkerungsschichten" bewegte – ein Umstand, der jedoch „durch rassenpolitische Maßnahmen in ihrem derzeitigen Bestande wesentlich geändert werden" könnte, nämlich durch Aussiedlung.[26]

---

[24] Vgl. dazu: Susanne Rieger, Das Symposium „NS-Unrecht in Slowenien", Nürnberg, 26. 11. 2003, in: Gerhard Jochen, Georg Seiderer (Hg.), Entrechtung, Vertreibung, Mord. NS-Unrecht in Slowenien und seine Spuren in Bayern 1941–1945, Berlin 2014, S. 17–20; Dieter Pohl, Nationalsozialistische Umsiedlungen, in: Brigitte Entner, Valentin Sima (Hg.), Zweiter Weltkrieg und ethnische Homogenisierungsversuche im Alpen-Adria-Raum, Klagenfurt 2012, S. 10–21; Michael Wedekind, Besatzungsregime, Volkstumspolitik und völkische Wissenschaftsmilieus: Auf dem Weg zur Neuordnung des Alpen-Adria-Raums (1939–1945), in: Brigitte Entner, Valentin Sima (Hg.), Zweiter Weltkrieg und ethnische Homogenisierungsversuche im Alpen-Adria-Raum, Klagenfurt 2012, S. 22–43.

[25] Tone Kristan, Zur Vernichtung verurteilt. Das Martyrium des slowenischen Volkes während der Okkupation 1941–1945, in: Gerhard Jochen, Georg Seiderer (Hg.), Entrechtung, Vertreibung, Mord, S. 107–129, hier S. 109.

[26] Eckart Dietzfelbinger, „… dieses Land wieder ganz und gar deutsch zu machen." Das Motiv der „Rasse" in der NS-Ideologie und seine Umsetzung am Beispiel Slowenien, in: Gerhard Jochen, Georg Seiderer (Hg.), Entrechtung, Vertreibung, Mord, S. 23–64, hier S. 36.

nobena ovira, da bi ne objavljali v tem rasističnem organu. Prav nasprotno: njihovi sovražni predsodki so bili prav tako jasno orisani kot predsodki, ki so jih imeli izdajatelji: socializem, slovanstvo in judovstvo.

Bruno Kurt Scholtz, od leta 1929 urednik mesečnika Volk und Rasse, je bil eden od idejnih vodij in pobudnikov „rasnega izbora" in eden najvplivnejših likov Rasnega in naselitvenega glavnega urada SS (RuSHA). Med vojno je povsod po Evropi med civilnim prebivalstvom opravljal „rasne raziskave". Prvo veliko akcijo je Scholtz izpeljal spomladi leta 1941 v Sloveniji kot vodja interventne izpostave za jugovzhod urada RuSHA.

„Rasne raziskave" v Sloveniji

Nacisti so svojo rasistično demografsko politiko aplicirali na vsa tista področja, ki so jih hoteli osvojiti kot „življenjski prostor" oz. katera so hoteli „germanizirati". Že pred nemškim napadom na Jugoslavijo aprila 1941 so bili torej pripravljeni vsi ukrepi za „germanizacijo" slovenskih območij, ki so jih potem dejansko anektirali pod imenoma „Oberkrain", Gorenjska, in „Untersteiermark", Spodnja Štajerska. Najprej so načrtovali esesovci za Slovenijo nasilno izselitev 260.000 oseb. To bi ustrezalo tretjini prebivalstva na okupiranih ozemljih. Samo na Gorenjskem sta bila predvidena deportacija približno 75.000 „rasno manjvrednih" in politično nezaželenih ljudi ter „namestitev" do 80.000 nemških prisilnih priseljencev.[24]

Od spomladi do konca leta 1941 je v Gradcu obstajal operativni center „Südost" RuSHA-ja, glavnega rasnega in naselitvenega urada. Za nalogo je imel „rasni" pregled slovenskega dela prebivalcev na področju Spodnje Štajerske in Gorenjske. Ugotovljena „rasna vrednost" ljudi naj bi odločala o tem, ali smejo ljudje ostati ali jih deportirajo v „stari rajh" oz. na Hrvaško in v Srbijo. Vso lastnino deportirancev bi zasegli, ob tem pa naselili pripadnike nemškega rodu ter spremenili Spodnjo Štajersko in Gorenjsko v „nemško naselitveno ozemlje" oz., kar je še pomembnejše, v „zavarovan in na nemški krvi sloneč nemški mejni teritorij".

Zadevni napotki Heinricha Himmlerja so med drugim vsebovali naslednje določbe: izselitev slovenske inteligence, izselitev vseh po letu 1914 priseljenih Slovencev, izselitev pasu ob Savi in Sotli ter vseh oseb „tujerodne krvi". Vse te ljudi naj bi na grobo „rasno" selekcionirali z namenom, da ne bi ponevedoma izgubili kakšne „dobre krvi". Kdor se je pri tem odrezal kot pripadnik „dobre rase", je moral na nadaljnji

---

[24] Prim. o tem: Susanne Rieger, Das Symposium „NS-Unrecht in Slowenien", Nürnberg, 26. 11. 2003, v: Gerhard Jochen, Georg Seiderer (izd.), Entrechtung, Vertreibung, Mord. NS-Unrecht in Slowenien und seine Spuren in Bayern 1941–1945, Berlin 2014, str. 17–20; Dieter Pohl, Nationalsozialistische Umsiedlungen, v: Brigitte Entner, Valentin Sima (izd.), Zweiter Weltkrieg und ethnische Homogenisierungsversuche im Alpen-Adria-Raum, Klagenfurt 2012, str. 10–21; Michael Wedekind, Besatzungsregime, Volkstumspolitik und völkische Wissenschaftsmilieus: Auf dem Weg zur Neuordnung des Alpen-Adria-Raums (1939–1945), v: Brigitte Entner, Valentin Sima (izd.), Zweiter Weltkrieg und ethnische Homogenisierungsversuche im Alpen-Adria-Raum, Klagenfurt 2012, str. 22–43.

„Rassenuntersuchung" im besetzten Slowenien, 1941.
Foto: Museum für neuere Geschichte/Muzej novejše zgodovine Slovenije, Ljubljana

„Rasne raziskave" v zasedeni Sloveniji, 1941.
Fotografija: Muzej novejše zgodovine Slovenije, Ljubljana

Für den Historiker Tone Ferenc stellte die von den Deutschen angewandte „rassische" Untersuchung und Bewertung von Slowenen während des Zweiten Weltkrieges eine Besonderheit des deutschen Okkupationssystems dar, da es keine andere besetzte oder dem Deutschen Reich angeschlossene Provinz gegeben habe, in der die National-sozialisten fast die gesamte Bevölkerung hinsichtlich ihrer „Rassenmerkmale" untersucht und bewertet hatten.[27]

Bei der Grobauslese versahen die „Rassenprüfer" die untersuchten Personen mit einer von vier „Rassenqualitätswertungen": I. bedeutete sehr gut, II. gut, III. durchschnittlich und IV. „rassisch" ungeeignet. Die erste Kategorie dieser Bewertung mit römischen Ziffern stand für rein nordisch, erbgesund und leistungsfähig.[28]

---

[27] Tone Ferenc, Quellen zur „rassischen" Untersuchung von Slowenen unter der deutschen Okkupation, in: Gerhard Jochen, Georg Seiderer (Hg.), Entrechtung, Vertreibung, Mord, S. 132–151, hier S. 132.
[28] Ebd., S. 134.

podrobnejši pregled ter zatem v „starem rajhu" opravljati prisilno delo kot „sposoben ponovnega ponemčenja".[25]

Od aprila do novembra leta 1941 je do približno 18 „rasnih strokovnjakov" sestavilo pregled nad „rasno biologijo" prebivalstva na Spodnjem Štajerskem in Gorenjskem. Pri tem so si ogledali z vidika „rase" več kot pol milijona ljudi. „Rasni kontrolorji" so spet ugotovili „presenetljivo visok delež nordijske krvi".

Pri čemer pa naj bi se „vzhodni (ostische) in vzhodnobaltski krvni dodatek" pretakal v „vodljivih in ne ključnih slojih prebivalstva" – to okoliščino bi se dalo „v sedanjem deležu bistveno spremeniti z rasno-političnimi ukrepi", namreč s pomočjo deportacij.[26] Za zgodovinarja Toneta Ferenca je predstavljala ta od Nemcev izvedena „rasna" raziskava posebnost nemškega okupacijskega sistema, kajti ni bilo nobene zasedene oz. nemškemu rajhu pridružene province, v kateri bi nacisti raziskali in ovrednotili skoraj celotno prebivalstvo glede na njegove „rasne značilnosti".[27]

Ob grobi selekciji so „rasni kontrolorji" opredelili testirance v eno izmed štirih „kategorij rasne kakovosti": kategorija I. pomeni zelo dobro, II. dobro, III. povprečno in IV. „rasno" neprimerno. Za prvo kategorijo tega ovrednotenja z rimskimi številkami so se skrivali pojmi „čisto nordijsko, brez dednih bolezni, zmogljive zvrsti".[28]

V resnici je bilo do konca septembra 1941 na jugovzhod (med drugim v Srbijo in na Hrvaško) izseljenih približno 17.000 ljudi, okrog 45.000 ljudi pa je bilo poslanih v različna koncentracijska taborišča znotraj rajha.[29]

Po Himmlerjevi smernici z dne 25. junija 1942 naj bi „po rasnih kriterijih" pregledovali ter ocenjevali tudi otroke partizanov in umorjenih talcev do dvanajstega leta. Tisti, ki bi dobili dobro „rasno oceno", bi prišli v domove društva „Lebensborn e. V." in bi bili na voljo za posvojitev Nemcem ali pa posebnim prevzgojnim domovom.[30]

Rasistična znanost

V nacistični ideologiji so prepoznavne koroške nacionalistične znanstvene pozicije, ki so stremele po „Veliki Nemčiji" z vsemi mejnimi območji, ki jih je Koroška do tedaj odstopila ali izgubila. Z ustanovitvijo „Koroškega raziskovalnega inštituta" leta 1942 je Koroška dobila ustanovo z ustrezno nacistično in narodnostno-znanstveno usmerit-

---

[25] Tone Kristan, Zur Vernichtung verurteilt. Das Martyrium des slowenischen Volkes während der Okkupation 1941–1945, v: Gerhard Jochen, Georg Seiderer (izd.), Entrechtung, Vertreibung, Mord, str. 107–129, tu str. 109.

[26] Eckart Dietzfelbinger, „…. dieses Land wieder ganz und gar deutsch zu machen." Das Motiv der „Rasse" in der NS-Ideologie und seine Umsetzung am Beispiel Slowenien, v: Gerhard Jochen, Georg Seiderer (izd.), Entrechtung, Vertreibung, Mord, str. 23–64, tukaj str. 36.

[27] Tone Ferenc, Quellen zur „rassischen" Untersuchung von Slowenen unter der deutschen Okkupation, v: Gerhard Jochen, Georg Seiderer (izd.), Entrechtung, Vertreibung, Mord, str. 132–151, tu str. 132.

[28] Prav tam, str. 134.

[29] Dieter Pohl, Nationalsozialistische Umsiedlungen, str. 17.

[30] Prav tam, str. 142.

Tatsächlich wurden bis Ende September 1941 etwa 17.000 Personen nach Südosten (unter anderem Serbien, Kroatien) deportiert und an die 45.000 in verschiedene Lager ins Reich.[29]

Nach Himmlers Richtlinien vom 25. Juni 1942 sollten die Kinder von Partisanen und ermordeten Geiseln bis zum zwölften Lebensjahr „rassisch" geprüft und bewertet werden. Diejenigen, die eine gute „Rassen-Wertung" erhielten, sollte in die Heime des Vereins Lebensborn e. V. gebracht werden, um dort den Deutschen zur Adoption oder besonderen Umerziehungsheimen zur Verfügung zu stehen.[30]

Rassistische Wissenschaft

In der NS-Ideologie fanden sich Kärntens völkische Wissenschaftspositionen wieder, die ein Großdeutschland mit sämtlichen abgetretenen und verlorengegangenen Grenzgebieten anstrebten. Mit der Gründung des Instituts für Kärntner Landesforschung im Jahre 1942 war auch eine entsprechende, nationalsozialistisch und volkstumswissenschaftlich ausgerichtete Institution in Kärnten geschaffen worden. Bis dahin war der kleine Geisteswissenschaftsbetrieb hauptsächlich von zwei personell eng miteinander verbundenen Institutionen getragen worden: von dem Mitte des 19. Jahrhunderts gegründeten Geschichtsverein für Kärnten und dem 1904 errichteten Kärntner Landesarchiv, das nach dem Ersten Weltkrieg wiederum eng mit dem aggressiv antislowenisch agierenden Kärntner Heimatbund verbunden war. Die in diesen Institutionen bezüglich der Kärntner Landesgeschichte zunehmend deutschvölkisch orientierten Forscher vertraten vermehrt die Vorstellung von einer geistigen und „rassischen" Überlegenheit deutscher Kultur. Die von ihnen erbrachten wissenschaftlichen „Nachweise" für den deutschen Charakter beziehungsweise die „völkische" Einheit des Landes sahen sie durch die „Rassenwissenschaft" bestätigt.

Daneben engagierten sich Kärntens Geisteswissenschafter in einem weit verzweigten Netz „deutschvölkischer" Forschungseinrichtungen, wie zum Beispiel der 1931 gegründeten Alpenländischen Forschungsgemeinschaft (AFG). Die AFG förderte unter anderem deutsche Wissenschafter in „bedrohten Grenzgebieten". Zu den Kärntner Vertrauensmännern der AFG gehörten der Historiker und Kärntner Archivdirektor Martin Wutte, der Geograph Viktor Paschinger und der Landesarchivar Karl Starzacher. Im Arbeitsausschuss der auch 1931 gegründeten Südostdeutschen Forschungsgemeinschaft saßen ebenfalls durchwegs dem deutschnationalen, nationalsozialistischen Lager zuordenbare Personen, darunter der Altertumskundler Rudolph Egger und der Linguist Eberhard Kranzmayer.[31]

---

[29] Dieter Pohl, Nationalsozialistische Umsiedlungen, S. 17.
[30] Ebd., S. 142.
[31] Ingo Haar, Michael Fahlbusch (Hg.), Handbuch der völkischen Wissenschaften, S. 27 und S. 688.

vijo. Do takrat sta bili nosilki te male humanistične ustanove v glavnem dve kadrovsko tesno povezani instituciji: „Zgodovinsko društvo za Koroško", ki so ga ustanovili v sredini 19. stoletja, in leta 1904 ustanovljeni „Koroški deželni arhiv", ki je bil po prvi svetovni vojni močno povezan z napadalno, protislovensko delujočo Koroško domovinsko zvezo. Raziskovalci na teh institucijah, ki so bili zaradi koroške deželne zgodovine nastrojeni vse bolj nemškonacionalno, so pretežno zastopali predstave o umski in „rasni" prevladi nemške kulture. Svoje znanstvene „dokaze" za nemški značaj odnosno za „nacionalno" enovitost dežele so pojmovali kot potrjene v „vedi o rasah".

Koroški družboslovci so bili poleg tega dejavni tudi v široko razvejeni mreži „nemškonacionalnih" raziskovalnih ustanov, kakršna je bila leta 1931 ustanovljena Raziskovalna skupnost alpskih dežel (Alpenländische Forschungsgemeinschaft, AFG). Med drugim je AFG podpirala nemške znanstvenike na „ogroženih obmejnih področjih". Med koroškimi zaupniki AFG so bili zgodovinar in direktor koroškega arhiva Martin Wutte, geograf Viktor Paschinger in pokrajinski arhivar Karl Starzacher. Tudi v delovnem odboru prav tako leta 1931 ustanovljene Raziskovalne skupnosti jugovzhodnih Nemcev (Südostdeutsche Forschungsgemeinschaft) so bile izključno osebe, ki so pripadale nemškonacionalnemu, nacističnemu taboru, med drugim arheolog Rudolph Egger in jezikoslovec Eberhard Kranzmayer.[31]

    S prav sveto vnemo se je duhovna elita Koroške bojevala za nemško Koroško in je pri tem nacistom dobavljala znanstvena upravičevanja za togo germanizacijsko politiko. Njeni pripadniki so bili duhovni sooblikovalci, intelektualni storilci, ki so v znanost vnesli vse to, kar je bilo od nekdaj njihova poguba: nacionalizem, ljudomrzništvo in megalomanijo.

„Narodna skupnost" (Volksgemeinschaft), „nemška kri" (deutsches Blut), „nordijska rasa" (nordische Rasse) – take in podobne iztočnice najdemo v znanstvenih publikacijah, sicer ne šele od leta 1938 naprej, nanj so prisegali že prej in vedno znova. Takrat so pač vse znanstvene stroke stremele predvsem po dokazu, da je dežela Koroška od nekdaj tla nemške kulture. Narodnopolitične teorije so se postavljale brez verodostojnih dokazov. Pri tem so bila vsa strokovna področja zavezana „krvni in rasni mitologiji" – bodisi zgodovina, arheologija, lingvistika, etnologija, geografija ali umetnostna zgodovina.

    Koroški znanstveniki so voljno prevzemali rasistične zasnove, kot recimo tisto o „nordijskih dolgolobanjastih rasah" ali tisto o „v boju preizkušeni nemški krvi". Trud koroških nacionalističnih znanstvenikov za ostro distanciranje od „slovanskega pasu kratkih lobanj" južno od Karavank se je izkazal za zastarelega v trenutku, ko se je aprila 1941 zgodila okupacija s Slovenci naseljenega območja. Zdaj je postalo pomembno pridobivanje argumentov v prid Hitlerjeve „narodne komasacije" (völkische Flurbereinigung) na novozavzetem ozemlju oz. v prid nacistične ekspanzije proti jugovzhodu.

---

[31] Ingo Haar, Michael Fahlbusch (izd.), Handbuch der völkischen Wissenschaften, str. 27 in str. 688.

Mit geradezu heiligem Eifer führte die geistige Elite Kärntens ihren Kampf für ein deutsches Kärnten und lieferte den Nationalsozialisten die wissenschaftlichen Rechtfertigungen für deren rigide Germanisierungspolitik. Ihre Mitglieder waren geistige Mitgestalter, intellektuelle Täter, die in die Wissenschaft all das einbrachten, was von jeher ihr Verderben war: Nationalismus, Menschenverachtung und Größenwahn. „Volksgemeinschaft", „deutsches Blut", „nordische Rasse" – Schlagwörter wie diese finden sich in den wissenschaftlichen Publikationen nicht erst seit 1938, sondern wurden schon davor immer wieder beschworen. Doch damals trachteten sämtliche Wissenschaftszweige insbesondere danach, den Nachweis zu erbringen, dass Kärnten seit jeher deutschen Kulturboden repräsentierte. Demzufolge wurden nationalpolitische Theorien ohne stichhaltige Beweise aufgestellt. Wobei sich sämtliche Fachbereiche – sei es Geschichte, Archäologie, Sprachwissenschaft, Volkskunde, Geographie oder Kunstgeschichte – der „Blut- und Rassenmythologie" verpflichtet fühlten.

Bereitwillig übernahmen Kärntens Wissenschafter rassistische Konzepte wie jenes von den „nordischen Langschädelrassen" oder vom „kampferprobten deutschen Blut". Die scharfen Abgrenzungsbemühungen seitens der Kärntner Volkstumswissenschafter gegenüber dem „slawischen Kurzkopfgürtel" südlich der Karawanken erwiesen sich spätestens mit der im April 1941 vollzogenen Annexion slowenischer Siedlungsgebiete als obsolet. Galt es doch nun, der von Hitler geprägten „völkischen Flurbereinigung" in den eroberten Gebieten beziehungsweise der nationalsozialistischen Südostexpansion die nötigen Argumente zu liefern.

Umgehend wurden die annektierten Gebiete von den Kärntner Volksforschern zu „deutschem Boden" erklärt. Anlässlich seiner Rede zur Gründung des Instituts für Kärntner Landesforschung, am 10. Oktober 1942, erklärte der Germanist Eberhard Kranzmayer, dass „zwischen Kärnten und Oberkrain eine Kulturgrenze weder bestanden hat noch besteht".[32] Auch für den Volkskundler Georg Graber standen plötzlich die eher zum „hellen nordischen Typus" neigenden Oberkrainer den Deutschen in Kärnten „viel näher als ihren slawischen Nachbarn".[33] Offensichtlich ließen sich die rassistischen Argumente den jeweils aktuellen Erfordernissen anpassen – auch wenn sie sich letztendlich widersprachen.

Kärntens „Volkstumsexperten"

Das Ausmaß an Kooperation und Vernetzung zwischen völkischen Kultur-, Sozial- und „Rassenwissenschaftern" einerseits und NS-Volkstumsbürokraten und politischen Entscheidungsträgern andererseits verdeutlichte, welchen Einfluss die Wissenschaftseliten auf die menschenverachtende Bevölkerungspolitik der Nationalsozialisten besaßen. Neben den zahlreichen wissenschaftlichen „Volkstumsexperten" aus dem „Altreich" waren auch namhafte Wissenschafter aus Österreich beziehungsweise Kärnten in die

---

[32] *Kärntner Zeitung*, 12. Oktober 1942, S. 3.
[33] Georg Graber, Das Kärntner Volkstum, in: *Volk und Rasse*, Heft 12, München, Berlin, Dezember 1942, S. 201–206, hier S. 205.

Koroški narodni raziskovalci so anektirano ozemlje takoj razglasili za „nemška tla". V svojem govoru ob ustanovitvi „Koroškega inštituta za raziskovanje" 10. oktobra 1942 je germanist Eberhard Kranzmayer razložil, da „kulturne meje med Koroško in Gorenjsko nikoli ni bilo in je tudi ni".[32] Tudi po mnenju etnografa Georga Graberja naj bi bili Gorenjci, o katerih je naenkrat trdil, da se bolj nagibajo k „svetlemu nordijskemu tipu", Nemcem na Koroškem „veliko bliže kakor njihovim slovanskim sosedom".[33] Očitno so lahko prilagajali rasistične argumente vedno novim aktualnim zahtevam – tudi če so si ti konec koncev nasprotovali.

Koroški „strokovnjaki za narod"

Obseg kooperacije in prepredenosti med „narodnimi" kulturnimi, socialnimi in „rasnimi" znanstveniki po eni strani ter nacionalsocialističnimi birokrati in nosilci političnih odločitev po drugi strani jasno kaže, kakšen vpliv so imele elite znanstvenikov na človeka zaničevalno narodnostno politiko nacionalsocialistov. Poleg številnih znanstvenih „strokovnjakov za narod" iz „starega rajha" so bili v načrtovanje in realizacijo „narodne komasacije" (völkische Flurbereinigung)[34] vključeni tudi priznani znanstveniki iz Avstrije oziroma oz. Koroške. Med vodilnimi (tu izključno moški) koroškimi strokovnjaki so bili: Martin Wutte, Karl Starzacher in Karl Dinklage, narodoslovci kot Georg Graber, Oskar Moser in Franz Koschier, geografi kot Günter Glauert in Viktor Paschinger ter germanisti kot Eberhard Kranzmayer, če naj jih omenimo le nekaj.

Leto 1945 za domače znanstvenike ni pomenilo pomembnega preloma. Kmalu po koncu vojne je koroška deželna vlada prav tem nekdanjim zagovornikom nacističnih rasnih utvar – in sicer Kranzmayerju, Paschingerju in Wutteju – zaupala nalogo, da pripravijo zavrnitev jugoslovanskih ozemeljskih zahtev na znanstveni osnovi.

„Društvo s tradicijo" Kärntner Landsmannschaft, ki je od leta 1981 z medaljo Georga Graberja odlikovalo „posebne" zasluge na področju ljudske kulture in narodopisja (in to še vedno počne), jo je vedno znova podeljevalo predstavnikom zastarelih narodopisnih znanosti, kot sta Oskar Moser ali nacionalsocialistični gauovski referent za ponemčevanje na zasedenem Gorenjskem in kasnejši funkcionar koroškega Heimatdiensta ter častni predsednik koroške Landsmannschaft Franz Koschier.

Georg Graber, odlikovani „brambovec", sodelavec nacističnega Urada za rasno politiko (Rassenpolitisches Amt), nacistične Raziskovalne celice Nemška kmetija" (Forschungsstelle Deutscher Bauernhof) ter podporni član SS, je tudi po letu 1945 v svojih razpravah nemoteno zagovarjal „rasno-teoretske" zasnove in ocene.[35]

---

[32] *Kärntner Zeitung*, 12. oktober 1942, str. 3.

[33] Georg Graber, Das Kärntner Volkstum, v: *Volk und Rasse*, Heft 12, München, Berlin, Dezember 1942, str. 201–206, tu str. 205.

[34] Hitler sam je prvič uporabil pojem „völkische Flurbereinigung" dne 7. septembra 1939. Za tem pojmom se je skrival zločinski nacistični načrt političnega čiščenja in preganjanja poljskega prebivalstva ter odvzem pravic poljskemu in judovskemu prebivalstvu. O tem glej: Alexa Stiller, Grenzen des „Deutschen". Nationalsozialistische Volkstumspolitik in Polen, Frankreich und Slowenien während des Zweiten Weltkrieges, v: Mathias Beer, Dietrich Beyrau, Cornelia Rauh (izd.), Deutschsein als Grenzerfahrung. Minderheitenpolitik in Europa zwischen 1914 und 1950, Essen 2009, str. 61–84, tu str. 63.

[35] Prim. Michael Wedekind, Besatzungsregime, Volkstumspolitik und völkische Wissenschaftsmilieus, str. 42–43.

Planung und Realisierung der „völkischen Flurbereinigung" involviert.[34] Unter den tonangebenden, durchwegs männlichen Kärntner Experten befanden sich Historiker wie Martin Wutte, Karl Starzacher und Karl Dinklage, Volkskundler wie Georg Graber, Oskar Moser und Franz Koschier, Geographen wie Günter Glauert und Viktor Paschinger und Germanisten wie Eberhard Kranzmayer, um nur einige von ihnen zu nennen.

Das Jahr 1945 stellte für die heimische Wissenschaftselite keine tiefgreifende Zäsur dar. Kurz nach Kriegsende beauftragte die Kärntner Landesregierung – mit Kranzmayer, Paschinger und Wutte – ausgerechnet ehemalige Verfechter des NS-Rassenwahns mit der wissenschaftlichen Abweisung jugoslawischer Territorialansprüche.

Der „Traditionsverband" Kärntner Landsmannschaft, der seit 1981 „besondere" Verdienste im Bereich der Volkskultur und Volkskunde mit der Georg-Graber-Medaille auszeichnet(e), verlieh diese wiederholt Repräsentanten antiquierter Volkstumswissenschaften, wie Oskar Moser oder dem ehemals mit Eindeutschungsaufgaben im besetzten Oberkrain beauftragten NS-Gaureferenten und späteren KHD-Funktionär und Ehrenobmann der Kärntner Landsmannschaft Franz Koschier.

Georg Graber, dekorierter „Abwehrkämpfer", Mitarbeiter des Rassenpolitischen Amtes und der Forschungsstelle Deutscher Bauernhof sowie förderndes Mitglied der SS, verfocht in seinen volkskundlichen Darstellungen Kärntens auch nach 1945 unbeirrt „rassentheoretische" Ansätze und Wertungen.[35]

> *Es ist nicht einerlei, welches Blut in unseren Adern rollt. Andere Völker als das deutsche haben eine andere Kampfmoral und einen anderen Geist. Woher unser Geist kommt, das kann nur der Blick auf die rassische Zusammensetzung unseres Volkes lehren.*[36]
> Karl Dinklage, 1945

> *Wenn sich die slowenischen Lebensformen von den rückständigen serbischen wohltuend abheben, so verdanken die Slowenen ihren Vorsprung allein dem fortgesetzten Einwirken unserer Kultur [...]*[37]
> Eberhard Kranzmayer, 1941

---

[34] Der Begriff der „völkischen Flurbereinigung", hinter dem sich das Konzept politischer Säuberungen, Vertreibungen und Entrechtungen der polnischen und jüdischen Bevölkerung verbarg, wurde erstmalig von Adolf Hitler selbst am 7. September 1939 verwendet. Siehe dazu: Alexa Stiller, Grenzen des „Deutschen". Nationalsozialistische Volkstumspolitik in Polen, Frankreich und Slowenien während des Zweiten Weltkrieges, in: Mathias Beer, Dietrich Beyrau, Cornelia Rauh (Hg.), Deutschsein als Grenzerfahrung. Minderheitenpolitik in Europa zwischen 1914 und 1950, Essen 2009, S. 61–84, hier S. 63.

[35] Vgl. Michael Wedekind, Besatzungsregime, Volkstumspolitik und völkische Wissenschaftsmilieus, S. 42–43.

[36] Karl Dinklage, Kärntens germanisch-deutsche Frühgeschichte im Blickpunkt unserer Zeit, Laibach 1945, zitiert nach: Martin Fritzl, „... für Volk und Reich und Deutsche Kultur." Die „Kärntner Wissenschaft" im Dienste des Nationalismus, Klagenfurt 1992, S. 154.

[37] Eberhard Kranzmayer, Zwölf Jahrhunderte deutsches Leben in Krain und Untersteiermark, in: *Germanen-Erbe*, Heft 12/6, Leipzig 1941, S. 66–69, hier S. 67.

Ni vseeno, katera kri teče po naših žilah. Drugi narodi kot nemški imajo tudi drugo bojno moralo in drugega duha. Od kod prihaja naš duh, nas lahko nauči le pogled na rasno sestavo našega naroda.[36]

Karl Dinklage, 1945

Če se slovenski načini življenja prijetno razlikujejo od zaostalih srbskih, je treba vedeti, da Slovenci svojo prednost dolgujejo samo kontinuiranim vplivom naše kulture […][37]

Eberhard Kranzmayer, 1941

V primerjavi z južnimi Slovani živi v Savski deželi veliko več moških svetlega nordijskega tipa in veliko manj temnega tipa. Tako se od južnih Slovanov razlikujejo bolj kot od svojih nemških sosedov na Koroškem.[38]

Georg Graber, 1942

In zato lahko upravičeno trdimo, da med koroškimi Slovenci ni niti enega, ki ne bi imel v žilah več ali manj nemške krvi […]. Z nemško krvjo pa so se v slovensko prebivalstvo presadile tudi telesne in duhovne dedne osnove.[39]

Martin Wutte, 1927

V posebnostih naših šeg in navad so vsajene vrednote in sile naše bližnje prihodnosti. S tem temeljnim spoznanjem se nacionalsocializem z njemu lastno odločnostjo loteva posvetlitve našega severnjaštva.[40]

Oskar Moser, 1939

Koroška je stara naselitvena pokrajina; toliko trdneje se deduje povezanost človeka in zemlje, ki na to malo lepo deželo veže silo ljubezni do domovine, kakršna se je večkrat junaško dokazala v težkih časih.[41]

Viktor Paschinger, 1945

---

[36] Karl Dinklage, Kärntens germanisch-deutsche Frühgeschichte im Blickpunkt unserer Zeit, Laibach 1945, citirano po: Martin Fritzl, „… für Volk und Reich und deutsche Kultur." Die „Kärntner Wissenschaft" im Dienste des Nationalismus, Klagenfurt/Celovec 1992, str. 154.

[37] Eberhard Kranzmayer, Zwölf Jahrhunderte deutsches Leben in Krain und Untersteiermark, v: *Germanen-Erbe*, zvezek 12/6, Leipzig 1941, str. 66–69, tu str. 67.

[38] Georg Graber, Volkskundliches, v: Viktor Paschinger, Martin Wutte, Georg Graber, Oberkrain, Krainburg 1942, str. 69.

[39] Martin Wutte, Deutsch – Windisch – Slowenisch. Zum 7. Jahrestage der Kärntner Volksabstimmung, izd. Kärntner Heimatbund, Klagenfurt 1927, str. 9.

[40] Oskar Moser, v: *Der Heimatkreis*, Heft 11, Klagenfurt 1939, str. 10.

[41] Viktor Paschinger, Geographische Grundlagen der Besiedlung in Kärnten, unveröffentlichter Korrekturbogen, 1945, citirano po: Martin Fritzl, „… für Volk und Reich und Deutsche Kultur", str. 151.

Gegenüber den Südslawen gibt es im Saveland viel mehr Männer des hellen nordischen, jedoch viel weniger des dunklen Typus. Somit unterscheiden sie sich von den Südslawen mehr als von ihren deutschen Nachbarn in Kärnten.[38]
Georg Graber, 1942

Man kann daher mit Recht behaupten, daß es kaum einen unter den Kärntner Slowenen gibt, der nicht mehr oder weniger deutsches Blut in seinen Adern hat […]. Mit dem deutschen Blute wurden aber auch deutsche Körper- und Geistesanlagen auf die slowenische Bevölkerung verpflanzt.[39]
Martin Wutte, 1927

Im Arteigenen unseres Volkstums liegen die Werte und Kräfte unserer nächsten Zukunft. In dieser grundsätzlichen Erkenntnis geht der Nationalsozialismus mit der ihm eigenen Willenskraft an die Aufhellung unseres Nordwesens.[40]
Oskar Moser, 1939

Kärnten ist altes Siedelland; umso fester vererbt sich das Band zwischen Menschen und Scholle, das an das schöne kleine Land die Kraft einer Heimatliebe knüpft, die sich wiederholt in schweren Zeiten heldisch bewährt hat.[41]
Viktor Paschinger, 1945

Die heutige Zusammensetzung der Bevölkerung beruht auf einer mannigfaltigen Rassenmischung dinarischer, alpiner, nordischer, ostischer und mediterraner Elemente. Die seit der jüngsten Steinzeit hier bodenständige Rasse ist die dinarische.[42]
Günter Glauert, 1943

---

[38] Georg Graber, Volkskundliches, in: Viktor Paschinger, Martin Wutte, Georg Graber, Oberkrain, Krainburg 1942, S. 69.
[39] Martin Wutte, Deutsch – Windisch – Slowenisch. Zum 7. Jahrestage der Kärntner Volksabstimmung, hg. vom Kärntner Heimatbund, Klagenfurt 1927, S. 9.
[40] Oskar Moser, in: *Der Heimatkreis*, Heft 11, Klagenfurt 1939, S. 10.
[41] Viktor Paschinger, Geographische Grundlagen der Besiedlung in Kärnten, unveröffentlichter Korrekturbogen,1945, zitiert nach: Martin Fritzl, „… für Volk und Reich und Deutsche Kultur", S. 151.
[42] Günter Glauert, Istrien. Raum, Geschichte, Bevölkerungsaufbau, in: Kleine Schriften des Instituts für Kärntner Landesforschung 2, Krainburg 1943, S. 7.

Današnja sestava prebivalstva temelji na pestri mešanici ras z dinaridskimi, alpskimi, nordijskimi, vzhodnimi (ostisch) in sredozemskimi elementi. Rasa, ki je tukaj avtohtona vse od najmlajše kamene dobe, je dinaridska.[42]
Günter Glauert, 1943

Karl Tuppa – izvedenec smrti
Epilog

Potem ko je leta 1943 umrl Eberhard Geyer, vodja Inštituta za fizično antropologijo na dunajski univerzi in ilegalni član NSDAP-a od leta 1933, je Karl Tuppa začasno prevzel vodstvo inštituta. Tuppa je bil ilegalni član NSDAP-a od leta 1935.

Na temelju leta 1935 sprejetih nürnberških osnovnih zakonov (Rajhovski državljanski zakon/Reichsbürgergesetz in Zakon o zaščiti krvi/Blutschutzgesetz), ki so bili po „anšlusu" v veljavi tudi v Avstriji, so bili ljudje tudi pri nas s pomočjo arijske izkaznice po svoji „krvi" uvrščeni v kategorije „nemške krvi" in „tuje (krvi)". Biološka „izvedenska mnenja o rasi", ki so jih po naročilu berlinskega Rajhovskega genealoškega urada izdajali ugledni strokovnjaki Antropološkega inštituta Univerze na Dunaju, so s poproščenimi, absurdnimi metodami onkraj vsakršne znanstvenosti ustvarjala „dokončno jasnost" v vprašanjih bioloških pokolenj. Jud ali Nejud; življenje, opredeljeno kot vredno življenja ali nevredno življenja – znanstveniki so z nepredstavljivo brutalnostjo postali voljni izvrševalci nacistične rasne poblaznelosti.[43]

V večini postopkov, ki so bili dani v oceno, je bil vsaj eden od zakoncev popoln „arijec". Tragedije so se dogajale takrat, ko sta bila oba zakonca registrirana kot „Juda". Ko je bilo recimo potrebno, da se mati loči od svojega judovskega partnerja in navede „arijca" za domnevnega očeta ali pa da oče verodostojno dokaže materino nezvestobo – samo zato, da bi svojega otroka obvarovali „madeža" „popolnega Juda" ter da bi mu na ta način omogočali vsaj status „mešanca prve stopnje".[44]

Ekspertize, ki jih je izdeloval Karl Tuppa za lep denar, so bile praktično vselej obupancem v škodo. V njegovi ocenjevalni jezikovni telovadbi se zrcalijo nesmiselnost takih izvedenskih mnenj ter posledice, ki so nastale za izpraševanca: brezpravnost, preganjanje, umor. Kot primer njegove nečloveškosti navajamo zaključni stavek preiskave iz leta 1943: „Čeprav očetovstvo domnevnega očeta ni popolnoma neverjetno, moramo istočasno sprejeti, da tudi očetovstvo zakonskega očeta ni neverjetno."[45]

---

[42] Günter Glauert, Istrien. Raum, Geschichte, Bevölkerungsaufbau, v: Kleine Schriften des Instituts für Kärntner Landesforschung 2, Krainburg 1943, str. 7.

[43] Prim. Horst Seidler, Andreas Rett, Das Reichssippenamt entscheidet.

[44] Prav tam, str. 154.

[45] Prav tam, str. 256.

Karl Tuppa – Gutachter des Todes
Epilog

Nachdem Eberhard Geyer, Institutsvorstand für Physische Anthropologie an der Universität Wien und illegales NSDAP-Mitglied seit 1933, im Jahr 1943 verstorben war, übernahm Karl Tuppa provisorisch die Institutsleitung. Tuppa war seit 1935 illegales NSDAP-Mitglied gewesen.

Aufgrund der 1935 erlassenen Nürnberger Grundgesetze (Reichsbürgergesetz und Blutschutzgesetz), die nach dem „Anschluss" auch in Österreich Geltung hatten, wurden Menschen auch hierzulande mit Hilfe des Ariernachweises ihrem „Blut" nach in die Kategorien „deutschblütig" und „artfremd" eingestuft. Biologische „Rassengutachten", am Anthropologischen Institut der Universität Wien von angesehenen Experten im Auftrag des Berliner Reichssippenamtes erstellt, schufen mit einfachen, absurden, fernab jedweder Wissenschaftlichkeit liegenden Methoden „letzte Klarheit" in Abstammungsfragen. Jude oder nicht Jude; als lebenswert oder für unwert erachtetes Leben – mit unvorstellbarer Brutalität waren Wissenschafter zu willfährigen Erfüllungsgehilfen des NS-Rassenwahns geworden.[43]

In den meisten Fällen, die zu einer Begutachtung gelangten, war zumindest ein Ehepartner rein „arisch". Zu Tragödien kam es häufig in jenen Fällen, in denen beide Ehepartner als Juden registriert waren. Wenn es beispielsweise notwendig wurde, dass die Mutter sich vom jüdischen Ehepartner lossagte und einen „Arier" als angeblichen Vater präsentieren oder der Vater die Untreue der Mutter glaubhaft machen konnte – nur um einem Kind aus einer solchen Verbindung den „Makel" zu nehmen, ein „Volljuden" zu sein, es wenigstens zu einem „Mischling ersten Grades" zu machen.[44]

Karl Tuppas für lukratives Geld erstellte Expertisen fielen praktisch immer zum Nachteil der Verzweifelten aus. In seiner gutachterlichen Sprachartistik offenbarten sich die Sinnlosigkeit derartiger Befunde und die Konsequenzen, die dem Prüfling daraus erwuchsen: Entrechtung, Verfolgung, Ermordung. Als Beispiel seiner Unmenschlichkeit mag der Schlusssatz aus einer im Dezember 1943 vorgenommenen Untersuchung stehen: „Wenngleich die Vaterschaft des angeblichen Vaters nicht ganz unwahrscheinlich ist, so läßt sich die Vaterschaft des gesetzlichen Vaters auch nicht als unwahrscheinlich annehmen."[45]

Am 6. Juni 1945 wurde Karl Tuppa aus dem Hochschuldienst entlassen. Eine gegen ihn angestrengte Voruntersuchung wegen seiner Gutachtertätigkeit wurde 1948

---

[43] Vgl. Horst Seidler, Andreas Rett, Das Reichssippenamt entscheidet.
[44] Ebd., S. 154.
[45] Ebd., S. 256.

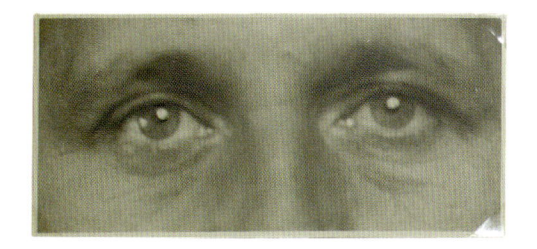

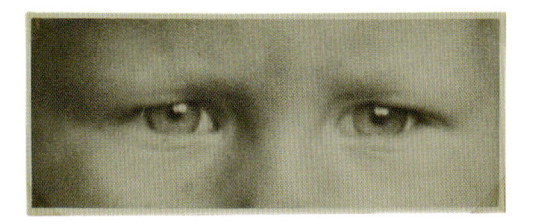

Anthropologische Aufnahmen von Augen, Wien, 1930er-Jahre.
Fotos: Department für Evolutionäre Athropologie an der Universität Wien

Antropološki posnetki oči, Dunaj v času okrog leta 1930.
Fotografije: Oddelek za evolucijsko antropologijo na dunajski univerzi

Dne 6. junija 1945 so Karlu Tuppi odpovedali službo na univerzi. Predhodno preiskavo zaradi njegovega delovanja kot izvedenec so leta 1948 ustavili. Maja leta 1949 ga je deželno sodišče za civilne zadeve ponovno imenovalo za stalnega zapriseženega sodnega izvedenca za človeško dedno biologijo in antropologijo. V tej funkciji je deloval do leta 1970. V neki posmrtnici iz leta 1981 je zapisano: „Tako je Karl Tuppa na osnovi svojega izrednega teoretičnega znanja in praktičnih izkušenj skozi dolga leta opravljal izredno delo v spornih tožbah za ugotovitev očetovstva. V skoraj vseh postopkih mu je s pomočjo njegovih ekspertiz uspelo odločilno vplivati na izhod procesov."[46]

Od konca leta 1939 do konca leta 1940 so samo na dunajskem antropološkem inštitutu napravili okoli 300 genetskih „rasnih atestov", ki so dejansko odločali o življenju ali smrti. Za „testirance" je bila zgolj stvar sreče, ali se srečajo z dobronamernim oz. nenaklonjeno razpoloženim izvedencem. Največkrat so bila končna poročila polna veznih naklonov ali nejasnih izrazov, kot so „morda", „bolj verjetno", „bi utegnilo biti", „bi moralo", „včasih" ipd. S temi izrazi so izvedenci oz. somišljeniki Karla Tuppe poskušali prekrivati svoje metodološke pomanjkljivosti.

---

[46] Johann Szilvássy, In memoriam Karl Tuppa (1899–1981), v: Novice Antropološke družbe na Dunaju, 1981, str. 102–103.

eingestellt. Im Mai 1949 wurde er abermals vom Landesgericht für Zivilrechtssachen in Wien zum ständig beeideten gerichtlichen Sachverständigen für menschliche Erbbiologie und Anthropologie ernannt, ein Amt, das er bis 1970 ausübte.

In einem 1981 veröffentlichten Nachruf hieß es: „So hat Karl Tuppa aufgrund seiner großen theoretischen Kenntnisse und praktischen Erfahrungen viele Jahre hindurch in strittigen Vaterschaftsprozessen Hervorragendes geleistet und nahezu in allen Fällen prozeßentscheidende Gutachten erstattet."[46]

Von der Jahreswende 1939 bis zum Jahresende 1940 wurden allein am Anthropologischen Institut der Universität Wien rund 300 erbbiologische „Rassengutachten" erstellt, die faktisch über Leben oder Tod entschieden. Für die „Probanden" war es reine Glückssache, ob sie an einen wohlwollenden oder an einen missgünstig gestimmten Gutachter gerieten. Meist strotzten die Abschlussberichte vor Konjunktiven oder vagen Formulierungen, wie „möglicherweise", „eher wahrscheinlich", „dürfte", „könnte", „manchmal" et cetera, mit denen sich Gutachter vom Schlage Karl Tuppas über methodische Unzulänglichkeiten hinwegzuschwindeln versuchten.

Neben der Anfertigung von knapp einem Dutzend Fotografien des „Probanden", darunter Spezialaufnahmen von der Iris des Auges, der Zunge, den Zähnen, von Ohren und Füßen, untersuchten die „Rassengutachter" Farbvariationen der Haut, der Augen und des Haares sowie einzelne Abschnitte des Gesichtes (unter anderem Wangenabschnitt, Mundspalte, Unterkiefer-Kinn), Ausprägungen der Augengegend, der Nase, der Hände, Füße und Nägel. Dabei stand den Gutachtern ein reiches Sortiment von Messgeräten, Haarfarben- und Augenfarbentafeln, Fingerabdruckkissen und vieles andere mehr zur Verfügung.

Dr. Werner Koroschitz, Historiker und Kurator der Ausstellung „Vermessungsamt/Geodetski urad".

---

[46] Johann Szilvássy, In memoriam Karl Tuppa (1899–1981), in: Mitteilungen der Anthropologischen Gesellschaft in Wien, 1981, S. 102–103.

Poleg izdelovanja slabega ducata fotografij o „testirancu", med njimi posebni posnetki šarenice, jezika, zob, ušes in nog, so „rasni izvedenci" raziskovali tudi barvne različice kože, oči in las ter posamezne dele v obrazu (poseben del lica, ustna reža, spodnja čeljust-brada idr.) oz. kov na višini oči, nosa, rok, nog in nohtov. Pri tem so izvedenci razpolagali z bogatim izborom merilnih naprav, tablic za barvo las oz. oči, blazinic prstnih odtisov idr.

Dr. Werner Koroschitz, zgodovinar in kurator razstave „Vermessungsamt/Geodetski urad".
Iz nemščine prevedla Urška P. Černe in Sonja Wakounig.

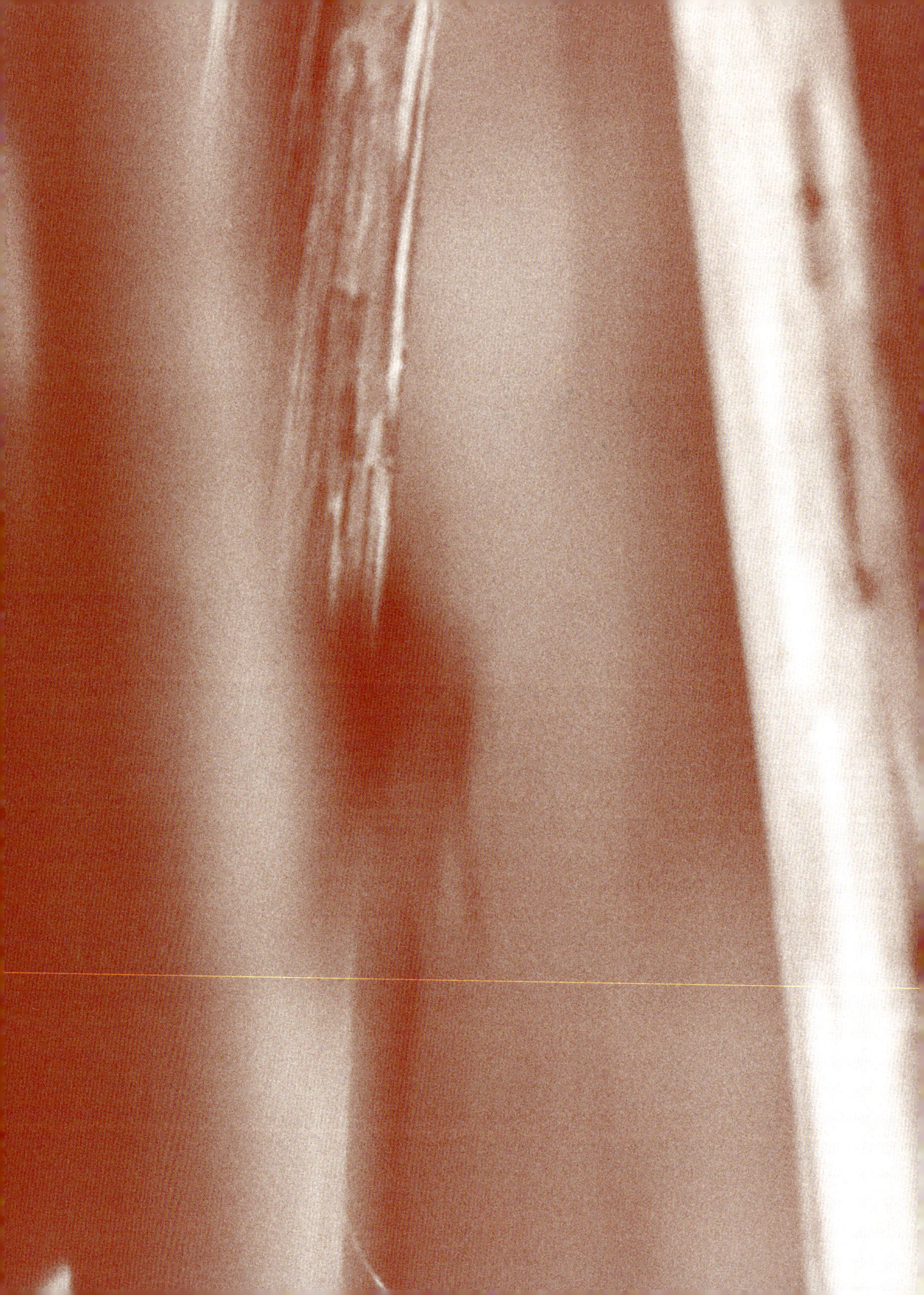

Ajda Sticker im Gespräch mit Zeitzeuginnen und Zeitzeugen

Nachfolgende Film-Stills von Yifi Zwitter.

Im März 2018 trat der slowenische Kulturverein Rož mit der Bitte an mich heran, ob ich bei der Befragung älterer Gemeindemitglieder über die rassistische Vermessungsaktion, die im Sommer 1938 stattgefunden hatte, mitarbeiten würde. Als Redakteurin bin ich es gewohnt, Interviews in kürzester Zeit „abzuwickeln" und diese danach in einen verständlichen Kontext zu bringen. Die Gespräche mit den Zeitzeuginnen und Zeitzeugen in St. Jakob im Rosental gestalteten sich jedoch anders als erwartet. Zunächst traf ich mich mit Jakob Sitter und Alois Sticker, zwei sehr engagierten Gemeindebürgern, die mir die ersten Interviewpartnerinnen und -partner vermittelten.

In den darauffolgenden Gesprächen traf ich auf Menschen, die teils ihre tiefsten Erinnerungen preisgaben. Ich unterhielt mich mit Achtzig-, Neunzigjährigen, die sich an ihre Kindheit zu erinnern versuchten, auch wenn sie sich oft nur bruchstückhaft daran erinnern konnten. Einige von ihnen berichteten auch Erstaunliches über die NS-Zeit – ganz so, wie sie es damals empfunden hatten. Unter ihnen die 1921 geborene Maria Perhaj, die wir in einem Seniorenheim in Ljubljana besuchten, die davon erzählte, dass nach dem „Anschluss" in der Öffentlichkeit plötzlich niemand mehr Slowenisch reden wollte oder durfte. Oder der ehemalige Vize-Bürgermeister Franz Rasinger, der sich sogar an die Namen der beiden mutigen Menschen in Rosenbach erinnern konnte, die bei der sogenannten Volksabstimmung gegen den „Anschluss" Österreichs ans Deutsche Reich, also mit Nein gestimmt hatten – bis die beiden schließlich mit vorgehaltener Waffe zur Wahlwiederholung gezwungen wurden.

Besonders verbunden fühlte ich mich Regina Smolle, die 1938 bereits acht Jahre alt war. Sie konnte sich zwar nicht mehr an die Vermessungsaktion erinnern. Sie konnte jedoch viele der auf den erhalten gebliebenen Fotografien abgebildeten Personen identifizieren, darum ließ ich die Fotomappe über Nacht bei ihr. Spät am Abend bekam ich einen Anruf. Die Stimme am anderen Ende klang entsetzt und aufgeregt. Regina Smolle hatte sich und ihre Mutter auf den Fotos erkannt und war schockiert darüber, dass sie sich einfach nicht mehr daran erinnern konnte.

Nachfolgend einige Ausschnitte aus den Gesprächen, die ich mit Zeitzeuginnen und Zeitzeugen im Beisein von Kameramann Yifi Zwitter zwischen April und August 2018 geführt habe.

Ajda Sticker, Sängerin, Journalistin und Mitarbeiterin des Slowenischen Kulturvereins/Slovensko prosvetno društvo Rož.

Ajda Sticker v pogovoru s časovnimi pričami

Slike je posnel snemalec Yifi Zwitter.

Marca 2018 so me odborniki Slovenskega prosvetnega društva Rož prosili, da bi naredila intervjuje s starejšimi Šentjakobčani in Šentjakobčankami, ki so morda še doživeli rasistično merjenje, ki se je zgodilo poleti 1938. Kot urednica sem vajena intervjuje na hitro „urediti" in jih nato spraviti v splošno razumljiv kontekst. Pogovori s časovnimi pričami v Šentjakobu v Rožu so bili povsem drugačni kot sem pričakovala. Najprej sem se dobila z dvema zelo angažiranima Šentjakobčanoma Jakijem Sitterjem in Lojzijem Stickrom, ki sta me peljala do prvih pogovornih partnerjev in partneric.

V pogovorih o tem času sem spoznala ljudi, ki so mi (deloma) zaupali svoje najgloblje spomine. Pogovarjala sem se z osemdeset-, devetdesetletnimi, ki so se skušali spomniti doživetij iz svojega otroštva, pa četudi samo fragmentarno. Nekateri od njih so poročali o presenetljivih doživetjih iz časa nacionalsocializma – prav tako, kot so to takrat doživljali. Med njimi je bila leta 1921 rojena Maria Perhaj, ki smo jo obiskali v domu za ostarele v Ljubljani; pravila je o „anšlusu", po katerem se javno nihče ni več upal oziroma smel spregovoriti slovensko. Bivši podžupan Franz Rasinger se je celo spomnil imen tistih dveh pogumnežev iz Podrožce, ki sta si pri tako imenovanem ljudskem glasovanju za priključitev Avstrije Hitlerjevi Nemčiji upala nakrižati „NE" – dokler ju ni moč pištole prisilila, da sta še enkrat, tokrat „pravilno" glasovala.

Posebno vzljubila sem Regino Smolle, ki je bila leta 1938 stara osem let. Sicer se meritve ni mogla več spomniti, a je spoznala veliko obrazov na ohranjenih slikah. Zato sem mapo s slikami čez noč pustila pri njej. Pozno zvečer me je poklicala. Njen glas je zvenel zgrožen in razburjen. Regina Smolle je na slikah spoznala sebe in mamo in bila je čisto zaprepadena, da se tega dogodka nikakor ni več mogla spomniti.

Izbrala sem nekaj odlomkov iz pogovorov s časovnimi pričami. Z njimi sem se pogovarjala v času od aprila do avgusta 2018. Pogovore je s kamero posnel snemalec Yifi Zwitter.

Ajda Sticker, pevka, novinarka in sodelavka Slovenske prosvetnega društva „Rož".
Iz nemščine prevedla Zalika Steiner in Marjan Sticker.

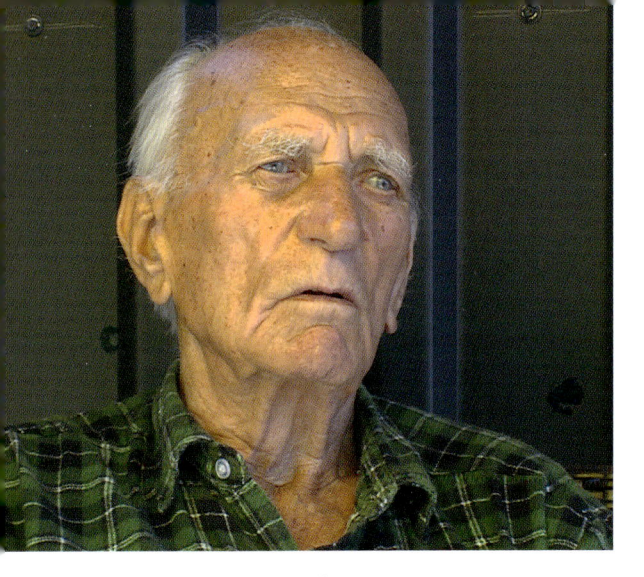

Franz Rasinger (*1925)

Franz Rasinger war ÖBB-Bediensteter und 15 Jahre lang Vize-Bürgermeister (SPÖ) der Gemeinde St. Jakob im Rosental. Er konnte sich fragmentarisch an die Vermessungsaktion erinnern:

„Ich war selbst dabei, im Gasthof, als sie uns vermessen haben. Alles, Nasen, Ohren, den ganzen Körper. Alles wurde gemessen, die ganze Familie. Wir waren sechs Kinder. Sechs Buben. Die Mutter, der Vater und alle. Familie für Familie. Sie haben uns gemessen. Wozu das gut war, weiß ich nicht.
Wir mussten alle zur Vermessung hinunter gehen. Eine Familie nach der anderen. Überall, den ganzen Körper haben sie gemessen. Die Ohren, die Augen, die Nase, die Füße, alles. Das ist dann penibel in Listen eingetragen worden. Sie haben alles aufgeschrieben. Es waren zwei Schreiber dort. Ich habe die Leute nicht gekannt. Das waren alles fremde Leute."

Med vojno je bil vojak pri Wehrmacht in kasneje je delal pri avstrijski železnici. Franz Rasinger je bil 15 let županov namestnik (SPÖ) v občini Šentjakob in mi je pravil, da do spomladi 2018 nihče v občini ni govoril o meritveni akciji oz. jo omenil. Šele ko ga je Lojzej Sticker na to nagovoril in mu pokazal slike občank in občanov, se je spomnil, da je tudi sam kot mladenič bil merjen.

O ljudskem glasovanju mi je pripovedoval tole: „V Podrožci jih je bilo 99,9 %. Od 800 volivcev sta bila samo 2 proti. Glasovati smo morali javno. Vsi so glasovali za. Dva sta bila proti. Majerjeva Mici in Franc Knez iz Svaten. Ta dva sta glasovala proti. Člani volilne komisije so šli za njo. Rekla je: ‚Ja, napačno sem glasovala.' Tako je bilo spet vse izenačeno."
„Bil sem navzoč. V gostilni so nas merili. Vse: nos, ušesa, vse telo. Vse so izmerili, vso družino. Pri nas je bilo 6 otrok. 6 fantov. Mama, oče, vsi. Družino za družino. Izmerili so nas. Še danes ne vem, zakaj je bilo to dobro. Takrat so rekli, da preverjajo, ali smo arijskega pokolenja, tako se je takrat reklo. Toda kot otroci tega nismo tako razumeli. Vse so zapisali. Dva sta zapisovala. Ljudi nisem poznal. Vsi so bili tuji. Mislim, da so bili z okrajnega glavarstva. Ne vem. To so bili ljudje, ki so nas merili. Ne vem, kam so potem šle te stvari, kaj so počeli z njimi ali kakšen smisel je to imelo."

Maria Perhaj (* 1921)

Maria Perhaj stammt aus Schlatten, lebt jedoch seit 1948 in Ljubljana. Sie war Lehrerin und ist trotz ihres hohen Alters noch sehr rege. Bei der Vermessung war sie nicht dabei, weil sie im Sommer 1938 die Haushaltsschule besuchte. Ihr Großvater hatte ihr aber von der Vermessungsaktion erzählt.

„Als sie nach seiner Haarfarbe gefragt haben, hat er gesagt ‚scheckat'. Daraufhin hat ihn der Schreiber angeschrien: Was soll das heißen, ‚scheckat'?"
Als sie 1939 zurück nach Schlatten kam, hatte sich bereits viel verändert. Slowenisch war in der Schule verboten. Als sie sich während der Pause in ihrer Muttersprache unterhielt, wurde sie vom Lehrer derart geohrfeigt, dass sie zu Boden fiel.
„Die Nachbarn haben sich versteckt, wenn jemand vorbeigegangen ist. Sie haben lieber gar nicht gegrüßt, bevor sie slowenisch gegrüßt hätten. Man wusste ja nicht, wer einem zuhört."

Je odraščala v Svatnah, a že od leta 1948 živi v Ljubljani. Bila je učiteljica in zdaj živi v domu za ostarele. Čeprav je stara že 97 let, se še na marsikaj spomni. Pri meritvi ni bila, ker je takrat obiskovala gospodinjsko šolo in se je šele leta 1939 vrnila v občino. Njen stari oče pa ji je pripovedoval o meritvi.

„Dedej so pravili, ko so bili stari. Vprašali so ga, kakšno barvo las ima in on je odgovoril ‚šekat' [šekat, kor. nem. narečje – šekasto = lisasto]. Zapisovalec se je zadrl v njega: ‚Kaj naj to pomeni ‚šekat'?"
Ko se je gospa Perhaj leta 1939 kot mlado dekle vrnila v Svatne, je bilo že vse drugače. V šoli v Podrožci niso smeli več govoriti slovensko. Ko je v pavzi govorila v materinščini, jo je učitelj tako močno klofutnil, da je padla na tla.
„Sosedje so se že skrivali, če je nekdo šel mimo. Raje niso pozdravljali, preden bi morali pozdraviti v slovenščini. Saj nisi vedel, kdo posluša."

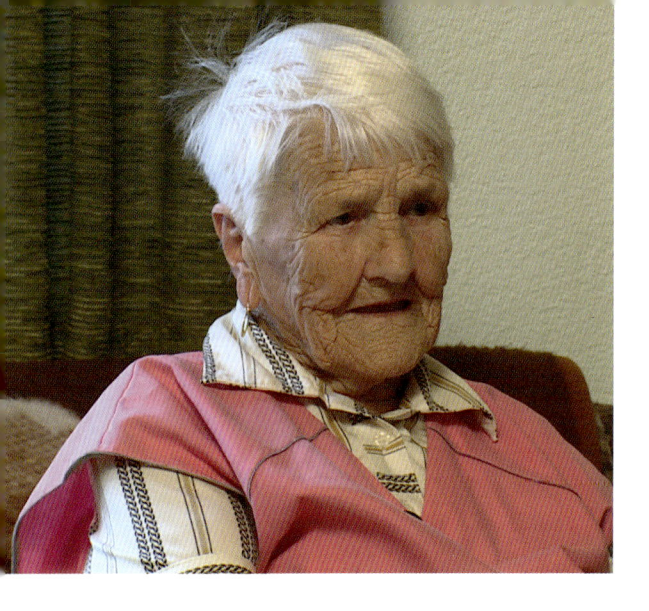

Maria Jobst (* 1925)

Maria Jobst musste bald nach dem „Anschluss" auf einem Gutshof in Treffen ihr „Pflichtjahr" absolvieren. Danach arbeitete sie in Bad Gastein. Sie erinnerte sich an die Vermessung:

„Das war im Sommer 1938. Ich weiß nur, dass ich nicht hinein ins Gasthaus musste. Die haben draußen einen Stuhl aufgestellt. Mit 13 Jahren haben sie mich vermessen beim Gasthof Prešan, daran erinnere ich mich. Aber nur mich. Warum sie meinen Bruder nicht vermessen haben, weiß ich nicht.
Ein Mann ist um mich herum gegangen und hat mich vermessen. Meine Zöpfe haben sie gemessen, die Ohren. Keiner hat gesagt, warum sie mich vermessen. Und gefragt habe ich auch nicht."

Živi na Kotu in je morala kmalu po „anšlusu" v Trebinje, da bi tam na nekem posestvu absolvirala obvezno leto pri kmetu. Kasneje je delala v Bad Gasteinu. Maria Jobst je iz zelo revne družine in pravi, da so dostikrat tudi dobili kakšne podpore, ko so trpeli lakoto. Na meritev se dobro spominja:

„Bilo je poleti. Vem, da ni bilo več snega, in vem, da mi ni bilo treba v gostilno. Postavili so stol zunaj. Bila sem stara 13 let. Točno vem, da so me pri Prešanu posadili na stol. In vem, da so merili moje dolge kite in ušesa. Ne vem pa, če so bili vojaki ali civilisti. Tudi vprašala nisem.
    Spomnim se samo, da je nek moški hodil okoli mene in me meril. Vem za staro gostilničarko, ki je tam imela trafiko. Pa niti ona ni prišla iz hiše. Samo jaz sem tam sedela. Samo mene so merili. Ne moje mame, niti Franza ne. Morda so mislili, da sem Judinja. Tako sem mislila kasneje, ko smo videli, kako so preganjali Jude in jih sežigali. Morda so si mislili, da so tudi moji starši Judi. Tako domnevam. Sicer me ne bi premerili."

Josef Greibl (* 1929)

Als Kind lebte Josef Greibl in St. Peter. Er war bei der Vermessung nicht dabei. Seine Mutter arbeitete zu der Zeit in Pörtschach, während er bei seiner Tante aufwuchs.
Im gemeinsamen Haushalt lebte auch eine körperlich und geistig beeinträchtigte Frau namens Fani, die Tochter seines Onkels aus erster Ehe. Fani hätte den Behörden gemeldet werden müssen, doch die Familie versteckte sie zu Hause und rettete ihr dadurch das Leben.

„Die Familie hat Fani zu Hause im Zimmer versteckt. Sie musste gefüttert werden, und jedem von uns hat sie einen Namen gegeben. Ich war der Kuki und die Rozi war die Kopale. Der Onkel hätte sie ja melden müssen, aber wenn er das getan hätte, wäre sie weggekommen."

Je kot otrok živel v Šentpetru pri teti, ker je mati delala v Porečah. Pri meritvi ni bil zraven.
V hiši pri teti je tudi živela umsko in telesno prizadeta ženska. Ime ji je bilo Fani, hčerka mojega strica iz prvega zakona. Stric bi jo pravzaprav moral prijaviti uradu. A raje so jo doma skrivali in tako je preživela vojno.

„Doma v sobi so jo imeli. In zunaj je tudi imela mizo in stric so ji vse kupili. Veliko kaj ja ni bilo mogoče kupiti. Mi bi pa tudi hoteli imeti. Včasih je vpila z nami. In par stvari je znala povedati. Če so jo zvečer vprašali, kako je bil njen dan, je pa pokazala k cesti in rekla: ‚Muzek je šel mimo'."

Valentin Müller (* 1932)

Valentin Müller stammt aus Maria Elend. Er konnte sich an die Vermessung gut erinnern und erzählte uns die Geschichte von seinen Zwillingsschwestern. Die beiden waren damals drei Jahre alt und mussten auch zur Vermessung. Eine der beiden sah dem Großvater sehr ähnlich. Der Mann, der sie fotografiert hatte, wollte wissen, wer der Vater dieses Mädchens sei. Der Vater sagte: „Es sind Zwillinge. Sie sind beide von mir." Da nahmen sie ihn noch mehr ins Visier. Schließlich war er auch überzeugter Slowene.

„Vermessen haben sie uns beim ‚Mozar' (Pri Mozarju) beim Bahnhof. Dort, wo es später ‚Fido' geheißen hat. Wir konnten kein Deutsch, obwohl ich schon im Kindergarten war. Im Herbst 1938 kam ich in die Schule. Die, die uns vermessen und beschrieben haben, gaben uns die Anweisungen in Slowenisch. ‚Schau zu dem Mann', hat es geheißen, damit er uns fotografieren konnte. Sie haben die Stirn gemessen, die Breite; und den Kopf, die Körpergröße und wie lang das Haar ist. Es gab die ‚ostbaltische Rasse', die ‚dinarische Rasse' und so weiter.

Ich erinnere mich daran, dass vor mir mein Schulkollege Pavelnov Hanzej an der Reihe war. Meine Mutter war auch dort und wurde vermessen und der Vater und die beiden Schwestern. Sie sind drei Jahre jünger als ich. Die haben geweint. Ich hatte keine Angst, weil ja auch mein Vater mit uns dort war.

Wir haben nicht verstanden, was sie wollten. Es wurde gesagt, dass sie Juden suchen. Aber am Land gab es ja keine Juden."

Valentin Müller je iz Podgorij, takrat je to bil „Führerort", ker so vsi soglasno glasovali za priklučitev Avstrije k Nemčiji. Spominja se na meritev in pripovedoval nam je zgodbo o svojih sestricah, ki sta bili dvojčici in takrat stari šele 3 let. Ena je bila zelo podobna staremu očetu, ki je imel nekoliko izbuljene oči. Moški, ki jih je fotografiral, je vprašal: „Kdo je njen oče?" Bili pa sta dvojčici. Potem so ga še bolj privili. Pa še Slovenec je bil. „Kako je to mogoče?" Oče pa je rekel: „Saj sta dvojčici, obe sta moji." Oče je trikrat ušel narodni straži. Ni se jim hotel pridružiti.

„Merili so nas pri Mozarju tam pri železniški postaji, kjer je kasneje bil ‚Fido'. Nemško nismo znali, čeprav sem bil že v vrtcu. Jeseni 1938 sem prišel v šolo. Ti, ki so merili in zapisovali, so nam dajali navodila v slovenščini. ‚Poglej tega.' In ta je fotografiral. ‚Tako poglej.' Premerili so čelo, glavo, višino in dolžino las. Bile so vzhodnobaltska, zahodnobaltska in dinarska rasa - ta je bila itak nemška.

Pred mano je bil moj sošolec Pavelnov Hanzej. Spomnim se, da so premerili tudi mojo mamo, očeta in sestri dvojčici, ki sta tri leta mlajši od mene. Jokali sta, ker sta se bali. Jaz se nisem bal, saj je bil moj oče tudi tam.

Mislili si nismo kaj. Pa tudi poslušali nismo toliko, ko so starejši med sabo govorili, kaj to pomeni. Reklo se je pa že: ‚Judje iščejo'. Ampak tukaj na podeželju ja ni bilo Judov."

Regina Smolle (* 1930)

Bei unserem ersten Gespräch konnte sich Regina Smolle nicht an die Vermessung erinnern. Ich habe sie gebeten, sich die Fotografien der Vermessungsaktion anzusehen, dabei hat sie rasch einige Personen erkannt. Deswegen überließ ich ihr die Fotomappe über Nacht und bat sie, die Namen der Personen, die sie identifizieren konnte, niederzuschreiben. Noch am selben Abend rief mich Regina Smolle an. Aufgebracht bat sie mich, am nächsten Tag noch einmal vorbeizukommen, denn sie habe sich selbst auf einem der Bilder wiedererkannt.

„Ich war deshalb so entsetzt, weil ich das nicht gewusst habe. Als ich die Fotomappe aufgemacht habe, habe ich erkannte, das ist meine Mutter. Und dann habe ich weiter geschaut, und plötzlich wurde mir klar, das bin ich. Meine Mutter habe ich sofort erkannt, obwohl sie auf dem Foto viel magerer war. Sie war damals 45 Jahre alt. Ich konnte die halbe Nacht nicht schlafen, weil ich dachte, das kann ja nicht möglich sein. Das musste aber stimmen, auch wenn ich mich überhaupt nicht an die Vermessung erinnern kann."

Pri prvem pogovoru se gospa Smolle ni spominjala na meritev. Vedela je samo to, kar je prej brala v časopisu. Prosila sem jo, da si ogleda slike v mapi in zelo hitro je spoznala obraze nekaterih ljudi. Zato sem jo prosila, da si v miru ogleda ljudi in zapiše imena tistih, ki jih prepozna. Še isti večer me je Regina Smolle klicala in z zelo razburjenim glasom me je prosila, da naj jo koj naslednji dan še enkrat obiščem, saj je v mapi našla tudi svojo portretno sliko.

„Bila sem čisto iz sebe, ker nisem vedela zato. Odprla sem mapo in mislila sem si, da je na sliki moja mama. In ko pogledam naprej se zavedam, da sem tudi jaz na eni sliki. Mamo sem takoj spoznala, čeprav je na sliki bila veliko bolj suha. Takrat je bila stara 45 let. Ponoči nisem mogla spati, ker nisem mogla verjeti, da je to možno. A je moralo biti res, čeprav se sploh ne spominjam na ta dogodek."

Foto/fotografija: Johannes Puch, 2018

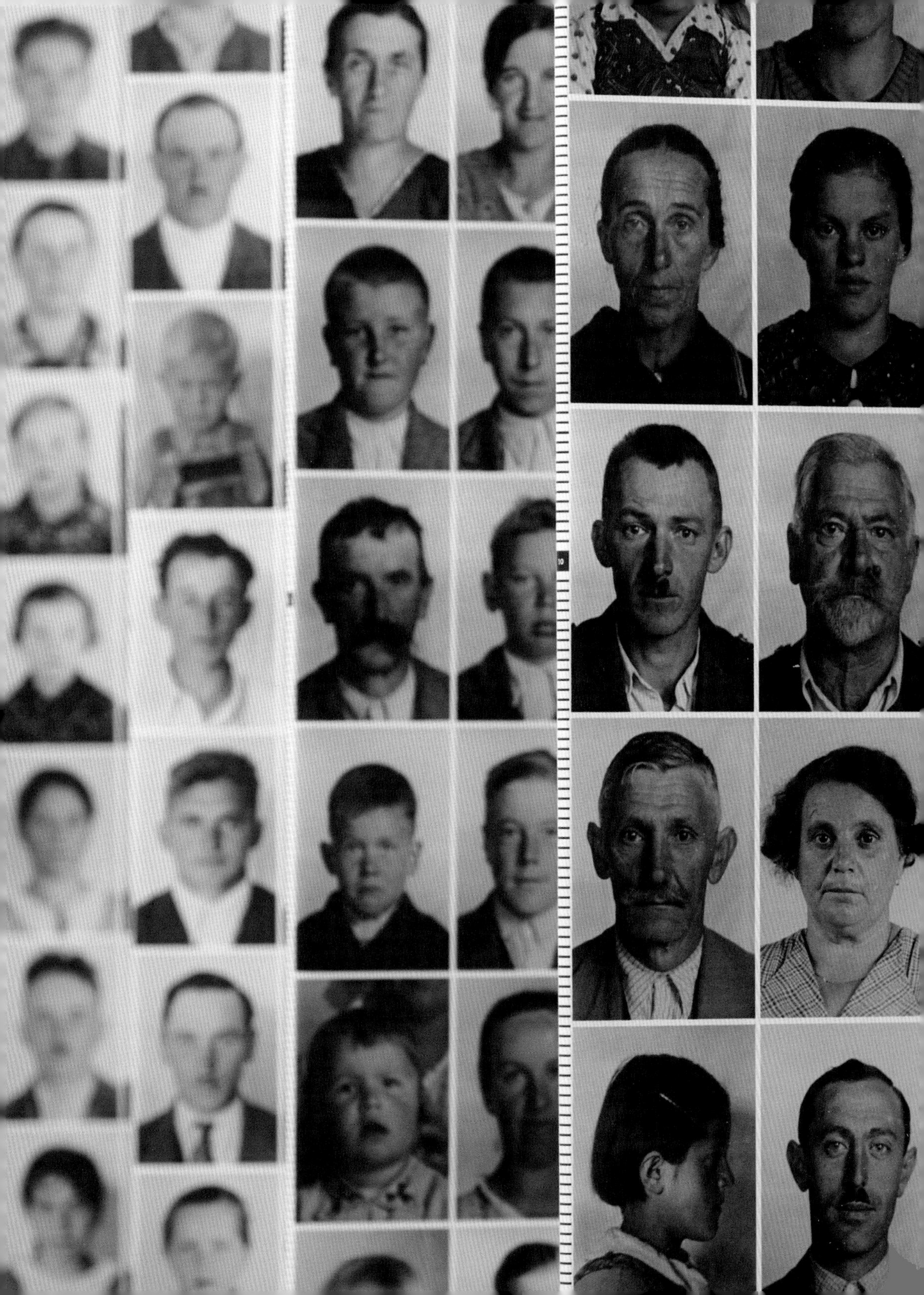

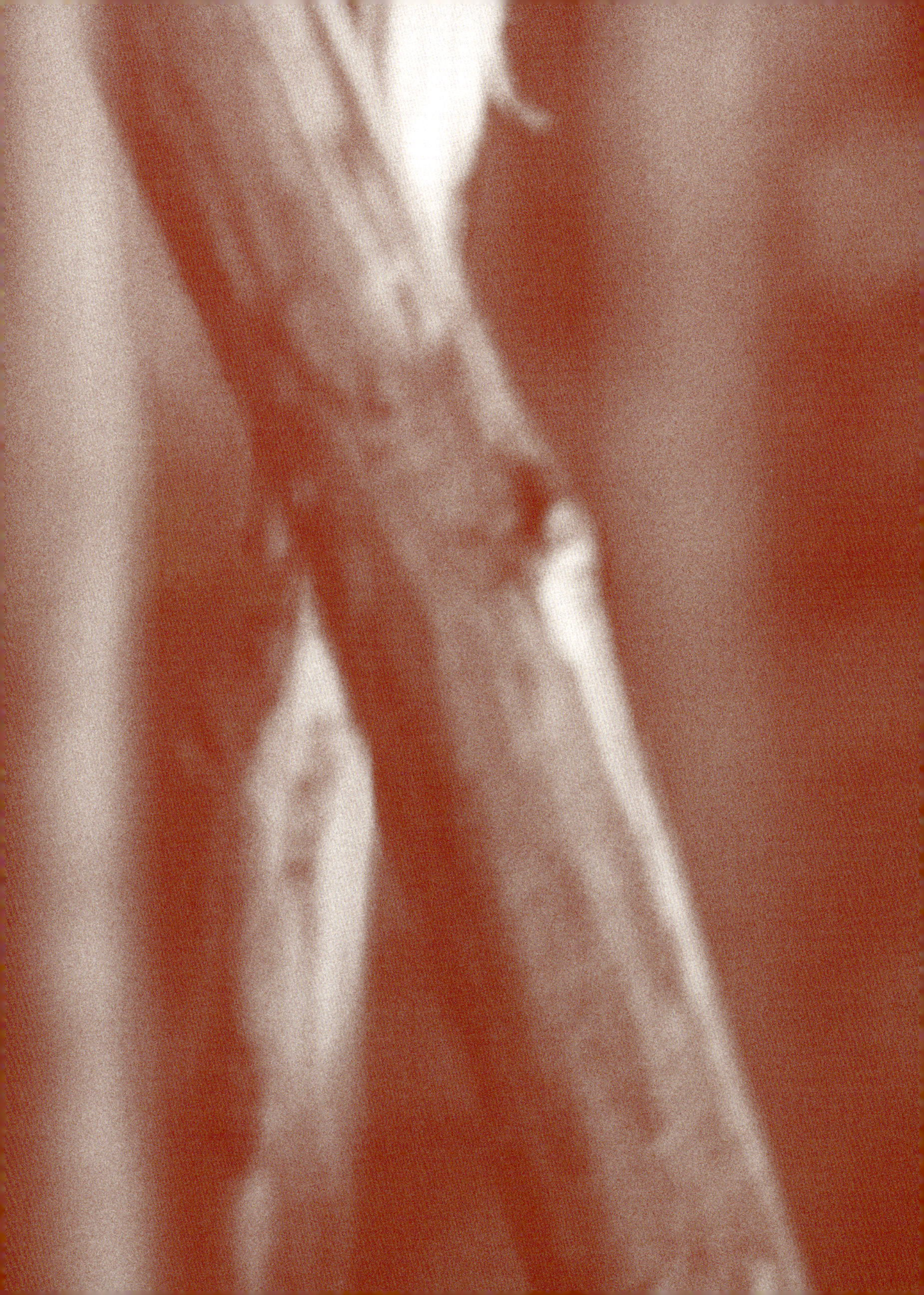

ULRICH KATTMANN

Rassen? Gibt's doch gar nicht!

Am Anfang des Rassismus steht die Einteilung der Menschheit in „Rassen". Zwar ist wissenschaftlich längst widerlegt, dass es so etwas wie Menschen„rassen" gibt, aber trotzdem halten viele weiterhin daran fest. Genetisch-biologisch spielt das Konzept also schon längst keine Rolle mehr – gesellschaftlich jedoch sehr wohl.

Die Einteilung der Menschen in „Rassen" hat nach heutiger Erkenntnis keine wissenschaftlich begründete Grundlage. Und doch existieren „Menschenrassen" tatsächlich. Nicht als biologische Fakten, sondern als – unbewusste – Denkstrukturen und Urteile in unseren Köpfen. Die Vorstellung, dass es „Rassen" gäbe mit je unterschiedlichen Eigenschaften, prägt – sicherlich individuell unterschiedlich und vom Grad der kritischen Auseinandersetzung abhängig – gesellschaftliche Strukturen, individuelle Wahrnehmung und individuelles Verhalten. Diese Vorstellung ist also wirkmächtig in unserem Denken und sozialen Interaktionen. Und dies in dreifacher Hinsicht:

- Das menschliche Denken tendiert dazu, zu vereinfachen. Um die Komplexität der Welt schnell erfassbar zu machen, werden Kategorien gebildet und Wahrnehmungen und Beobachtungen diesen Kategorien zugeordnet. Durch die Prägung unseres sozialen Umfelds übernehmen wir vorstrukturierte Kategorien: so werden beispielsweise Menschen in verschiedene Gruppen eingeteilt und gegeneinander abgegrenzt. Dies lässt wenig Raum für Übergänge oder Uneindeutigkeiten; es werden klare, an Kontrasten orientierte Grenzen gezogen. Welche Unterscheidungen wir treffen und welche Kategorien wir bilden, ist erlernt und nicht einfach gegeben.
- Im Bezug auf Vorstellungen von „Rasse" führt solch typologisches Denken dazu, Menschen aufgrund äußerlicher Merkmale wie der Hautfarbe in angeblich homogene Gruppen wie „Schwarze", „Weiße" und „Gelbe" einzuteilen. „Rassen" meint man dann zu „sehen", obgleich es nur Menschen mit dunklerer oder hellerer Hautfarbe gibt. Die Namen beruhen auf einer von der Wirklichkeit stark abweichenden Typenbildung: „Weiße" sind nicht weiß, „Schwarze" nicht schwarz, „Gelbe" nicht gelb. Die Hautfarbe als Grundlage dafür zu nehmen, verschiedene Gruppen zu definieren, ist unsinnig und willkürlich, da sie wie andere genetisch bestimmte Merkmale des Menschen ein Kontinuum darstellt, also durch zahlreiche Übergänge gekennzeichnet ist. Außerdem variiert die Tönung der Haut innerhalb der Gruppen stark.
- Einteilungen in „Rassen" waren und sind stets mit gesellschaftlichen und politischen Interessen verbunden. Daher werden äußerliche Merkmale wie „Hautfarben" mit angeblichen Wesensmerkmalen der Menschen verknüpft. Man ist dann davon überzeugt, dass „Rassen" unterschiedliche psychische, soziale und kulturelle

Rase? Saj sploh ne obstajajo!

Na začetku rasizma je razdelitev človeštva na „rase". Sicer je znanstveno že dolgo ovrženo, da bi obstajalo nekaj takega kot človeške „rase", a kljub temu številni še naprej vztrajajo pri tem. Genetsko-biološko ta pojem torej že dolgo ne igra nobene vloge – družbeno pa je še zelo živ.

Razdelitev ljudi po „rasah" glede na današnja spoznanja nima nobene znanstveno utemeljene osnove. In vendar „človeške rase" dejansko obstajajo. Ne kot biološka dejstva, ampak kot – nezavedne – miselne strukture in presoje v naših glavah. Predstava, da obstajajo „rase" z različnimi lastnostmi, oblikuje družbene odnose, individualne zaznave in individualno vedenje – seveda individualno različno in odvisno od stopnje kritične razlage. Ta predstava je torej zelo aktivna v našem mišljenju in socialnih interakcijah, in sicer v trojnem oziru:

- Človekovo mišljenje teži k poenostavljanju. Da bi bilo mogoče hitreje doumeti kompleksnost sveta, se oblikujejo kategorije, zaznave in opažanja pa se priredijo tem kategorijam. Zaradi vplivov našega socialnega okolja prevzemamo vnaprej strukturirane kategorije: tako se na primer ljudje delijo v različne skupine in razmejujejo med sabo. To pušča le malo prostora za prehajanja ali neenoznačnosti; postavljajo se jasne meje, opredeljene z nasprotji. Kako se odločamo in kakšne kategorije oblikujemo, nam je priučeno in ne preprosto dano.
- Glede na predstave o „rasi" takšno tipološko mišljenje pripelje do tega, da ljudi na podlagi zunanjih značilnosti, recimo barve kože, razporejamo v domnevno homogene skupine, kot so „črni", „beli" ali „rumenopolti". Takrat se nam zdi, da „rase" kar „vidimo", čeprav so to samo ljudje s temnejšo ali svetlejšo barvo polti. Poimenovanje temelji na tipih, ki močno odstopajo od resničnosti: „belci" niso beli, „črnci" niso črni, „rumenopolti" niso rumeni. Vzeti barvo kože za osnovo delitve na skupine je nesmiselno in arbitrarno, saj tako kot druge genetsko določene značilnosti ljudi barva kože predstavlja kontinuum, se pravi, da so zanjo značilni nešteti prehodi. Poleg tega se spreminjajo tudi odtenki barve znotraj posamezne skupine.
- Delitve na „rase" so bile in so vedno povezane z družbenimi in političnimi interesi. Zato se zunanje značilnosti, kot so „barva polti", povezujejo z domnevnimi značilnostmi človeške narave. Tako vlada prepričanje, da imajo posamezne „rase" različne psihične, socialne in kulturne sposobnosti in da so nekateri ljudje na osnovi svoje „rase" več-vredni oziroma manjvredni od drugih – in tako se kot nekaj „naravnega" legitimirajo npr. ločevanje (segregacija), izključevanje in družbeno zapostavljanje (diskriminacija) pa tudi zatiranje in nasilje.

Fähigkeiten haben und einige Menschen aufgrund ihrer „Rasse" anderen Menschen über- bzw. unterlegen sind – so werden z. B. Trennung (Segregation), Ausgrenzung und soziale Zurücksetzung (Diskriminierung) sowie Unterdrückung und Gewalt als „natürlich" legitimiert.

Die Entstehung des „Rasse"-Konzeptes muss in ihrem geschichtlichen und gesellschaftlichen Kontext verstanden werden. In der Epoche des Kolonialismus eroberten und unterwarfen europäische Großmächte weite Teile der Welt gewaltsam. Die Vorstellung von „Rassen" erfüllte eine wichtige ideologische Funktion, um die europäische Herrschaft und Expansion zu rechtfertigen. Das Selbstbild der Europäer (der „Weißen") als kulturell und „zivilisatorisch" überlegen sowie der kolonialisierten Menschen (der „Farbigen" oder „Schwarzen") als unterlegen diente der Legitimierung von Sklaverei, Vertreibung und Völkermord. „Rasse" ist damit – obwohl die Vorstellung auf keiner wissenschaftlich begründbaren Basis beruht – ein ernst zu nehmendes soziales Konstrukt.

Aufklärung über biologische und genetische Vielfalt der Menschen, wie sie in diesem Beitrag erfolgen soll, kann daher rassistisch motiviertes Denken und Handeln nicht einfach beseitigen. Sie verwehrt ihnen jedoch, sich auf wissenschaftlich belegbare Tatsachen zu berufen.

1. Die genetische Vielfalt der Menschen

Der traditionelle biologische Begriff der „Rasse" ist untauglich, die augenfällige Vielfalt der Menschheit angemessen zu erfassen. In der Biologie ist der Begriff „Rasse" bezogen auf den Menschen heute völlig überholt. Bei dieser Feststellung wird oft unterstellt, dass der Abschied vom „Rassen"-Konzept allein durch die historischen Belastungen und den verbrecherischen Missbrauch während des Nationalsozialismus begründet sei. Es gibt jedoch wesentliche biologisch-genetische Tatsachen, die den Rassenbegriff als ungeeignet ausweisen. Mit der Einteilung in „Rassen" lässt sich genetische Vielfalt der Menschen nicht angemessen beschreiben:

- Viele der früher zur Unterscheidung von „Rassen" herangezogenen Merkmale variieren unabhängig voneinander. Beispielsweise sind Merkmale des Gesichts wie Nasen- und Lippenform nicht an die Tönung der Haut gekoppelt. Deshalb gibt es theoretisch zahllose mögliche „Rasseneinteilungen", je nachdem, welche Merkmale man heranzieht. Tatsächlich gibt es in der Wissenschaftsgeschichte der Biologie beinahe so viele „Rassen"-Einteilungen wie Wissenschaftler, die sich damit beschäftigt haben. Populär wurde die Einteilung nach Hautfarben, indem man fünf große Rassen (Weiße, Schwarze, Gelbe, Rote und Braune) unterschied oder die ersten drei als sogenannte Großrassen (Europäer, Afrikaner und Asiaten), die der deutsche Anthropologe Egon von Eickstedt mit den Namen „Europide", „Negride" und „Mongolide" bezeichnete und damit einen wissenschaftlichen Klang gab.

Nastanek pojma „rase" je treba razumeti v zgodovinskem in družbenem kontekstu. V času kolonializma so evropske velesile premagovale in nasilno podjarmljale širne dele sveta. Predstava o „rasah" je imela pomembno ideološko vlogo, ker je opravičevala evropsko gospostvo in ekspanzijo. Samopodoba Evropejcev („belcev") kot kulturno in „civilizacijsko" nadrejenih, koloniziranih („barvastih" ali „črnih") pa kot podrejenih je omogočala legitimiranje suženjstva, izgonov in genocida. „Rasa" je zato – čeprav ta predstava ne sloni na nobenih znanstveno utemeljivih temeljih – socialni konstrukt, ki ga je treba jemati resno.

Pojasnilo o biološki in genetski raznolikosti ljudi, ki bo sledilo v tem prispevku, zato rasistično motiviranega mišljenja in ravnanja ne more kratko malo odstraniti. Vendar pa onemogoča, da bi se to sklicevalo na znanstveno dokazljiva dejstva.

1. Genetska raznolikost ljudi

Tradicionalni biološki pojem „rase" ni sposoben primerno zajeti očitne raznolikosti človeštva. V biologiji je pojem „rase" glede na ljudi danes popolnoma zastarel. Ob tej trditvi se pogosto domneva, da je bilo slovo od pojma „rase" utemeljeno samo z zgodovinskimi obremenitvami in zločinsko zlorabo tega pojma v času nacizma. Vendar je pojem rase neustrezen glede na osnovna biološko-genetska dejstva. Z razdelitvijo na „rase" ni mogoče ustrezno opisati genetske raznolikosti ljudi:

- Številne značilnosti, po katerih so prej opredeljevali „rase", variirajo neodvisno druga od druge. Tako recimo značilnosti obraza, kot sta na primer oblika nosu in ustnic, niso povezane z barvo polti. Zato so teoretično možne neštete „rasne razporeditve", pač glede na to, na katere značilnosti se sklicujejo. Dejansko je v znanstveni zgodovini biologije približno toliko „rasnih" razporeditev, kot je znanstvenikov, ki so se s tem ukvarjali. Popularno je postalo razporejanje po barvi kože, pri čemer so razlikovali pet velikih ras (bela, črna, rumena, rdeča in rjava) oziroma so prve tri označili kot tako imenovane velike rase (Evropejci, Afričani in Azijci). Te je nemški antropolog Egon von Eickstedt opredelil kot „evropide", „negride" in „mongolide" in s tem dal vsemu skupaj znanstveni pridih.
- Povprečne genetske razlike med skupinami, definiranimi kot „rase", so manjše kot med posamezniki znotraj ene rasne skupine. Že to kaže, da je razdelitev na rase arbitrarna in nesmiselna.
- Med „rasno" različnimi populacijami obstajajo zvezni prehodi glede na porazdelitev genetskih značilnosti. Ti prehodi niso nastali zaradi mešanja prvotno različnih „ras", ampak so prvobitni sami po sebi. Med prebivalstvi nikoli ni bilo ostrih meja. Zato je tradicionalna delitev na tako imenovane „velike rase" neutemeljena, saj je bilo človeštvo že ves čas genetsko povezano tudi preko meja med celinami.

- Die durchschnittlichen genetischen Unterschiede zwischen den als „Rassen" definierten Gruppen sind geringer als die zwischen den Individuen innerhalb der als Rasse aufgefassten Gruppe. Schon damit stellt sich die Einteilung in Rassen als willkürlich und sinnlos heraus.
- Zwischen den „rassisch" unterschiedenen Bevölkerungen bestehen bruchlose Übergänge in der Verteilung genetischer Merkmale. Diese Übergänge kommen nicht durch Mischung ursprünglich unterschiedlicher „Rassen" zustande, sondern sind selbst als ursprünglich anzusehen. Scharfe Grenzen zwischen den Bevölkerungen waren nie vorhanden. Deshalb ist auch die traditionelle Einteilung in sogenannte „Großrassen" hinfällig, da die Menschheit schon immer auch über die Grenzen der Kontinente hinweg genetisch verbunden ist.

Innerhalb der biologischen Rassenkunde wurden Rasseneigenschaften von Beginn an mit kultureller Leistungsfähigkeit verknüpft. „Hochstehende Kulturrassen" sollten danach die Schöpfer der „Hochkulturen" sein. Der Biologe und Geograf Jared Diamond hat umfangreich belegt, dass diese These nicht zutrifft. Kulturelle Unterschiede beruhen nicht auf genetischen oder sonstigen biologischen Eigenschaften der Bevölkerung, sondern auf den biogeographischen Bedingungen der Umgebung. Die unterschiedliche Kulturentwicklung in verschiedenen geografischen Regionen ist darauf zurückzuführen, welche Wildpflanzen der jeweiligen Region geeignet waren, angebaut und welche Wildtiere geeignet waren, gehalten und gezüchtet zu werden. Die Entwicklung der Schriftkulturen war gebunden an den Anbau von Nutzpflanzen und die Züchtung von Haustieren. Diese Bedingungen waren im „Fruchtbaren Halbmond" Kleinasiens (heutige Türkei, Syrien und Irak) in idealer Weise gegeben, ebenso in China und Indien. Dies sind die Orte, an denen sich die ältesten Schriftkulturen und Staaten entwickelten. Hätte man die Bevölkerungen von Australien und Europa vor etwa 10.000 Jahren ausgetauscht, so sähen die Europäer und Euroamerikaner heute anders aus, die Kulturentwicklung und die Geschichte jedoch wären nicht wesentlich anders verlaufen. Es sind also nicht die genetischen Eigenschaften der Menschen, die Kultur schaffen: „Nicht Gene, sondern Kontinente machen Geschichte." (Diamond)

2. Rassismus und Kulturalismus

Der Abschied vom „Rasse"-Konzept hat das Problem des Rassismus bei Weitem nicht gelöst. Eine solche Annahme wäre naiv und gefährlich, da sie menschenverachtende rassistische Anschauungen und Handlungen bagatellisieren würde. Rassistisches Denken besteht auch fort, obwohl das „Rasse"-Konzept wissenschaftlich diskreditiert ist. Es kann sich in allumfassenden, staatlich getragenen Ideologien äußern – wie in jüngerer Geschichte beispielsweise in Südafrika während des Apartheid-Regimes – oder in alltäglichen, rassistischen Beschimpfungen und auch in möglicherweise positiv erscheinenden Aussagen, die dennoch Vorurteile und Stereotype reproduzieren („Alle Schwarze können sehr gut tanzen"). Im ersten Fall würde man von institutiona-

V biološki vedi o rasah so lastnosti ras od vsega začetka povezovali s kulturnimi sposobnostmi. „Rase na visoki ravni kulture" naj bi bile glede na to ustvarjalke „visokih kultur". Biolog in geograf Jared Diamond je obsežno utemeljil, da ta teza ne drži. Kulturne razlike ne temeljijo na genetskih ali drugih bioloških lastnostih prebivalstva, ampak na biogeografskih danostih okolja. Različen razvoj kulture v različnih geografskih regijah je bil odvisen od tega, katere divje rastline v vsakokratni pokrajini so bile primerne za pridelovanje hrane in katere divje živali so bile primerne za gojenje in rejo. Razvoj pisave je bil vezan na pridelavo koristnih rastlin in gojenje domačih živali. Te razmere so bile idealne v „rodovitnem polmesecu" Male Azije (danes Turčija, Sirija in Irak) pa tudi na Kitajskem in v Indiji. To so dežele, kjer so se razvile najstarejše pisne kulture in države. Ko bi zamenjali prebivalstvo Avstralije in Evrope pred kakimi 10.000 leti, bi bili Evropejci in Evroameričani danes drugačnega videza, razvoj kulture in zgodovina pa ne bi potekala bistveno drugače. Torej niso genetske lastnosti ljudi tiste, ki ustvarjajo kulturo: „Ne geni, ampak celine delajo zgodovino" (Diamond).

2. Rasizem in kulturalizem

Slovo od pojma „rasa" pa še zdaleč ni razrešilo problema rasizma. Takšno sklepanje bi bilo naivno in nevarno, ker bi bagateliziralo ljudomrzne rasistične poglede in ravnanja. Rasistično mišljenje obstaja še naprej, čeprav je pojem rase znanstveno diskreditiran. Lahko se izraža v vseobsegajočih državnih ideologijah – v novejši zgodovini recimo med režimom apartheida v Južnoafriški republiki – ali v vsakdanjih rasističnih psovkah in tudi v izjavah, ki so morda na videz pozitivne, pa vendar reproducirajo predsodke in stereotipe („vsi črnci znajo zelo dobro plesati"). V prvem primeru bi govorili o institucionaliziranem rasizmu, v drugem pa o vsakdanjem rasizmu. Tudi sistematično zapostavljanje ljudi na trgu dela ali pri iskanju stanovanja na osnovi njihovega domnevnega ali dejanskega porekla je recimo v Nemčiji izraz institucionalnega rasizma, ki je sicer protizakonit, a se vendarle zelo pogosto izvaja.

Rasizem temelji na prepričanju, da je ljudi mogoče ali celo priporočljivo različno obravnavati in vrednotiti glede na določeno pripadnost, ki jim je pripisana. Tako so v „vedi o rasah" biološke antropologije od vsega začetka ločevali „višje" in „nižje" „rase" in pri tem raso povezovali z duševnimi lastnostmi in kulturno sposobnostjo. V ZDA so poleg tega tudi gospodarske razlike splošno obravnavali kot „rasne" razlike in so reveže opisovali kot posebno „raso".[1] To kaže tudi na družbeno-kulturni izvor rasizma, ki naj bi bil baje biološko utemeljen.

V današnjem svetu se pravzaprav redko zgodi, da se rasistične izjave ali argumenti oblikujejo samo biologistično. Rasistično mišljenje danes raje najde svoj izraz v kategorijah „kulture". „Kulturne razlike" se prikazujejo kot nepremostljiva nasprotja med ljudmi, posameznim kulturam pa se pripisujejo trdno določene lastnosti in značilnosti. Ta razmejevanja, vrednotenja in trditev, da različne kulture niso združljive

---

[1] Prim. Gould, S.J., Der falsch vermessene Mensch, Berlin 1988.

lisiertem Rassismus, im zweiten Fall von Alltagsrassismus sprechen. Auch die systematische Benachteiligung von Menschen aufgrund ihrer angenommenen oder wirklichen Herkunft auf dem Arbeitsmarkt oder bei der Wohnungssuche ist eine beispielsweise in Deutschland zwar gegen das Gesetz verstoßende, aber dennoch weitläufig praktizierte Ausprägung von institutionellem Rassismus.

Rassismus beruht auf der Überzeugung, dass Menschen aufgrund bestimmter zugeschriebener Zugehörigkeiten unterschiedlich behandelt und bewertet werden können oder sollen. So wurde in der „Rassen"-Kunde der biologischen Anthropologie von Beginn an „höhere" und „niedere" „Rassen" unterschieden und dabei Rasse mit seelischen Eigenschaften sowie Kulturfähigkeit verknüpft. In den USA wurden darüber hinaus wirtschaftliche Unterschiede verbreitet zu „rassischen" gemacht und arme Menschen als eigene „Rasse" bezeichnet.[1] Dies zeigt den gesellschaftlich-kulturellen Ursprung auch des angeblich biologisch begründeten Rassismus.

Inzwischen ist es eher selten, dass rassistische Aussagen oder Argumente rein biologistisch formuliert werden. Rassistisches Denken findet heute eher in Kategorien von „Kultur" seinen Ausdruck. „Kulturelle Unterschiede" werden als unüberwindbare Gegensätze zwischen Menschen dargestellt, einzelnen Kulturen werden feste Eigenschaften und Wesenszüge zugeschrieben. Diese Grenzziehungen, Wertungen und die Behauptung, unterschiedliche Kulturen seien nicht miteinander vereinbar, sind eine Weiterentwicklung biologistisch-rassistischen Denkens. Ein Beispiel ist die Kulturkreislehre, die Samuel Huntington in den 1990er Jahren mit seinen Thesen vom angeblich unausweichlichen „Kampf der Kulturen" wieder aktualisierte. Im Zuge dieses Denkens wird Religionszugehörigkeit als gleichsam „rassisch-geografische" Kategorie verwendet (christliches Abendland gegen islamischen Orient), um Bevölkerungsgruppen feindlich gegeneinander abzugrenzen. Neuerdings wird von der „christlich-jüdischen Kultur" gesprochen, um Europa vom Islam abzugrenzen. Dabei wird verkannt, dass alle drei monotheistischen Religionen – Judentum, Christentum und Islam – in gleicher Weise in Kleinasien wurzeln. Der kulturelle Informationsfluss ist bis in die Neuzeit hinein nicht vom Nordwesten Europas nach Südosten, sondern umgekehrt verlaufen. Ohne die muslimischen Gelehrten des Mittelalters würden die heute in Europa lebenden Menschen nicht einmal Aristoteles und Plato kennen.

Der politisierte und instrumentalisierte Gegensatz der Religionen bestimmt jedoch die Auseinandersetzung um die Identität des „christlichen" Europa und „muslimischen" Nahen Ostens. In denkerischer Akrobatik bringen manche deutsche Politiker sogar das Kunststück fertig, die Religion von den Menschen zu trennen, indem sie meinen, die hier lebenden Muslime gehörten zu Deutschland, nicht aber der Islam.

---

[1] Vgl. Gould, S. J., Der falsch vermessene Mensch, Berlin 1988.

med sabo, je prinesel nadaljnji razvoj biologistično-rasističnega mišljenja. Zgled tega je recimo nauk o kulturnih krogih, ki ga je spet aktualiziral Samuel Huntington v 90-ih letih 20. stoletja s svojimi tezami o domnevno neizbežnem „spopadu kultur". V razmahu takega mišljenja se tudi verska pripadnost obravnava kot „rasno-geografska" kategorija (krščanski Zahod proti islamskemu Orientu), da bi skupine prebivalstva razmejili kot medsebojno sovražne. Zadnje čase se govori o „krščansko-judovski" kulturi, da bi Evropo razmejili od islama. Pri tem se spregleduje, da imajo vse tri monoteistične religije – judovska, krščanska in islamska – korenine v Mali Aziji. Kulturni informacijski tok vse tja do novega veka ni tekel od severozahoda Evrope proti jugovzhodu, ampak nasprotno. Brez srednjeveških muslimanskih učenjakov ljudje, ki danes živijo v Evropi, ne bi poznali niti Aristotela in Platona.

Na spolitizirano in instrumentalizirano nasprotje religij pa se sklicuje tudi spor za identiteto „krščanske" Evrope in „muslimanskega" Bližnjega vzhoda. V miselni akrobatiki nekaterim nemškim politikom celo uspe ločiti religijo od ljudi, s tem ko mislijo, da tukaj živeči muslimani spadajo k Nemčiji, islam pa ne.

3. Premagovanje rasističnega mišljenja in delovanja

Po socialnopsiholoških raziskavah lastno podobo posamezne skupine (lastne pozitivne lastnosti) določa tujska podoba (negativne lastnosti) tiste skupine, ki jo sama „rasno" ali kulturno občuti kot tujo. Tujske podobe ne povedo dosti o tujih skupinah, veliko več pa povedo o razpoloženju prve skupine. Da bi razgradili rasistične sovražne podobe, je zato treba najprej vzeti v roke lastno podobo. Z odklanjanjem tujega in z rasizmom se ni mogoče ustrezno spoprijeti, ne da bi se spremenila ocena situacije lastne skupine ali njenih realnih življenjskih razmer (neodvisno od prisotnosti tistih, ki jih skupina občuti kot tujce).

Če potreba po sovražni razmejitvi od tujcev izvira pretežno iz lastne odtujenosti in negotovosti, sledi iz tega osnovna misel, da vprašanja ljudi o identiteti in pripadnosti določeni skupini ni mogoče popolnoma zavrniti kot nespodobno. Nasprotno, treba je razviti samozavedno in samozavestno razumevanje o lastni skupini, ki pa vendarle vsebuje odprtost do tujega in tujcev in se s tem upira sovražni razmejitvi, ker je ne potrebuje.

Tujska podoba in lastna podoba: Ker tujske podobe izvirajo iz lastne podobe, jih je mogoče zamenjati. Nič torej ne koristi, če poskušaš razjasniti predstavo o določeni tuji skupini in jo izvzeti iz diskriminacije. Če kake skupine nimaš več za tujo, iščeš novo tujo skupino, na katero je mogoče projicirati rasistične ali druge do ljudi sovražne predsodke. To se dogaja, dokler lastna podoba ostaja nedotaknjena. Zamenjava tuje skupine pa ni poljubna: ker potreba po podobah sovražnika nastaja zaradi lastne nepriznane negotovosti, se izbirajo večinoma tiste skupine, ki se vsakokrat zdijo najšibkejše: iskalci azila, socialno diskriminirani migranti, prizadeti ljudje. Vedno gre za manjšine, tudi takrat, kadar se jim očitajo mogočne povezave in nevarne zarote, kot

3. Überwindung rassistischen Denkens und Handelns

Nach sozialpsychologischen Untersuchungen bestimmt das Eigenbild einer Gruppe (eigene positive Eigenschaften) das Fremdbild (negative Eigenschaften) der „rassisch" oder kulturell als fremd empfundenen Gruppe. Fremdbilder sagen kaum etwas aus über Fremdgruppen, viel mehr aber über die Befindlichkeit der Eigengruppe. Um rassistische Feindbilder abzubauen, muss daher primär am Eigenbild angesetzt werden. Ohne dass sich die Einschätzung der eigenen Gruppensituation oder deren realen Lebensbedingungen (unabhängig von der Anwesenheit der als fremd Empfundenen) ändern, kann der Ablehnung des Fremden und dem Rassismus nicht angemessen begegnet werden.

Wenn das Bedürfnis nach feindlicher Abgrenzung gegenüber den Fremden vorwiegend aus Selbstentfremdung und Selbstunsicherheit entspringt, folgt daraus die grundlegende Konsequenz, dass die Frage der Menschen nach Identität und Zugehörigkeit zu einer Gruppe nicht gänzlich als ungebührlich abzuweisen ist. Vielmehr gilt es, ein selbstbewusstes und selbstsicheres Verständnis von der eigenen Gruppe zu entwickeln, das jedoch die Offenheit für das Fremde und die Fremden enthält und somit einer feindlichen Abgrenzung entgegenwirkt, weil sie ihrer nicht bedarf.

Fremdbild und Eigenbild: Da die Fremdbilder aus dem Eigenbild entspringen, sind sie austauschbar. Es nutzt also nichts zu versuchen, über eine bestimmte Fremdgruppe aufzuklären und sie von der Diskriminierung auszunehmen. Wird eine Gruppe nicht länger als fremd betrachtet, wird eine neue Fremdgruppe gesucht, auf die rassistische oder andere menschenfeindliche Vorurteile projiziert werden. Dies passiert, so lange das Selbstbild unangetastet bleibt. Der Austausch der Fremdgruppe ist allerdings nicht beliebig: Da das Bedürfnis nach Feindbildern durch eigene uneingestandene Unsicherheit hervorgerufen wird, werden meist diejenigen Gruppen gewählt, die jeweils als die schwächsten erscheinen: Asylsuchende, sozial diskriminierte Migranten, Menschen mit Behinderung. Immer trifft es Minderheiten, auch dann, wenn ihnen wie im Falle des Antisemitismus machtvolle Verbindungen und gefährliche Verschwörungen nachgesagt werden. Anstatt (nur) daran zu arbeiten, diskriminierende Wahrnehmung und Verhalten gegenüber einer bestimmten Gruppe abzubauen, muss das Bewusstsein der unterdrückenden oder diskriminierenden Gruppe in Bezug auf ihr Selbstbild verändert werden.

Eine hervorragende Eigenschaft des Menschen ist es, sich an die Stelle anderer versetzen zu können. Nahes und Fernes, Eigenes und Fremdes sind daher nach menschlichem Vermögen austauschbar – Fremdes und Fernes können jeweils ein Stück vom Selbstbild werden. Dass dies passiert, erfordert die beschriebene Bewusstseinsveränderung. Diese entsteht nicht von allein, vor allem wenn rassistische Vorurteile immer wieder politisch instrumentalisiert werden. Das Zusammenleben von Menschen verschiedener Herkunft erfordert also wechselseitiges Lernen; es enthält Chancen und Risiken zugleich. Es kann zu gegenseitigem Nutzen glücken oder in zerstörender Gewalt enden.

se je dogajalo pri antisemitizmu. Namesto da bi si prizadevali (samo) za to, da bi razgradili diskriminatorno zaznavanje in vedenje do določene skupine, se mora zavest skupine, ki diskriminira in zatira, spremeniti v odnosu do svoje samopodobe.

Odlična človekova lastnost je, da se zna prestaviti na položaj drugih. Bližnje in daljno, lastno in tuje sta zato glede na človeške sposobnosti zamenljiva – tuje in daljno lahko vsakokrat postaneta kos samopodobe. Da se to zgodi, pa je seveda potrebna že omenjena sprememba zavesti. Ta ne pride sama od sebe, predvsem tedaj ne, kadar se rasistični predsodki vedno znova politično instrumentalizirajo. Sobivanje ljudi različnega porekla terja torej obojestransko učenje in prinaša hkrati priložnosti in tveganja. Lahko se posreči v obojestransko korist ali pa se konča v uničujočem nasilju.

Pogled na posameznika: Medtem ko se ima vsak človek za enkratnega, seveda v dvojnem pomenu, pa zaradi enostavnosti presoja druge ljudi po njihovi pripadnosti določeni skupini. V rasističnih predstavah se torej z lahkoto spregleda posameznik in se pogled usmeri na navidezno podobo neke domnevne tuje skupine. Lastnosti posameznika pa ni mogoče zaobjeti v skupinskih lastnostih niti takrat, kadar te veljajo za povprečje ali za sredino. Kako je pripisovanje skupinam mogoče pedagoško odpraviti v korist individualnega pogleda, naj prikaže naslednji zgled.

„To je Gordon"

Prizor, ki se je pred nekaj časa odigral v nekem otroškem vrtcu v Kielu: skrbnica pripelje v skupino novega otroka. Deček ima temno polt in skodrane lase. Otroci v skupini se odzovejo negotovo. Ena od deklic pokaže na plahega fantiča in zavpije: „Poglejte, črnec!" Vzgojiteljica reagira z zanesljivim občutkom za situacijo: „To ni noben črnec, to je Gordon!" Nato skupina Gordona takoj sprejme medse kot polnopravnega člana.

Kogar moti dekličino govorjenje, ki danes ni več politično korektno, naj premisli, da politična korektnost niti odraslih ne obvaruje pred tem, da ne bi mislili v rasističnih oz. s predsodki obremenjenih kategorijah, čeprav tega ne izrazijo nujno z besedami. Pač pa prizor „To je Gordon" ilustrira, kako se pogled na posameznika v razpredalčkanem mišljenju izoblikovanih rasističnih kategorij razblini v prid enkratnosti osebe Gordona. Medtem ko je deklica nanj še gledala kot na „črnca", je ustrezni odziv vzgojiteljice uvedel Gordona v skupino kot osebo. Ime je usmerilo pogled v posameznika in tako ustvarilo oseben, čustven odnos.

V družbeni realnosti pa sobivanje oziroma medsebojno nasprotovanje skupin pogosto prekrije zaznavo posameznika in s tem omogoči rasistično dojemanje. Sredstvo za spoprijem z rasističnim mišljenjem in s predsodki v lastni glavi je torej pogled na posameznika. To ustreza spoznanju, da nisi samo ti enkraten, ampak so to razumljivo tudi drugi, s katerimi se srečaš kot s (še) tujci.

Der Blick auf das Individuum. Während jeder Mensch sich, in doppeltem Sinne selbstverständlich, für einzigartig hält, werden andere Menschen der Einfachheit halber nach ihrer Gruppenzugehörigkeit beurteilt. In rassistischen Vorstellungen wird entsprechend mit Leichtigkeit vom Individuum abgesehen und stattdessen der Blick auf das Scheinbild von einer vermeintlichen Fremdgruppe gelenkt. Die Eigenschaften des Individuums aber könnten selbst dann nicht von Gruppeneigenschaften erfasst werden, wenn diese die für den Durchschnitt oder im Mittel zutreffen. Wie Zuschreibungen zu Gruppen pädagogisch zugunsten eines individuellen Blicks aufgebrochen werden können, soll folgendes Beispiel illustrieren.

„Das ist Gordon"

Eine Szene, die sich vor einiger Zeit in einem Kindergarten in Kiel abspielte: Die Betreuerin bringt ein neues Kind in die Gruppe. Es hat dunkle Haut und krause Haare. Die Kinder der Gruppe reagieren unsicher. Ein Mädchen zeigt auf den schüchternen Jungen und ruft: „Schaut mal, ein Neger". Die Erzieherin reagiert mit sicherem Gespür für die Situation: „Das ist kein Neger: Das ist Gordon!" Gordon wird daraufhin von der Gruppe sofort voll als Mitglied akzeptiert.

Wer sich an der heute nicht mehr politisch korrekten Rede des Kindes stört, sollte bedenken, dass politische Korrektheit selbst Erwachsene nicht davor bewahrt, in rassistischen bzw. vorurteilsbehafteten Kategorien zu denken, auch wenn sie dies nicht unbedingt in Worten zum Ausdruck bringen. Die Szene „Das ist Gordon" illustriert vielmehr, wie der Blick auf das Individuum das Schubladendenken in vorgeprägten rassischen Kategorien zugunsten der Einmaligkeit der Person von Gordon auflöst. Blickte das kleine Mädchen noch auf einen „Neger", so führte die angemessene Reaktion der Kindergärtnerin Gordon als Person in die Gruppe ein. Der Name lenkte den Blick auf das Individuum und stiftete so die persönliche, emotionale Beziehung.

In der gesellschaftlichen Wirklichkeit überdeckt dagegen das Miteinander bzw. Gegeneinander der Gruppen häufig die Wahrnehmung der Individuen und macht damit für rassistisches Denken anfällig. Ein Mittel, rassistischem Denken und Vorurteilen im eigenen Denken zu begegnen, ist daher der Blick auf das Individuum. Das entspricht der Einsicht, dass man nicht nur selber einzigartig ist, sondern selbstverständlich auch andere, denen man (noch) als fremd gegenübertritt.

Kulturell und „rassisch" bestimmte Vorurteile und Vorbehalte sind nicht vorgegeben, sondern erlernt. Es kann daher gegen sie gelernt und umgelernt werden. Da das Eigenbild das Fremdbild bestimmt, sind das Äußern und Reflektieren der eigenen Vorurteile und Vorbehalte wichtige Schritte, das eigene Denken und Handeln nicht von ihnen bestimmen zu lassen.

„Rasse geht nicht unter die Haut", schreibt der Genetiker Richard Lewontin. Rassistische Vorurteile tun es.

Kulturno in „rasistično" oblikovani predsodki in pridržki niso vnaprej dani, ampak so priučeni. Zato se je mogoče naučiti kritične distance do njih in začeti misliti drugače. Ker lastna podoba določa tujsko podobo, sta ozaveščenje in razmislek o lastnih predsodkih in pridržkih pomembna koraka k temu, da si ne dovolimo, da bi nam krojili mišljenje in ravnanje.

„Rasa ne gre pod kožo," piše genetik Richard Lewontin. Rasistični predsodki pa gredo.

Za nadaljnje branje:

Cavalli-Sforza, L. L. (1999). *Gene, Völker, Sprachen*. München.

Diamond, J. (1999). *Arm und Reich. Das Schicksal menschlicher Gesellschaften*. München.

Gould, S. J. (1988). *Der falsch vermessene Mensch*. Suhrkamp Taschenbuch Wissenschaft. Berlin.

Kattmann, U. (izd.). (2009). *Vielfalt der Menschen*. Unterricht Biologie (342).

Kattmann, U. (2013). *Genes, race and culture*. In: M. Koegeler-Abdi & R. Parncutt (Eds.), *Interculturality: Practice meets research*. Newcastle upon Tyne.

Lewontin, R. C. u. a. (1988). *Die Gene sind es nicht …* . Weinheim: BeltzPVU.

Kaupen-Haas, H. & Saller, F. (1999). (izd.), *Wissenschaftlicher Rassismus*. Frankfurt am Main.

Izjava UNESCO-Konference (1995). *Stellungnahme zur Rassenfrage* (*Statement on Race*). Stadt Schlaining 1995. (Nemško in angleško besedilo dostopno na: www.staff.uni-oldenburg.de/ulrich.kattmann/32177.html).

To besedilo je bilo objavljeno pod Creative Commons Lizenz. by-nc-nd/3.0/
Avtor: Ulrich Kattmann za bpb.de Rassen? Gibt's doch gar nicht!, prva objava na bpb.de, 8. 12. 2015,
avtor: Ulrich Kattmann, izdajatelj: Bundeszentrale für politische Bildung/bpb.de.

Dr. Ulrich Kattmann, nemški biolog in antropolog; njegovi težišči raziskovanja sta rasizem in konstrukti rasnih opredelitev.

Iz nemščine prevedla Seta Oblak.

Zum Weiterlesen:

Cavalli-Sforza, L. L. (1999). *Gene, Völker, Sprachen*. München.

Diamond, J. (1999). *Arm und Reich*. Das Schicksal menschlicher Gesellschaften. München.

Gould, S. J. (1988). *Der falsch vermessene Mensch*. Suhrkamp Taschenbuch Wissenschaft. Berlin.

Kattmann, U. (Hrsg.). (2009). *Vielfalt der Menschen*. Unterricht Biologie (342).

Kattmann, U. (2013). *Genes, race and culture*. In: M. Koegeler-Abdi & R. Parncutt (Eds.), *Interculturality: Practice meets research*. Newcastle upon Tyne.

Lewontin, R. C. u. a. (1988). *Die Gene sind es nicht … .* Weinheim: BeltzPVU.

Kaupen-Haas, H. & Saller, F. (1999). (Hrsg.), *Wissenschaftlicher Rassismus*. Frankfurt am Main.

Erklärung der UNESCO-Konferenz (1995). *Stellungnahme zur Rassenfrage* (*Statement on Race*). Stadt Schlaining 1995. (Deutscher und englischer Text verfügbar unter: www.staff.uni-oldenburg.de/ulrich.kattmann/32177.html).

Dieser Text ist unter der Creative Commons Lizenz veröffentlicht. by-nc-nd/3.0/
Autor: Ulrich Kattmann für bpb.de
Rassen? Gibt's doch gar nicht!, Erstveröffentlichung auf bpb.de, 8. 12. 2015,
Autor: Ulrich Kattmann, Herausgeber: Bundeszentrale für politische Bildung/bpb.de.

Dr. Ulrich Kattmann, deutscher Biologe und Anthropologe mit den Forschungsschwerpunkten Rassismus und Rassenkonstruktion.

Foto/fotografija: Johannes Puch, 2018

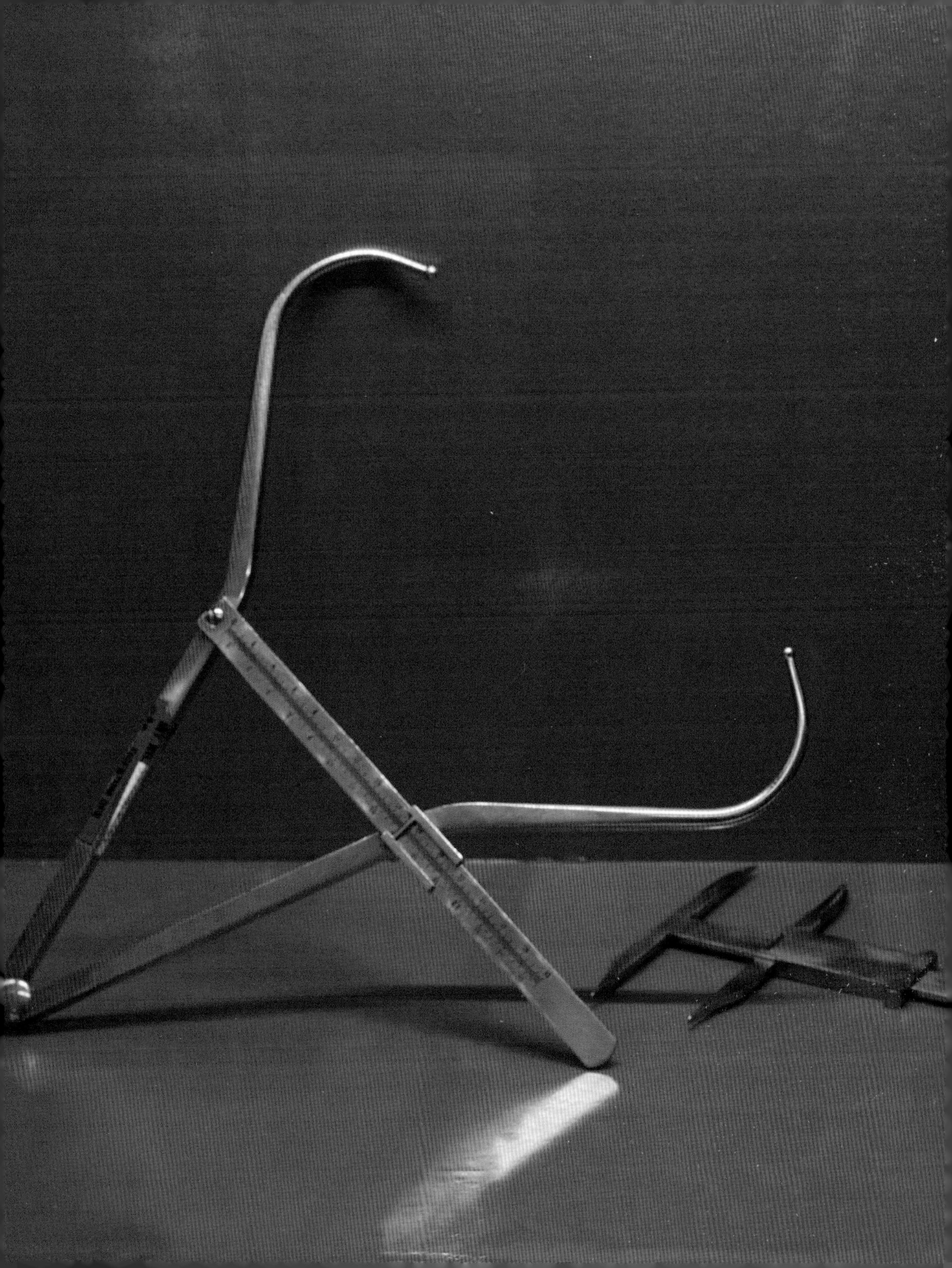

AJDA STICKER

Was heißt überhaupt anders sein?
Geschichten zu Alltagsrassismus und Ausgrenzung in Kärnten

Kaj sploh pomeni biti drugačen?
Pričevanja o vsakdanjem rasizmu in izključevanju na Koroškem

Fotos: Daniela Armentano
fotografije: Daniela Armentano

Angela Fasching

ist 33 Jahre alt und lebt in Klagenfurt. Sie ist gelernte Bürokauffrau. Angelas Mutter kommt aus Lavamünd, ihr Vater stammt aus Nigeria, lebt aber schon lange in den USA.
Zu Angelas Mutter soll der Großvater gesagt haben: „Du kannst mit jedem nach Hause kommen, aber nicht mit einem Schwarzen."

„Was heißt überhaupt anders? In der Familie, da habe ich mich anders gefühlt, weil ich die einzige Schwarze bin. Ich habe sonst niemanden, nicht einmal eine Tante. Als Kind dachte ich immer, ich wäre adoptiert."

„Es hat mir was gefehlt. – Irgendeinen Bezug zu haben bei so Sachen wie: Was mache ich mit meinen Haaren, mit meiner Haut? Ich konnte niemanden fragen."

„Klar gibt es so alltägliche Geschichten. Hier und da ein blöder rassistischer Spruch, aber so etwas hat mich nie berührt. Da stehe ich einfach drüber. Ich spreche ja tiefstes Kärntnerisch, vielleicht hat das ab und zu einen positiven Effekt."

izučena tajnica je stara 33 let in živi v Celovcu. Mama je doma iz Labota, oče pa je Nigerijec, ki pa že dolgo živi v ZDA.
„Vsakogar lahko pripelješ domov, le črnca ne!" je menda rekel njen ded.

„Kaj sploh pomeni drugačen? V družini sem se počutila drugačno, ker sem edina črnka. Nikogar nimam, niti tete ne, nikogar. Kot otrok sem vedno mislila, da sem posvojena."

„Ampak nekaj mi je manjkalo: oseba, ki bi jo lahko vprašala, na primer o takih rečeh kot: Kaj naj naredim s svojimi lasmi, s svojo kožo? Nikogar nisem mogla vprašati."

„Seveda imaš te vsakdanje zgodbe. Tu in tam kakšna neumna izjava, ampak to me nikoli ni prizadelo. Take stvari se me ne dotaknejo. Razlika je morda tudi v tem, da govorim močno koroško narečje in morda ima že to pozitiven učinek."

Hossein Sajjadi

ist 24 Jahre alt und kam 2015 nach Österreich. Bis vor kurzem lebte er in der Flüchtlingsunterkunft in St. Peter im Rosental.
Im Iran studierte Hossein Elektrotechnik, doch aufgrund der politischen Lage musste er das Land verlassen. „Im Iran", sagt er, „sind wir am Leben, aber nicht lebendig."

„Eine Freundin hat mir und meinen Freunden geholfen, dass wir beim Fußballverein in St. Jakob mittrainieren konnten. Wir waren ein paarmal beim Training, sieben oder acht Personen, ein paar von uns haben sehr gut gespielt. Doch dann hat der Trainer gesagt, dass wir nicht mehr kommen sollen. Einfach so.
Wir haben mit ihnen gespielt, aber nach dem vierten oder fünften Mal hat es geheißen, dass wir nicht mehr kommen sollen. Aber schon beim dritten Mal haben sie ein bisschen so geschaut, als ob sie nicht wollten, dass wir herkommen.
Vielleicht haben sie uns nicht mögen, weil wir hier sind. Aber eigentlich weiß ich es nicht. Ich habe keine Ahnung, was in deren Köpfen vorgeht oder was sie sich denken.
Das kannst du nicht fühlen, das musst du sehen. Du müsstest *ich* sein."

je star 24 let in je leta 2015 prišel v Avstrijo. Do pred kratkim je živel v azilnem domu v Šentpetru pri Šentjakobu.
V Iranu je študiral elektrotehniko, a je moral zaradi napetega političnega položaja deželo zapustiti. „V Iranu smo sicer živi, a ne živimo," pravi Hossein.

„Neka prijateljica je meni in mojim prijateljem pomagala, da smo lahko začeli trenirati nogomet v šentjakobskem moštvu. Nekajkrat smo bili na treningu, sedem ali osem nas je bilo. Nekateri od nas so igrali zelo dobro. A trener nam je rekel, da naj ne hodimo več na trening. Kar tako, na vsem lepem.
Igrali smo z njimi, a potem ko smo bili tam štiri- ali petkrat, so nam rekli, naj ne hodimo več. Že tretjič so nas gledali tako postrani, kot da ne bi hoteli, da prihajamo. Morda nas niso marali, ker smo tu. A pravzaprav tega ne vem. Ne vem, kaj se dogaja v njihovih glavah ali kaj si pravzaprav mislijo.
Tega človek ne more čutiti, to mora videti. Ti bi moral, morala biti *jaz*."

Marco Springer

ist 18 Jahre alt, in Friesach aufgewachsen und lebt heute in Wien, wo er die Handelsakademie besucht. Seit seiner Geburt leidet er an spastischer Diplegie. Das bedeutet, dass die Muskeln der Arme und Beine den Zustand der Entspannung nicht kennen. Die Ärzte prognostizierten ihm eine geringe Lebenserwartung.
Über sich sagt Marco: „Ich bin eine lustige Mischung: ein halber Jugo, ein halber Österreicher und ein ganzer Behinderter."

„In der Schule haben sie mir immer Anmeldungen für den Turnverein oder den Skikurs gegeben. Meine Mutter hat dann einfach gesagt: ‚Konzentriere dich auf das Geistige.'
Ich habe erst mit fünf Jahren gehen gelernt, aber mit vier Jahren kannte ich alle Hauptstädte Europas. Mit zwölf Jahren bin ich hier bei uns, 300 Meter von zu Hause weg, auf der Brücke gestanden und hab' zur Mama gesagt, dass ich nicht mehr kann und auch nicht mehr will."

Mittlerweile ist Marco zu einem selbstbewussten jungen Mann geworden.

je bil rojen avgusta 2000, odraščal je v Brežah, živi na Dunaju, kjer obiskuje trgovsko akademijo. Že od rojstva ima Marco okvaro možganov, ki se izraža s spastično diplegijo. To pomeni, da se mišice rok in nog ne sprostijo in jih zato ne more kontrolirati. Zdravniki so mu napovedali kratko življenje. Sam o sebi pravi: „Jaz sem šaljiva mešanica, sem na pol Jugo, na pol Avstrijec in celotno prizadet."

„V šoli so mi zmeraj dajali prijavnice za telovadno društvo ali za smučarski tečaj. Mama mi je zmeraj dejala: ‚Osredotočaj se na um.' Shodil sem šele s petimi leti, a s štirimi leti sem poznal vsa evropska glavna mesta. Z dvanajstimi leti sem stal na mostu, ki je kakih tristo metrov oddaljen od doma, in sem mami rekel, da ne morem več in da tudi nočem več."

Medtem je Marco postal samozavesten mlad moški.

Adam Sawadogo

ist 32 Jahre alt und lebt mit seiner Partnerin und seinem kleinen Sohn in Kärnten. Er ist Elektro- und Automatisierungstechniker, seine Ausbildung wird in Österreich allerdings nicht anerkannt.

„Ich habe das Gefühl, dass sich die Österreicher vor allem Neuen fürchten", sagt Adam.

„Ich war beim Zivildienst in Feldkirchen, wollte aber lieber in der Nähe von St. Jakob meinen Dienst verrichten. Darum rief ich im Altersheim in Maria Elend an und fragte, ob sie einen Zivildiener brauchen könnten. ‚Natürlich brauchen wir dich. Das ist super, dass du anrufst', hieß es. Als ich hinkam, musterten sie mich und sagten, dass ich eine falsche Auskunft bekommen hätte und dass sie mich doch nicht brauchen würden."

„Einmal waren wir, circa zwölf Leute, in Klagenfurt zu später Stunde unterwegs. Als wir um drei oder vier Uhr in eine Frühbar wollten, durften nur mein Bruder Andre und ich nicht hinein – mit der Begründung, dass die Chefin keine Afrikaner in der Bar haben will."

je star 32 let, s partnerico in majhnim sinom živi na Koroškem. Adam je elektrotehnik in tehnik avtomatizacije, a te izobrazbe mu avstrijska država ne priznava.

„Imam občutek, da se Avstrijci bojijo vsega novega," trdi Adam.

„Civilno službo sem opravljal v Trgu na Koroškem, a sem si želel dobiti službo bliže Šentjakoba. Klical sem v dom za ostarele v Podgorjah in vprašal, ali morebiti potrebujejo kakega civilnega uslužbenca. ‚Seveda te potrebujemo. Zelo dobro, da si poklical' Ko sem prišel tja, so me debelo gledali in rekli, da sem dobil napačno informacijo in da me vendar ne potrebujejo."

„Bilo nas je kakih dvanajst ljudi, ki smo se pozno ponoči klatili po Celovcu. Okoli treh ali štirih zjutraj smo hoteli vstopiti v neki jutranji bar, a edino mojemu bratu in meni niso dovolili vstopiti – z utemeljitvijo, da ne smeva v bar, ker šefica v svojem baru ne trpi Afričanov."

Andre Sawadogo

ist 35 Jahre alt und lebt seit über zehn Jahren in Kärnten. Seinen Schulabschluss machte er wie seine Brüder in Italien. Der gelernte Elektrotechniker arbeitet mittlerweile selbstständig als Gärtner und Kräuterexperte.

„Meistens sind es Institutionen wie die Polizei und andere, die dir das Gefühl geben, dass du anders bist. Einmal saßen wir unter der Linde in St. Peter, Drago, Samo, Izi, Adam und ich. Die Polizei kam und kontrollierte nur die Reisepässe von mir und meinem Bruder."

„Das Gefühl des Andersseins kenne ich schon seit meinem Schuleintritt in Italien. Die Eltern sagten uns, dass wir die Stänkereien ignorieren sollten und Konfrontationen vermeiden. Wir müssten da durch, sagten sie uns immer und dass wir es schwerer haben würden als andere."

je star 35 let in na Koroškem živi že več ko deset let. Kot njegova dva brata je tudi on končal izobrazbo v Rimu. Andre je izučen elektrotehnik, a se je v zadnjih letih poklicno preusmeril in dela kot samostojen vrtnar in strokovnjak za zelišča.

„Večinoma so institucije kot policija in druge ustanove, ki ti dajejo občutek, da si drugačen. Nekoč smo sedeli pod lipo v Šentpetru Drago, Samo, Izi, Adam in jaz. Prišla je policija in preverila samo moj in bratov potni list."

„Občutek drugačnosti imam, odkar sem začel v Italiji hoditi v šolo. Starši so nam rekli, da naj se ne zmenimo za zabavljanja in da naj se izogibamo prepirom. To moramo prestati, so nam kar naprej pravili, in da bomo imeli težje življenje kot drugi."

David Sawadogo

ist 38 Jahre alt und lebt seit einigen Jahren mit seiner Familie in Österreich. Davor war er in Italien, wo er sein Architekturstudium absolvierte. David hat zwei Kinder und lebt mit seiner Familie in St. Jakob im Rosental. Die Arbeitssuche gestaltet sich für ihn aufgrund rassistischer Vorurteile äußerst schwierig.

„Ich war 18 oder 19 Jahre alt und wartete in St. Peter auf den Bus. Ich hatte zwei Koffer und einen schweren Rucksack dabei. Der Bus näherte sich und hielt an. Mir wurde die Tür aber nicht aufgemacht. Als der Fahrer mich sah, fuhr der Bus weiter."

„Eines Tages kam mein Sohn Daniel ganz niedergeschlagen vom Kindergarten nach Hause und erzählte, dass zwei oder drei Kinder nicht mit ihm spielen wollten, weil er schwarz sei, und dass er verschwinden sollte. Ich ging sofort in den Kindergarten und sprach mit der Erzieherin. Ich sagte ihr, dass mein Sohn nicht lüge, dass er sich das in seinem Alter sicherlich nicht ausgedacht haben konnte, und dass sie künftig ein Augenmerk auf solche Vorfälle legen solle."

je star 38 let in pred nekaj leti se je z družino preselil v Avstrijo. Odraščal je v Italiji, kjer je tudi dokončal študij arhitekture. Ima dva otroka in živi v Šentjakobu. Pravi, da zaradi rasističnih predsodkov zelo težko najde službo.

„Bil sem star 18 ali 19 let, ko sem v Šentpetru čakal na avtobus. Imel sem dva kovčka in precej težek nahrbtnik. Avtobus se je približeval in se ustavil. Ko me je šofer zagledal, mi ni odprl vrat in je odpeljal naprej."

„Nekega dne je moj sin Daniel iz vrtca prišel domov čisto potrt in je rekel, da se dva ali trije otroci niso hoteli igrati z njim, ker je črn, in so mu rekli, da naj izgine. Takoj sem šel v vrtec in se pomenil z vzgojiteljico. Rekel sem ji, da moj sin ne laže in da si kaj takega v svoji starosti gotovo ni izmislil in da naj bo v bodoče pozorna na take pripetljaje."

Mihi Mischkulnig

ist 55 Jahre alt und betreibt seit dreißig Jahren einen Bio-Bauernhof in Franzendorf bei Ludmannsdorf. Er ist verheiratet und hat drei Töchter.
Schon als Jugendlicher erfuhr er, was es bedeutet, Slowene zu sein. „Ich habe lange überlegt und mich schließlich entschlossen, dass ich auch trotz mancher Nachteile Slowene bleiben will.

„Es war in der vorpubertären Zeit, in der man besonders emotionsgeladen ist, als ich mit meinem Cousin über die Frage debattiert habe, ob es sich lohnt, Slowene zu sein oder nicht. Diese Frage hat mich innerlich sehr lange beschäftigt. Sollte ich mich dem Druck aussetzen oder nicht? Sollte ich lieber deutsch reden, um dadurch gewisse Vorteile zu haben."

Mihi besuchte eine Landwirtschaftsschule. Obwohl zu Hause Slowenisch gesprochen wurde, empfahl ihm seine Familie in der Schule nur Deutsch zu reden, damit er es leichter habe.

„Damals war in Kärnten zwischen den Deutschen und Slowenen politisch ein sehr aufgeheiztes Klima. Wir wurden gezwungen, täglich die Nachrichten in der ‚Zeit im Bild' zu verfolgen. Ich glaube, in Grafenstein hat man einen Transformator gesprengt. Es kam dann zum Prozess und man verdächtigte den Slowenen Filip Warasch. Tage später hieß es, dass Warasch mangels Beweisen freigesprochen worden war. Daraufhin verließen von den insgesamt etwa 130 Schülern mehr als 100 sofort den Fernsehraum, liefen im Schulhaus herum und schrien: ‚Jo die Tschuschen gehören alle vergast. Diese Verbrecher! Diese Verräter!' Es war furchterregend, wie sie mit gehobenen Fäusten grölten: ‚Die gehören erschossen, die gehören aufgehängt!' Wir, die wir sitzengeblieben waren, waren total perplex.
Ich glaube, wenn ich da ein falsches Wort gesagt oder mich deklariert hätte, hätten sie mich vielleicht umgebracht. Damals hatte ich große Angst und war sehr betroffen. Noch heute ist mir sehr unwohl, wenn ich mich daran erinnere. Unfassbar, dachte ich, dass vielen Menschen immer noch dieser Geist innewohnte. Wie verändert die Burschen plötzlich waren, mit denen ich kurz zuvor noch freundschaftlichen Kontakt gepflegt hatte, als ob sie der Teufel geritten hätte.
Nun werde ich älter und habe das Gefühl, dass Menschen diese Urangst in sich hatten und sie der jüngeren Generation vererbt haben. In gewisser Weise trage ich sie auch in mir."

je bil rojen leta 1963 in je že več ko 30 let biokmet v Branči vasi pri Bilčovsu. Je poročen in ima tri hčere.

Že v mladosti je doživel, kaj pomeni biti Slovenec. „Dolgo sem razmišljal o tem in končno sem se odločil, da hočem kljub marsikateri nevšečnosti ostati Slovenec."

„Bilo je v predpubertetnem obdobju, ko je človek še posebej emocionalno nabit, ko sva z bratrancem razpravljala o tem, ali se splača biti Slovenec ali ne. To vprašanje me je notranje zelo dolgo zaposlovalo. Ali naj pritisku podležem ali ne? Ali naj raje govorim nemško in imam tako nekatere prednosti?"

Mihi je obiskoval kmetijsko šolo. Čeprav so doma govorili slovensko, mu je družina svetovala, naj v šoli govori nemško, da se mu bo tako lažje godilo.

„Takrat je bilo na Koroškem med Nemci in Slovenci politično zelo vroče ozračje. Vsak večer smo morali gledati televizijska poročila ‚Čas v sliki'. Mislim, da so takrat v Grabštanju razstrelili transformator. Prišlo je do obtožbe in dolžili so Slovenca Filipa Warascha. Nekaj dni kasneje so ga morali zaradi pomanjkanja dokazov oprostiti obtožbe. Zatem je od 130 učencev več kot sto učencev takoj zapustilo televizijsko dvorano, tekalo po šolskem poslopju in vpilo: ‚Te Čuše je treba zapliniti. Te zločince! Te izdajalce!' Bilo je grozno, kako so z dvignjenimi pestmi tulili: ‚Ustreliti jih je treba, treba jih je obesiti!' Tisti, ki smo obsedeli, smo bili čisto osupli.

Mislim, da bi me najbrž ubili, če bi takrat izustil kako napačno besedo ali če bi priznal, kdo da sem. Takrat sem se zelo bal in sem bil zelo prizadet. Še danes se počutim zelo slabo, če pomislim na to. Neverjetno, sem si mislil, da v toliko ljudeh še zmeraj vlada ta duh. Kako so se ti fantje, s katerimi sem še malo prej gojil prijateljske stike, naenkrat spremenili, kot bi jih zajahal sam hudič.

Postajam starejši in zdi se mi, da so ljudje v sebi nosili ta prastrah in so ga predali mlajši generaciji. Na neki način tudi jaz nosim v sebi ta prastrah."

Pindi Mahal

ist 34 Jahre alt, lebt in Klagenfurt und hat einen kleinen Sohn. Pindi ist gerade dabei, sich selbstständig zu machen und möchte nächstes Jahr einen Eissalon eröffnen. Ihre Eltern stammen aus dem Punjab in Indien. Nachdem sie in Klagenfurt geboren wurde, lebte Pindi bis zu ihrem fünften Lebensjahr in Indien.

„Als Kind konnte ich noch Hindi sprechen, habe es aber verleugnet, weil ich wenigstens ein bisschen als Österreicherin gesehen werden wollte."

„Ich war im Hort in Fischl, und da waren diese drei Mädchen. Es hat alles ziemlich harmlos angefangen, auf dem Nachhauseweg. Da riefen sie dir blöde Sachen zu, ‚Ausländer' und so. Dann ist es ein bisschen ärger geworden. Sie haben mich geschupft und gerempelt und gesagt, dass ich schwarz sei, eine Ausländerin. Zum Schluss haben sie mich auch geschlagen. Wenn ich zu Hause davon erzählt habe, hat es geheißen, dass ich das nur aufbauschen würde. Schließlich habe ich dann nach Monaten meiner Lehrerin davon erzählt. Die Mädchen haben eine Standpauke bekommen und durften künftig erst eine halbe Stunde nach mir nach Hause gehen. Das war schon ein sehr einschneidendes Erlebnis, diese Tortur werde ich so schnell nicht vergessen."

„Als ich ein bisschen älter war, mit sechs, sieben Jahren, da hab' ich mir schon eine andere Hautfarbe gewünscht. Mein größter Traum war es immer, nicht dunkel zu sein. Ich wollte weiß sein. Später hat sich Michael Jackson bleichen lassen, da hab' ich mir gedacht, oh mein Gott, wie cool ist das denn."

je stara 34 let, živi v Celovcu in ima majhnega sina. Želi postati samostojna podjetnica in naslednje leto odpreti prodajalno sladoleda. Starša sta iz Pendžaba v Indiji. Potem ko je v Celovcu prišla na svet, je Pindi do svojega petega leta živela v Indiji.

„Kot otrok sem še znala govoriti hindi, a sem jezik zatajila, ker sem hotela, da me imajo vsaj malo bolj za Avstrijko."

„Bila sem v zavetišču v naselju Fischl, kjer so bile tri deklice. Vse se je začelo precej nedolžno, na poti domov. Za mano so klicale take traparije kot ‚tujka'. Kasneje je postajalo zmeraj hujše. Dregale in suvale so me in mi pravile, da sem črna in tujka. Nazadnje so me že teple. Ko sem doma o tem kaj pravila, so me zavrnili, češ da pretiravam. Šele čez nekaj mesecev sem učiteljici končno spregovorila o tem. Ta jim je naredila pošteno pridigo in jih je odtlej puščala domov pol ure za mano. To je bilo zame zelo odločilno doživetje, tega mučenja ne bom tako hitro pozabila."

„Kasneje, ko sem bila že malo starejša, s šestimi, sedmimi leti, sem si želela imeti drugačno polt. To so bile zmeraj moje največje sanje – da ne bi bila temna. Hotela sem biti bela. Ko si je Michael Jackson pustil pobeliti kožo, sem si mislila: Ljubi bog, kako je to cool."

**Dokumentation der Aktionen
im Vorfeld der Ausstellung
„Vermessungsamt/Geodetski urad"**

**Dokumentacija akcij v času
priprav na razstavo
„Vermessungsamt/Geodetski urad"**

Fotos: Walter Polesnik
fotografije: Walter Polesnik

HANZI WUZELLA
Die Symbolik der Schafherde

Im Frühjahr 2018 galt es, die St. Jakober Bevölkerung auf das bevorstehende Gedenkjahr und die im Herbst anstehende Ausstellung „Vermessungsamt/Geodetski urad" vorzubereiten. Dafür bediente sich der Slowenische Kulturverein/Slovensko prosvetno društvo Rož der Symbolik der Schafherde.

Schafen wird nachgesagt, sie seien dumme Tiere. Dabei sind diese Tiere mit großer Intelligenz ausgestattet, sie haben bloß einen sehr ausgeprägten Herdentrieb: Am wohlsten fühlen sie sich in der Gruppe. Menschen wird nachgesagt, dass auch sie, wie Herdentiere, gerne einem Leithammel folgen, ohne dabei viel nachdenken zu müssen. In der Hoffnung, dass so schon irgendwie alles gut gehen werde.

Am 12. März, achtzig Jahre nach dem Einmarsch der Hitlertruppen in Österreich, stand daher plötzlich im Ortszentrum von St. Jakob im Rosental/Šentjakob v Rožu eine Herde weiß lackierter Metallschafe. Den ganzen Tag über waren im Ort zudem Schafgeblöke, lautes Marschgeräusch, „Sieg Heil"-Rufe und Musik aus Wagners „Götterdämmerung" zu hören.

Am 10. April, dem 80. Jahrestag der Volksabstimmung von 1938, bei der die Bevölkerung aufgerufen war, mit „Ja" für den „Anschluss" Österreichs an Hitlerdeutschland zu stimmen, kamen in Erinnerung an damals drei schwarze Metallschafe zu dieser Herde dazu. Drei schwarze Schafe, um jene drei Heldinnen zu symbolisieren, die damals als einzige mit „Nein" gestimmt hatten. Was dazu führte, dass St. Jakob/Šentjakob keine Führergemeinde wurde, wodurch ihr wiederum verschiedene Privilegien verwehrt blieben. Am 10. April erhielt auch jedes Schaf ein Plus oder ein Minus – ein erster Hinweis auf die im Herbst anstehende Ausstellung „Vermessungsamt/Geodetski urad", bei der der Öffentlichkeit die in kollektive Vergessenheit geratenen Ereignisse in Erinnerung gerufen werden sollten, dass im Sommer 1938 nahezu die gesamte Bevölkerung in St. Jakob/Šentjakob einer Vermessung der besonderen Art unterzogen und nach dieser, versehen mit einem Plus oder Minus, in „Arier" und „Nicht-Arier" eingeteilt worden war.

Ab dem 14. April, dem Tag, an dem im Jahr 1942 die Gestapo zwölf Familien aus St. Jakob/Šentjakob deportierte, stand auch ein alter Laster mit ein paar Schafen, die alle ein Minus trugen, in der Schafherde.

Am 16. April 1941 erhielten die Schulschwestern in St. Peter/Šentpeter den Befehl, ihr von der einheimischen Bevölkerung unter Leitung des damaligen Pfarrers Matej Ražun errichtetes Gebäude zu verlassen. In die erste slowenische Schule in Kärnten/Koroška zog daraufhin die Gestapo ein. In Erinnerung daran ging die Schauspielgruppe der HLWA St. Peter/Šentpeter am Jahrestag mit Mülltonnen, in denen sich einige Schafe befanden, von St. Jakob/Šentjakob nach St. Peter/Šentpeter.

Im heurigen Mai, zur Zeit des Frühlingserwachens, wurde der vor dem geplanten Ausstellungsraum wachsende Baum noch lebend entastet und entrindet, zu einer

Simbolika ovčje črede

Vigredi 2018 je bilo treba pripraviti šentjakobsko prebivalstvo na bližajoče se spominsko leto in na jesensko razstavo „Vermessungsamt/Geodetski urad", ki je bila pred vrati. Za to se je poslužilo Slovensko prosvetno društvo Rož simbolike ovčje črede.

Ovcam se pripisuje, da so neumne živali. Vendar imajo te živali visoko inteligenco, imajo pa tudi zelo izrazit čredni nagon. Najbolje se počutijo v skupini. Ljudem se pripisuje, da tudi oni, tako kot čredne živali, sledijo radi ovnu vodniku, pri čemer pa jim ni treba dostikaj premišljevati. Hodijo v upanju, da bo tako poteklo vse že nekako dobro.

12. marca, osemdeset let po tem, ko so vkorakale hitlerjeve čete v Avstrijo, je stala torej naenkrat čreda belo lakiranih kovinastih ovac sredi Šentjakoba v Rožu. Cel dan je bilo slišati ovčje blejanje, glasno korakanje, „Sieg heil" - vpitje in Wagnerjeva glasba „somrak bogov". 10. Aprila, osemdeset let po tem, ko je bilo poklicano prebivalstvo pri glasovanju leta 1938 glasovati z „da" za priključitev Avstrije k hitlerjevi Nemčiji, so prišle v spomin na takrat tri črne kovinaste ovce v čredi. Tri črne ovce, ki so simbolizirale tiste tri junakinje, ki so takrat glasovale kot edine z „ne". To je privedlo do tega, da Šentjakbo v Rožu ni postal firerska občina in so mu s tem bili zabranjeni razni privilegiji. 10. Aprila je dobila vsaka ovca tudi plus ali minus – prvi namig na bližajočo se razstavo „Vermessungsamt/Geodetski urad", pri kateri naj se bi opozorila javnost na tiste dogodke, ki so šli kolektivno v pozabo, ko je bilo premerjeno šentjakobsko občinstvo poleti 1938 na poseben način in po tem merjenju opredeljeno z plusom ali minusom v „arijce" ali „nearijce".

Od 14. Aprila naprej, tistega dne, ko so v letu 1942 pregnali gestapovci dvanajst družin iz Šentjakoba v Rožu, je stal v ovčji čredi star tovornjak z nekaj ovcami, ki so bile vse označene z minusom.

16. Aprila leta 1941 so dobile šolske sestre v Šentpetru ukaz, da zapustijov njihovo poslopje, ki so ga pod vodstvom takratnega župnika Mateja Ražuna zgradili domačini. V prvo slovensko šolo na Koroškem se je nato vselila gestapo. V spomin na ta dogodek so šli šolarji igralske skupine VŠ Šentpeter na ta dan s kantami za smeti, v katerih so bile ovce, od Šentjakoba v Šentpeter.

Majnika, ko se prebuja pomlad, so se smreki, ki raste pred tisto stavbo, kjer je bila jeseni načrtovana razstava, odrezale veje in se ji je olupilo skorjo. Smreka se je spremenila v merilno letev, nanjo pa je bil obešen obroč, okrašen z ovcami.

Merjenje šentjakobskega prebivalstva se je odvijalo poletje 1938. 6. Julija 2018 je bila zato ob glasbi pihalnega orkestra in govorih slavnostna otvoritev merilne postaje, Pred merilno letvijo sta bili postavljeni prižnica, ki je istočasno sramotilni steber in tehtnica. Tako se lahko vsaka in vsak preteža in preveri, ali ustreza normi ali pa ne.

28. septembra 2018 je bila razstava „Vermessungsamt/Geodetski urad" ob množični udeležbi domačinov otvorjena.

Mag. Hanzi Wuzella, član Slovenskega prosvetnega društva Rož.
Iz nemščine prevedel avtor.

Messlatte umfunktioniert und mit einem mit Schafen behängten Kranz geschmückt. Die Vermessung der Bevölkerung in St. Jakob/Šentjakob fand im Sommer 1938 statt. Am 6. Juli 2018 wurde daher eine Messstation mit Blasmusikkapelle und Reden feierlich eröffnet. Vor der Messlatte wurden außerdem eine Kanzel, die gleichzeitig ein Pranger ist, und eine Waage aufgestellt. So kann sich seither jede und jeder abwiegen und überprüfen, ob er oder sie der Norm entspricht oder nicht.

Am 28. September 2018 wurde die Ausstellung „Vermessungsamt/Geodetski urad" unter großer Anteilnahme der örtlichen Bevölkerung eröffnet.

Mag. Hanzi Wuzella, Mitglied des Slowenischen Kulturvereins/Slovensko prosvetno društvo Rož.

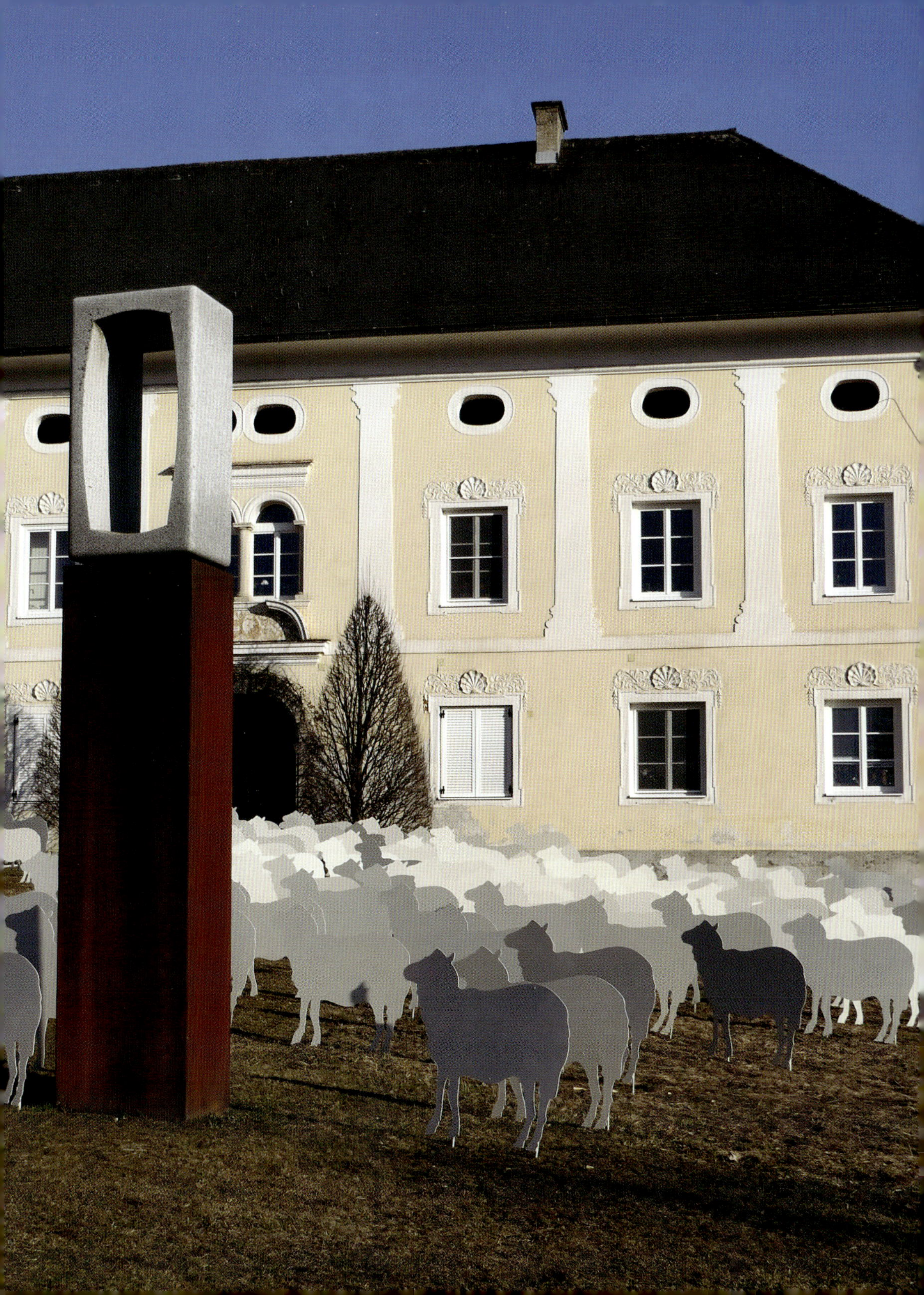

12. März 1938: Die Hitlertruppen marschierten in Österreich ein.
Hitlerjeve čete so zasedle Avstrijo.

12. März 2018: Im Ortszentrum von St. Jakob im Rosental/Šentjakob v Rožu wurde eine Herde weiß lackierter Metallschafe aufgestellt. Den ganzen Tag über waren im Ort Schafgeblöke, lautes Marschgeräusch und „Sieg Heil"-Rufe zu hören.
V središču Šentjakoba smo postavili čredo belih ovc iz pločevine. Cel dan je po vasi donelo blejanje ovc, glasno vojaško korakanje in vzklikanje „Sieg Heil".

KEIN ANŠLUSS unter dieser Nummer! 12031938

10. April 1938: Die Bevölkerung wurde aufgerufen, für den „Anschluss" Österreichs an Hitlerdeutschland zu stimmen.
In St. Jakob stimmten drei Frauen dagegen. Der Gemeinde wurde daraufhin der Status als Führergemeinde verwehrt.

Prebivalstvo je moralo glasovati za priključitev Avstrije Hitlerjevi Nemčiji (t. i. „anšlus"). V Šentjakobu so tri žene glasovale proti. Zaradi njih Šentjakob ni dobil naziva „Führergemeinde" (firerjeva občina).

10. April 2018: Drei schwarze Metallschafe kamen zur Schafherde dazu. Jedes Schaf wurde mit einem Plus oder einem Minus gekennzeichnet.

Čredi belih ovc so se pridružile tri črne ovce. Vsaka ovca je bila označena s plusom ali minusom.

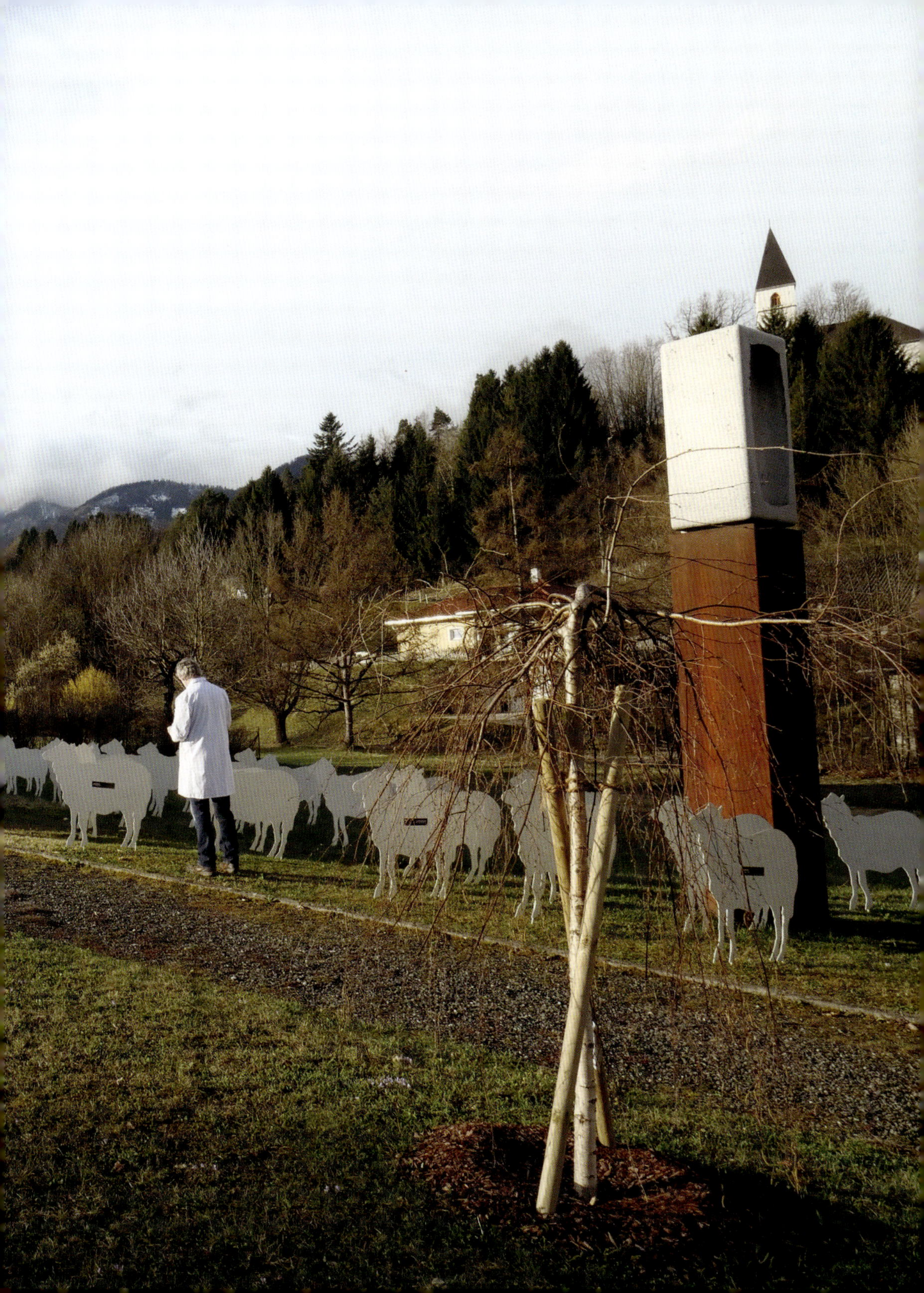

14./15. April 1942: Die Gestapo deportierte zwölf slowenische Familien aus der Gemeinde.

Gestapo je iz občine izgnal dvanajst slovenskih družin.

14. April 2018: Neben der Schafherde wurde ein alter Laster aufgestellt; einige Schafe, alle mit einem Minus versehen, aufgeladen.

Ob čredi ovc se je pojavil star tovornjak, na katerega smo naložili nekaj ovc, ki so bile vse zaznamovane z minusom.

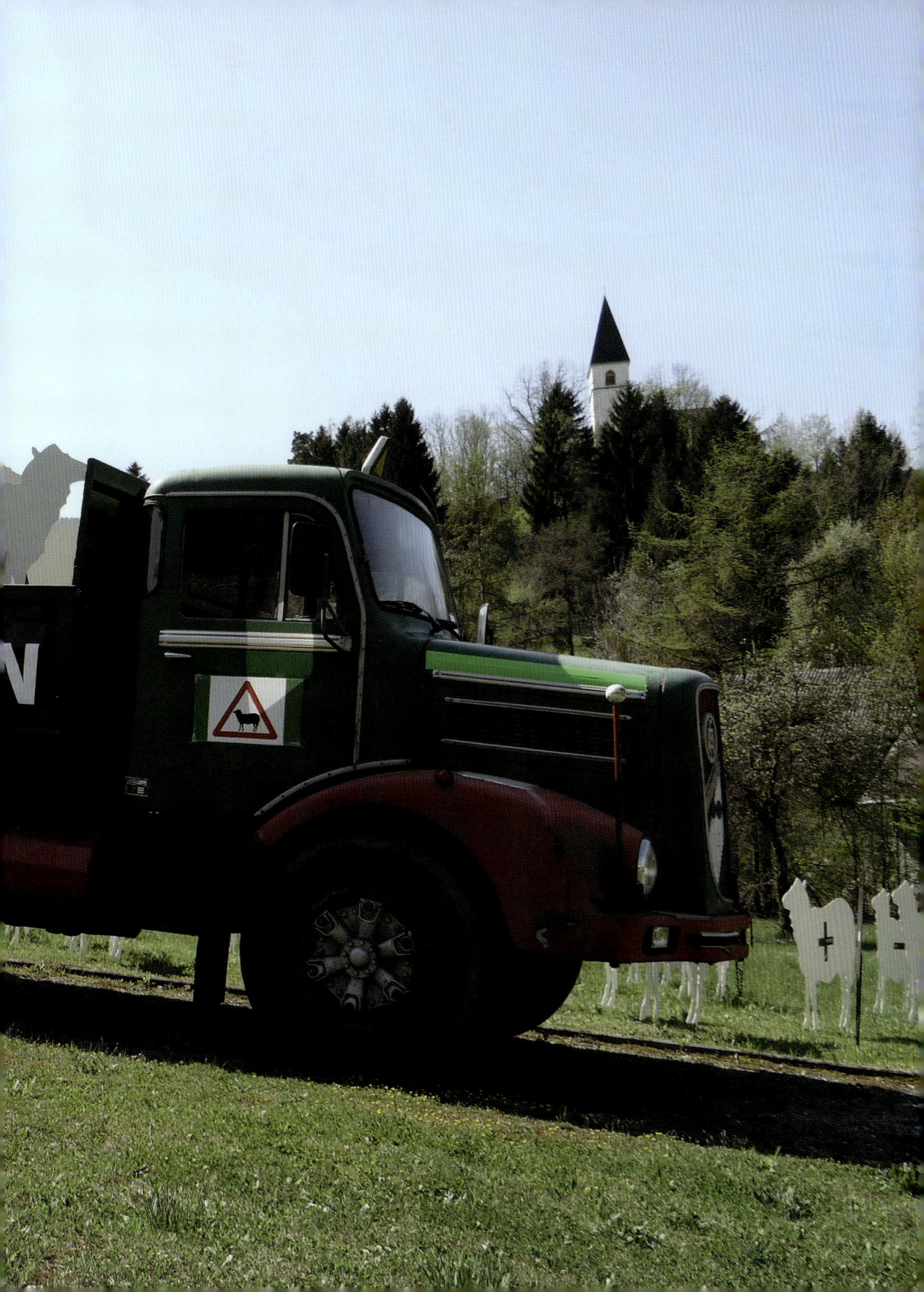

16. April 1941: Die Schulschwestern in St. Peter/Šentpeter erhielten den Befehl, ihr Gebäude zu verlassen. In die erste Schule mit slowenischer Unterrichtssprache in Kärnten zog die Gestapo ein.

Šolske sestre v Šentpetru so dobile ukaz, da morajo zapustiti poslopje konventa. V prvo šolo s slovenskim učnim jezikom na Koroškem se je vselil Gestapo.

16. April 2018: Die Jugend ging im Schweigemarsch mit Mülltonnen von St. Jakob nach St. Peter. In den Mülltonnen befanden sich Schafe.

Mladina je s kantami za smeti šla v tihi demonstraciji iz Šentjakoba v Šentpeter. V kantah so bile ovce.

St. Jakob im Rosental
Šentjakob v Rožu

gesunde ♥ gemeinde

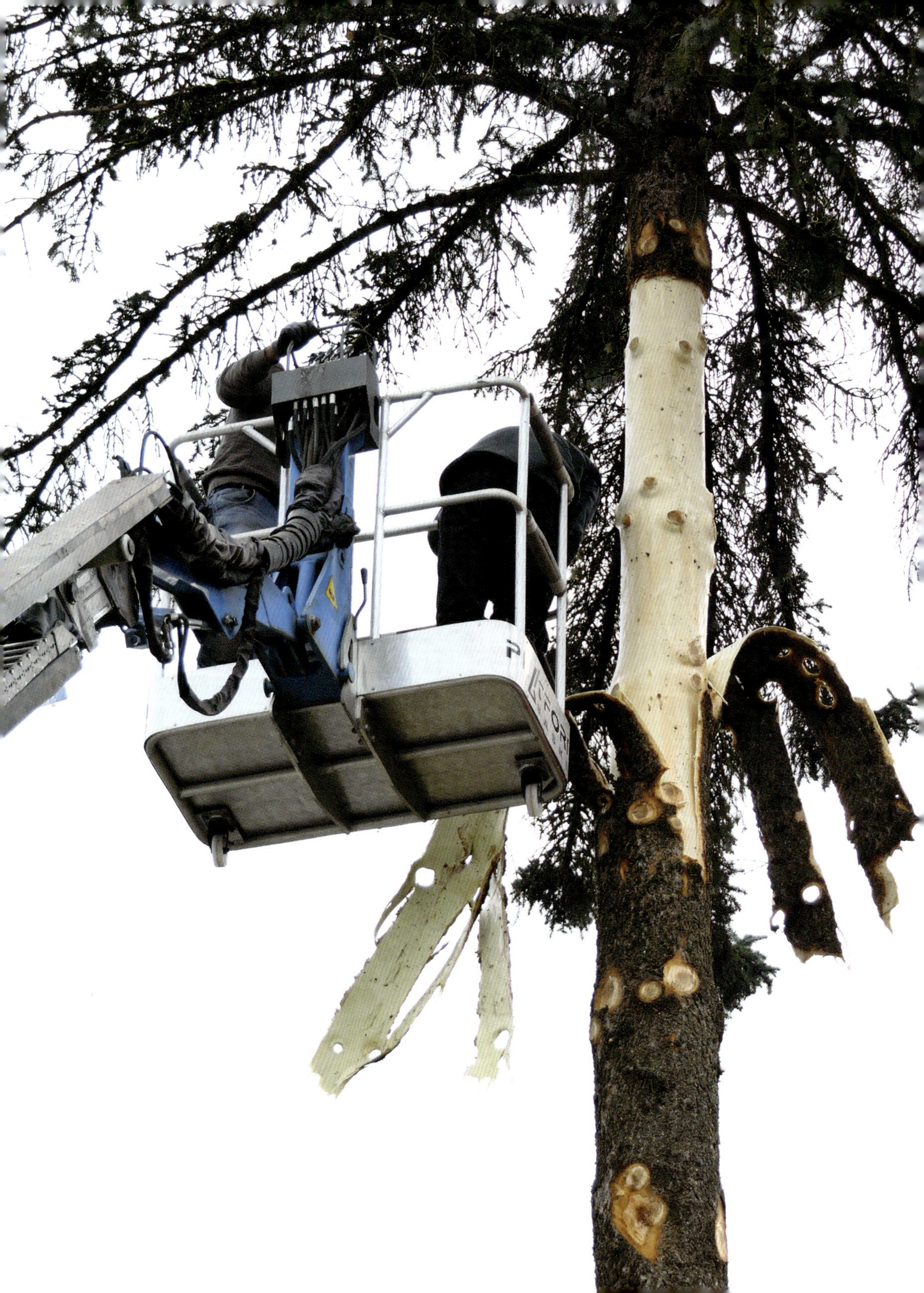

8. Mai 1945: Österreich wurde von den Alliierten befreit.
Zavezniške sile so osvobodile Avstrijo.

Mai 2018: Der vor dem Kino Janach wachsende Baum wurde entastet und entrindet, als Messlatte gestaltet und mit einem Schafskranz behängt. Die Bevölkerung war irritiert.

Drevo, ki je raslo pred kinom Janach, smo oklestili, olupili in iz njega oblikovali merilno letev. Na vrhu smo namestili venec iz pločevinastih ovc. S tem smo vznejevoljili (nekatere) občane in občanke.

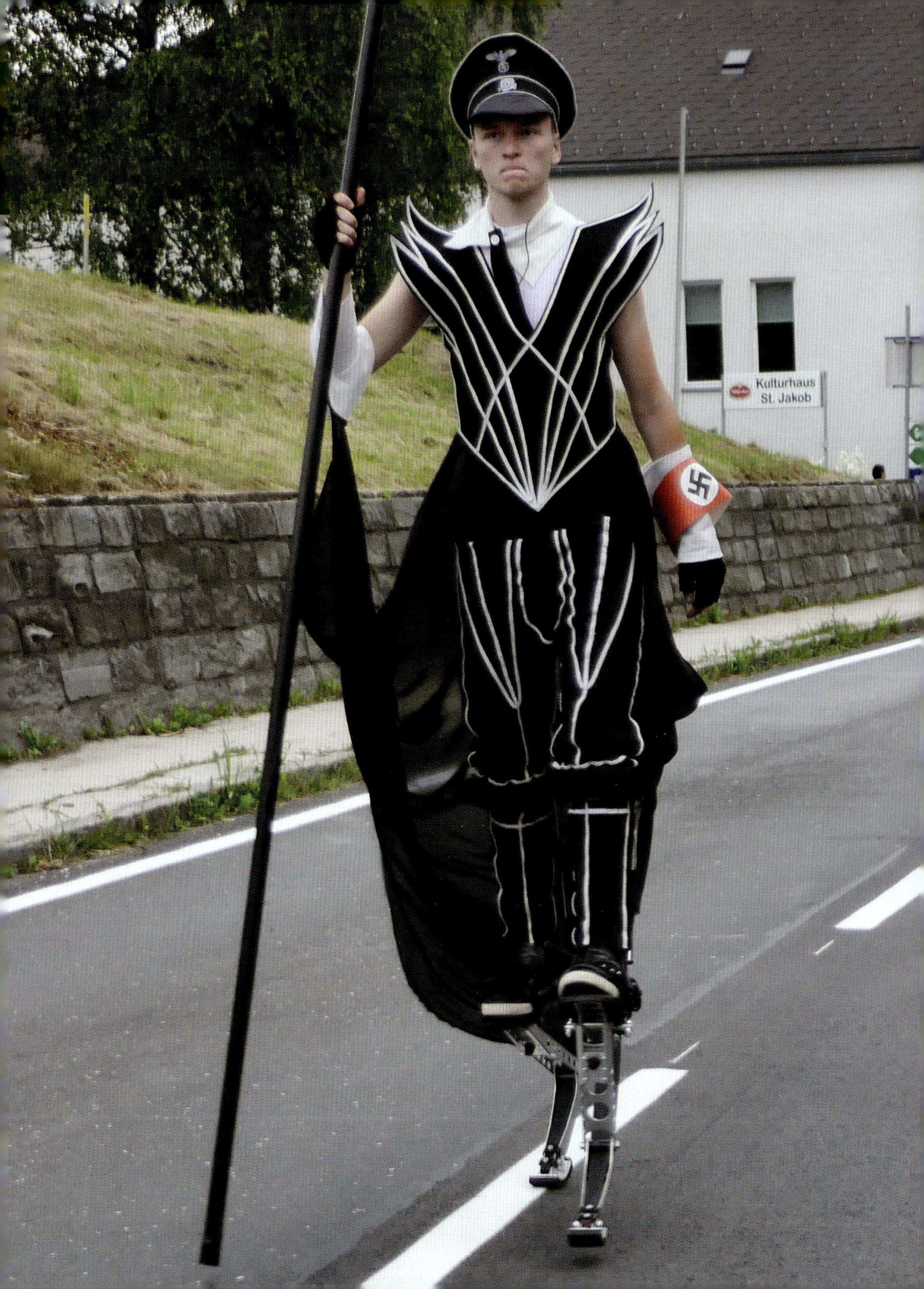
Kulturhaus
St. Jakob

Sommer 1938:	Die „rassenkundliche" Vermessung begann.
	Začelo se je „rasoslovno" merjenje.
6. Juli 2018:	Die Messstation wurde feierlich eröffnet. Vor der Messlatte wurden Kanzel und Waage aufgestellt. Jede und jeder konnte überprüfen, ob er oder sie der Norm entsprach.
	Slavnostno smo odprli merilno postajo. Pred merilno letvijo smo postavili prižnico in tehtnico. Vsak in vsaka je lahko preverila, ali ustreza normi.

**Impressionen der Ausstellung
„Vermessungsamt/Geodetski urad"**

**Impresije razstave
„Vermessungsamt/Geodetski urad"**

Fotos: Johannes Puch
fotografije: Johannes Puch

VERMESSUN

JANACH KINO

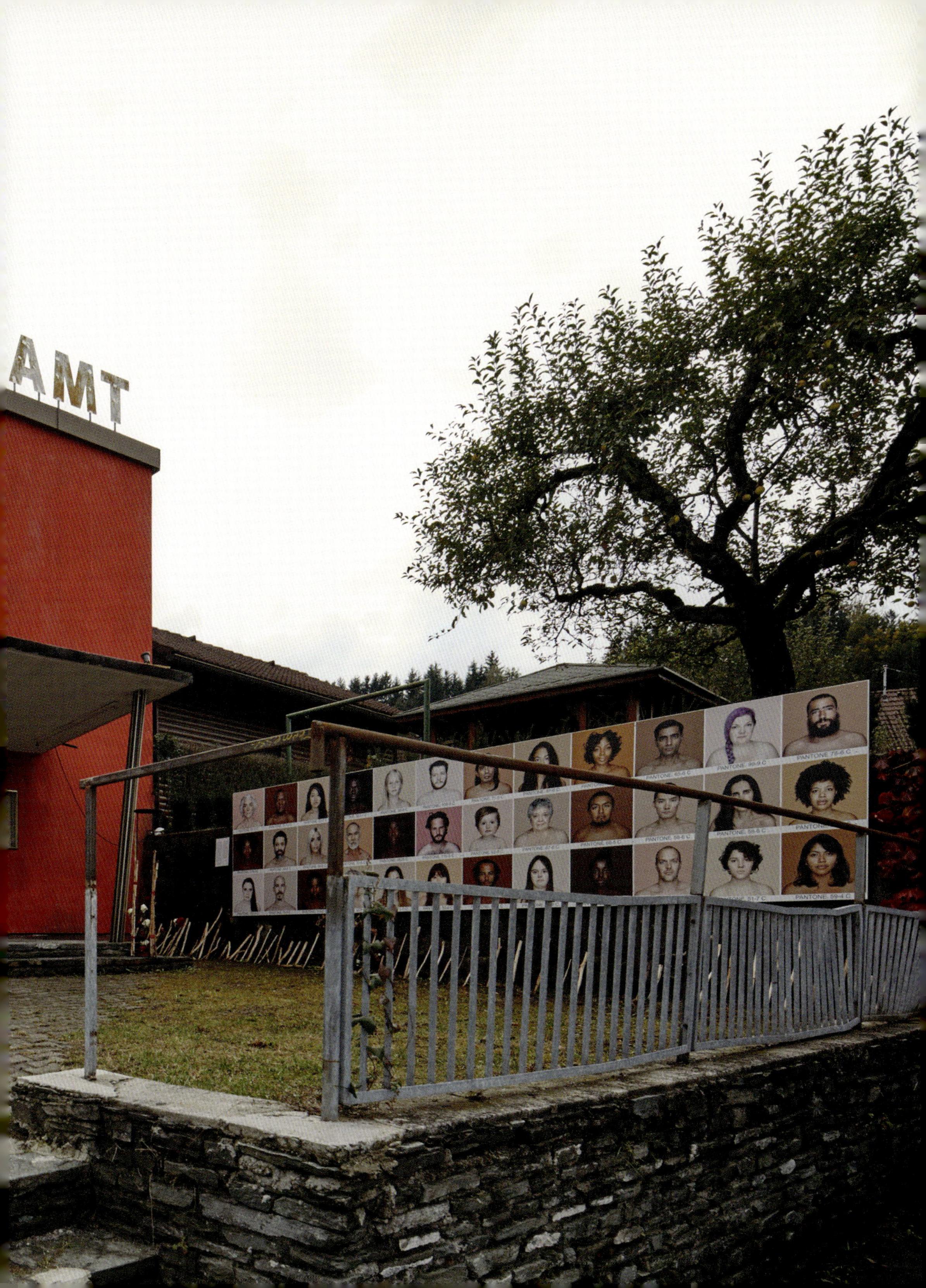
AMT

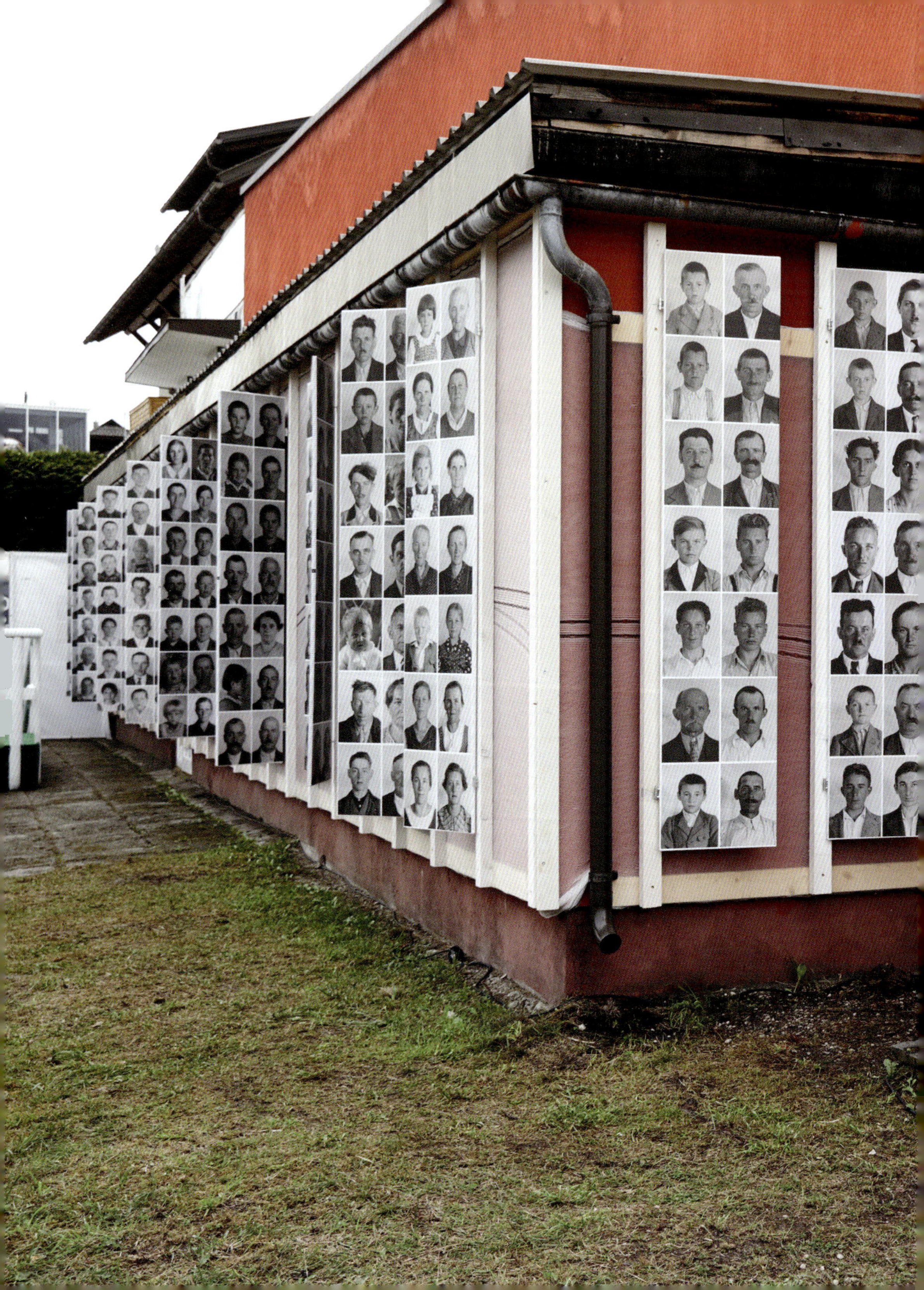

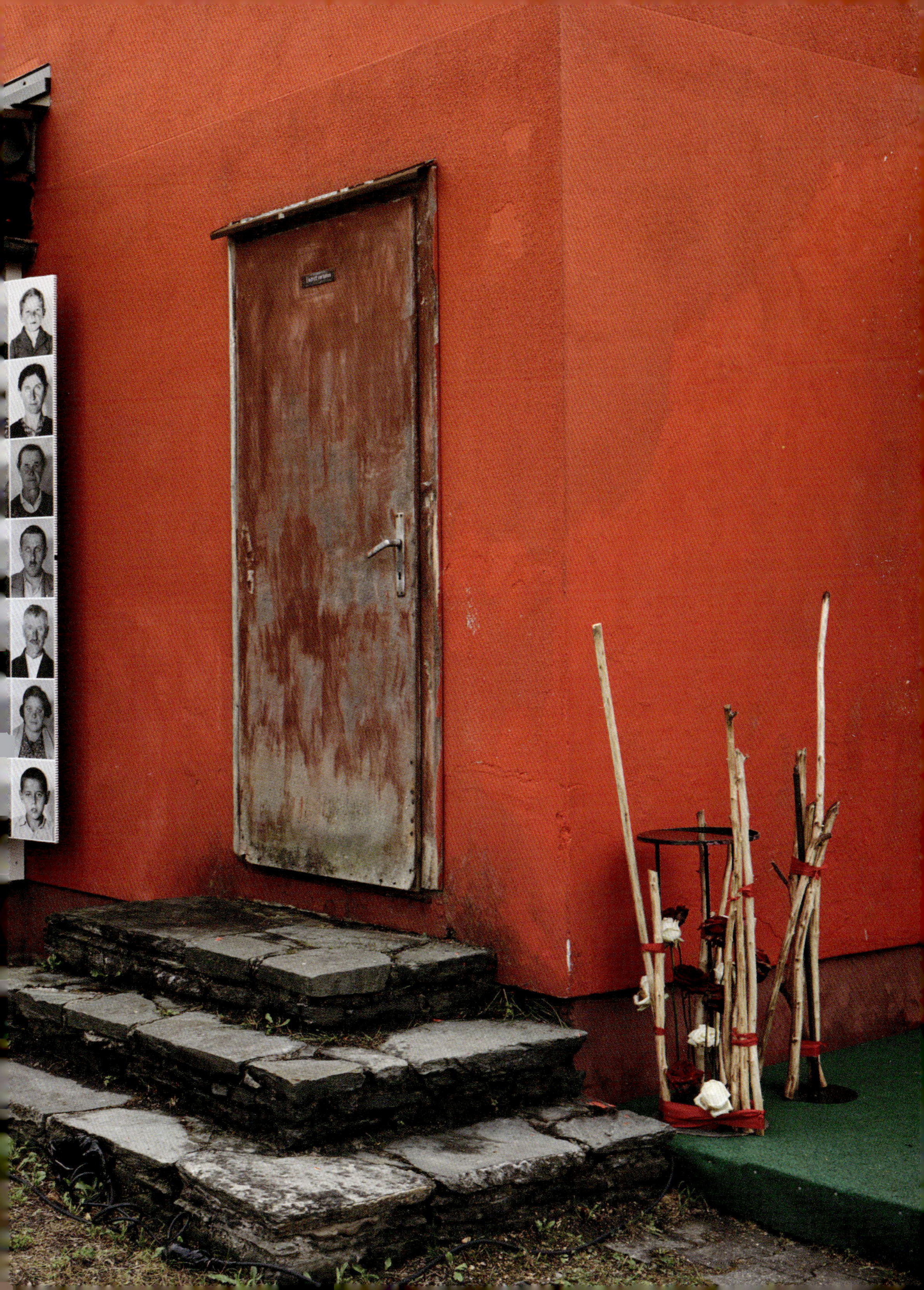

Bild:

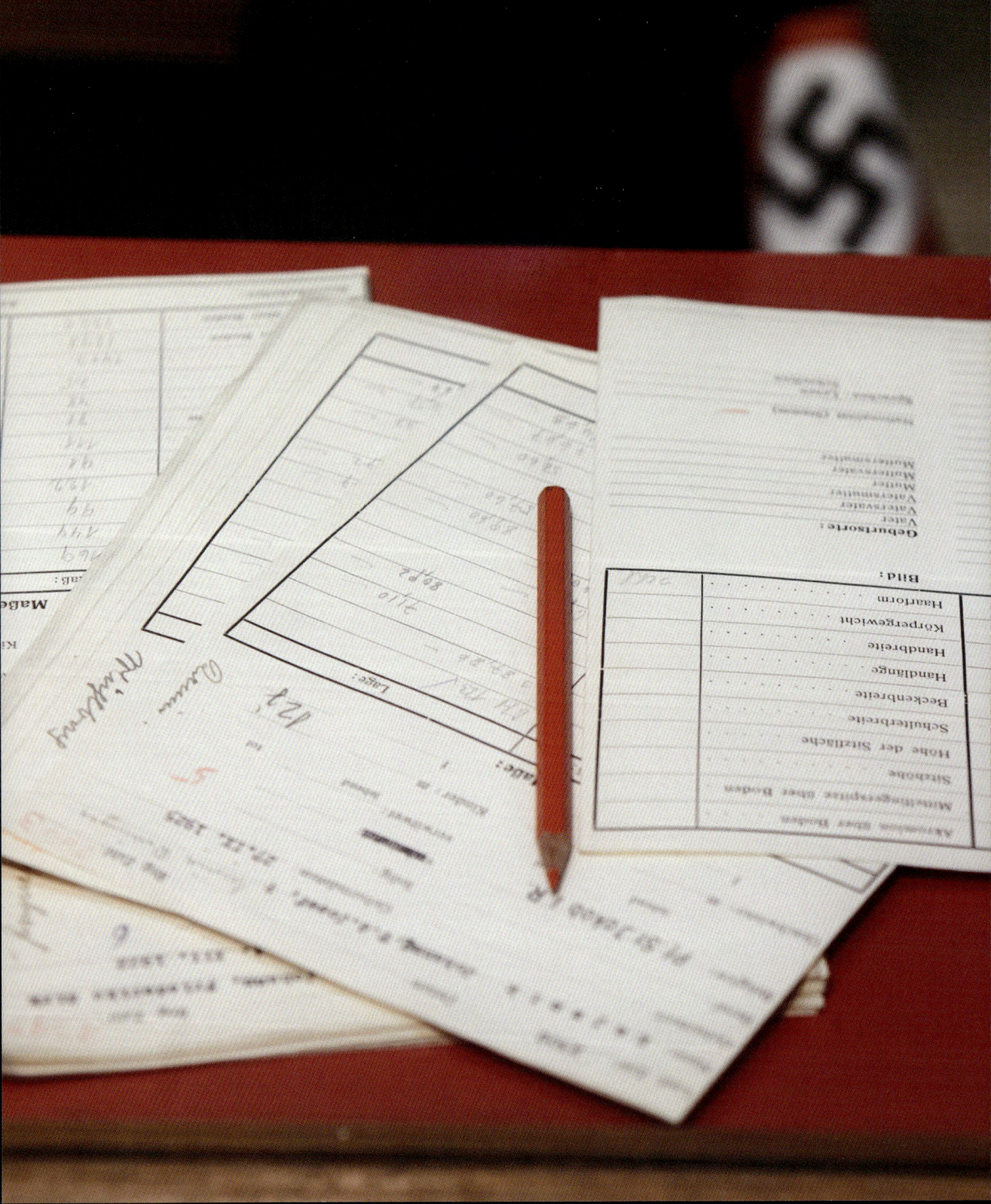

Abstand über Boden
Mindestgröße über Boden
Sitzhöhe
Höhe der Sitzfläche
Schulterbreite
Beckenbreite
Handlänge
Handbreite
Körpergewicht
Haarform

Geburtsorte:
Vater
Vatersvater
Vatersmutter
Mutter
Muttersvater
Muttermutter

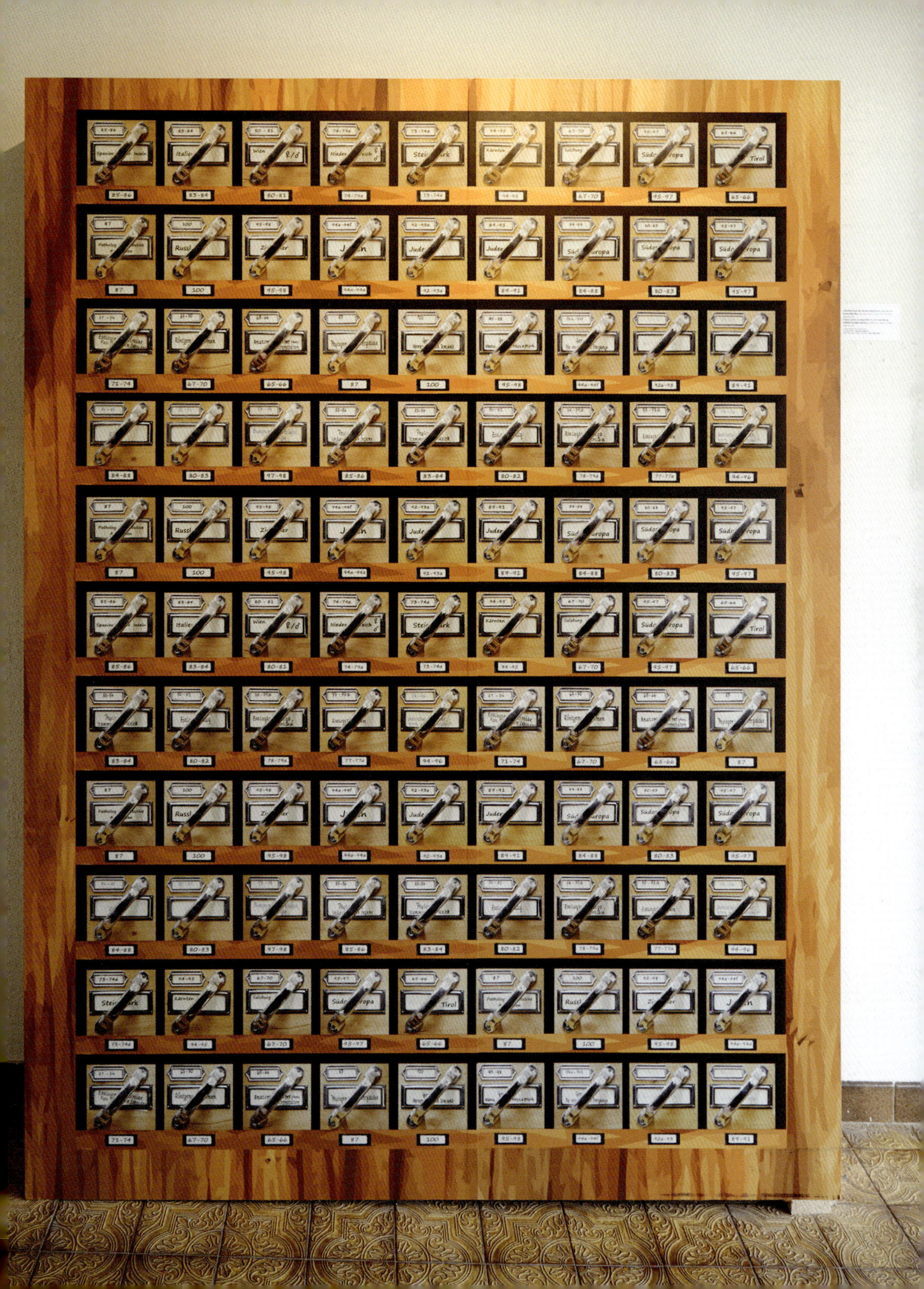

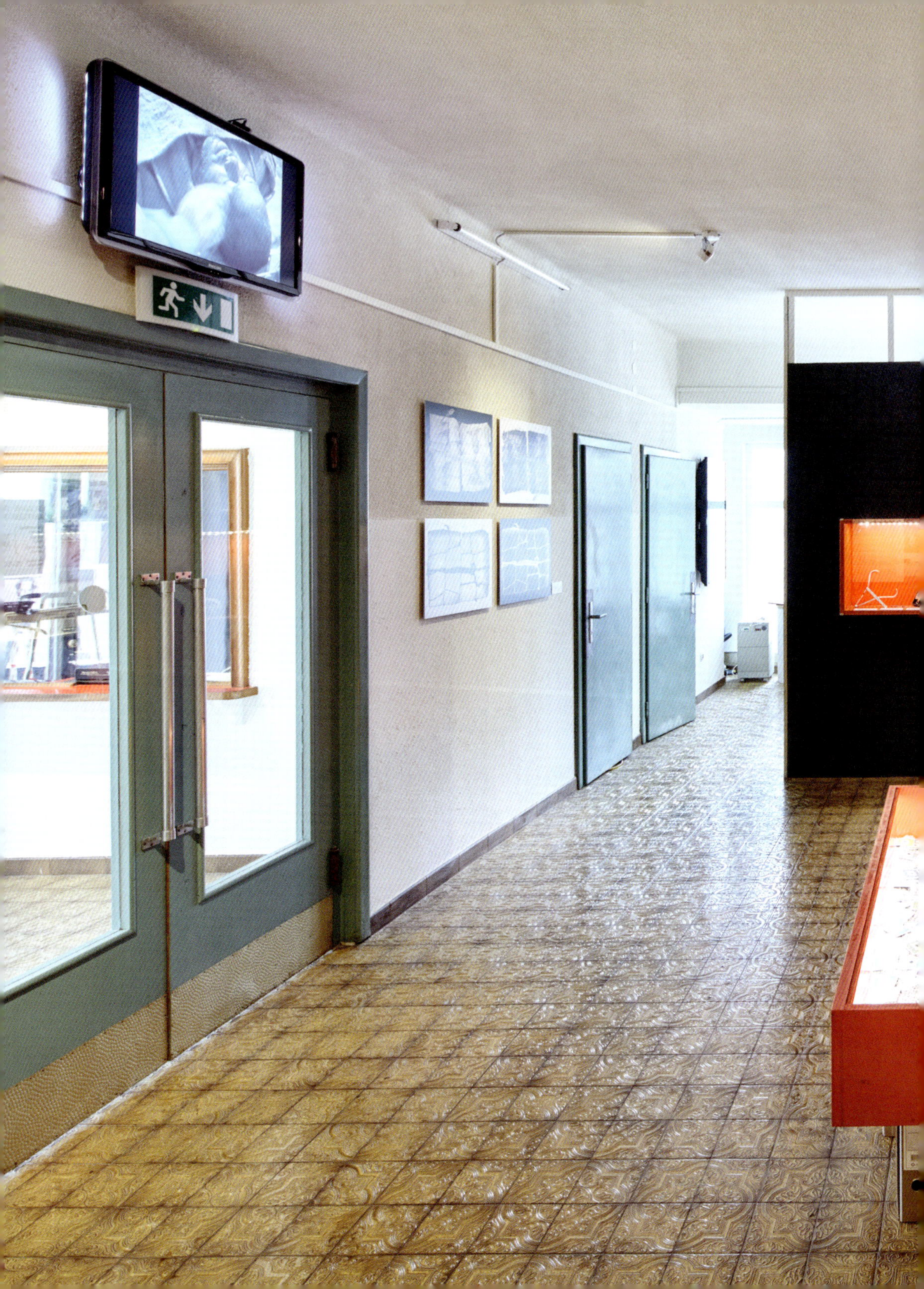

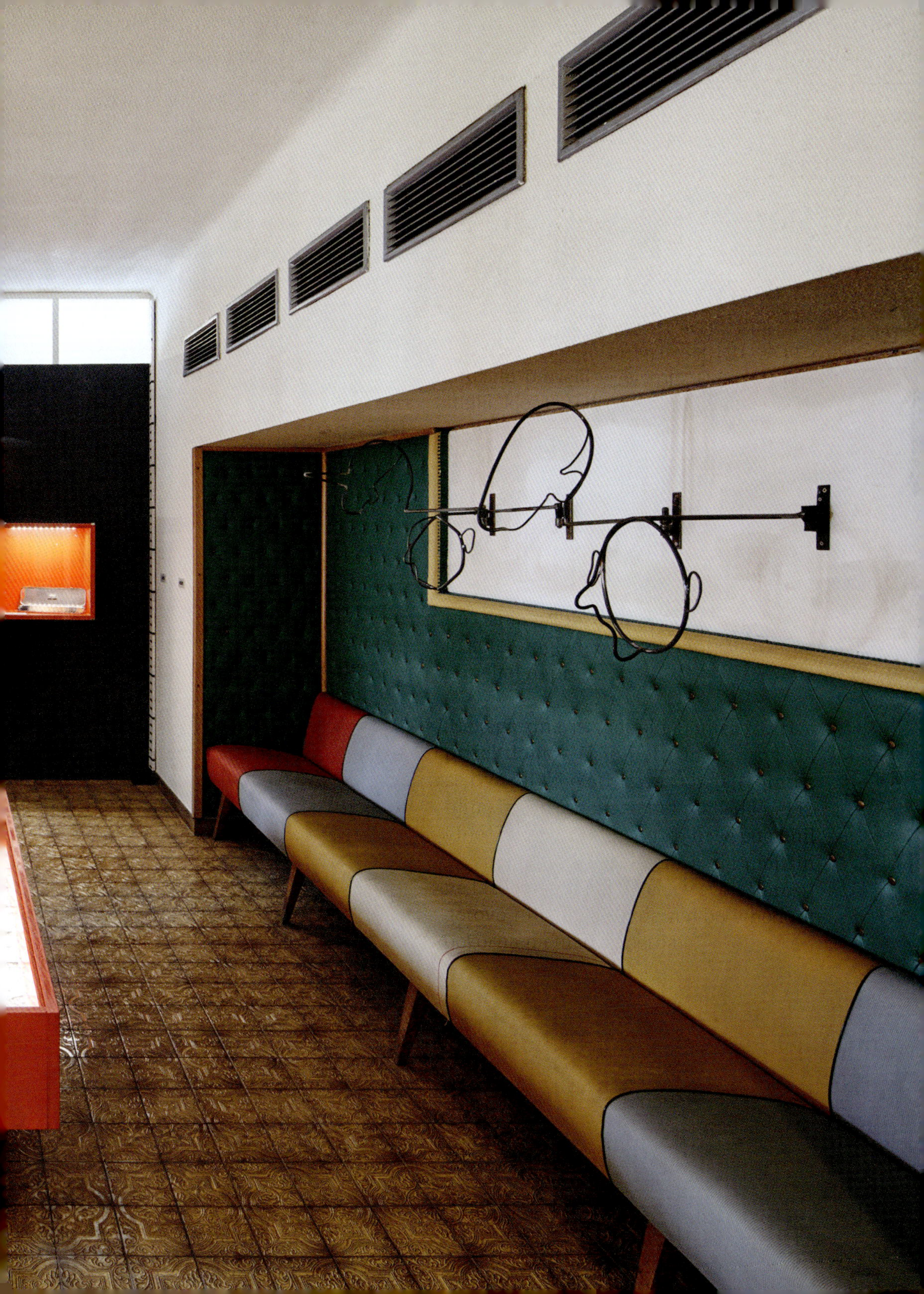

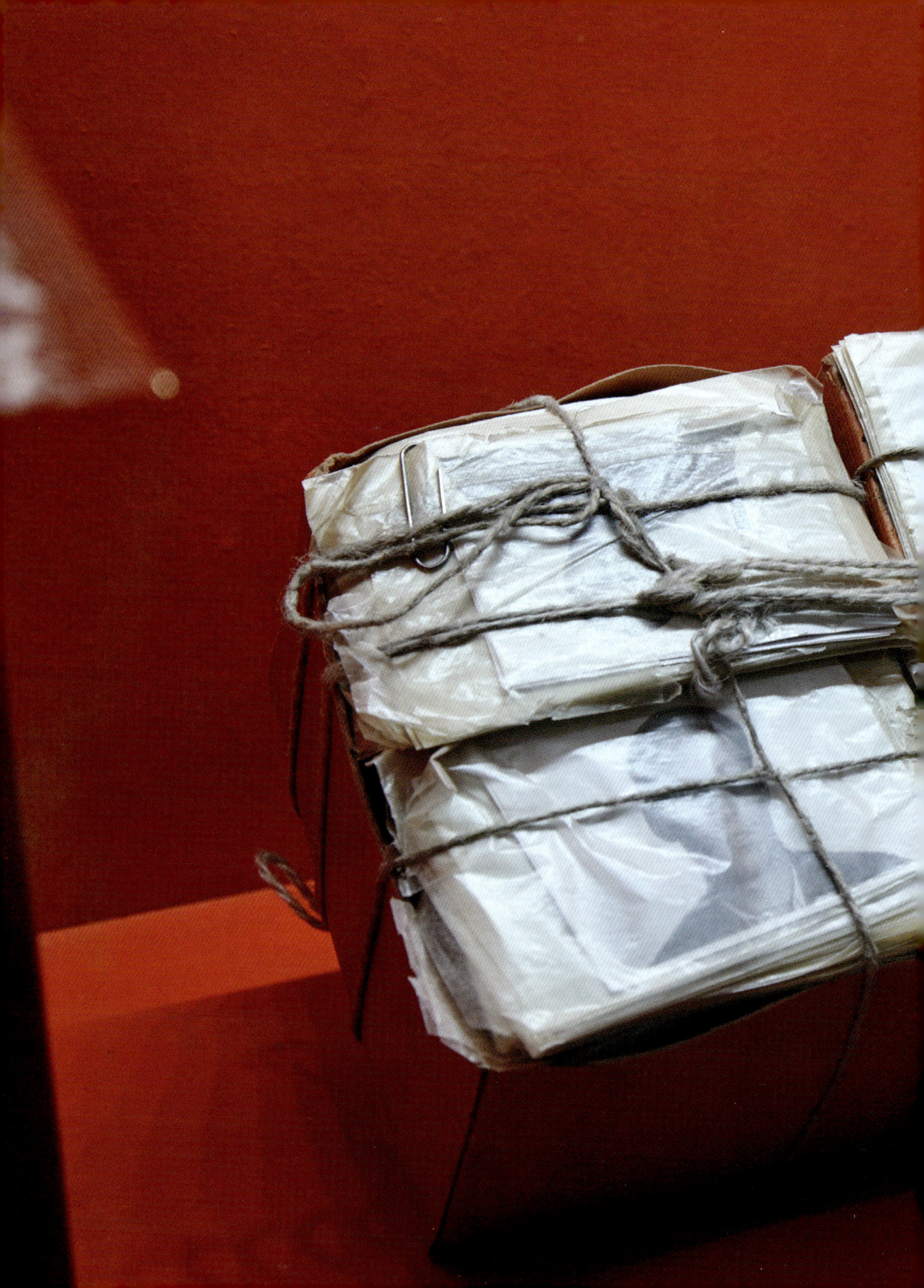

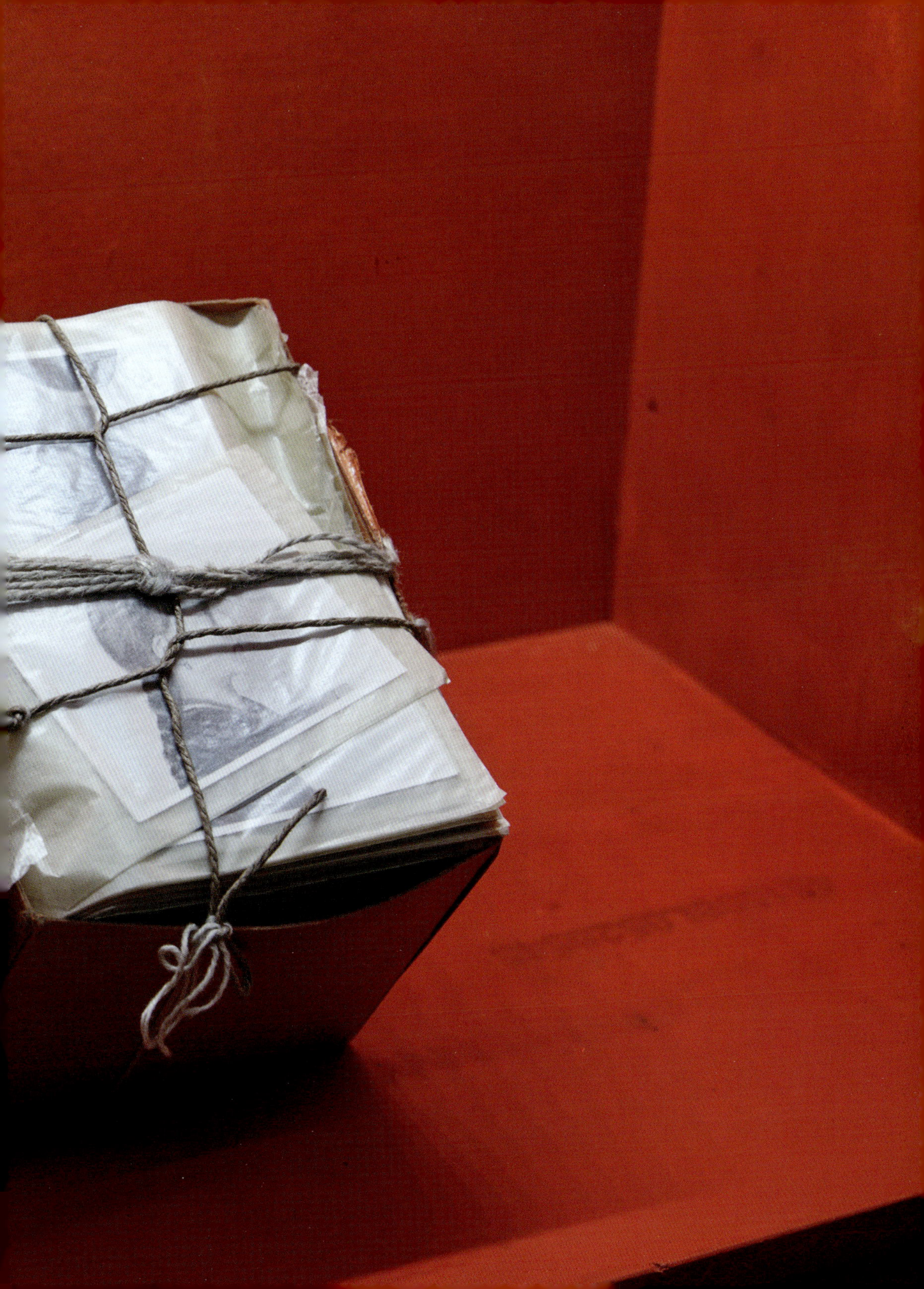

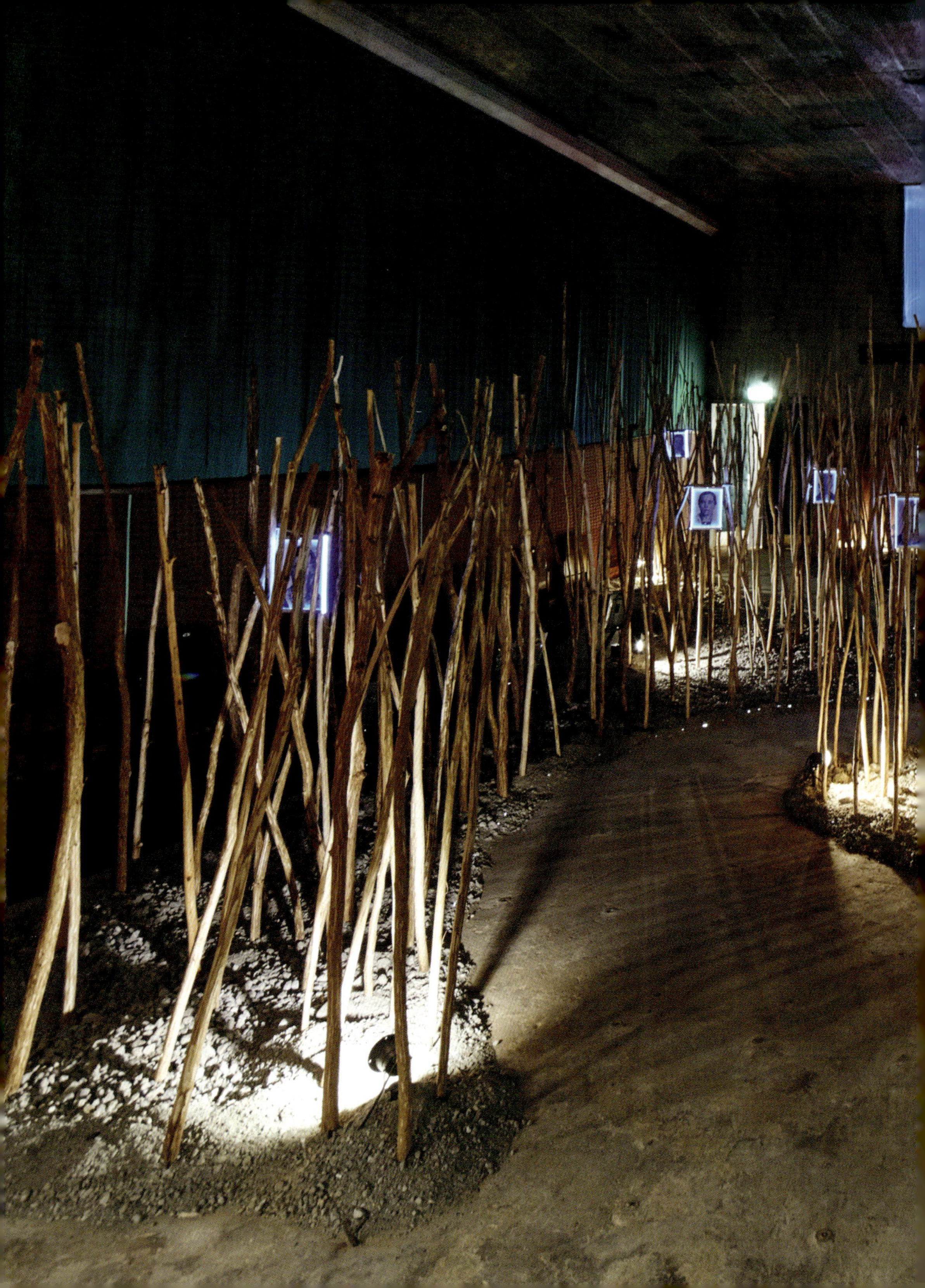

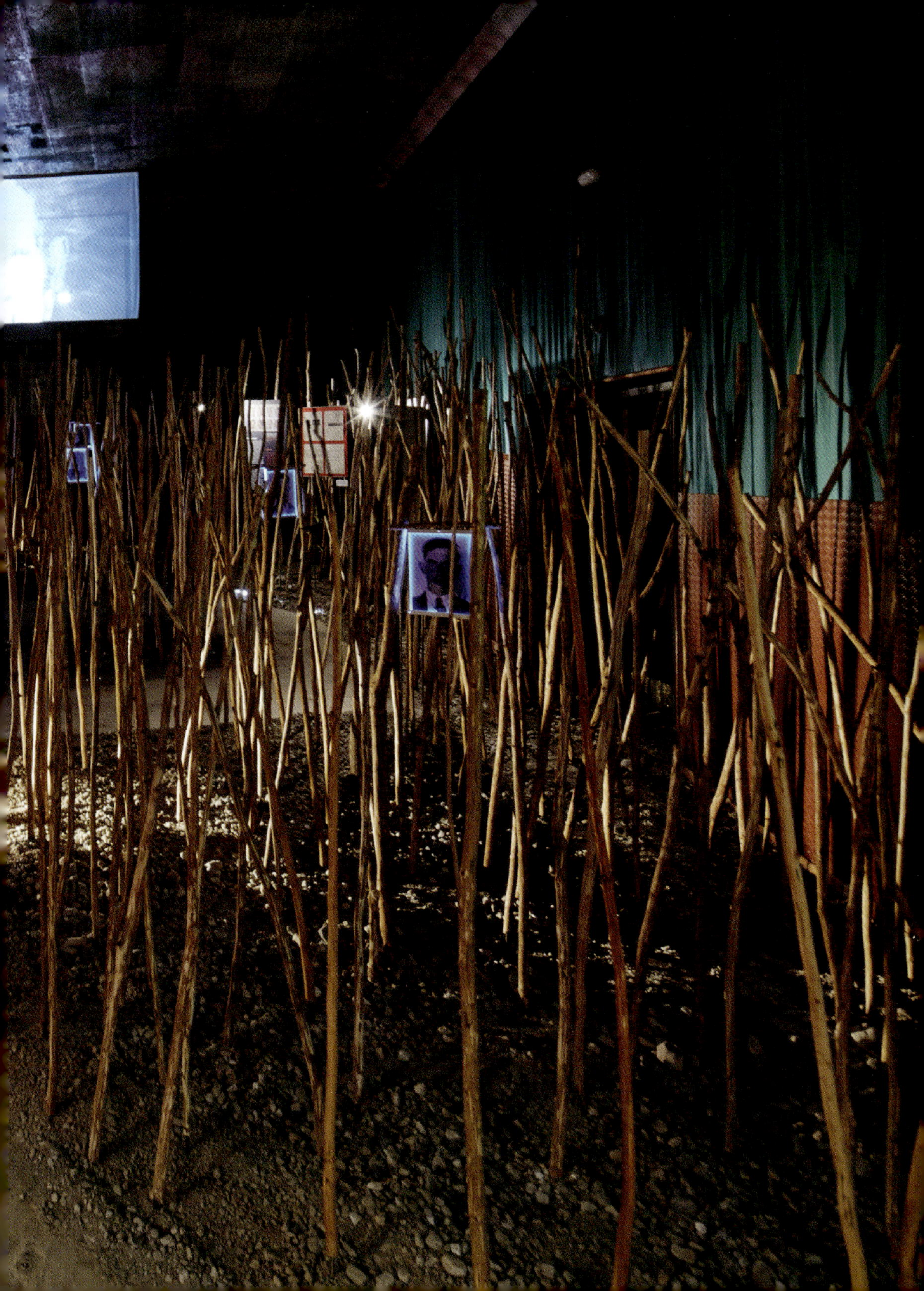

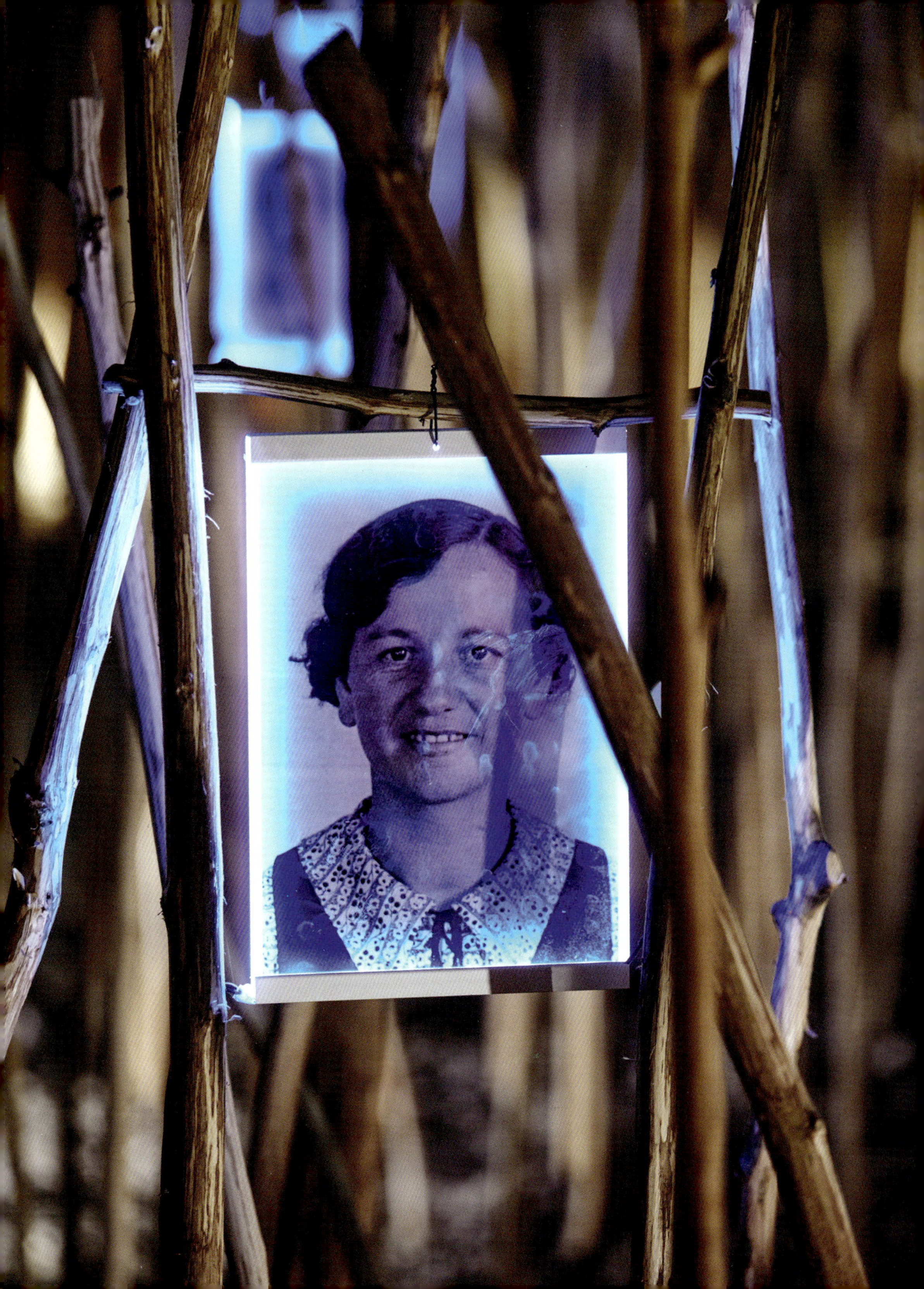

Milkula Paul · 1928

Milkula Anton · 1930

Deportation
Deportacija

Mitte April 1942 erreichte die nationalsozialistisch[e ...]politik in Kärnten mit der Deportation kärntn[er ...-slo]Familien einen Höhepunkt. Die Pläne zur zwang[sweisen ...] wurden in Kärnten ausgearbeitet, die unmitte[lbare Dire]aus Berlin. Die Aussiedlungsaktion im Sinne na[... als] Rassen- und Volkstumspolitik hatte die rigoros[e Eind...] des gemischtsprachigen Gebietes in Kärnten zu[m Ziel, ...] dies 1941 bereits in Oberkrain und in der Unter[steiermark] Tat umgesetzt worden war. Organisation, Kommando[...] Durchführung und Ablauf lassen ein nahezu id[entisches ...] erkennen.

Sredi aprila leta 1942 je nacistična raznarodovalna [pol]itika na Koroškem dosegla svoj višek z izgonom koroško-slovens[kih dr]užin. Načrte za prisilno izselitev so izdelali na Koroškem, nepos[redne] direktiva pa je prišla iz Berlina. Politika si je zastavila cilj [...] roznega ponemčenja, podobno, kakor so to že bili storili leta 19[... na] Gorenjskem in spodnjem Štajerskem. Organizacija, strukture p[oveljstva,] izpeljava in potek kažejo skoraj identičen vzorec.

Alois Maier-Kaibitsch, der nach dem „Anschluss" zum NS-Landesrat und Leiter der Volkstumsstelle avancierte, wurde zum Koordinator der Gewaltmaßnahmen des NS-Regimes gegen die Slowenen in Kärnten. Bei einer Tagung des Gauamtes für Volkstumsfragen am 10. Juli 1942 bekannte er mit Blick auf die bereits begonnene Vertreibung slowenischer Familien aus Kärnten freimütig: „Die Ereignisse auf dem Balkan im Vorjahre geben uns die Handhabe, im Gebiet nördlich der Karawanken mit der sogenannten slowenischen Minderheit Schluss zu machen." Schließlich wurden aus Kärnten insgesamt 917 Personen in verschiedene Lager des Deutschen Reichs deportiert, von wo aus sie von der Volksdeutschen Mittelstelle in weiterer Folge unter anderem als Zwangsarbeiter der Rüstungsindustrie oder als Landarbeiter zugeteilt wurden. Aus der Gemeinde St. Jakob waren 8 Familien mit [...] Personen von der Aussiedlung betroffen.

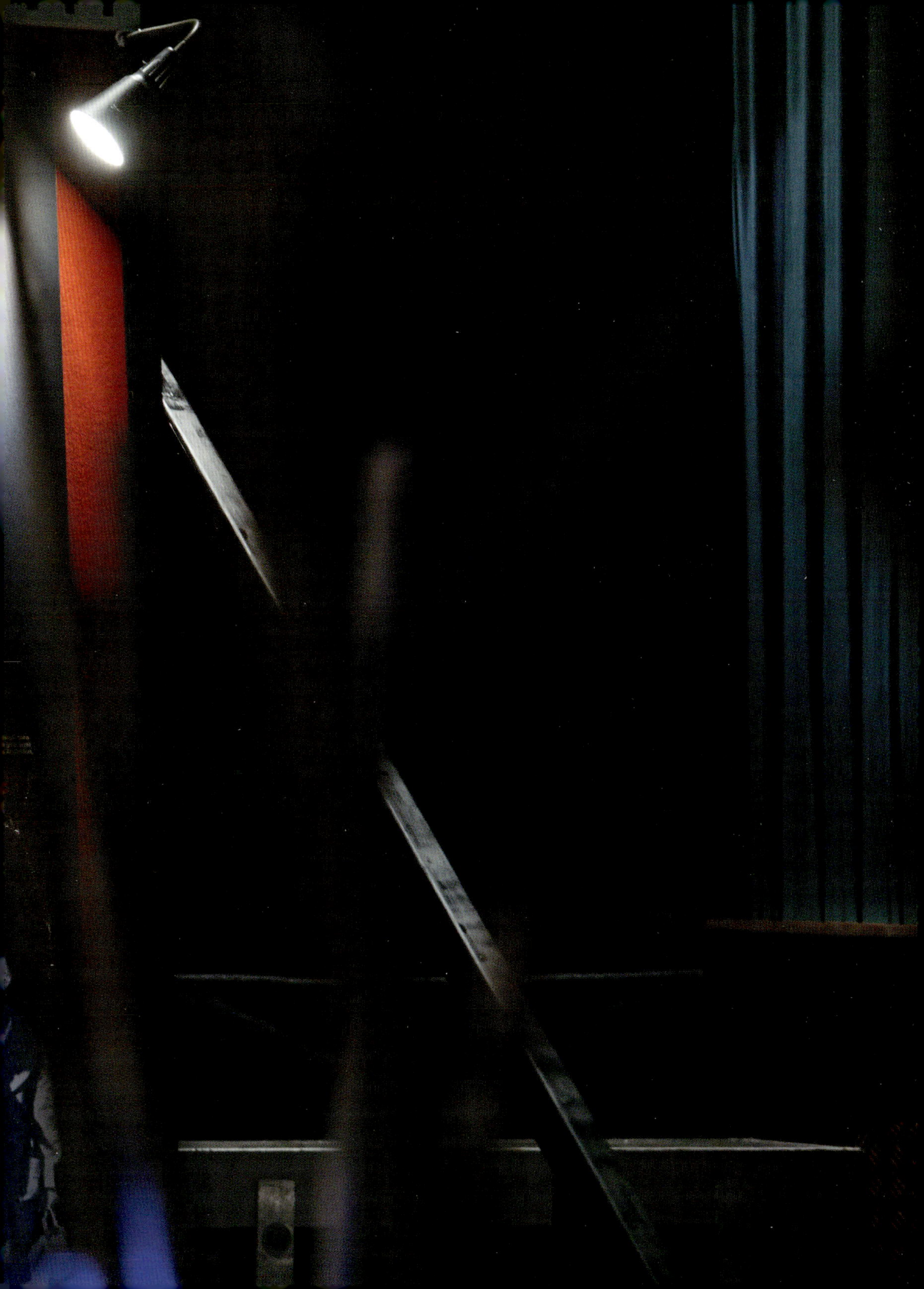

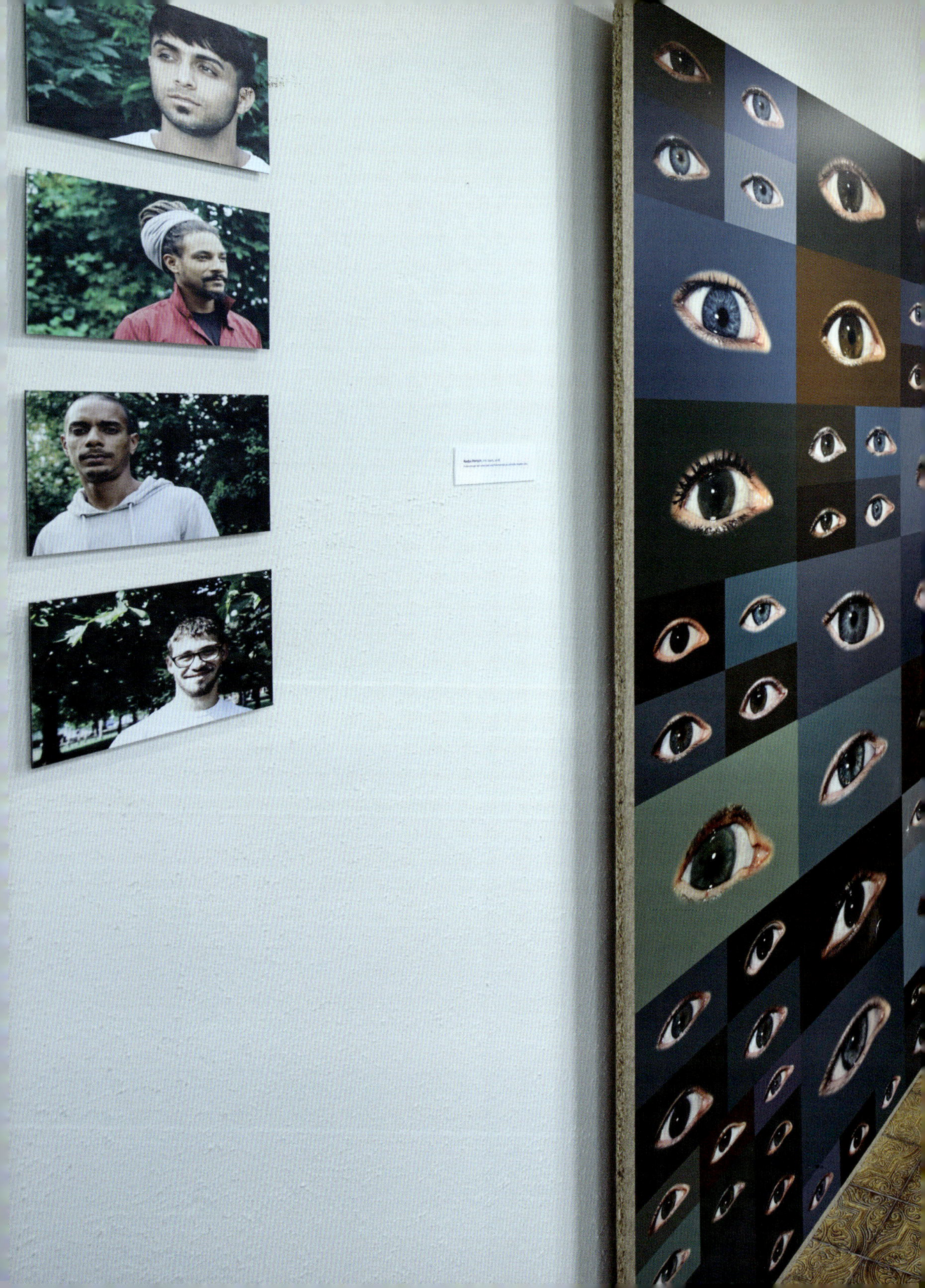

„Mir wurde beigebracht, Rassismus nur in einzelnen Handlungen der Gemeinheit zu sehen, nicht in unsichtbaren Systemen, die meiner Gruppe Dominanz verleihen."
Peggy McIntosh 1997

„Naučili so me, da vidim rasizem le v posameznih zlonamernih dejanjih, ne pa v nevidnih sistemih, ki utrjujejo dominantnost moje skupine."
Peggy McIntosh, 1997

CIP - Kataložni zapis o publikaciji
Narodna in univerzitetna knjižnica, Ljubljana

323.12(436)(091)
94 (436.5 Šentjakob v Rožu) „1938" (083.824)
572.087 (436.5 Šentjakob v Rožu) „1938" (083.824)

KOROSCHITZ, Werner
    Vermessung: Über die „rassenkundliche" Untersuchung in St. Jakob im Rosental: [Katalog zur Ausstellung Vermessungsamt, Geodetski urad vom 29. September bis 9. Dezember 2018 im ehemaligen Kino Janach in St. Jakob im Rosental, Šentjakob v Rožu] = Meritev: o „rasoslovni" preiskavi v Šentjakobu v Rožu: [katalog razstave Vermessungsamt, Geodetski urad, od 29. septembra do 9. decembra 2018 v bivšem kinu Janach v Šentjakobu v Rožu] / Werner Koroschitz; Slowenischer Kulturverein, SPD Rož [Hg. / izd.]; [Übersetzungen aus dem Deutschen Urška P. Černe, Seta Oblak, Sonja Wakounig]. - Klagenfurt; Laibach; Wien: Hermagoras = Celovec; Ljubljana; Dunaj: Mohorjeva, 2018

ISBN 978-3-7086-1029-0
1. Slovensko prosvetno društvo Rož (Šentjakob v Rožu)
297496576